U0553173

CONTEMPORARY
CHINA'S SOCIAL ASSISTANCE SYSTEM
NEW ERA NEW MISSION NEW JOURNY

当代中国社会救助制度
新时代 新使命 新征程

李春根　　张仲芳　主编

人民出版社

目录

一、社会救助制度建设

二、社会救助与共同富裕

六、社会救助实践探索

一、社会救助制度建设

分层分类社会救助体系的发展现状和健全思路[①]

林闽钢

社会救助是保障基本民生、促进社会公平、维护社会稳定的基础性制度安排。各国政府依据不同的经济和社会条件,设置多样化救助项目及组合来回应社会救助对象的不同需求。总体来看,大部分发达国家社会救助都经历了体系化,并具有不同的特点和实现路径,但健全的社会救助体系被认为是社会救助制度成熟定型的标志。

2020年8月,在中共中央办公厅、国务院办公厅印发的《关于改革完善社会救助制度的意见》中,首次提出健全分层分类、城乡统筹的中国特色社会救助体系。之后,2020年10月,党的十九届五中全会继续提出健全分层分类的社会救助体系。2021年3月,《国家"十四五"规划和2035年远景目标纲要》进一步表述为,健全分层分类的社会救助体系,构建综合救助格局。在党的二十大报告中明确提出"健全分层分类的社会救助体系"。在推进中国式现代化,实现社会救助高质量发展的背景下,"健全分层分类社会救助体系"的提出为探索构建中国特色的社会救助体系指明了方向。

一、多层次社会救助体系的形成

20世纪80年代中期,为适应我国社会主义市场经济体制改革,实施对内搞活经济、对外改革开放的需要,建立相配套的社会保障制度被提到日程上来,基

① 本文系国家社会科学基金重大项目"全面建成小康社会背景下相对贫困治理的实现路径研究"(22&ZD060)和民政部社会救助司、浙江省民政厅委托项目"新发展阶段社会救助高质量发展理论与政策研究:以浙江共同富裕示范区为例"(21ZD151203)的研究成果。原文发表于《行政管理改革》2023年第1期。

本生活保障问题最为突出。

20 世纪 90 年代中后期，国有企业进入脱困闯关困难阶段。① 为了配合国有企业改革，1993 年上海市民政局、财政局等部门联合下发《关于本市城镇居民最低生活保障线的通知》，1997 年 9 月国务院印发《关于在全国建立城市居民最低生活保障制度的通知》，有力推动城市居民最低生活保障制度在全国范围的实施，1999 年 9 月国务院颁布《城市居民最低生活保障条例》，城市最低生活保障制度首先获得设立。农村居民最低生活保障制度试点工作于 1992 年在山西省阳泉市率先探索，1996 年 12 月民政部办公厅印发《关于加快农村社会保障体系建设的意见》和《农村社会保障体系建设指导方案》两个文件，要求全国各地把建立农村最低生活保障制度作为农村社会保障体系建设的重点来推进。从 2004 年开始，农村最低生活保障制度进入加快建设的阶段。2007 年 7 月 11 日，国务院印发《关于在全国建立农村最低生活保障制度的通知》，标志着农村居民最低生活保障制度的确立。至此，城乡基本生活保障项目的确立为社会救助体系建设打下了基础。

医疗救助、教育救助和住房救助等救助项目继而得到实施，专项救助成为社会救助体系建设的新增长点。2003 年 11 月，为解决农村地区贫困农民看病就医问题，民政部、卫生部、财政部联合下发《关于实施农村医疗救助的意见》。2005 年 3 月，国务院办公厅转发民政部、原卫生部、财政部等部门《关于建立城市医疗救助制度试点工作的意见》。到 2008 年年底，全国所有县（市、区）建立了城乡医疗救助制度，实现了医疗救助制度在城乡区域的全覆盖。与此同时，为解决贫困群体面临的教育、住房等问题，民政部门配合相关部门逐步建立实施了住房救助、教育救助等专项救助制度。

临时救助的设置补上了救助体系的短板，标志着三层结构体系建设框架的完成。从 2007 年开始，民政部在全国范围内探索建立临时救助制度，以解决因突发性事件、意外伤害或因家庭刚性支出较大导致的临时性基本生活困难问题。2014 年 10 月，国务院印发《关于全面建立临时救助制度的通知》，临时救助制度在全国获得全面推进。至此，社会救助体系的临时救助短板被补上，我国多层次社会救助体系建成。②

---

① 唐钧：《最后的安全网：中国城市居民最低生活保障制度的框架》，《中国社会科学》1998 年第 1 期。

② 林闽钢：《我国社会救助体系发展四十年：回顾与前瞻》，《北京行政学院学报》2018 年第 5 期。

2014 年 2 月,国务院颁布了《社会救助暂行办法》,确立民政部门统筹全国社会救助体系建设的地位,第一次以行政法规规定最低生活保障、特困人员供养、受灾人员救助、医疗救助、教育救助、住房救助、就业救助、临时救助八项社会救助制度和社会力量参与,构建了一个多部门分工负责、政府救助和社会力量参与相结合的多层次社会救助体系(见图1)。

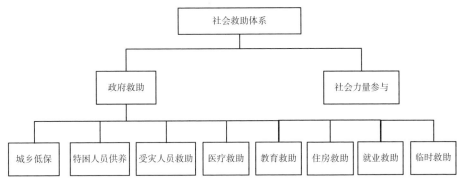

图 1　社会救助体系"8+1"项目构成

民政部门围绕提高社会救助治理效能,深化社会救助管理体制机制改革,从 2017 年开始重点在"强基层""建机制"方面取得了新突破:①第一,在基层建立"一门受理、协同办理"平台。在全国范围内,依托街道办事处(乡镇人民政府)办事大厅、居(村)民委员会公共服务工作站等综合性便民服务场所,建立了统一的社会救助服务窗口,制定了社会救助申请分办、转办流程。第二,建立跨部门协调机制。2013 年 8 月,经国务院同意建立社会救助部际联席会议协调机制,从 2017 年 2 月开始在全国范围内建立起县级困难群众基本生活保障工作协调机制,为整合社会救助部门资源、强化部门协作配合搭建了重要机制。第三,建立政府购买救助服务机制。2017 年 9 月,民政部、中央编办、财政部、人力资源和社会保障部联合印发《关于积极推行政府购买服务 加强基层社会救助经办服务能力的意见》,推动政府转变职能,提高了社会救助经办服务能力,促进发挥社会力量的专业优势,增加社会救助服务的供给。

从我国社会救助体系建设的历程来看,通过坚持以人民为中心的发展理念,强化政府责任,不断增加财政投入,我国已经系统构建起了多层次社会救助体系

①　林闽钢:《兜牢基本民生保障底线　推动社会救助高质量发展——党的十八大以来我国社会救助发展进程》,《中国民政》2022 年第 15 期。

及其相关机制,发挥了民生保障的兜底性作用。

二、分层分类社会救助体系的特征和新格局

(一)分层分类社会救助体系的特征

我国多层次社会救助体系具有鲜明的特征——分层分类,即项目救助分层次、对象帮扶分类管理。

第一,社会救助体系的项目具有层次结构。在《社会救助暂行办法》中,区分了社会救助体系的项目层次:一是最低生活保障、特困人员供养的基本生活救助主要解决基本生活问题;二是医疗救助、住房救助、教育救助、就业救助等专项社会救助主要解决相关专门问题;三是受灾人员救助、临时救助的急难社会救助主要解决突发问题;四是以社会力量参与为补充,主要解决个性化突出问题。

第二,社会救助体系的对象帮扶引入分类管理。在中共中央办公厅、国务院办公厅印发的《关于改革完善社会救助制度的意见》中,强化了分类救助管理,针对不同类型的困难家庭和人员提供有针对性的、差异化的救助帮扶。围绕绝对贫困、相对贫困、急难情形建立了分类的三圈层(见图2)。第一个圈层是低保对象、特困人员,给予基本生活救助,同时根据实际需要给予相应的医疗、教育、住房、就业等专项社会救助。第二个圈层是低保边缘家庭和支出型困难家庭,根据实际需要给予相应的医疗、教育、住房、就业等专项社会救助或实施其他必要救助措施。第三个圈层是其他临时遇困家庭或人员,给予急难社会救助。对于政府救助后仍无法满足需求的,动员慈善力量给予帮扶。同时让医疗、住房、教育、就业等专项社会救助延伸到低保边缘家庭和支出型贫困家庭,解决"悬崖效应"问题,构建梯度救助体系,实现社会救助重点从低保群体向低收入群体的扩展。①

(二)分层分类社会救助体系的新格局

第一,形成了广覆盖、全纵深的救助新格局。从 2014 年开始,我国社会救助体系建设全面加快发展,社会救助管理部门积极回应困难群众帮扶需要的多样性,在贫困群体的瞄准上,从绝对贫困群体转向相对贫困群体,不断扩大救助

---

① 林闽钢:《深入把握我国社会救助体系的鲜明中国特色》,《人民日报》2020 年 11 月 2 日。

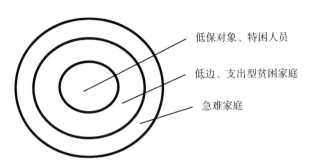

低保对象、特困人员

低边、支出型贫困家庭

急难家庭

图 2   社会救助体系的对象帮扶及分类管理

范围,增加社会救助项目。在社会救助手段上,从单一使用现金转变为以现金为主、辅助救助服务的综合救助形式。在社会救助资源整合上,跨部门救助资源得到初步整合。

第二,探索主动发现、积极救助的新格局。在上海市首先发起,将"人找政策"变成"政策找人",提出变被动救助为主动救助。之后在全国不少地方,以民政工作人员和社区网格员为骨干,把主动发现困难群众作为村(居)党组织和其他相关组织的重要工作职责及村(居)干部、包村(居)干部的一项工作任务,定期开展辖区内困难群众排查走访;委托从事困难群众排查工作的企事业单位、基层群众性自治组织、社会组织等,在工作中发现困难群众,动员社会力量广泛参与社会救助,构建出了"弱有众扶"的工作格局。

三、健全分层分类社会救助体系的视角和路径

(一)精准管理视角

精准管理最早应用于探讨企业管理模式变革问题,之后公共管理领域也提出了"精准治理"的概念。[1] 精准管理是一种不同于传统"粗放式、单一式和被动响应型"公共服务供给的新模式,精准管理基于公共服务提供机构能及时了解服务使用者对服务需求的变化,从而调整公共服务,增加服务供给资源调配的灵活性,从而提高公共服务的效率。公共服务精准管理,既是公共服务供给模式

---

① Johnson E., Krishnamurthy R., Musgrave T., Vinze A. *How Open Data Moves Us Closer to* "*Precision Governance*". [M] Washington DC: International City/Country Management Association, 2013.

的创新,也是公共服务管理思维的重大变革。[1]

从世界范围来看,当前公共服务管理正处在迭代变化时期。随着数据收集、存储、分析技术取得突破性进展,政府部门可以更加方便、快捷、动态地获得与服务对象有关的数据。特别是海量数据的出现和利用,一方面能利用大数据应对和解决不断变化、日益复杂的社会经济问题;另一方面使提供个性化、精准化公共服务成为可能,促进管理思维方式从样本、条块化转向总体思维。

在社会救助领域中,社会救助体系从无到有,目前进入从有到优的发展新阶段,健全分层分类社会救助体系的提出就是要改变以往简单、粗放式的社会救助管理,其实质就是导入精准管理理念以及新措施。《关于改革完善社会救助制度的意见》提出建立健全分层分类社会救助体系,围绕增强社会救助及时性、有效性这一目标定位,强调社会救助走向精准救助、高效救助。

为实现运用现代信息技术推进救助信息聚合、救助资源统筹、救助效率提升,民政部从 2021 年开始推进全国低收入人口动态监测信息平台建设,构建低收入人口数据库,定期上传汇总低收入人口相关信息数据。将城乡低保对象、城乡特困人员、低保边缘人口、支出型贫困人口等,全部纳入低收入人口范围,并采取扩大部门间信息共享与数据比对方式,实现对低收入人口的常态化监测。这为分层分类社会救助体系建设,实现精准救助、高效救助提供了前提。

(二)三条健全路径的选择

第一,强化以需求为导向的社会救助管理体系改革,从需求侧来牵引供给侧管理的改革。对低收入群体的需求及其变动的掌握是提供精准救助服务的关键,是社会救助服务体系供给的依据。通过对低收入人口的常态化监测,对救助服务需求作出快速的收集,并对所接收的数据深入挖掘,通过分析得出需求的科学判断,进而根据需求来分析结果,形成有效、及时的救助服务是健全分层分类社会救助体系的第一步。

目前,民政部所建设的全国低收入人口动态监测信息平台已经汇集 6300 万低收入人口信息,约占全国总人口的 4.46%,其中低保特困人口 4500 万、低保边缘人口 610 万、支出型困难(含临时救助)人口 680 万、易返贫致贫人口 290 万、其他

[1] 宁靓、赵立波、张卓群:《大数据驱动下的公共服务供需匹配研究——基于精准管理视角》,《上海行政学院学报》2019 年第 5 期。

困难人口 220 万,实现了信息汇聚、常态监测、快速预警等功能和作用。①

低收入人口数据的收集可呈现社会救助服务需求真实情况,即谁的需求、需求什么,一方面通过"关联式""挖掘性"分析,探寻救助服务供需精准匹配的各相关因素,分析低收入人口的需求偏好和他们的困难程度,依据困难类型、困难程度实施类别化、差异化救助;另一方面由于低收入人口多样化的救助需求涉及多个部门,通过数据平台实现各部门管理信息的共享,更有利于推动跨部门社会救助资源的整合。

第二,聚焦提升低收入群体需求和供给相匹配的政策设计。社会救助精准管理的实现,是以需求信息与服务供给相匹配,进而服务多主体系统协同的机理为整体思路。在需求收集和分析阶段,完成社会救助服务需求信息的识别和研判;在多元服务供给决策阶段,完成对资源的整合与服务方式的选择;在服务流程管理阶段,各主体间完成信息共享,促进救助服务供给与低收入群体需求有效匹配,实现救助服务管理的精准化、个性化和多样化(见图 3)。

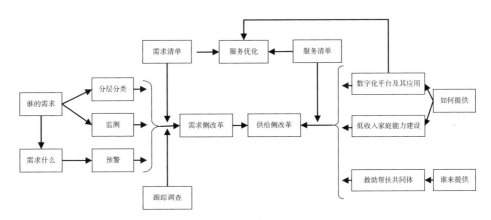

图 3　健全社会救助体系的路径和重点

因此,精准救助实质上是对低收入群体需求精准回应的过程,其目的是纠正和减少救助服务中所出现的"供需错配""供需脱节"等问题,实现"供需匹配"优化目标。目前来看可以采取的主要手段为:一是服务清单制。20 世纪后期英国和美国所开展的公共服务改革广泛地通过"清单"的形式确定公共服务标准和目标,这是信息化背景下各国政府普遍采用的一种标准化治理方

---

① 刘喜堂:《加快健全农村低收入人口动态监测和常态化救助帮扶机制》,光明网—理论频道,2022 年 12 月 2 日。

式,其核心任务不仅在于明确政府的权责和任务,更重要的是以公众需求为导向,以提高公共资源配置效率和公共服务质量为目标的再造公共服务流程、创新服务方式。[①] 在数字化时代,服务清单已成为沟通便捷化、信息集成化、服务整体化、流程标准化的有效管理手段。因此,为了提升我国社会救助领域治理效果,应积极借鉴国外先进经验并结合我国具体国情,探索建构适应多样化、差异化和动态化的基本救助服务清单制度,以加速我国社会救助管理的转型。二是数字化服务平台和应用场景的利用。数据分析与可视化工具的结合,能够将抽象的数据转换为直观的图形与图像,实现全天候、动态化的流程管理。因而,数据可在技术层面支撑救助服务供需过程各阶段达到精准管理的要求,实现低收入群体供需的精准匹配。

第三,加大社会救助的供给侧创新,提高社会救助体系服务水平。围绕社会救助服务供给能力和低收入家庭能力建设,跨前一步提供服务,建立数字化救助平台,实现信息共享和跨部门协同,最大限度地整合救助资源,解决救助服务的"碎片化"问题。围绕低收入家庭能力建设,为低收入家庭未来发展创造条件和机会。建立解决谁来提供的长效机制,建立救助帮扶共同体。

四、健全分层分类社会救助体系的长效机制

(一)健全需求为导向的长效管理机制

第一,建立低收入家庭多维瞄准机制。与绝对贫困家庭相比,低收入家庭的表征和致贫原因更为多样,呈现出明显的多维缺失特征,应积极构建多维低收入家庭识别指标体系,对照经济状况、健康状况、教育状况、居住状况、就业状况、社会参与等多个维度,对低收入家庭贫困境况和救助需求进行科学调查和综合评估,更加有效地识别各种贫困状态,同时开展多维指标的综合研判和预警,让低收入家庭在收入、健康、教育和生活质量等方面得到更加全面的帮扶。

第二,建立低收入家庭分群分级干预机制。在南京市建邺区所开展的社会救助改革创新试点中,笔者发现低收入家庭的贫困维度差异显著,有儿童的低收入家庭主要面临教育和健康维度的贫困;有老年人的低收入家庭主要面临健康、社会融

---

① 高红:《论基本公共服务清单制度:公共价值管理的视角》,《求是》2017 年第 7 期。

入和住房等维度的贫困;有残疾人的低收入家庭主要面临健康和社会融入维度的贫困;有重大疾病患者的低收入家庭主要面临健康、社会融入和住房等维度的贫困;有劳动能力但失业的低收入家庭主要面临就业和社会融入等维度的贫困,[①]为此,需要形成不同类型低收入家庭的多维干预政策。

在社会救助服务供给上,还应重点关注同类型低收入家庭所存在的困难程度与需求强弱的差异问题,例如对于残疾人家庭,重度残疾人家庭与轻度残疾人家庭的需要存在明显不同,前者需要更为全面、时长更长的照料服务,而后者的康复价值和医疗需求可能随之上升,具有部分劳动能力的残疾人又会对劳动就业、自我价值实现有更高诉求,因此需要按分级原则向不同类型家庭提供基本生活照料与支持、精神慰藉与疏导、生活与就业能力提升、社会适应与融入等服务,形成程度不同的救助干预服务体系。

(二)建立需求—供给相匹配的长效管理机制

第一,推行社会救助服务清单制。社会救助清单是将低收入家庭需求具体化、数量化,同时也是将救助相关部门对此作出及时回应的管理过程及结果进行展示。在浙江共同富裕示范区社会救助高质量发展调查中(下面简称"浙江调查"),笔者发现乐清市所实施的"幸福清单"就是社会救助服务清单制的实践探索,[②]目前"幸福清单"已在浙江得到推广,它是依托救助信息平台,由救助业务部门将救助审批发放情况录入平台,经管理员统一整理后生成的一张政府帮扶困难群众清单。这张清单背后是信息化、数字化在社会救助领域的运用。"幸福清单"是一种数字化应用场景,城乡居民可以用手机扫"幸福码",进行救助申请及查询相关服务,目前在浙江已形成集 11 家救助部门 18 项救助结果为一体的社会救助"幸福清单",成为社会救助管理的新手段,能有效促进社会救助需求与供给的优化。

第二,打造数字化服务平台及应用场景,以智慧救助提高需求清单和服务清单的匹配性。在浙江调查中,笔者发现浙江社会救助领域数字化加速发展,改革探索领先全国。如浙江平湖市开启了以数据链接赋能需求识别的探索,从困难群众的高频需求和关键问题入手,通过高效匹配与需求相对应的"帮扶建议",

① 林闽钢、沈冰清:《多维贫困视角下低收入家庭的分群分级服务体系构建——以南京市 J 区低收入家庭调查为例的研究》,《社会工作与管理》2022 年第 6 期。

② 乐清市创新打造智慧救助服务联合体"县域样板"、线上线下双轮驱动探索共同富裕"幸福密码"案例入选 2021 年度全国社会救助领域创新实践优秀案例。

不仅实现了与原有服务相匹配的需求对接,实现"数字接口"对接"民生缺口",而且有针对性地开发相关帮扶项目服务。特别是"困难群体精准画像"应用场景是浙江省数字化改革的试点,该场景聚焦不同困难群众的实际需求,围绕"谁该帮",依托全面的基础数据库,依据多维贫困理论,建立兜底型、急难型、支出型、关爱型、发展型5套指标体系,实现不同困难群众的"五型三色"精准画像,通过预警板块的常态化监测,可及时掌握相关数据的动态变化,实现救助帮扶的"智办""秒办"。①

(三)低收入家庭能力建设机制

第一,建立低收入家庭"助跳板"机制。低收入家庭在解决基本生存问题后,从增强可行能力的视角,更需要"助跳板",即通过各种措施激发救助对象的潜能,让低收入家庭自立自强,走出发展的困境。针对不同类型的低收入家庭,以能力发展为目标,搭建日常照顾、能力提升、支持融合相衔接的救助服务项目。对低收入家庭中学龄阶段的未成年人,提供学业辅导、亲情陪伴等服务,提升其教育水平;对低收入家庭中生活不能自理的老年人、未成年人、残疾人、重病患者,提供必要的访视和照料服务,提高其养老及健康方面的保障水平;对有就业和参与产业项目需求的低收入家庭,提供资源链接、技能培训、就业岗位或产业项目帮扶,提升其自立能力;对有特殊需求的低收入家庭,提供生活指导、心理抚慰、社会融入等精神层面的救助服务。

第二,建立多层次的社会救助服务项目。根据不同低收入家庭在生活照料、精神慰藉、医疗护理、就业帮扶等多方面服务的需求,设置相对应的救助服务为:基本生活照料与支持服务、精神关爱与疏导服务、预防保健和康复护理服务、生活与就业能力提升服务等,为低收入家庭未来发展创造条件和机会。②

(四)构建救助帮扶共同体

从社会救助供给侧改革来看,救助资源分散、长效帮扶难是长期存在的突出问题。在浙江的调研中,笔者发现杭州市以及台州市三门县在探索"助共体""助联体"等救助帮扶共同体的实践中形成了可复制、可推广的经验。杭州市在城市社区中构建救助帮扶共同体,形成党政群团共同体、救助部门共同体、乡镇

---

① 方颖:《浙江省平湖市上线试运行"精平扶——困难群体精准画像"应用场景》,《中国社会报》2022年6月8日。

② 林闽钢、沈冰清:《多维贫困视角下低收入家庭的分群分级服务体系构建》,《社会工作与管理》2022年第6期。

(街道)村社共同体、社会组织共同体等,一方面促进社会力量参与,实现社会救助共同体资源整合,聚焦"家庭救助顾问"建设,完善基层探访机制;另一方面促进智慧民政综合体建设,推动社会救助共同体实体化。[①]

（作者单位:南京大学政府管理学院）

---

① 张志刚、徐雯、祝建华:《杭州市"社会救助共同体"改革的探索实践》,《中国民政》2021 年第 8 期。

完善我国社会救助制度的多层瞄准机制①

关信平

一、引　言

有效的瞄准机制是保证社会救助制度正常运行并取得预期社会效益的重要制度环节。改革开放以来,在社会救助制度的建立和发展过程中,对象瞄准机制的建立与优化为我国低保制度和整个社会救助制度的运行奠定了基础。"在全面建成小康社会后,我国社会救助制度仍然发挥着重要作用,是未来解决相对贫困的重要制度安排。因此,加强和完善社会救助制度是我国兜底性民生建设中的重要任务。"②新时期社会救助制度面临着从过去以绝对贫困为目标提升到以相对贫困为目标的变化,在制度体系上从过去以低保制度为基础的体系向着分层分类社会救助体系发展。社会救助的制度目标、项目体系、救助规模和水平都将有新的发展变化。③ 在社会救助的项目扩大、救助的覆盖面不断拓宽和救助水平不断提高的情况下,原有的瞄准机制出现了一些不适应的情况,需要加以调整。关于完善社会救助瞄准机制,国外有许多的实践经验和理论总结,国内研究者也研究过多种机制,但没有哪种单一的机制能够在社会救助实践中较为完整、有效地发挥作用。本文聚焦多种机制相结合的多层次机制模式,探求通过建立多层次瞄准机制完善我国的社会救助制度。

---

① 本文系国家社科基金重大项目"当前我国普惠性、基础性、兜底性民生建设研究"(20ZDA068)的研究成果。原文发表于《内蒙古社会科学》2022 年第 2 期。
② 宫蒲光:《高度重视社会救助　着力完善制度设计》,《中国民政》2020 年第 14 期。
③ 张浩淼:《从反绝对贫困到反相对贫困:社会救助目标提升》,《山西大学学报》(哲学社会科学版)2020 年第 5 期。

二、社会救助瞄准机制的重要性和复杂性

社会救助是针对有需要的困难群体,由政府或社会力量向其提供无偿的物质和帮助服务的制度体系。这套制度体系的重要特点有二:一是单向的无偿援助;二是针对社会中少数无法依靠自己的力量摆脱困难的家庭和个人。作为"选择性"社会保障项目,社会救助制度运行的前提条件是要有一套合理、有效、精准的对象瞄准机制,以便合理地确定其应当救助的对象。具体而言,社会救助制度瞄准机制具有三个作用:一是通过瞄准机制合理确定社会救助对象的规模;二是通过瞄准机制防止将不应当获得社会救助待遇的人纳入救助对象范围并获得待遇(即防止错保);三是通过瞄准机制防止将应当获得救助的人排除在救助对象范围之外(即防止漏保)。因此,成熟的社会救助制度应当有一套完整、有效的对象瞄准机制,这是社会救助类项目区别于其他社会保障项目的重要特征之一。也就是说,政府可以通过提高社会救助瞄准的合理性和精准度,使真正存在生活困难、应当得到救助的群众都能够得到救助,并防止对社会救助资源的无效使用,从而提高社会救助制度的社会效益和公平性,合理控制社会救助资源投入的规模。

社会救助对象瞄准机制是指在社会救助制度运行中用于确定救助对象的相关制度和操作方法及程序。这套机制可分为"标准制定"和"识别对象"两个相互关联的程序。社会救助标准的制定是指为了使社会救助制度合理确定其对象资格而建立相关的测量指标和划界标准,以及围绕着这些标准而制定一系列制度规范。社会救助对象识别机制则是按照相应的标准和制度规范,采用一定的测量方法识别合规对象的操作程序。社会救助标准规定了救助对象应当达到的基本条件,但由于困难群众的实际困难情况千差万别,相对固定的标准常常难以自动地识别复杂的困难情况,因而需要有相应的程序和方法将社会救助标准运用到对困难群众实际情况的测量和分析之中。在实际操作过程中,如果识别的程序和方法不合适或操作不当,即使标准是合理的,也难免会出现漏保和错保的情况。因此,在社会救助制度的运行过程中,社会救助标准和识别机制共同发挥着基本的瞄准作用。

设计一套合理有效的社会救助瞄准机制是一个复杂的过程,涉及多方面的影响因素。一方面,社会救助制度的具体目标、制度体系、规模和水平等因素都

会对其对象瞄准机制产生影响,从而提出不同的要求。一般而言,社会救助制度对象的范围越大,救助内容越多,其瞄准机制就越复杂。因此,需要根据社会救助制度目标的提升和功能的扩展而对瞄准机制加以改革。另一方面,政府追求的是管理的便捷性和低成本,这常常会使社会救助瞄准机制发生扭曲或出现偏差。社会救助瞄准机制的基本目标是使社会救助制度有效地瞄准真正的困难群众。然而,困难群众的情况千差万别,要准确地瞄准所有的困难群众需要高成本的管理体系。为了节省管理成本,政府常常会制定比较简单的贫困标准和识别机制作为衡量贫困的唯一尺度,凡是不符合政府标准的都不被认为是贫困者,就会将许多困难群众排除在社会救助对象的范围之外。这实际上扭曲了社会救助瞄准机制的目标与手段之间的关系,把本来应当作为手段的瞄准机制变成了主体的目标。这样一来,就会牺牲对贫困复杂多样性表现的瞄准。社会救助实践表明,仅仅以符合标准来进行瞄准并不一定能够完全瞄准所有的困难群众。一般而言,社会救助标准越简便、越规范,则其在实际操作中出现偏离标准的情况就会越少,但对贫困现象多样化的瞄准偏差却会越大。也就是说,社会救助标准越简便、越规范,则出现制度性错保的可能性就会越低,但出现事实漏保的可能性就会越高。

进一步看,当社会救助制度停留在较低层次时,单一的社会救助标准与瞄准的准确度之间的矛盾相对较小,而随着社会救助对象范围的扩大、救助水平的提高和救助内容的扩展,这一矛盾会逐步加大。因此,在提升社会救助制度目标和扩展社会救助功能的过程中,应当及时改革瞄准机制,以提高社会救助制度对困难群众瞄准的有效性。对此,可以从多个方面提供解决问题的办法。一是随着经济发展和人均收入水平的提高而不断提高社会救助的标准,从而使更多的困难群众能够被纳入救助范围。然而,这种方式也有一定的限度,标准过高会将一些本来并不需要享受社会救助待遇的人纳入进来,从而导致对社会救助资金需求的扩大。并且,当社会救助标准达到一定的水平后,救助资金对困难群众救助帮扶的边际效用就会大幅度下降。二是扩大社会救助标准的类别,按照"多维贫困"的原则构建复合性的社会救助标准体系,从而将更多的困难群众纳入社会救助范围。例如,将家庭收入—财产标准和其他会导致家庭困难的因素都纳入社会救助标准,包括疾病、残疾、失业、儿童、老人、单亲家庭、失独家庭等因素。这种方法可以更好地瞄准各类困难群众,但标准太多会导致测算过程过于复杂,并且容易导致救助对象重复受益的情况。三是采用一线工作人员的自由裁量方法,即赋予一线工作人员以一定的自由裁量权,让他们根据一定的原则性标准,按照实际情况进行研判,作出是否给予其社会救助的决定。虽然一线工作人员自由裁量方法能够较好地瞄准多样化的贫困现象,但这种方法对一线工作人员的专业素养和职业道德要求很高,需要建立高素质的基层经办服务机构和专业化的一线工作人员队伍。

鉴于多种瞄准方式各有其优缺点,任何单一的机制都难以达到理想的效果,因此,在社会救助瞄准机制的构建中应当避免只采用单一机制,而应采用复合机制。尤其是在社会救助的目标从过去仅针对保障贫困者基本生存提升到解决相对贫困问题和满足困难群众多样化需要的情况下,建构多层次复合型瞄准机制就变得更加重要了。

三、改革瞄准机制的必要性

自建立之初,我国社会救助制度及其标准就具有低水平、单维度等特点。

首先,我国社会救助的标准具有突出的低水平特点。相对于社会保险而言,各国的社会救助制度都具有低水平的特点,而我国社会救助制度的待遇水平尤其低。我国社会救助水平的低下主要是由救助标准的低下导致的。发达国家一般按照人均可支配收入中位数的60%划分相对贫困线,而我国的平均低保标准在城市仅为居民人均收入中位数的20%左右,而在农村则为人均收入中位数的39%左右。低保标准的低下导致三个方面的直接后果:一是低保对象的人数偏少;二是由于其他多项社会救助项目的对象与低保对象绑定,因而整个社会救助制度的对象偏少;三是低保的待遇水平偏低,许多低保家庭虽然获得了低保待遇,但其生活仍然非常困难。

其次,我国社会救助标准在过去较长的一段时期一直具有"单维度"的特点,即在低保瞄准中高度依赖家庭经济状况指标,而对家庭和个人的其他困难则考虑不足。即使在我国综合性社会救助体系建立起来后,最初也没有从根本上改变社会救助单维度的特点。困难家庭只有先按照单维度的家庭经济状况标准被识别为低保对象后,当他们有其他方面特殊困难时才能申请其他专项救助,而不是因为他们有其他方面的实际困难而更容易被识别为低保对象。

最后,我国社会救助标准具有"单层级"的特点。多项社会救助制度的对象瞄准机制都与低保绑定,只有低保对象才能享受到其他多项社会救助待遇,由此导致了在城市中"低保对象=贫困者",而在低保对象之外就没有贫困者的现象。在农村,过去除了低保对象之外还有"建档立卡贫困户",但其不属于社会救助制度中的多层对象,这是由于两套不同制度的对象瞄准机制的不同而导致的对象差异现象。

我国的社会救助制度之所以具有上述特点,主要是由现行社会救助制度的基本目标所决定的。我国的最低生活保障制度从建立时起其基本目标就是向无法维持基本生活的家庭提供最基本的生活保障,因此,最低生活保障制度从一开始就按照"基本生活"的要求制定了相对较低的标准。在较低的救助目标和救助标准下,仅靠家庭经济状况(即收入和财产)衡量家庭基本经济状况并按照维持温饱的最低标准确定低保标准就能够将无法维持基本生活的家庭识别出来,因此,就没有必要采用其他多样化的标准。按照我国最初建立低保制度的基本目标而采用的社会救助瞄准机制具有合理性。虽然后来逐渐建立起来的专项救助本来可以突破这些特点,但由于多项专项救助都是由民政部门之外的其他部门制定和管理的,这些部门难以针对每个专项救助制度都建立起一套对象瞄准机制,因而不得不依赖民政部门已经建立起来的低保对象瞄准机制。2014年颁布的《社会救助暂行办法》对多项专项救助的规定都仅仅要求向低保对象提供专项救助,而没有要求将专项救助扩大到低保对象之外的困难群众。因此,在实践中,专项救助事实上成为仅仅针对低保对象的补充性救助。

近年来,虽然城乡低保对象尤其是城市低保对象大幅度减少,但低保对象之外的困难群众仍然很多,这就要求对社会救助制度加以改革。随着我国经济社会的不断发展和贫困治理要求的逐步提高,我国各地陆续突破了《社会救助暂行办法》对专项救助仅限于低保对象的要求,将其扩大到了低保边缘户等低收入困难家庭。2020年,中共中央办公厅、国务院办公厅印发的《关于改革完善社会救助制度的意见》总结了近年来我国社会救助的经验,提出建立健全分层分类社会救助体系的要求。在新的社会救助制度体系中,专项救助不再绑定低保对象,低保对象以外符合条件的困难群众也可以申请并获得专项救助。也就是说,如果低保对象之外的专项救助申请者符合家庭经济困难的标准(低收入或支出性贫困标准),那么经一定的识别机制就可以被纳入低收入家庭的范围。在他们被纳入低收入家庭后并不一定会自动地获得救助待遇,而是可以根据自身的实际困难情况申请医疗、教育、就业、住房等专项救助。

总之,我国社会救助制度分层分类的改革与发展对社会救助瞄准机制的改革提出了要求。在新的社会救助制度体系中，没有必要也不应当继续沿用过去的瞄准机制，而应当探索建立多层级、多维度、水平合理、精度更高的瞄准机制。

四、建立多层次瞄准机制的必要性

社会救助瞄准机制的基本目标应当是尽可能准确地瞄准家庭和个人的实际困难。然而，在现实生活中，家庭和个人的实际困难千差万别，作为一套较为规范化的制度体系，社会救助制度在实际运行中很难针对每个家庭的具体情况加以分析和判断，不得不通过设立一个或一组能够较为全面地反映各种贫困状况的规范化标准来进行统一测量。相对而言，家庭人均收入是最能综合性地反映家庭贫困与否以及贫困程度的指标。因此，各国社会救助瞄准机制基本上都选择以家庭收入为测量贫困状况的基本指标，我国城市居民最低生活保障制度也以家庭人均收入为测量指标。1999 年，国务院发布的《城市居民最低生活保障条例》第二条规定："持有非农业户口的城市居民，凡共同生活的家庭成员人均收入低于当地城市居民最低生活保障标准的，均有从当地人民政府获得基本生活物质帮助的权利"[1]。

尽管家庭人均收入指标在众多可能的指标中属于最佳的贫困测量指标，但仅靠这一个指标难以全面地反映贫困家庭的实际情况，我国低保制度逐渐将家庭财产因素纳入其中。2014 年，国务院发布的《社会救助暂行办法》规定："国家对共同生活的家庭成员人均收入低于当地最低生活保障标准，且符合当地最低生活保障家庭财产状况规定的家庭，给予最低生活保障"[2]。2020 年，中共中央办公厅、国务院办公厅印发的《关于改革完善社会救助制度的意见》也坚持这一原则[3]。目前，我国最低生活保障制度以家庭人均收入和人均财产为瞄准工具，即瞄准家庭人均收入和人均财产低于地方政府所规定标准之下的家庭。家庭人均收入和家庭人均财产的指标相结合体现了收入—财产型贫困的瞄准机制，能够更加准确地瞄准贫困者。然而，仅用这一指标组合的瞄准机制仍然存在不足。

---

[1] 参见《城市居民最低生活保障条例》，《人民日报》1999 年 9 月 30 日。
[2] 参见《社会救助暂行办法》（国务院令第 649 号），《人民日报》2014 年 2 月 28 日。
[3] 参见《中共中央办公厅国务院办公厅印发〈关于改革完善社会救助制度的意见〉》，新华社 2020 年 8 月 25 日。

从理论上讲，以收入—财产标准作为瞄准机制是基于家庭收入和财产拥有状况与家庭生活实际困难状况之间具有较高的因果关系为基础的，但二者之间的因果关系是按照地区平均值的方式测定的，只能反映一个地区的总体因果情况或平均相关水平，无法准确地反映每家每户实际的贫困状况。因此，尽管用家庭人均收入和人均财产的指标衡量家庭实际生活状况具有统计学上的合理性，但将其用到代表单个家庭实际情况时则可能会出现较大的偏差。

近年来，许多地方政府按照"支出型贫困"的瞄准原则，探索将不符合低保的收入—财产标准但确实存在困难的家庭以各种方式在不同程度上纳入低保，或者给予其一定的现金救助待遇。政府越来越清楚地认识到，仅靠家庭人均收入和人均财产标准衡量单个家庭的实际生活状况容易出现瞄准偏差，其主要原因在于这一标准难以涵盖支出型贫困的情况。事实上，家庭的实际生活困难状况是由其家庭收入—财产和家庭刚性消费所共同决定的，如果缺乏后一方面的测量，就难以反映出家庭生活中的一些特殊困难情况。因此，在社会救助以收入—财产标准为基准瞄准机制的情况下，还应当辅之以实际生活的瞄准机制，即支出型贫困的瞄准机制。实际上，在各地的低保实践中常常会遇到大量的支出型贫困情况。因此，我国低保制度在实践中较早地推行了"分类施保"的做法。但是，分类施保只能给已经纳入低保对象的特殊困难者以额外的补充性救助，而无法将不符合低保制度收入和财产标准的实际困难群众纳入低保。也就是说，分类施保只是一种补充性待遇机制，而不是对象瞄准机制。此外，为了将不符合家庭人均收入和财产标准但确实存在实际困难的家庭纳入低保，各地较为普遍的做法是默许基层社会救助工作人员实施一定程度上的自由裁量，由工作人员根据低保申请者的实际情况瞄准他们的实际困难。然而，迄今为止，自由裁量方法在我国尚未成为一套完善的社会救助瞄准机制。

面向未来，我国应当建立更加稳定、规范的制度，以协调收入—财产瞄准机制与实际困难瞄准机制之间的关系，使其相互协调、共同发挥作用。因此，笔者建议建立一套多层社会救助瞄准机制。第一层是现有的收入—财产瞄准机制，第二层是群体类别型的瞄准机制，第三层是基层经办机构及其工作人员的自由裁量瞄准机制。作为基本的瞄准机制，第一层的收入—财产瞄准机制主要坚持规范性原则，发挥基础性瞄准作用。因有居民家庭经济状况核对机制，这一层瞄准机制的操作相对简单、规范，能够将绝大多数符合条件的困难群众都纳入低保对象，并能够有效地防止错保。在此基础上，第二层和第三层机制的作用主要是防止事实漏保,即防止少数确实存在特殊困难的家庭因收入略高于低保的收入—财产标准而被排除在救助范围之外。其中,第二层的群体类别瞄准机制的主要作用是通过对某些高风险群体的特征识别而对收入—财产瞄准机制进行系统性补充,而第三层的经办机构自由裁量瞄准机制则是最后的"人工补漏",是为了防止因前两层机制中的漏洞而使少数确实困难的家庭漏保。总而言之,这三个层次瞄准机制的功能有别,通过精心的制度设计进行分工合作、相互衔接、有序运行,共同构成了一套较为完整的、严密的、精准的社会救助瞄准机制。

五、完善多层次社会救助瞄准机制的基本要求

实际上,多层次社会救助瞄准机制中的各种具体做法大多在我国已有实践操作,有的已较为制度化,有的还处于地方探索实践阶段。在社会救助制度体系的发展中,我国应进一步完善包含多层次的社会救助瞄准机制,既要完善三个层次的瞄准机制,又要注重三个层次的有机结合,以形成完整的综合性瞄准机制。

(一)完善社会救助标准和家庭经济状况调查机制

虽然经过多年的发展我国在社会救助标准的制定和家庭经济状况调查机制的建设方面已形成较为成熟的方法,但是面对新时期社会救助制度的目标提升和水平提高的要求,原有的标准设计原理和家庭经济状况调查方法需要进一步优化。

首先,应完善社会救助标准。一方面,调整低保标准的动态调整机制,按照"共同富裕"的要求适度地提升低保标准,按照解决相对贫困问题的要求建立低保标准、并随经济和社会发展而同步提高的制度化机制;另一方面,按照建立分层分类社会救助体系和适应社会救助范围扩大的要求,建立低保和低收入双层标准体系。

其次,应完善社会救助对象和申请者家庭经济状况调查机制。当前,我国采用收入—财产标准常常难以获取真实的数据,尤其是当困难群众较多地分布在农村地区和城市非正规就业人员中,由于他们的收入情况较为复杂,要获取完整的收入—财产数据难度较大。因此,应当在传统的家计调查办法的基础上,采取加强困难群众家庭经济状况核对机制和"代理家计调查"办法。"代理家计调

查"办法可以简化对家庭经济状况的测量,在一些国家已有较多的应用。[1] 在我国社会救助实践中,一些地方在农村脱贫攻坚中非正式地采用过"一看房、二看粮、三看有无读书郎"的瞄准方法。然而,代理家计调查方法在实际操作中存在一定的瞄准偏差,并且在降低漏保偏误方面的效果小于降低错保偏误方面的效果。[2] 随着家庭经济状况核对机制的发展,代理家计调查一直没有成为一种正式的和规范化的社会救助制度瞄准机制。其他国家的实践和我国的一些研究表明,代理家计调查方法在特定情况下能够较好地发挥作用,尤其是在收入较低且收入来源不易把握的农村地区,采用代理家计调查是一种事半功倍的方法。

此外,在过去十年间实行社会救助瞄准机制的实践中,各地普遍加强了对低保家庭经济状况的核对工作,发挥出"收入—财产"瞄准机制的实际作用,将大量不符合低保"收入—财产"标准的家庭排除在外。从近年来城乡低保对象(尤其是城市低保对象)大幅度减少的实际情况看,虽然严格的家庭经济状况核查确实能将许多不符合家庭收入和财产标准的家庭排除出去,但家庭经济状况核对机制也存在一些缺陷。一是这一系统在获取居民的家庭经济状况数据时总会有一些遗漏或不准确的情况;二是难以反映出困难群众因特殊困难而导致的刚性支出。因此,单纯加强对家庭收入和财产核对的负面后果是可能会导致更多的事实漏保情况,即一些家庭从实际情况看处于严重困难,但是按照正式的标准无法被纳入低保或其他社会救助的范围。因此,一方面,应当继续完善居民的家庭经济状况核对系统;另一方面,应当进一步完善其他的信息获取和分析手段,尤其是要重视对困难家庭刚性支出信息的获取和分析手段的运用。

(二)建立辅助群体瞄准机制

群体瞄准机制的主要原理是将社会救助直接瞄准某些特定的群体,属于被瞄准群体的所有人都可以有条件地或无条件地获得一定的救助。这类机制的理论基础是,全社会的贫困问题具有一定的结构性特点,某些群体中的人员(如老年人、失业者、单亲母亲等)因其就业和收入能力普遍低下或面临更多的刚性支出需要(如儿童、重病人、残疾人等)而导致贫困发生率较高,其成员往往会面临着更大的贫困风险,由此显示出群体性的贫困极其脆弱性的特点。在此条件下,

---

①　解垩:《公共预算转移支付反贫困瞄准:以低保为例的 ROC 方法分析》,《统计研究》2019年第 10 期。

②　韩华为:《代理家计调查、农村低保瞄准精度和减贫效应——基于中国家庭金融调查的实证研究》,《社会保障评论》2021 年第 2 期。

可以将整个贫困群体都纳入社会救助制度的瞄准之下,以形成一种介于选择型和普惠型之间的瞄准方式,虽然这样做可能会发生一定的个体性瞄准偏差,但总体上的瞄准效果较好、成本较低。群体瞄准与个体瞄准是社会救助制度的两种不同的标准机制。个体瞄准是直接针对个体(家庭与个人)的瞄准机制,通过一定的标准和识别程序直接瞄准有困难的家庭和个人,可以更加精准地瞄准有需要的个体,虽然瞄准成本较高,但由于瞄准得更加精确,总体的救助成本较低。因此,个体瞄准是社会救助瞄准机制中的主流。由于个体层面贫困者的情况千差万别,如果个体瞄准机制只依靠标准化的指标(如家庭人均收入、财产等)的话,也容易出现瞄准偏差,因此,可以在以个体瞄准为主的情况下引入一定的群体瞄准作为辅助性瞄准机制,以弥补个体瞄准机制的不足。

改革开放后,我国的最低生活保障制度在建立之初简单地采用了个体瞄准机制,以家庭收入为标准,直接瞄准收入低于低保标准的家庭。并且,后来发展起来的多项专项救助的对象都与低保绑定,整个社会救助制度基本上都实行的是个体瞄准机制。然而,随着社会救助制度的发展,尤其是救助项目的增多和救助对象的扩大,单纯的个体性瞄准机制难以适应救助对象复杂化的实际情况,近年来各地逐渐引入了群体性标准。目前,较为普遍的做法是,先以个人和家庭为单位,具体测量家庭和个人的经济状况,将社会救助直接瞄准有需要的个人和家庭,然后再辅之以一定的群体性标准,例如,将老年人、残疾人、儿童、单亲家庭等额外地纳入低保瞄准识别体系之中,或在低保对象识别机制中赋予其一定的权重。

在总结当前各地实践经验的基础上,应建立个体瞄准与群体瞄准二者相结合的瞄准机制,以适应社会救助制度对象扩大后的要求,具体的做法是以个体瞄准为基础、以群体瞄准为补充。首先,基本瞄准机制仍以个体瞄准为基础,以家庭经济状况为主要标准,主要识别家庭经济困难的对象。其次,在低保和低收入家庭的标准中引入群体性变量,对低保或低收入家庭申请者中具有额外刚性支出的人员给予一定的绝对量或相对比例的收入—财产测算抵扣。这种安排的基本原理是引入"支出型贫困"的考量,将家庭中存在刚性额外支出并因此会导致支出型贫困的情况纳入贫困测量之中。但是,如果对每个家庭中所有成员的刚性额外支出都加以具体的调查分析,就需要进行大量的工作,事实上难以真正做到。因此,按照群体性额外刚性支出的平均水平来确定一个适当的群体性额外刚性支出指数是一个较为便捷的、有效的替代性辅助瞄准机制。

采用这种方法的关键是通过仔细的调查分析得出各类高风险群体的额外刚性支出指数。第一步，通过一定规模的抽样调查获得各类高风险群体的额外刚性支出数据；第二步，根据调查的数据制定各类高风险群体的额外刚性支出指数，即生活困难指数；第三步，采用额外刚性支出指数计算对各类高风险群体人员的收入抵扣。之所以要采用这种标准化的计算方式，是因为兼顾适应困难家庭成员情况的多样性和瞄准手段简要性的要求。通过群体类别指数化的方法既可以避免"一人一议"的烦琐和人为因素的干扰，又可以通过测算群体之间的差异而减少瞄准偏差。

（三）合理采用自由裁量瞄准机制

社会救助机制中的自由裁量方法是指让社区组织、社会救助基层经办服务机构中的一线工作人员按照社会救助项目受益者瞄准的基本要求，对申请人和被救助者家庭与个人的经济状况、实际生活需要进行调查和研判，从而作出是否将其纳入社会救助对象的决定。鉴于标准化瞄准机制存在不足之处，应当在社会救助瞄准机制中辅之以社区组织、社会救助机构及其一线工作人员自由裁量机制。采用自由裁量机制的根据是，由于贫困问题的多样性和复杂性，常规标准化的瞄准机制难以包容所有的贫困现象。尽管通过扩大贫困测量指标可以提高瞄准机制对贫困现象的包容度，但当测量指标多到一定程度后就会导致测量总体效度的降低，并使贫困识别的成本大幅度增高。在这种情况下，辅之以一定的自由裁量方法可以在不大幅度地增加成本的情况下，较为有效地提高社会救助瞄准机制的有效性。

实行自由裁量方法是依靠相关组织、社区居民和工作人员的主观能动性弥补客观指标的僵化和不足，弥补瞄准机制的漏洞。其主要作用是针对多样化和非典型性的个体贫困现象，确保普通群众中各种特殊困难都能够得到有效解决，因此，自由裁量方法是社会救助瞄准机制中不可或缺的一个托底性手段。但是，自由裁量方法并非由相关组织和工作人员任意决定，而是应当严格遵循贫困判定的原则性标准，通过实际调查、分析研判、讨论决定等程序执行，并在每个环节上都要尊崇相关的制度规范。同时，这一方法要求承担此项工作的社区组织和社会救助经办服务机构具有严格的制度规范以及一线工作人员具备相关的专业素质和高尚的职业道德。因此，自由裁量方法是一套较为复杂的、成本较高的瞄准机制，难以作为社会救助瞄准机制的主要手段，只能发挥辅助性和兜底性作用。

从实施体制的角度看，自由裁量方法可以采用社区瞄准和专业机构瞄准两种体制。社区瞄准是依托社区组织开展的自由裁量工作,能够更好地发挥社区组织贴近居民的优势,调动居民参与的积极性,获得较为准确的信息。然而,社区瞄准容易形成精英控制①以及因社区工作人员数量和能力的不足而导致的瞄准偏差,并且这种体制不适用于居民异质性较大的城市社区。因此,专业机构瞄准依托专业的社会救助经办服务机构及其专业的社会救助工作人员进行自由裁量的瞄准工作。在这种体制下的自由裁量瞄准效果会更好,但成本也会随之上升。

事实上,我国社会救助制度在运行实践中存在一定的依托社区瞄准的自由裁量方法,包括在农村中普遍实行的社区评议法和在城市中自发形成的一线工作人员自由裁量行为。虽然这些方法都发挥出了一定的补充性瞄准作用,但也存在一些根本性缺陷。一是农村的社区评议法难以避免地会受到精英控制、人际关系、贫困污名等因素的影响。二是城市一线工作人员的自由裁量行为缺乏相关的制度规范。在我国重要的社会救助法规和政府的制度规范中都没有明确规定自由裁量方法,也没有正式赋予一线经办机构和工作人员以自由裁量权。一线工作人员只是利用制度规范中的一些弹性空间发挥出一定的自由裁量作用,因此这套方法既难以成为标准化的运行机制,也容易出现瞄准偏差。三是我国社会救助制度基层经办服务体系不够健全,许多地方都缺乏完整的、稳定的和专业化的经办服务机构。同时,进行社会救助的一线工作人员常常配备得不够充分,且其专业化能力普遍不足。在缺乏专业化的能力和规范的情况下,采用自由裁量方法难免会带来一些不规范的做法,导致社会上产生对"关系保、人情保"的质疑,由此,政府尤其是纪检审计部门会对基层工作人员偏离正式标准和程序的做法加以问责查处,进而大大地压缩了基层工作人员进行自由裁量的空间,使得针对实际困难而采用的瞄准机制再度遇到阻碍。

鉴于自由裁量方法的必要性和重要性,我国社会救助制度瞄准机制改革应当明确构建自由裁量机制,重点是依托专业性经办机构和专业工作人员的自由裁量机制,将其作为一种正式的辅助兜底性瞄准机制。首先,应当确定自由裁量方法在社会救助瞄准机制中的辅助性和兜底性作用,主要针对不符合低保、低收入和规范化的支出型贫困标准但确实存在严重困难的家庭和个人。其次,应当

---

① 韩华为:《农村低保户瞄准中的偏误和精英俘获——基于社区瞄准机制的分析》,《经济学动态》2018 年第 2 期。

对自由裁量瞄准的对象和困难情况的适用范围作出原则性规定,将针对社会救助制度对象的自由裁量局限于其在经济方面依靠自己难以克服的实际困难,而不包括社会与心理等层面的困难(需要通过其他机制去解决)。再次,应当正式授予基层社会救助经办机构及其一线工作人员以自由裁量权,并规范这一权力行为的行使方式以及相关的程序与规范,包括受理、调查、研判、审核、审批等必要的程序及其相应的规范。最后,应当加强社会救助经办机构及其人员队伍的专业化建设,逐步让专业化的机构和专业人员承担社会救助经办服务。

(作者单位:南开大学社会建设与管理研究院)

以风险管理为中心，
健全社会救助反贫防贫长效机制

左　停　李　颖　刘文婧

党的十八大以来，中国共产党团结带领全国人民打赢脱贫攻坚战，历史性解决了困扰中华民族千年的绝对贫困问题，实现了全面小康的百年奋斗目标，由此进入消除绝对贫困实现全面小康的巩固期和推进乡村振兴实现共同富裕的过渡期。在中国向第二个百年奋斗目标进军的重要历史节点，发展不平衡不充分问题仍然突出，城乡区域发展和收入分配差距较大，实现巩固拓展脱贫攻坚成果与乡村振兴有效衔接的工作依然十分繁重。而实现巩固拓展脱贫攻坚成果同乡村振兴有效衔接，既是新时代中国"三农"工作的重要战略部署，又是破解我国新时代主要矛盾、实现共同富裕的重要手段。

2021年2月26日，习近平总书记在中共中央政治局第二十八次集体学习中系统地阐述了覆盖全民的社会保障体系的建设目标和方向，明确了乡村振兴战略下社会保障的地位和作用，强调"要把农村社会救助纳入乡村振兴战略统筹谋划，健全农村社会救助制度，完善日常性帮扶措施"。这对健全农村社会救助制度具有重要的指导意义和时代意义，对全面推进乡村振兴战略也有重要意义。这一要求反映了乡村振兴的内在逻辑，也是对实施乡村振兴战略提出的全新要求。要实现乡村振兴的目标，不仅要靠产业兴旺带来生活富裕，也需要构建严密的社会救助体系和健全的农村社会救助制度来保障民生。"十四五"期间，要在充分总结社会救助与脱贫攻坚、乡村振兴衔接互嵌、共同促进的经验基础上，健全社会救助巩固农村脱贫成果长效机制，围绕全面推进乡村振兴统筹谋划农村社会救助事业。

一、脱贫攻坚战的全面胜利和社会救助面临的新挑战

贫困问题始终是全球发展的一个主要议题。党的十八大以来，党中央把脱贫攻坚摆在治国理政的突出位置，将消除绝对贫困作为全面建成小康社会的底线任务和标志性指标，通过施行系统性的帮扶政策、精准化的靶向识别、超常规的组织动员以及高强度的资源投入，实现脱贫攻坚横向到边、纵向到底，扶贫减贫成就斐然、举世瞩目，其力度之大、规模之广、影响之深前所未有。伴随着脱贫攻坚战的全面胜利，中国进入向第二个百年奋斗目标进军的重要历史节点，新阶段既需要进一步巩固拓展脱贫攻坚成果，也需要适时调整优化扶贫减贫政策，高质量完成新任务，以更好回应时代要求和人民诉求。

（一）脱贫攻坚成就斐然，兜底保障成效显著

中国通过打赢脱贫攻坚战，实现现行标准下 9899 万农村贫困人口全部脱贫，832 个贫困县全部摘帽，12.8 万个贫困村全部出列，区域性整体贫困得到解决，完成了消除绝对贫困的艰巨任务，提前十年完成联合国《2030 年可持续发展议程》中消除极端贫困的既定目标，为世界减贫作出卓越贡献，赢得国际社会广泛赞誉。

在脱贫攻坚过程中，对于有劳动能力和发展潜力的困难群体在大力度的开发式扶贫中逐渐摆脱贫困，而以老弱病残等生理性贫困为主体的特殊困难群体则更多依赖保障性扶贫。特殊贫困群体集中表现为"无业可扶、无力脱贫"的老弱病残群体，通常具有"贫""困"与"弱"三种特征，也可能仅表现为"困"与"弱"，但"困"为其本质特征。"贫"可理解为表征经济维度的不足，"困"和"弱"则侧重于更深层的服务不足、人力资本薄弱和抗逆力低下等问题。特殊困难群体是脱贫攻坚中的贫中之贫、困中之困、坚中之坚，兜底保障对其实现全面脱贫意义非凡。

作为脱贫攻坚"五个一批"之一的社会保障兜底扶贫是我国国家治理体系中保障和改善民生的基本制度安排，也是脱贫攻坚的最后一道防线。习近平总书记在不同场合多次对兜底保障作出了重要指示批示，并对社会救助兜底保障工作作出一系列重大决策部署，要求各项工作聚焦脱贫攻坚、聚焦特殊群体、聚焦群众关切，着力保基本兜底线，织密扎牢民生保障"安全网"。此后，社会救助兜底扶贫成为中国重要的扶贫制度设计，并且逐渐形成一套相对完善的制度

体系。

通过实施"社会救助兜底脱贫行动"，全面实现兜住底。及时将符合条件的贫困人口纳入社会救助兜底保障范围，并健全完善监测预警机制，利用社会救助部门信息共享、社会救助家庭经济状况核对机制等，监测预警潜在救助对象，主动发现、主动救助，落实低保渐退、收入扣减等措施，巩固拓展脱贫成果。

通过强化分类救助，有力实现兜准底。聚焦原贫困人口中的重病患者、重度残疾人、老年人和未成年人等特殊群体，对于获得低保后生活仍有困难的特殊困难群体，按照当地规定适当增发低保金。加大对重度残疾人、重病患者等特殊人群救助力度，及时将符合条件人口纳入社会救助范围，确保"应保尽保、应兜尽兜"。完善困难残疾人生活补贴和重度残疾人护理补贴制度，健全完善补贴标准动态调整机制，确保"应补尽补、按标施补"。通过政府购买服务、托养照料等多种方式，为贫困重度残疾人提供集中或社会化照料护理服务。全面落实农村特困人员救助供养政策，优先为有集中供养意愿的生活不能自理的特困人员提供集中供养服务，加强对分散供养特困人员的照料服务。加强贫困地区农村留守儿童、困境儿童关爱保护，完善并落实事实无人抚养儿童生活保障政策，落实孤儿保障提标工作。

通过强化综合施策，切实实现兜好底。充分发挥社会救助部际联席会议机制和县级困难群众基本生活保障工作协调机制作用，形成相关部门救助合力。充分发挥临时救助制度作用，推动全面建立乡镇临时救助备用金制度，加强临时救助和低保政策衔接，发挥救急解难作用。在保障城乡低保对象和特困人员基础上，将孤儿和事实无人抚养儿童纳入覆盖范围，阶段性提高价格临时补贴标准。及时落实社会救助兜底保障措施，切实做到弱有所扶、困有所助、难有所帮。

总体而言，社会救助兜底保障为脱贫攻坚取得全面胜利奠定坚实基础，通过农村低保制度和扶贫开发政策实现有效衔接，切实解决原贫困人口"两不愁三保障"问题。推动特殊贫困群体基本生活得到有力保障，确保完全丧失劳动能力和部分丧失劳动能力且无法依靠产业就业帮扶脱贫的特殊贫困人口实现脱贫。实现特困人员救助供养服务能力进一步提升，对返贫人口及时按规定给予临时救助，并根据其致贫原因和困难程度实施"分类救助""先行救助""特别救助"，织密兜牢困难群体的兜底保障网。

（二）社会救助帮扶对象需要调整优化

脱贫攻坚过程中，中国举全党全国全社会之力提升原建档立卡贫困户收入水平与发展能力。对于有劳动能力和发展潜力的困难群体,依托产业扶贫、就业扶贫、教育扶贫、生态扶贫等举措实现开发式扶贫,而以老弱病残等生理性贫困为主体的特殊困难群体则主要依托保障性扶贫举措实现兜底脱贫。为此,中国将符合条件的建档立卡贫困人口全部纳入兜底保障范围。自 2016 年以来,民政部等相关部门连续三年印发了关于加强农村低保制度与扶贫开发政策衔接的政策文件,确保将符合条件的建档立卡贫困人口及时纳入低保或特困人员救助供养,实现"应保尽保"。截至 2020 年 11 月,已有 2004 万建档立卡贫困人口享受低保或特困人员救助供养政策,低保制度与扶贫开发两项制度实现了有效衔接;困难残疾人生活补贴和重度残疾人护理补贴制度分别惠及困难残疾人 1153 万人、重度残疾人 1433 万人;儿童督导员和儿童主任实现全覆盖,更多贫困儿童享受到关爱服务。① 此外,为了进一步巩固脱贫攻坚成果,减少困难群众陷入贫困和返贫的风险,各地对兜底保障的标准和范围进行了一定程度的拓展,突破了传统的认定标准,对刚性支出等指标进行权衡和优化,适度扩大社会救助覆盖范围。如上海、湖南、山东、河北等地将支出型贫困家庭纳入低保范围,并在核算家庭收入时,对因家人患大病重病以及面临教育费用增加等情况的刚性支出予以适当扣减。广东省于 2019 年出台的《广东省最低生活保障制度实施办法》将支出型贫困、低保边缘家庭纳入救助范围,重度残疾人、3 级 4 级智力和精神残疾人、宗教教职人员、父母不能履行抚养义务的儿童等特殊人员可以单独提出申请。

在开发式扶贫与保障性扶贫协同作用下,原建档立卡贫困户不仅实现全部脱贫,更有一部分群体实现高质量脱贫乃至脱贫致富。但通过建档立卡的数据分析,约有三分之一建档立卡脱贫户属于低收入人口,约有三分之一建档立卡脱贫户属于稳定脱贫人口,约有六分之一建档立卡脱贫户属于高质量稳定脱贫人口。需要注意的是,此项数据分析仅仅覆盖建档立卡数据,而并未覆盖其他群体。为此,本研究将通过民政部政策研究中心农村低收入家庭样本数据(见表1)进行进一步验证,样本农户(7381 户)收入在 6000 元、7000 元、8000 元、9000元以下分别为 33.67%、40.72%、47.26%、54.49%。基于两项数据比较,可以发现民政部农村低收入人口家庭样本数据中的群体收入更低、脱贫不稳定、边缘易致贫群体占三分之一,低收入人口占比接近半数。特别是普通家庭,由于缺乏相

---

① 《国新办举行脱贫攻坚兜底保障情况新闻发布会》,国新网,2020 年 11 月 23 日。

关政策扶持,其收入情况与生计情况可能更为严峻。

表 1　农村低收入家庭收入分布表

收入（元）	总比例	低保户	人均收入（元）	低收入户	人均收入（元）	普通家庭户	人均收入（元）
6000 以下	33.67%	66.84%	3677	19.92%	3017	13.24%	2949
7000 以下	40.72%	67.70%	4199	19.43%	3560	12.87%	3496
8000 以下	47.26%	67.95%	4665	19.18%	4065	12.87%	4066
9000 以下	54.49%	68.44%	5141	18.84%	4157	12.72%	4542

　　总体而言,无论是基于课题组调研数据,抑或民政部低收入家庭样本数据,在脱贫攻坚结束后,仍然存在一定规模的脱贫不稳定户、边缘易致贫户以及突发严重困难户,此类群体往往存在明显的生计系统脆弱性,需要予以制度性兜底保障。因此,在巩固拓展脱贫攻坚成果期,可以减少稳定脱贫户与高质量脱贫户的兜底性救助政策,而将社会救助兜底保障帮扶对象从全部建档立卡脱贫户重点聚焦至脱贫不稳定、边缘易致贫等群体以及其他低收入人口群体,适度拓展政策覆盖群体,从而实现帮扶对象调整优化。

(三)社会救助和帮扶政策需要注重长效

　　脱贫攻坚期间,中国通过集中脱贫攻坚、应急贫困救助与长效贫困治理的动态耦合等举措实现全面脱贫目标。[1] 究其本质,超常规组织动员以及高强度资源投入下的政策多体现为攻坚性与应急性政策。客观而言,超常规攻坚性政策在脱贫攻坚中发挥出巨大作用,巩固拓展脱贫攻坚成果并不等同于脱贫攻坚本身,同时还需要加强与乡村振兴战略相衔接。脱贫攻坚是攻坚战与歼灭战,具有运动性与阶段性特征,重点在于化解发展不平衡问题,实现贫困户脱贫摘帽,属于特惠性与局部性政策。而乡村振兴是长期战略,具有制度性与常态化特征,重点在于解决发展不充分问题,实现所有农村人口发展致富,属于普惠性与整体性政策。因此,在巩固拓展脱贫攻坚成果同乡村振兴有效衔接的过渡期,应该进一步调整优化政策,在主要帮扶政策保持总体稳定的基础上,分类优化调整,合理把握调整节奏、力度和时限,增强脱贫稳定性。

---

　　① 贺立龙:《中国历史性解决绝对贫困问题的制度分析——基于政治经济学的视角》,《政治经济学评论》2020 年第 5 期。

坚持现有帮扶政策该延续的延续、该优化的优化、该调整的调整,确保政策连续性。具体而言,对于部分针对原建档立卡贫困人口过高的医疗保障政策,部分地区对贫困家庭进行的"七改一增"等人居环境改善拔高标准类政策,部分督查考核类政策应逐步减少;对于财政投入的各级扶贫专项资金、金融扶贫的扶贫再贷款等投入保障类政策,补齐基础设施和公共服务短板、加快电网升级和通信网络等基础设施类政策,教育、医疗保障等利在长远类政策要继续强化;对于许多短平快的产业扶贫政策,同质化的就业扶贫政策需要及时调整转换;对于防止返贫与预警帮扶类政策,政府与社会资本合作、社会组织与企业合作类政策要统筹设立。[1] 换言之,巩固拓展脱贫攻坚成果仍立足于保基本、兜底性,重视微观个体与物质层面帮扶,无论是脱贫户还是边缘户都要力保不返贫,特别是对于无力发展的群体进行兜底救助,坚持应保尽保、应兜尽兜;衔接乡村振兴立足于促提升、发展性,重视宏观平台搭建和能力培养提升,侧重对有发展意愿的群体进行政策扶持,坚持公平竞争,维护规则。

总体而言,既要严格落实"四个不摘"要求,即摘帽不摘责任,防止松劲懈怠;摘帽不摘政策,防止急刹车;摘帽不摘帮扶,防止一撤了之;摘帽不摘监管,防止贫困反弹;也要及时调整政策并注重政策的长效性与可持续性,兜底救助类政策要继续保持稳定,教育、医疗、住房、饮水等民生保障普惠性政策扎实推进,并根据脱贫人口实际困难给予适度倾斜,产业就业等发展类政策进一步调整优化。

(四)社会救助和帮扶机制需要趋于常态

中国在贫困治理特别是脱贫攻坚过程中,总结出一系列行之有效的帮扶机制,其中既有中央从高位推动的顶层设计,也有地方探索实践的政策机制,在巩固拓展脱贫攻坚成果的过渡期,需要将阶段性、临时性帮扶机制落实为常态化、稳定性机制,并将巩固拓展脱贫攻坚成果放在突出位置,建立系统性农村低收入人口和欠发达地区常态化帮扶机制。

首先,建立困难群众预警和主动发现常态化机制,防止出现规模性返贫现象。有效防止贫困是巩固脱贫攻坚成果的工作重点。近年来,各地构建了以低保对象、特困供养对象和临时救助对象为基础,同时与教育、医疗、住房、就业等

---

[1] 高强:《脱贫攻坚与乡村振兴有效衔接的再探讨——基于政策转移接续的视角》,《南京农业大学学报》(社会科学版)2020 年第 4 期。

相关救助情况衔接的监测预警机制。该机制依托社会救助信息系统平台,打破部门之间的信息和数据壁垒,推动医保、民政、公安、住建和应急管理等部门进行信息交流共享,对困难对象在住房、医疗、教育等方面存在的致贫风险进行排查监测并及时预警、核实并开展救助;同时,对监测对象家庭的人口基本生活、收支状况、生产经营等状况进行综合评估,分析研判困难群众的生活情况和可能面临的风险。在此基础上,有些地方还探索增加了家庭劳动力、家庭成员教育和健康、家庭大额支出情况等监测指标,对突发事件和灾害的识别与监测结果实行等级划分和标识管理,提高了困难群众识别的精准性,增强了社会救助工作的预见性和主动性。

其次,建立健全分层分类的社会救助体系机制,织密基本民生兜底保障网。以习近平同志为核心的党中央高度重视基本民生兜底保障工作,以系统化思维全面推进基本民生保障体系建设,加强最低生活保障、特困人员供养及临时救助、医疗救助、住房救助、教育救助等专项救助工作,不断加大基本民生的保障和兜底力度,有效保障了困难群众基本生活。通过基本救助和教育、医疗、住房、就业等专项救助政策的有效组合,使不同困难群体精准地享受到有效的救助政策。从不同类别的救助对象看,基本生活性的救助主要围绕低保和特困人群,专项救助和临时救助对于不同对象的覆盖发挥了较大作用。例如,甘肃省建立经济困难老年人(低保和特困人员)补贴制度,补贴标准为每人每月100元;江西省对入学前户籍在省内,18周岁前被认定为孤儿身份、年满18周岁后就读于全日制院校的中专、大专、本科和硕士研究生,设立每人每学年1万元的资助标准;江西宁都县探索实行面向困境儿童和困境家庭儿童的救助补贴(困境儿童270元/月,困境家庭儿童420元/月),补贴发放一直延续到大学毕业;山东菏泽市开展"福彩扶老助行"活动,设立福彩公益金帮助贫困老人解决出行难问题,以提高当地老年人的生活质量;广西对收入不稳定、持续增收能力较弱、返贫风险较高的已脱贫人口及时跟进实施临时救助,积极防止其返贫。

再次,健全常态化驻村帮扶工作机制,常态化地驻村帮扶,不仅有助于提升村庄的治理能力,也有利于锻炼广大干部,同时建立村庄与外部社会联系的管道。因此,应将驻村帮扶与村级组织行政化相结合,探索多种形式的帮扶举措,建立常规化的帮扶机制,保障驻村帮扶的长期性和稳定性。驻村帮扶的目标要从产业发展转向乡村治理,重点在于支持村庄建立自治、法治和德治相互融合的乡村治理机制,推动村级党组织的能力建设。①

最后,完善养老保障和儿童关爱服务机制。各地通过对现有的学校、幼儿园、敬老院、爱心超市等机构闲置资源进行改造,为贫困老人、残疾人、留守儿童提供兜底保障服务,积极探索适合本地区的互助养老模式。同时建立积分制度以及设置兴趣小组、建立志愿者队伍、配备公益性岗位等常态化活动机制,充分发挥互助组织的凝聚力和协同性。此外,一些地方在农村社区建立"留守儿童之家",解决留守儿童午休、晚放照管等问题,并引入专业的社工团队为留守儿童提供专业的心理疏导服务;针对不同类型的困难群众,实施救助型和适度普惠型等不同类型的救助政策,提升区域性和低收入人群的基本福利水平,大大激发了乡村发展的内生动力。

二、巩固脱贫成果需要做好重点风险管理问题

脱贫摘帽不是终点,而是新生活、新奋斗的起点,在以消除绝对贫困为目标的脱贫攻坚战取得全面胜利后,"三农"工作的重心将历史性地向实现全面乡村振兴转移。2021 年是巩固拓展脱贫攻坚成果、全面推进乡村振兴开局之年,防止规模性返贫,既是巩固拓展脱贫攻坚成果的基本要求,也是全面实施乡村振兴的底线要求。贫困作为一个具有复杂性、系统性和动态性特征的社会经济现象,往往会表现出生产和再生产的交替更迭、循环往复过程。② 由于农村生计系统的脆弱性、生产要素与资源配置转换的受限性、自然环境的复杂性以及政治经济和社会文化环境的低交互性③,部分脱贫户的发展基础比较脆弱,部分边缘户还面临致贫风险,部分农户会因病因灾因意外事故等导致基本生活出现严重困难,脱贫地区特别是原深度贫困县摘帽时间较晚,经济社会发展基础薄弱,容易发生返贫致贫现象。而以动员式、战役式为主的事后治理模式容易陷入"扶贫—脱

---

① 王晓毅、阿妮尔:《从"超常规"到"常规化":驻村帮扶如何助推乡村治理现代化》,《南京农业大学学报》(社会科学版)2021 年第 6 期。

② 李小云、马洁文、唐丽霞等:《关于中国减贫经验国际化的讨论》,《中国农业大学学报》(社会科学版)2016 年第 5 期。

③ 左停、徐卫周:《综合保障性扶贫:中国脱贫攻坚的新旨向与新探索》,《内蒙古社会科学》(汉文版)2019 年第 3 期。

贫—返贫"的恶性循环，①难以从根本上或完全化解脆弱性返贫和冲击性致贫风险。因此，本文将基于前述内容分析，并结合宏观经济环境与农村低收入家庭样本分析结果，梳理巩固拓展脱贫攻坚成果应该重视的重点风险问题。

（一）因宏观经济和政策变化可能导致的家庭收入下降问题

宏观环境是影响农户家庭收入变化的基础性因素，政策变化是影响农户家庭收入变化的重要影响因素。全球化和社会转型的背景下，新的不稳定和脆弱性因素与安全隐患增加，将产生链式的扩散放大效应，如一些农村地区生态环境恶劣、生产生活条件薄弱、收入和消费水平较低、农户的市场参与度不高并在社会参与中遭到社会排斥的现象等多种风险叠加交织在一起，会进一步加剧农村地区和低收入人口的脆弱性。而对于脱贫不稳定、边缘易致贫等低收入人口而言，其生计脆弱性突出，应对风险能力弱，更容易受宏观经济环境变动与政策变化影响导致家庭收入下降。

风险是贫困的重要诱因，宏观环境影响主要体现为低收入人口在参与市场经营过程中，由于生产要素市场价格的急剧波动而导致衍生产品价格及价值的不合理变动，剧烈的市场波动往往导致家庭经营出现诸多不确定因素和返贫风险，集中体现为产生经营风险与就业不充分风险。产业经营风险多数源于产业结构转型导致农村扶贫产业发展不确定性增多，部分低收入人口往往采取小户经营方式开展生产，缺乏规模性生产能力，导致其产品在市场上缺乏必要的竞争优势，进而引发产业经营风险。此外，由于我国城乡二元结构依然存在，农村外出务工人员失业风险明显高于城市居民。难以享受完全均等化的就业、社会保障与教育机会，只能寻找流动性强、收入不稳定的强体力要求行业，一旦因健康原因失去工作，生计水平容易迅速滑落。加之环境评估趋紧、边境贸易收紧等政策影响下，从事养殖、边境贸易的低收入人口往往出现剧烈的收入负向变动，主要收入来源的减少将进一步加剧其面临致贫返贫风险。

对于因宏观经济和政策变化可能导致的家庭收入下降问题，一方面需要顺应国家产业结构调整的趋势，丰富与拓展农村产业的结构布局，注重发掘当地的特色产业资源，培养其产业的相对竞争优势，减少经济波动对生产生活的影响；另一方面，需要强化社会救助兜底保障政策。完善基本生活救助制度，分档或根

---

① 黄承伟：《我国新时代脱贫攻坚阶段性成果及其前景展望》，《江西财经大学学报》2019年第1期。

据家庭成员人均收入与低保标准的实际差额发放低保金。提高基本生活救助水平，同时适度拓宽临时救助范围，提升救助实效性。此外，健全就业救助制度，为低收入人口优先提供公共就业服务，按规定落实税费减免、贷款贴息、社会保险补贴、公益性岗位补贴等政策，确保零就业家庭实现动态"清零"。对已就业的低保对象，在核算其家庭收入时扣减必要的就业成本，以期切实化解因宏观经济和政策变化可能导致的家庭收入下降问题。

（二）因家庭人口结构变化可能导致的收支不平衡和基本服务缺失问题

家庭人口结构变化不仅对收入产生直接影响，更会通过支出的增加进一步影响家庭收支平衡状况，加之基本公共服务的缺乏使此问题更为严峻。个体或家庭若尚未准备好应对家庭人口结构变化与各生命重要阶段的大额支出问题，可能会面临返贫风险甚至陷入贫困陷阱而难以抽离。

具体而言，个体获取的资源和社会身份会随生命周期的发展历程而发生变化，家庭处于生命周期的何种阶段影响着家庭的生产和生活的各个方面，如家庭整体收入、家庭分工、消费状况、劳动力结构等[1]，在不同的生命阶段影响个体或家庭贫困的脆弱性因素存在差异。在儿童时期，家庭主要是以子女的教育支出为主。当前我国农村义务教育的可获得性和可承受性已得到保障，但在学前教育和高等教育的支出上还存在较大压力，如普惠性学前教育资源依然不足，农村地区、深度贫困地区和城镇新增人口集中区的普惠性公办园占比较低，存在价格偏高、师资力量不足等问题，尤其是农村地区在教育意识、师资力量、教学水平和教育效益等方面还存在明显短板。在成年阶段，一些农村家庭的劳动力转移到城市就业，由于农民工的工作流动频繁、非正规经济部门用工制度不规范等原因，农民工养老保险参保率长期在低位徘徊，在城市享有待遇的机会和水平不平等的现象，存在劳动权益保障问题和失业的风险。此外，成年阶段由于婚嫁组建新的家庭，其生产生活资料需要重新购置，特别是住房以及诸多耐用消费品的购买往往使其产生大额支出，可能面临支出型返贫风险。在老年阶段，随着身体机能的衰退，老年人逐渐退出劳动力市场，疾病成为影响此阶段生活质量的主要脆弱性因素，然而农村养老服务基础设施薄弱、养老服务专业人才匮乏，养老服务的有效供给与农村老年人的消费能力都存在不足，伴随着人口结构和家庭结构

---

① 向德平、周晶：《失独家庭的多重困境及消减路径研究——基于"风险—脆弱性"的分析框架》，《吉林大学社会科学学报》2015年第6期。

的变化,家庭养老保障的功能逐渐减弱。总体而言,由于可预期的生命周期阶段变化,存在不同阶段的收入支出不平衡问题,缺乏收入在生命周期的平滑过渡可能导致其面临阶段性返贫风险,考虑到农村基本公共服务的缺乏,则其风险将进一步加剧。

（三）因灾害、疾病、残疾、失能等意外事件可能导致的家庭收入不足、支出骤增以及特定服务缺失问题

灾害、疾病、残疾、失能等意外事件可能导致家庭面临收入不足、支出骤增的窘境,加之护理等特定服务的缺失进一步加剧低收入人口的返贫风险。自然灾害风险是指因自然生态环境的无规则变化导致低收入人口在经济生产与物质生活等方面面临的风险,主要体现在极端天气、病虫灾害以及突发灾难等。相较于工业与服务业而言,农业产业附加值低,投资周期长且利润低,一旦遭遇极端天气与病虫灾害会加深低收入人口生计系统中的风险破坏程度,进一步削减其收入、危害其身体健康,导致低收入人口生计水平的降低。此外,农户风险意识通常较为淡薄,鲜有对农作物或农业经营活动购买保险的行为,风险降临后缺乏有效应对措施,导致家庭出现返贫风险。

当家庭成员患病、残疾或面临失能等意外事件时,会影响家庭的经济状况和人力资本状况,集中表现为家庭经济状况的恶化与人力资本的缺失。家庭经济状况的恶化首先表现为家庭支出的增加,既包括患者就医看病所花费的门诊费、检查费、医药费、住院费等医疗费用,也包括随之产生的交通费、营养费、康复费、保健品费、家属的住宿费等相关费用。其次表现为家庭收入的减少,患者因自身患病导致工作能力降低或丧失,从而使家庭收入减少,此外,患者家庭成员因照顾患者而减少劳动时间,从而使家庭收入减少。再次表现为家庭资产的减少。农村家庭在面对医疗费用时,最初始的反应是减少家庭支出,动用已有现金来应对。当家庭的现金不足以支付医疗费用时,家庭往往会采取动用家庭储蓄、借款以及变卖家畜、农具、土地、房屋等家庭资产来应对,从而减少家庭资产。人力资本的缺失首先表现为当家庭成员患病时会降低患者自身的人力资本。对于患者而言,患病会影响患者的劳动能力,降低家庭近期收入。同时家庭成员患病时,会降低家庭其他成员的人力资本。当家庭无力支付医疗费用、家庭基本生活得不到保障时,会影响家庭的各方面投资。一方面是减少家庭的食物营养支出,降低对其他家庭成员的健康投资,增加其健康脆弱性;另一方面是减少家庭其他成员的教育投资,要求子女退学进入劳动力市场,或减少家庭其他成员的就业培训等,降低对其他家庭成员的人力资本投资,影响家庭的长远发展能力。

此外,随着青壮人口大量外流,导致农村出现空心化现象,部分零散耕地无人耕种,传统以亲缘、地缘为基础的乡村自治共同体也逐步瓦解,致使基层乡村在公共服务供给特别是护理服务供给等方面面临不足,不少老年弱势群体难以抵抗突发风险的侵袭。

三、以风险管理为中心,完善反贫防贫的长效帮扶机制

风险冲击不仅会在短期内对家庭的经济水平和日常开支带来负面的影响,而且可能通过影响家庭的人力资本、社会资本、金融资本等方式,进一步影响家庭后续从事生产经营活动的发展能力。困难群众的基本生活保障是巩固脱贫攻坚成果的底线标准,根据风险冲击发生的逻辑规律,要坚持预防性措施动态监测和事后及时干预帮扶相结合,建立常态化的返贫致贫帮扶机制,注重从源头防范风险,有利于降低风险发生的概率和危害程度。在帮扶工作实施的过程中,一方面要注意对监测对象单向度的帮扶要避免产生福利依赖[1][2],另一方面要意识到在实施帮扶中因身份、地域特征的差别导致资源供给的不平衡,容易产生"福利距离"(Welfare Proximity)[3],从而出现内部的新的不平等现象,因此在干预帮扶中也要根据不同风险类型和防贫工作对象科学精准地制定帮扶政策。

(一)加强农村生计领域的风险管理

坚持巩固提升"两不愁三保障"成果。教育、医疗卫生、医保等部门应保持困难家庭帮扶政策的总体稳定。对监测对象进行跟踪监测、动态管理,根据监测对象家庭人口的变化情况,提前研判和精准实施义务教育的保障措施。继续实施家庭经济困难学生资助政策和农村义务教育学生营养改善计划。健全控辍保学工作机制,保障除身体原因不具备学习条件外的脱贫家庭义务教育阶段适龄学生不失学、不辍学。确保办学经费足以推进农村义务教育健康发展,通过改善

---

① 叶兴庆、殷浩栋:《发达国家和地区的减贫经验及启示》,《西北师范大学学报》(社会科学版)2020年第4期。

② 兰剑、慈勤英:《社会救助政策的"负激励"风险及其防范》,《西北农林科技大学学报》(社会科学版)2016年第3期。

③ 岳经纶、方珂:《福利距离、地域正义与中国社会福利的平衡发展》,《探索与争鸣》2020年第6期。

农村地区薄弱的办学条件、提高教育信息化水平来为学生提供良好的校园环境和学习条件。着力补齐农村学前教育"短板"，针对当前农村留守儿童和困境儿童家庭监护力量不足问题，推动基层未成年人保护机构建设，并为农村留守儿童和困境儿童提供临时日间照料、心理辅导、学习辅导、监护监督和家庭教育等多方面服务，保持健康帮扶政策总体稳定。针对特殊教育支持的资源配备不足问题，加强县域各教育阶段的特殊教育学校建设，支持残疾人中高等职业院校建设，进一步完善特殊教育体系。

进一步优化医疗保障制度设计，落实分类资助参保政策。合理优化基本医保、大病保险、医疗救助的保障结构，将医疗保障的范围继续从低保对象、特困人员逐步拓展到低收入家庭中的老年人、未成年人、重度残疾人和重病患者，做好脱贫人口的参保动员和资助工作，对动态纳入脱贫人口、边缘人口的特殊群体构建防范和化解因病返贫长效机制，合理控制困难人群的疾病负担，各地对因病返贫和因病致贫监测标准进行明确分类，有效防范因病返贫致贫风险，确保脱贫地区不出现因医疗费用过高发生的返贫现象。

确保脱贫对象的住房安全，建立农村脱贫人口住房安全动态监测机制和安全保障长效机制，重点对已脱贫户住房安全有保障情况追踪调查，继续巩固维护好已建农村供水工程成果，不断提升农村供水保障水平。对一些气象灾害和地质灾害风险较大的地区，有关部门要制定因气象因素引发的水旱灾害和地质灾害等风险较大地区住房安全应急管理预案，做好风险发生前的提前排查和发生后的应对救济。继续实施农村危房改造和地震高烈度设防地区农房抗震改造。对少量需要搬迁而未搬迁的脱贫户开展生态宜居搬迁工程，降低村组成员零散、分散化局面，促进居住布局的合理化，从根本上解决生态脆弱地区因自然条件受限而存在的发展动力不足问题。

对于不可抗力的风险要注意加强灾后的救助和恢复工作。加强农业灾害事后救助，提升灾后损失评估、保险理赔和灾后重建恢复能力，为农村老弱病残等群体和突发疾病、事故、失业的家庭提供基本生活保障以及相关的医疗、法律等服务，对于因遭受突发事件而陷入困境的人群，要充分发挥急难型临时救助的作用，助力有效化解低收入群体遭遇的突发性、紧迫性、临时性的基本生活困难问题。

在饮水安全方面，巩固维护好已建农村供水工程成果，不断提升农村供水保障水平。在一些饮水安全保障受气象和自然因素影响较大的脱贫地区，有关部门要做好受气象和自然因素影响较大脱贫地区的饮水安全应急管理预案,保证日常生活的饮水供给。在三保障方面,各地可探索建立预防性的干预机制,对高风险人群探索实施防贫保险。鼓励各地从产品研发、模式运营、服务规范、职责履行、资金筹集、宣传引导和组织领导等方面,探索完善防贫保险扶贫机制,切实提高防贫对象的保险保障水平。各地可根据实际情况,设定因病、因学、因灾等赔付启动线,实行梯度性保险赔偿。

(二)提升脱贫人口生计系统的应对风险能力

重视事前防范不仅是对事后风险损失进行补偿,并不局限于对困难群体的基本生活实施兜底保障,而是要提高人们自我发展能力和抗击风险的能力。对于自然环境脆弱、经济发展基础薄弱的地区来说,基础设施和基本公共服务的全面提升也意味着包括农业在内的各种产业的抗风险能力的增强。加强对乡村交通、水利、能源、信息网络等公共基础设施建设,提高农村居民教育、医疗、就业、住房、养老等普惠性服务的基本保障水平和服务质量,完善特殊群体如农村老年人、残疾人和困境儿童的社会福利服务,为他们提升长期可持续脱贫的能力营造有利的环境进而减少不可抗力的风险,使更多的农村居民平等享受社会发展的红利。易地扶贫搬迁既解决生存贫困问题,又通过促进农村贫困人口城镇化提高县域城镇化率,通过为安置点提供配套的基础设施和公共服务,为贫困人口的可持续发展提供保障。注重完善城乡一体化的社会保障体系,让农民工等流动群体在保险、住房、医疗、教育等福利方面与城市人口享受同等待遇。在个体的可持续发展能力提升方面,坚持以农村劳动力培训需求为导向,提供有针对性和时效性的就业技能培训,拓宽贫困劳动力的就业渠道,进而提升他们在生计活动中初次分配的获得份额,并增强他们的就业质量和稳定性。针对农村残疾人,探索政府补贴、购买服务、设立公益岗位、集中托养等多种方式,进一步保障残疾人平等就业的权利和机会,促进其人力资本的增值和增强抗击风险的能力。对完全或部分丧失劳动能力且无法通过产业就业获得稳定收入的帮扶对象,按规定纳入农村低保或特困人员救助供养范围。

通过事前监测预警和事中干预调整达到分散和化解风险的目的,采取防范和规避风险的行动策略,并在风险发生过程中着力提高识别和抵抗风险的能力。唯有完善农业产业价值链,才可为县域经济高质量发展赋能。延伸拓展农业产业链、价值链,促进农业由传统的种养殖业向农产品生产、加工、销售一体化方向发展,并围绕产业发展的要素组合、模式构建等方面进行系统的拓展和优化,对小农户提供技术指导、技能培训、资金扶持等社会服务。加快乡村覆盖互联网和电商平台，打造特色农畜产品，增强农产品的市场竞争力和农牧民抵御市场风险的能力①，提高产业发展的市场适应性和竞争力。积极拓展农村劳动力的生计活动选择空间，鼓励、引导防贫监测对象以资金、生产要素或者劳动力等多种形式参与到农业产业中来，通过获得资产收益、股权分红或者务工工资等来拓宽收入来源的增收渠道。一些农村地区的低收入人口可能具有不利于健康的日常生活习惯，比如不规律的饮食起居，重视饮食口味而忽视营养，从而导致地方病的产生，并成为这些地区陷入贫困的一大重要根源。相比疾病风险发生后依赖兜底报销性政策，通过建立覆盖基层医疗卫生机构的健康教育工作网络，既提高农户个体健康意识和生活卫生习惯来降低疾病发生的风险，更有利于提高困难群众自身发展和脱贫的能力、增强低收入家庭人力资本的存量和水平。

（三）加强支出型困难家庭风险管理，发挥好临时救助和专项救助的作用

支出型困难家庭是巩固拓展脱贫攻坚成果、衔接乡村振兴的重点和难点。支出型困难家庭是指由于大病、重残、多子女上学等大额刚性支出而导致经济陷入困境的家庭。不同于低收入困难，支出型困难的家庭收入可能明显高于绝对贫困线或低保线，但刚性支出超过家庭总收入，进而影响资源分配，致使部分基本需求受到挤压。较之收入型困难家庭，支出型困难家庭往往沦为社会救助无法顾及的夹心层，他们的实际生活状况比低保家庭更加困难。

首先，应增强支出型困难救助模式的瞄准性。目前一些地方政府在测算低保申请者家庭收入时将其家庭的刚性支出抵扣一定的收入，以便将真正困难的支出型困难家庭纳入低保，有效避免低保户与低保边缘户在享受救助政策上可能产生的巨大落差。如陕西省安康市民政局2020年制定出台了《关于进一步做好支出型贫困家庭最低生活保障工作的通知》，针对认定条件，将提出申请前12个月内家庭人均可支配收入低于当地上一年人均可支配收入，扣除自负医疗、残疾康复、教育、就业成本等刚性支出后，家庭人均可支配收入低于当地城乡居民低保标准，且家庭财产状况符合当地城乡居民低保家庭财产状况的家庭认定为支出型贫困家庭。针对支出扣减办法，规定存在多重刚性支出导致基本生活困难的家庭，符合因病、因残、因学自负和必要的就业成本四项情形的，可以累计扣

---

① 左停、苏武峥、赵梦媛：《提升抗逆力：乡村振兴进程中农民生计系统"风险—脆弱性"应对策略研究》，《云南社会科学》2020年第4期。

减。针对救助标准,对家庭刚性支出费用超过家庭可支配收入,确定其家庭收入为零的,采取顶格救助的方式,农村低保直接纳入一档;城市低保给予最高补差。对家庭刚性支出费用未超过可支配收入的,按照补差方式进行救助。这一做法增强了支出型困难家庭救助的瞄准性,发挥了消解低保线"悬崖效应"的积极作用。

其次,应健全支出型困难救助政策衔接与配套体系。2014年国务院制定的《社会救助暂行办法》规定了一些专项救助项目,但其中的许多专项救助都与低保这一身份挂钩;脱贫攻坚中,为了切实解决"三保障"问题,各地拓展了对支出型困难家庭的救助范围,重点是建档立卡户、重症残疾人家庭等。但要形成较为规范稳定的全国性制度还需要完善顶层设计,积极推动《社会救助法》的制定和施行,在此基础上加强救助制度内外部的无缝链接。在基本生活救助以外,逐步强化医疗、教育、住房、就业等专项救助以及和临时救助、灾害救助等救助项目之间的衔接与配套,形成支出型困难救助体系。

最后,应重点完善对于重特大疾病的医疗救助。在所有风险因素中,重大疾病对支出型困难家庭的影响最大。重大疾病对支出型困难家庭的影响主要体现在两个方面:对于突生型支出性困难家庭而言,重大疾病消耗了家庭已有的积蓄,导致了家庭生活水平的急剧下降;对于渐生型支出型困难家庭而言,长期处于贫困边缘的贫困家庭往往因为无法筹措到足够的医疗费用而贻误了家人的最佳治疗时机,进而加剧了家庭贫困。因此,政府应完善对于重特大疾病的医疗救助,使困难家庭真正摆脱因病致贫的风险。同时,提供完善的医疗、健康等支持性服务,告别"一人得病,全家服侍"的因病失业或者零就业家庭;加大政府财政支持力度,让教育资源更多倾向于贫困地区和贫困群体,完善助学贷款制度,减轻贫困者的上学负担。

(作者单位:中国农业大学人文与发展学院)

微公益大病求助项目的实证研究

郭忠兴　骆晓曦

一、引　言

自 2016 年《中华人民共和国慈善法》颁布以来,我国慈善事业呈现蓬勃发展之势,逐渐形成以"政府推动、民间运作、社会参与、各方协作"为特色的中国慈善事业格局。其中,众多微公益平台中的大病求助项目引起社会的广泛关注和积极参与。微公益以其便捷的操作、高效的传播以及与社交媒体的融合得到快速发展,成为众多大病患者发起求助的重要途径。

微公益中的大病求助项目区别于传统公益的最显著特点就是,以求助人为中心,先由求助人主动在微公益平台上发布求助需求,披露其个人信息、资产状况、病情严重程度等,借助其社会关系网络开始层层扩散,从而获得证实、转发以及捐赠。① 在传统的求助情境中,求助人主要依靠现实生活中的亲戚邻里等具有封闭性的强关系进行筹款。得益于网络技术的发达,微公益平台中求助人的弱关系一定程度上实现了线上的扩大化,并在其筹款过程中扮演重要角色。求助人在罹患大病遭受灾难性医疗支出之后,出现"因病返贫""因病致贫"的可能性,依靠自身力量难以承担巨额的医疗费用。在资本缺失的前提下采取向社会求助的方式,通过网络自我披露其"弱者"身份,从而依托其自身的社会关系网络置换所需资本,暂时性改善求助人及其家庭遭受临时性冲击下的脆弱性。

本文基于强弱关系理论的视角,利用"轻松筹"官网首页公示的 294 个大病求助项目的样本数据,试图分析求助人的强弱关系群体参与对最终筹款结果的

---

① 刘绩宏:《利他网络与社交网络的拟合——关于微公益信息传播效果的改进》,《新闻界》2011 年第 8 期。

影响。与以往的研究相比，本文的不同之处在于：首先，将个人所掌握的在线社会网络视为结构性资源，利用社会网络规模、社会网络质量的维度进行测量。其次，突破了当前研究中多将社会资本与捐赠者及其捐赠行为相关联的局限性，试图从求助人的角度出发分析社会资本对其筹款结果的影响。

二、关系、网络与资本

本文依据格兰诺维特（Granovetter）对于强关系和弱关系的定义①，将参与微公益大病求助项目的群体内部的社会关系分为强关系和弱关系。其中强关系产生于与求助人的性别、年龄、教育程度、职业身份、收入水平等社会经济特征相似的个体之间，他们基于现实社会交往所产生的信任基础，通过系统进行实名认证，自我披露与求助人之间的亲戚、朋友、同事、同学等熟人身份，并对求助人的身份以及病情严重程度的真实性进行证实。强关系是一种十分稳定但范围有限的社会关系，增加了资源共享和传输的机会，也加大了资源传输的密度和力度。但强关系群体的同质性较强，群体内部的信息存在交叉重叠，传播途径较短，传播范围较小，往往强关系多在求助人发起项目的同时立即参与项目、为其证实。

在微公益大病求助项目中，弱关系是在与求助人的社会经济特征相对不同的个体之间发展而来，作为桥接型资源（Bridged Resources）发挥信息传递和共享的功能②，出于号召目的对求助项目进行转发扩散。弱关系之间的交往程度较浅，成员联系松散，其联系具有非情感性。在求助信息发起之前，弱关系群体可能与求助人的交往不甚密切，社会关系尚处于休眠状态。但在求助人发起求助信息之后，休眠关系被触发激活，弱关系愿意参与并为其进行转发号召。弱关系的传播路径较长，覆盖范围更广，在信息共享的过程中不自觉地充当桥梁的作用③，通过弱关系群体的转发呼吁，进一步扩大项目的传播范围，从而为求助人赢得更多的捐赠可能性，吸引到更多潜在的捐赠群体。并且弱关系是具有拓展性，威力在于能够提供异质性的资源，从而突破个体所在的社会阶层的限制。

---

① Granovetter M, "Economic action and social structure: the problem of embeddedness," *American Journal of Sociology*, 1985, 91(3).

② Granovetter M, "The Strength of Weak Ties", *American Journal of Sociology*, 1973(78).

③ 李博伟、徐翔：《社会网络、信息流动与农民采用新技术——格兰诺维特"弱关系假设"的再检验》，《农业技术经济》2017 年第 12 期。

　　求助人的强弱关系蕴含于在线社会网络之中,弱关系的转发号召行为横向拓展传播让更多人看到该项目,强关系的证实行为纵向加强密度让更多人相信该项目,一横一纵相互作用并作为触发点由此激活整个在线社会关系网络①。本文将参与捐赠视为社会网络关系的激活,分别从在线社会网络规模和社会网络质量两方面进一步对在线社会网络进行分析。在衡量社会网络的规模时,结合微公益平台的项目特征,将求助项目中的捐赠人数视为其社会网络的规模。捐赠群体愿意参与微公益项目当中,并付出实质的现金捐赠,这是一个潜在的社会网络激活的过程,因此求助人可利用的社会网络的规模呈现不断扩大的趋势。在衡量社会网络的质量时,基于在筹款过程中求助人的社会网络质量日渐趋好的前提,以人均捐赠额度进行衡量,将人均捐赠额度的提升视为其社会网络质量的改善。随着筹款时间的推移,参与微公益项目的社会网络规模呈现扩大化的趋势,其中也存在强弱关系的过渡。在筹款后期,新加入的捐赠群体可能与求助人之间的社会关系比较疏远,体现为捐赠金额上的缩减。但是本文认为即便新加入的捐赠群体可能导致项目整体人均捐赠额度降低,但这种降低并不意味着求助人社会网络质量的下降,故将其视为在此基础上社会网络质量维持不变。另外,新加入的捐赠群体可能高于求助人所处在的社会阶层,能够提供质量较高的社会资源,实施高于项目整体人均捐赠额度的捐赠行为,将这一类高阶层的跨越性资源的加入视为求助人的社会网络质量的改善和提升。

　　社会资本作为社会网络的产物,是附存于持久关系网络和集体的资源集合②,有利于处于社会结构中的成员的行动,嵌入于社会网络中的资源则是社会资本的最终形式。在微公益大病求助项目这一特殊情境中,求助人的社会网络在现有社会保障制度失灵、依靠求助人自身难以抵抗大病冲击的前提下,通过求助人的自发求助行为参与项目被调动并加以利用,最终通过社会资本变现的形式为求助人面临突发冲击下抵御风险发挥一定保险作用。简而言之,求助项目的筹款结果是求助人所置换的社会资本的最终体现。不同求助人之间的社会资本含量是无法量化并且进行比较的,但是作为项目结果的筹款完成率在一定程度上可以体现求助人拥有的且可以"为我所用"的社会资本的转化率,即求助人遭遇困境发起求助后所能得到的资源对其自身所需的满足程度,以此窥见其社

---

　　① Putnam Robert D, Leonardi Robert, Nanetti Raffaella Y, Making Democracy Work: Civic Traditions in Modern Italy, Princeton University Press, 1994.

　　② Lin Nan, "Building A Network Theory of Social Capital", *Connections*, 2002, 22(1).

会资本的多寡好坏。

综上所述,在罹患大病难以自救的情境中,求助人通过微公益平台发起求助需求,依托于其强弱关系参与作为触发点,进一步激活其在线社会网络,通过拓展在线社会网络的规模和提升在线社会网络质量,最终调动并利用其社会资本实现社会资本变现,从而为求助人抵抗大病临时性冲击、弥补其自身脆弱性作出贡献①。从宏观上讲,这种自发性的"发起求助——得到筹款"的良性闭合模式,一定程度上能够集聚私人部门力量,调动社会资源配置,激活慈善市场,平衡发展差异。

三、数据来源与变量描述

本文研究所用的样本数据全部来源于"轻松筹"官方首页所公示的大病求助项目,首先对各个项目中求助人的个人信息,如性别、年龄、身份、属地、病情严重程度、资产公示情况、目标筹款金额等进行收集。其次对各个项目进行追踪收集,每天定时记录每个项目的证实人数、转发人数、捐赠人数和已筹金额,从而获得样本容量为 294 个,时间跨度为 30 天的短面板数据。表 1 对变量进行初步的描述性统计分析。

表 1 样本的描述性统计分析

变量名	度量方法	均值	最大值	最小值	标准差
性别	男 = 1,女 = 0	0.5918367	1	0	0.492331
年龄	求助人年龄(岁)	30.33333	70	0	17.3001
身份	城市 = 1,农村 0	0.4251701	1	0	0.495211
东部	是 = 1,否 = 0	0.6156463	1	0	0.487271
中部	是 = 1,否 = 0	0.2585034	1	0	0.487271
西部	是 = 1,否 = 0	0.12585	1	0	0.438558
病情严重程度	重大疾病 = 1,其他 = 0	0.8877551	1	0	0.3322461
资产公示情况	有 = 1,无 = 0	0.1666667	1	0	0.373313
目标筹款金额	项目目标金额(元)	371550.6	97000	1000000	132220.2
在线社会网络规模	捐赠人数	5315.823	18671	1132	2796.209

---

① 陆铭、张爽、佐藤宏:《市场化进程中社会资本还能够充当保险机制吗? ——中国农村家庭灾后消费的经验研究》,《世界经济文汇》2010 年第 4 期。

续表

变量名	度量方法	均值	最大值	最小值	标准差
在线社会网络质量	人均捐赠额度最大值	37.63545	144.9448	13.21347	19.44425
已筹金额	项目所得筹款金额	162084.7	500091	27002	68717.89
筹款完成率	已筹金额/目标金额	0.4697502	1.00018	0.11504	0.1843916
强关系数量	证实人数	89.52041	378	12	48.83067
弱关系数量	转发人数	2113.844	350	7557	1232.598
样本量	294				

根据统计分析结果显示,大病求助项目中求助人的性别占比结构基本平衡,男性占比59.28%,略高于女性。求助人年龄的均值为30岁,处于劳动力阶段。根据求助项目中公示的求助人的身份证件信息,将求助人分为城市居民和农村居民,其中农村居民占比略高,达到57.48%,这符合农村居民收入较低、医疗承担能力较弱的事实。

根据国家统计局的划分标准,将求助人所在属地划分为东部地区、西部地区和中部地区。其中东部地区的求助人占比最多,高达61.56%。西部地区的求助人占比最少,仅占12.59%。由于本文观测到的样本数据都来源于"轻松筹"官网首页所公示的项目,根据"轻松筹"的制度规定,能够在首页得到展示的项目,需要求助人或当地的"轻松筹"官方志愿者主动申请公示。因此,推测东部地区的居民由于对互联网筹款平台了解程度较高,加之主体求助意识较强以及东部地区的轻松筹志愿者分布较多的原因,呈现出经济发达地区的求助人占比最高的情况。

病情严重程度是大病求助项目中一个显著的项目特征,本文根据保监会2009年发布的《重大疾病保险的疾病定义使用规范》,将求助人所患病种分为两类。其中一类重大疾病包括:恶性肿瘤——不包括部分早期恶性肿瘤、脑中风后遗症——永久性的功能障碍、重大器官移植术或造血干细胞移植术——须异体移植手术、冠状动脉搭桥术(或称冠状动脉旁路移植术)——须开胸手术、终末期肾病(或称慢性肾功能衰竭尿毒症期)——须透析治疗或肾脏移植手术、急性心肌梗死这六类疾病。根据保监会的规定,保险公司设定重大疾病保险,必须覆盖前六种病种[①]。因此,本文将这六大类疾病视为重中之重的重大疾病,将未列

---

① 《重大疾病保险必保6种疾病》,《中国卫生》2007年第5期。

入六类疾病的病种视为其他。在观测到的项目数据当中，一类疾病如恶性肿瘤、终末期肾病、重大器官移植等占比高达 88.76%，一定程度上验证了当前微公益大病求助项目中的病情之"大"的真实性和显著性。其他类病情主要包括重症胰腺炎、重症肝炎、病毒性脑炎、克罗恩病等其他罕见病种。

四、实证分析

求助人的强弱关系群体参与通过影响其在线社会网络的规模和质量最终影响项目的筹款结果，本文首先分析强弱关系群体参与对其在线社会网络拓展的影响。设定多元回归模型，具体模型如下：

$$Y_{it} = \beta_0 + \beta_1 strong_{it} + \beta_2 weak_{it} + \delta_n Xcontrol_{it} + \mu_i + \varepsilon_{it} \tag{1}$$

其中，Y_{it} 表示个体 i 在筹款时间 t 的被解释变量在线社会网络规模或在线社会网络质量，$strong_{it}$ 表示个体 i 在筹款时间 t 的强关系数量，$weak_{it}$ 表示个体 i 在筹款时间 t 的弱关系数量，$Xcontrol_{it}$ 为控制变量。随机变量 μ_i 是代表个体异质性的截距项，ε_{it} 为随个体 i 与时间 t 而改变的扰动项。β_0 是常数项，β_1、β_2 是常数项，δ_n 是待估参数。回归结果如下：

表2 强弱关系参与对在线社会网络的影响

变量名	在线社会网络规模			在线社会网络质量		
	个体效应模型	双向固定效应	随机效应	个体固定效应	双向固定效应	随机效应
强关系数量	33.55*** (20.63)	18.33** (2.591)	23.74*** (16.88)	0.00141 (1.293)	−0.000651 (−0.588)	0.00122 (1.112)
弱关系数量	1.723*** (54.18)	1.147*** (6.683)	1.761*** (57.10)	0.000121*** (5.659)	5.88e−05** (2.477)	0.000120*** (5.574)
性别			85.56 (0.381)			−1.886 (−1.017)
年龄			−17.70*** (−2.812)			0.381*** (7.333)
身份			108.6 (0.487)			10.48*** (5.683)

变量名	在线社会网络规模			在线社会网络质量		
	个体效应模型	双向固定效应	随机效应	个体固定效应	双向固定效应	随机效应
中部			−690.2 *** (−2.654)			4.225 ** (1.966)
西部			−174.0 (−0.520)			−1.179 (−0.426)
病情严重程度			−204.0 (−0.591)			5.061 * (1.772)
资产公示情况			−249.6 (−0.849)			−0.961 (−0.396)
目标金额			−0.00142 * (−1.676)			1.07e−05 (1.551)
常数项	−1,412 *** (−11.58)	−2,203 *** (−3.031)	756.3 (1.548)	37.26 *** (454.1)	36.61 *** (347.7)	13.13 *** (3.286)
观察值	4554	4554	4554	4552	4552	4552
样本量	294	294	294	294	294	294

注:(1) *、**、*** 分别表示显著水平为10%、5%与1%;(2)括号内为 t 检验值。

首先,分析强弱关系对社会网络规模的影响,核心自变量"强关系数量"和"弱关系数量"均与社会网络的规模存在显著相关关系。根据豪斯曼检验结果选择固定效应模型,采用双向固定效应的回归结果。强关系数量的系数为18.33,在5%的统计水平上显著。弱关系数量的系数为1.147,在1%的统计水平上显著。在其他条件不变的情况下,强关系群体的数量每增加1%,求助人的在线社会网络的规模扩大0.2%。弱关系群体的数量每增加1%,求助人的在线社会网络的规模扩大0.4%。其次,分析强弱关系对社会网络质量的影响,强关系数量与社会网络质量不存在显著的相关关系,弱关系数量的系数为5.88e−05,在5%的统计水平上显著。在其他条件不变的情况下,弱关系群体的数量每增加1%,求助人的在线社会网络的质量提升0.11%。

为进一步分析求助人的在线社会网络对其筹款结果的影响,设立以下模型:

$$Y_{it} = \beta_0 + \beta_1 scale_{it} + \beta_2 quality_{it} + \delta_n control_{it} + \mu_i + \varepsilon_{it} \tag{2}$$

其中,Y_{it} 表示个体 i 在筹款时间 t 的被解释变量"已筹金额"或"筹款完成率",scale 代表在线社会网络的规模,quality 代表在线社会网络的质量,control

为控制变量,如求助人的性别、年龄、身份、属地、病情严重程度、资产公示情况和目标筹款金额。随机变量 μ_i 是代表个体异质性的截距项,ε_{it} 为随个体 i 与时间 t 而改变的扰动项。β_0 是常数项,β_1、β_2 是待估参数,δ_n 是待估参数。需要说明的是,由于筹款完成率是已筹金额与目标金额之比,换而言之,因变量是根据控制变量计算而来的,因此在对筹款完成率进行回归分析时,剔除控制变量中的目标金额。

表3　求助人的在线社会网络对筹款结果的影响

变量名	已筹金额			筹款完成率		
	个体固定效应	双向固定效应	随机效应	个体固定效应	双向固定效应	随机效应
社会网络规模	19.39***	20.12***	19.84***	5.51e-05***	4.65e-05***	5.55e-05***
	(197.8)	(132.4)	(201.9)	(129.5)	(73.91)	(133.9)
社会网络质量	6113***	6142***	2573***	0.00947***	0.0109***	0.00509***
	(26.53)	(26.44)	(22.95)	(9.465)	(11.36)	(10.39)
性别			4048			-0.0448**
			(0.930)			(-2.350)
年龄			-280.5			0.000622
			(-2.174)			(1.092)
身份			-2836			-0.0126
			(-0.634)			(-0.637)
中部			-2457			0.00189
			(-0.486)			(0.0844)
西部			-7094			-0.0343
			(-1.095)			(-1.196)
病情严重程度			-6800			-0.0541*
			(-1.013)			(-1.826)
资产公示情况			-3355			-0.00255
			(-0.589)			(-0.101)
目标金额			0.0452***			
			(2.779)			
常数项	-172579***	-165726***	-41452***	-0.192***	-0.280***	0.0485
	(-20.14)	(-19.32)	(-4.367)	(-5.165)	(-7.871)	(1.347)
观察值	4554	4554	4554	4554	4554	4554
样本量	294	294	294	294	294	294

注:(1) *、**、*** 分别表示显著水平为10%、5%与1%;(2)括号内为 t 检验值。

　　根据豪斯曼检验结果应当选择固定效应模型进行回归,但固定效应回归无法估计不随时变的变量的影响,本文模型中的控制变量被全部遗漏。因此,进行随机效应回归作为参考,模型解释以双向固定效应的系数为主。由上表可以看出,从筹款能力的绝对值来看,核心变量"社会网络规模"和"社会网络质量"的系数为正,均在1%的统计水平上显著。同样地,从筹款能力的相对值来看,核心变量"社会网络规模"和"社会网络质量"的系数为正,也在1%的统计水平上显著。在其他条件不变的情况下,求助人在线网络的规模增加1%,项目的已筹金额增加6.8%,筹款完成率增加6.58%。求助人在线社会网络的质量增加1%,项目的已筹金额增加1.46%,筹款完成率增加0.92%。

　　为进一步对实证分析结果的稳健性进行检验,将解释变量中的弱关系数量重新界定为转发人数与证实人数之差。基于证实行为是强关系群体所为的基础,求助人的强关系可能同时参与证实行为、转发行为与捐赠行为。因此,上文中将转发人数视为弱关系数量的做法,可能忽略了强关系的重复参与,夸大了弱关系的数量。因此基于强关系同时参与证实与转发的假设,将上文中的弱关系数量减去部分强关系重复参与,即转发人数与证实人数之差,再次进行回归分析,结果如下:

表4　稳健性检验——更换弱关系数量的衡量指标

变量名	在线社会网络规模			在线社会网络质量		
	个体效应模型	双向固定效应	随机效应	个体固定效应	双向固定效应	随机效应
强关系数量	35.27 *** −21.91	19.48 *** −2.771	25.50 *** −18.34	0.00154 −1.418	−0.000592 (−0.539)	0.00134 −1.234
弱关系数量	1.723 *** −54.18	1.147 *** −6.683	1.761 *** −57.1	0.000121 *** −5.659	5.88e−05 ** −2.477	0.000120 *** −5.574
性别			85.56 −0.381			−1.886 (−1.017)
年龄			−17.70 *** (−2.812)			0.381 *** −7.333
身份			108.6 −0.487			10.48 *** −5.683
中部			−690.2 *** (−2.654)			4.225 ** −1.966

续表

变量名	在线社会网络规模			在线社会网络质量		
	个体效应模型	双向固定效应	随机效应	个体固定效应	双向固定效应	随机效应
西部			−174 (−0.520)			−1.179 (−0.426)
病情严重程度			−204 (−0.591)			5.061* −1.772
资产公示情况			−249.6 (−0.849)			−0.961 (−0.396)
目标金额			−0.00142* (−1.676)			1.07E−05 −1.551
常数项	−1412*** (−11.58)	−2203*** (−3.031)	756.3 −1.548	37.26*** −454.1	36.61*** −347.7	13.13*** −3.286
观察值	4555	4555	4555	4552	4552	4552
样本量	294	294	294	294	294	294

注:(1)*、**、***分别表示显著水平为10%、5%与1%;(2)括号内为 t 检验值。

由表4可以看出,在更换了弱关系数量的衡量指标后,回归结果并无太大差异。核心自变量"强关系数量"和"弱关系数量"均与社会网络的规模存在显著相关关系,强关系数量与社会网络质量不存在显著的相关关系。

五、结论与讨论

弱关系为何能成为弱者的资本?弱关系的参与充当桥梁作用,通过扩展求助人的在线社会网络规模,提升求助人的在线社会网络质量从而将蕴含在社会网络中的资本加以调动并利用,最终以社会资本变现的形式为罹患大病遭受临时性冲击的弱者提供保障作用。在其他条件不变的情况下,弱关系群体的数量每增加1%,求助人的在线社会网络的规模扩大0.4%,在线社会网络的质量提升0.11%,从而造成已筹金额增加2.88%,筹款完成率增加2.73%。强关系群体的数量每增加1%,求助人的在线社会网络的规模扩大0.2%,在线社会网络的质量不变,从而造成已筹金额增加1.36%,筹款完成率增加1.32%。

另外发现,以"轻松筹"平台为例,微公益平台上大病求助项目的已筹金额的均值约为 16 万元,数目可观。足以见得在求助人患病求助的情境中,微公益平台通过拓展求助人的在线社会网络,能够为患病家庭在遭受临时性冲击之后提供有力支持。在其他条件不变的情况下,求助人在线网络的规模增加 1%,项目的已筹金额增加 6.8%,筹款完成率增加 6.58%。求助人在线社会网络的质量增加 1%,项目的已筹金额增加 1.46%,筹款完成率增加 0.92%。另外,微公益大病求助项目的筹款完成率不容乐观,均值为 44.51%。

因此,在患病个人依托微公益平台仅靠"自助式"筹款行为不能达成自救,尤其是社会资本存量较少的弱势群体在求助过程中依然处于被动地位且求助效率更低的情况下,政府应当积极承担救助责任,发挥兜底作用,增强大病救助政策的瞄准,给予处在社会弱势群体中的大病患者充分的政策支持,从底层给予病患托底保护。另外,微公益平台应当加强运营管理,优化平台设计,简化参与流程,减少弱关系群体进行转发行为的时间成本和操作成本,以此增强处于游离状态的弱关系群体的参与意愿。并且微公益平台应当进一步加强项目的真实性审核,增强筹款流向的公正性和透明度,从而增强弱关系对筹款平台和求助项目真实性的信任,减少捐赠人进行转发决策时的顾虑,降低弱关系所面临的转发不实信息的风险。

最后,由于"轻松筹"平台首页公示的制度规定,本文研究所观测到的数据大部分缺失 1—7 的观察值,如果在以后的研究中能够补齐 1—7 天内的观察值,可能足够描述出 1—7 天的强弱关系过渡,这是本文研究的局限所在。如果能够突破数据限制,获得更加完整的筹款情况,将具有更大的研究价值。另外,此次研究所论证的模型、涉及的测量维度虽然包含网络规模与网络质量的因素,在理论框架上相对完备,但也只是提供了一种研究角度,个人的社会资本也非纯粹的数量即可衡量。因此,本文的不充分之处有待进一步深入研究进行补充。

(作者单位:南京农业大学公共管理学院;

南京审计大学党政办公室)

分层视域下支出型贫困研究：机遇、挑战与对策

邱国良　张　欣　王松阳

一、前　言

反贫困是人类永恒的话题。2020年是脱贫攻坚战的收官之年，中国稳定实现了贫困人口的脱贫目标，按照因地制宜、因村因户因人施策的要求，扎实做好产业扶贫、就业扶贫、教育扶贫、生态扶贫等精准扶贫重点工作。全国832个贫困县全部成功脱贫摘帽，是中国减贫事业的里程碑，也为全球减贫事业和人类发展贡献了中国智慧。脱贫攻坚战的全面胜利并不意味着中国减贫事业的终结，相反，当前亟须继续贯彻落实党中央、国务院关于实现巩固拓展脱贫攻坚成果同乡村振兴有效衔接、改革完善社会救助制度等重大决策部署，加快健全低收入人口动态监测和常态化救助帮扶机制，推进构建以支出型贫困家庭救助为重点的分层分类社会救助制度体系。为了进一步落实上述党中央、国务院的政策精神及国家民政部的政策部署，调研组在G省全省范围内组织了广泛的调查研究，旨在提供一些政策建议，推动构建G省支出型贫困家庭救助体系。

调研组分成数个调研小组，在全省范围内按G东、G南、G西、G北四个片区选取样本，具体选取了S市（C区、J区）、J市（D县、R区）、G市（X县、W县）、D市（A镇、L镇、K镇）等相关县区进行了广泛而深入的社区调研，并因疫情原因而对G西片区的M市部分县区采取电话访谈的形式进行调研。实地调研主要采取座谈会、深度访谈、参与式访谈、文献调查等方式进行。调研组首先召集一个由市、县（区）民政部门、镇（街）分管领导及民政部门等相关人员参加的座谈会，全面了解包括支出型贫困人口在内的低收入人口的社会救助情况，了解各地市的具体政策规定及政策实施过程中存在的困难和问题，并认真听取各级民政干部的困惑和建议。然后，再进一步深入社区与社区民政干部进行单独访谈，并

对重点低收入人群进行入户访谈、交流。与此同时，调研组还通过查阅街道、社区的相关会议记录、文献档案，从多个方面进一步了解当地包括支出型贫困人口在内的低收入群体的具体救助情况、存在的问题及其所采取的具体措施，听取各方的评价和意见。在调研过程中，调研组坚持多走、多看、多问、多听，详细了解支出型贫困救助的现状、不足、原因及基层的想法。调研组还在全省范围内展开了较大规模的问卷调查。根据对象不同，问卷分为基层民政干部卷、特困低保人员卷及边缘群体卷，共收取有效问卷分别为：基层民政干部卷1317份，特困低保人员卷1305份，边缘群体卷277份。除边缘群体外，问卷数量基本符合预期。根据问卷调查计划，调研组拟收集边缘群体卷500份左右的有效问卷，但由于在实际操作中边缘群体尚无统一界定标准等原因，导致其实际有效问卷量不足预期，但基本不影响研究判断。此外，调研组还进行了较为系统而全面的文献调研，收集学界、政府、社区自治组织及其他人士对于该问题的探讨。

二、基本形势研判

G省社会救助经过多年发展，在救助体系、救助主体、救助内容、救助对象、救助理念等方面都形成了一套稳定运行的制度安排，有效保障了全省困难群体的基本生存所需，但总体仍存在专项救助效果有限、多元救助主体尚未构建、救助质量水平有待提高、预防救助理念缺乏、救助对象精准识别困难等问题。

（一）综合救助体系基本成型，但专项救助效果明显有限

G省始终将反贫困放在政府工作的重要位置，并致力以社会救助政策的形式构建社会保障体系中的保底性制度安排。经过多年发展，业已形成以最低生活保障为基础，以特困人员供养、受灾人员救助、医疗救助、教育救助、住房救助、就业救助、临时救助、生活无着的流浪乞讨及其走失人员救助等为支撑的多层次社会救助体系。基本生活救助旨在保障贫困人员的最低生活要求，根据家庭成员人均收入与最低生活保障标准的实际差额发放低保金，结合财力状况合理制定最低生活保障标准，并通过建立动态调整机制，使社会救助和保障标准与物价上涨挂钩；专项救助则强调将救急难、疾病应急救助、临时救助等纳入制度安排，根据致贫原因瞄准救助群体，主要包括识别评估符合救助标准的群体和提供对应的救助。G省专项救助以医疗、残疾人、教育和就业为主，同时发展其他救助帮扶。G省最新出台的《临时救助办法》，强调解决城乡困难群众突发性、紧迫性、临时性基本生活困难，实施急难型临时救助和支出型临时救助，采取"跟进救助""一次审批、分阶段救助"等方式，增强救助时效性。G省社会救助通过从满足基本生存到增强专项力度、从单一救助向社会多元化救助的转变，并通过与社会保障、扶贫等政策的衔接，为解决城乡居民的贫困问题提供了根本性的制度保障。

现行的社会救助体系主要以收入为衡量标准，同时，专项救助又与低保资格密切挂钩，致使社会救助的局限性日益凸显。一是救助资源分配失衡。当前，大部分专项救助被包含、覆盖或者被叠加于低保救助范围之内，多重救助形成叠加的低保"福利包"造成救助资源分配不公，形成断崖式救助效应。根据G市、J市等多地访谈均有发现，一些因意外致残而陷入贫困的家庭，在取得低保资格后，享受了"低保+重残+事实无人抚养"等多重叠加救助，叠加后每月补贴甚至高达7000—8000元。二是支出型贫困家庭未能获得及时、合理救助。由于现有救助政策主要以收入作为衡量标准，较少考虑支出情况，导致部分承受大额刚性支出的真实贫困群体却因综合评估不符而被边缘化，即发生漏保现象。即便部分专项救助政策将支出型贫困纳入救助范围，但由于其时效性滞后、兜底性薄弱等局限性，导致专项救助对于一些支出型贫困的救助作用较为有限。一方面，医疗救助、临时救助等多数专项救助均属于事后救助，对于急需救助的困难家庭而言，难解燃眉之急；另一方面，其救助额度普遍设限。例如，多数地方政府设定的临时救助标准即为当地城镇居民最低生活保障标准的2倍来执行；而医疗救助则需要凭诊疗票据对自负费用部分分档进行救助，救助额度总体作用有限。在对G市X县等地困难家庭的访谈发现，一些临时救助、小额医疗救助，一次性额度通常就是几千元不等。但是，单像癌症复查这类的花销，每次都需要花费数千元以上，仅医院支出就是每次高达4000—5000元，此外还有住宿费、伙食费等方面开支。

（二）社会救助主体日益多元，但多元救助格局尚未构建

G省《社会救助条例》构建了"9+1"的社会救助体系，此处的"1"即指社会力量的参与，G省《临时救助办法》也在文件中强调社会力量的参与。这些文件规定：鼓励公益慈善组织、社会工作服务机构、企事业单位、志愿者队伍等社会力量参与社会救助，鼓励政府通过一定的形式向社会力量购买服务，也要求社会救助管理等政府部门建立社会力量参与的机制和渠道。多元救助的社会救助格局符合构建现代化治理体系的方向，它在政府和市场无法有效解决社会问题的情形下,可以通过社会力量有效地实现治理目标。实际上,近年来,企业慈善会、社会工作专业力量、志愿者服务团体、宗亲邻里和普通大众等越来越多地参与社会救助,他们通过捐赠财产、设立项目、提供服务等方式开展慈善帮扶活动,也发展出诸如线下综合服务中心、民生驿站、线上众筹等新形式。问卷统计显示,多地已有不同形式的社会组织或个人参与辅助救助工作,约57.36%反映有慈善组织参与,76.25%反映有社工机构参与,30.35%反映有企业参与,7.89%反映有宗亲家族参与。志愿者、专业社会工作者、慈善家等社会力量的参与,对于建立多元救助的社会救助格局具有巨大的推动作用。

尽管在诸多政策文件中已明确规定社会力量的参与,但在具体救助过程中,社会力量参与仍面临诸多问题。一是社会组织发育严重不足。虽然我国有互助的传统,但正式的慈善组织、社会工作组织发展滞后,忽视了社会工作者的培养。除了D市等G南地区,G东、G西等经济社会发展相对薄弱的地区社会力量总体发育不足。以G市为例,目前登记社工仅300余人,但需负责该市1000多个村,社工力量远不能满足服务需求。二是社会力量的活力有待进一步激发。由于社会力量依赖于政府的领导与管理,参与方式与参与程度均受限于制度安排,其活力有待进一步激发。三是社会力量发展不平衡。在经济较为发达的G南地区,企业热衷于慈善,地方政府鼓励成立各种社工组织,青年力量自发建立志愿者协会等,而相对贫困地区主要是亲人好友之间相互救助。两地社会救助主体不一,力量相差悬殊。因此,在后者力量不足的情况下,主要依靠政府提供社会救助。而这种由政府主导的救助格局又反过来进一步挤压社会力量的发挥空间,形成"强政府—弱社会"的总体救助格局。

(三)社会救助内容不断拓展,但救助质量水平有待提高

根据尽力而为、量力而行的救助原则,G省逐步提高社会救助标准,持续扩充救助对象范围,不断丰富救助内容和救助方式。一是制定合理的救助标准。鉴于各地实际生活支出和最低工资收入水平不一,各地根据自身经济发展和财政收支情况制定了不低于省里标准的低保救助标准,总体呈动态上升趋势。各地民政部门工作人员表示,低保救助标准确定是一项复杂工作,总体应随财政支出的增长而增长,但不宜过高,尤其不能超过当地最低工资收入水平,否则容易产生福利依赖,形成"养懒汉"的制度。其他专项救助的标准以及最高限额也在逐步提升。二是持续扩充救助对象范围。各地陆续将救助对象从低保家庭扩展至困难家庭和低收入家庭。对于困难家庭救助,主要是通过临时救助制度将包

括支出型救助对象和急难型救助对象等严重困难的家庭纳入救助范围;低收入家庭救助则主要体现在经济发达地市参照低保家庭按一定比例给予救助。三是救助内容和方式日益丰富。随着困难家庭、低收入家庭等陆续被纳入救助范围,这类家庭多元的致贫原因使得一些针对性的救助内容与救助方式受到欢迎。例如,对于困难及低收入家庭的临时救助,除了发放救助金,还有直接发放实物救助或提供中介服务等救助内容。救助方式也日益丰富,不仅帮助困难家庭解决温饱问题,还给予医疗、教育、就业、住房等方面的专项救助。

随着社会经济的发展和人民生活水平的改善,除吃饱穿暖外,基本的住房、教育和医疗保障也纳入人们的基本需求,而获得感、幸福感和安全感则成为人们的发展需求。相应地,人们的救助需求也从物质救助(主要是现金救助)转向其他物质保障、生活照料乃至精神慰藉、能力提升和社会融入等相结合的综合救助。这说明,确定低保救助标准除了按照当地维持基本生活所必需的衣、食、住费用外,还需适当考虑水电燃煤燃气费用以及健康、教育费用等,逐步扩大社会救助覆盖面。根据问卷调查,在1318份有效民政干部卷中,高达53.34%(703位)的基层民政干部明确表示,当前救助覆盖面有待于进一步提高,将应获得救助的低收入群体纳入救助范围。不仅如此,对于一些特殊困难群体(如不能自理的患病人员、身体残疾人员、老年人等)需提供医养结合的照护服务,而对一些可能产生危害的精神残疾人员提供集中治疗与管理的服务。然而,现有集中供养、医养结合、集中治疗的服务质量和水平难以较好地满足上述需求。因此,对于突发重大疾病、遭遇重大意外事故等造成生活困难的群众来说,现行临时救助和医疗救助等救急难政策往往不足以帮助他们走出困境。

(四)事后社会救助及时到位,但预防社会救助普遍缺乏

目前运行的社会救助体系,主要以贫困发生为前提,只有在家庭收入不能维持其基本的生存需要、或因各种原因基本生活暂时出现严重困难的家庭,给予相应的经济救助,以维持其基本的生存所缺、应对暂时出现的严重困难。各项社会救助均已形成一套经由"申请、核对、审批、公示、发放"的固定流程,流程各环节所需的工作内容、工作时间等也有明确规定,以尽可能地及时救助困难群体。在申请之前,要求工作人员主动地发现困难群体,及时为其提供应对困难所需的救助措施。上述表明,现有的社会救助体系主要定位于应对型救助、补缺型救助,在"困难成为事实"后"缺什么补什么",致力于及时提供应对措施和补缺措施。

不管是以收入还是以支出来衡量贫困,贫困都不是单一的、静态的问题,贫困是一个"进入——持续——退出"的动态过程。根据世界银行2000年报告,应从预防和发展角度看待和解决贫困。在贫困发生发展的动态过程中,如何防止陷入贫困与帮助走出困境,应成为社会救助的关键点和着眼点。防止陷入贫困和帮助走出困境,应彰显预防性、救助性发展理念,推动发展型社会救助政策。这种政策侧重于对贫困的事前预防而非事后救济,侧重于消除阻碍贫困者发展的因素,侧重于增强贫困者的发展能力以及发挥贫困者自身的主观能动性。救助手段从资源再分配向资源预分配转变,救助方式从经济补偿向综合能力提升转变,救助对象由受助者向能动参与者转变。通过投资于贫困人口的人力资本、教育和医疗保健,提升贫困人口的"可行能力",提高贫困家庭的造血功能,帮助贫困家庭在满足自身发展需要的同时承担相应风险。当前,预防性、发展性救助理念缺乏,使得支出型贫困救助依然以事后性的临时救助方式应对,不利于主动解决支出型贫困问题。

(五)社会救助对象覆盖较广,但精准识别对象存在困难

收入型贫困和支出型贫困是两种不同的贫困类型,前者单纯以收入低于最低生活保障线为判断依据,后者则需要综合考虑收入和刚性支出的对比,主要是指由于遭遇种种家庭难以承受的刚性支出而陷入贫困的群体。G省各地市普遍实施"应保尽保"政策,收入型贫困已被低保救助制度及各项专项救助制度基本覆盖,而支出型贫困主要以临时救助以及医疗、教育等专项救助方式进行救助。这表明,现有的救助政策并未严格区分支出型贫困和收入型贫困,对支出型贫困的救助一定程度上仍沿袭收入型贫困的救助思路和方法。虽然,收入型贫困救助路径具有简单、客观、稳定等优点,但由于其忽略了支出型贫困的致贫原因及群体特征,导致一些支出型贫困群体无法获得及时、有效的救助。事实上,许多基层民政干部对于两种贫困的差异缺乏明确认识,导致不能准确识别需要帮助的困难群体。

收入型贫困与支出型贫困在救助理念、救助目标、核贫方法、救助制度设计思路等方面都有明显差异。一是救助理念差异。以低保为核心的收入型贫困救助制度主要解决困难群体维持生存的基本生活支出以及医疗、教育等基本需求;而解决支出型贫困除了需要将医疗、教育等刚性支出作为基本需求纳入救助外,还需更加关注其摆脱贫困、正常生活的能力。二是救助目标差异。前者的目标主要是解决以"经济贫困"为特征的物质匮乏,后者的目标是解决在面对突发重大困难时,能力不足与机会缺失引发的"人文贫困"。三是核贫方法差异。前者主要通过制定一条"收入线"和"财产限额标准"，来考察家庭的经济状况和生活状况，后者不只看收入，需要综合考察家庭的收支平衡状况以及财产状况，特别要充分考虑不同类型困难群体的基本需求及家庭刚性支出。四是救助制度设计差异。前者的思路是按照低保线"缺多少、补多少"，进行差额补助；后者则是按照贫困家庭个性化基本需求"缺什么、补什么"，形成针对性、多元化的"救助套餐"。总而言之，传统的贫困救助是一种"被动行为"，主要是下游干预、事后救助，而支出型贫困救助则是一种"主动防御"，防患未然、促进发展。

三、支出型贫困的救助难点

自 2007 年支出型贫困问题引起关注以来，支出型贫困救助政策从无到有、从地方试点到各地陆续推广，政策内容不断优化。G 省也适时通过临时救助等方式开展支出型贫困救助，但在实际操作中面临诸多困难，需要客观审视支出型贫困，全面调查、深入剖析支出型贫困救助的难点，旨在出台政策、有针对性地解决支出型贫困问题。

（一）"救助对象"：收入支出与财产状况核对困难

救助对象难以准确瞄准是困扰收入型贫困评估的难点。在支出型贫困评估中则是愈加困难，不仅要核查困难家庭的收入和财产，还要综合考虑其刚性支出情况。仅在收入核查环节即面临诸多问题，包括非固定收入无法准确核实、家庭共同生活成员较难确定、劳力鉴定未考虑照护失能失智的劳力占用等。而在财产核定环节，诸如家庭财产信息分散、家庭生产资料和生活资料难以区分、房产车辆等否定性条件规定过于苛刻等问题也一直困扰基层民政干部。在 G 市 X 县 H 镇 J 市 D 县等座谈会上，有基层民政干部就表示，"经济核查评估时，有车就不能通过评估，评估标准没有明确车的用途和目的"，"如果买车是为提高生活质量，的确不应通过评估，但若是作为生活工具的，那就不一样了，所以这应该进行区分"。在 G 市 W 县 J 镇、X 县 F 街道等地区，"有不少家庭因为重大疾病或其他原因产生巨额刚性支出而顿时陷入困境，但由于其名下拥有房产，导致其不能通过低保经济核查，一直面临高额的医疗费用"。

贫困家庭支出项目繁多，究竟把哪些支出项目作为享受条件？刚性支出如何确定？目前均没有统一标准。首先，贫困家庭的刚性支出主要集中于医疗、教育和突发事故，即便围绕这几个方面认定刚性支出，各地还可能因为财政困难等原因而进行不同的考虑,受人为主观因素的干扰;其次,家庭支出核定过于依赖票据作为支出证明,但在实际操作过程中,某些医疗费用没有票据、事前没有保存好票据、开票据耗费过多人力和财力等,都给支出核定造成困难;最后,支出型贫困救助强调家庭或者个人的发展型、特殊性需求的保障,很多情况是一种个案救助,这也极大增加救助对象识别的难度。

即便收入与支出确定,但二者关系的判断与评定仍然困难。很多地方实践只笼统规定"短期内刚性支出过大,超过收入"。但支出超过收入多少? 困难究竟发展到何种程度才能进入救助范围? 可能收入稍大于支出,但收入与支出之差小于最低生活保障标准如何处理?"短期内"这个时间段又应该如何确定,半年还是一年,或者更长一段时间的持续贫困? 这些问题都缺乏科学合理的解释,其严密精准的测算更是难上加难。上述有关收入、支出以及二者关系测度的各种困难叠加,使得支出型贫困难以准确瞄准。也可能正因为如此,支出型贫困在贫困户识别中很容易被忽视甚至被政策性遗漏。根据问卷调查,1318 位民政干部中,高达81%(1069 位)的受访者认为,正是因为收入和支出难确定,最终影响其精准识别支出型贫困群体。

(二)"救助主体":政府救助与社会力量难以协同

支出型贫困救助工作涉及面广、要素繁多、极其复杂,单就支出型贫困群体的识别瞄准工作业已困难重重。首先,收入型贫困救助政策执行时,就表现出程序比较复杂、手续相对繁多、工作量大等问题,工作人员需要花费大量时间精力开展政策宣传、走访发现、资料填报、信息核查、入户调查、民主评议、认定公示、定期复核、监督落实、退出管理等工作。支出型贫困救助在收入型贫困的基础上增加了不少需要核定的项目,工作人员需要进行全面深入的调查了解,并结合不同对象的具体情况作出相对应的判断和处理,极大地增加了工作人员的工作量和工作难度。根据基层民政干部卷统计显示,约50%的受访民政干部认为,救助工作人手不足是当前贫困救助工作所遇到的主要困难之一。其次,支出型贫困救助并非民政部门自身即可完成的工作,其间涉及大量部门协调的事项,如收入、支出以及财产核对环节需要整合利用公安、人社、住建、金融、工商、税务、住房公积金等部门及有关机构的数据,医疗救助需要财政、民政、卫健、医保部门联合开展,教育救助需要民政部门与教育部门的相互配合,残疾人救助则需要民政与残联部门的共同协作。个别环节的不通畅或个别部门的不配合将影响整个流程的推进,都会给主管的民政部门工作造成极大困难。

不仅如此,由于支出型贫困救助是在原来社会救助体系基础上的范围扩充、功能拓展,新增资金需求也将大幅上扬。据问卷调查,76.63%的民政干部认为当前已纳入低保的困难群体占全部困难群体小于50%,大部分困难群体虽然面临刚性大额支出,但由于收入条件或财产条件不符合而未纳入救助范围。也就是说,如果纳入支出型贫困群体,将来接受救助人口总数可能翻番,加上倘若大幅提高救助标准,则可能造成地方政府较重的财政负担。

上述表明,不论是从工作总量或是新增资金需求的情况看,支出型贫困救助并非政府单一主体能完成的工作,亟须动员社会力量协同参与。然而,社会力量发育不足以及发展不平衡问题,严重制约社工组织、民间团体、私人机构等主体效能的发挥。在支出型贫困治理过程中,社会力量参与总体十分有限,不利于协同治理贫困问题。据问卷调查,目前在政策宣传、民主评议等环节,社会力量参与仍显不足,如在评估环节引用第三方评估的比例只占9.64%。

(三)"救助内容":物质救助与服务救助未能兼顾

鉴于支出型贫困的不同类型和原因,需要有针对性地因人因地施策,因贫困原因施策,因贫困类型施策。同时,为发挥支出型贫困救助"救急难"和风险预防的功能,需要不断丰富和完善其救助内容,以有针对性地提供救助方式、设计救助套餐。据调查,各地市在执行过程中已形成包含多种救助内容的支出型救助方式,如J市以生活救助为主要内容的临时救助,S市则是"生活救助+医疗救助",D市是"生活、医疗、助学、就业等多项救助相结合"。但就当前的救助内容来看,上述地市的贫困救助政策,仍主要倾向于重视物质救助,救助内容显得单一。问卷统计显示,1318份有效民政干部卷中,占比81.25%(1071位)的受访对象认为,未来应该主要采用多种救助方式协同开展救助工作。

与收入型贫困不同,支出型贫困对象具有包括发展需求、心理需求等多重需求,应尽可能满足其基本需求。一是满足支出型贫困对象的发展需求。许多支出型贫困家庭原本都能靠自身维持正常的生活,短期突发的大额刚性支出除了造成过重的经济负担以外,还降低其维持正常生活的能力,而对此仅靠一地发放救助金是不能实现的,需要有"增加人力资本的投入,增强支出型贫困对象个人发展能力"的救助内容。二是注重支出型贫困对象的心理救助。传统的救助方式主要以发放救助金为主,忽视了贫困对象心理层面的需求。然而,支出型贫困大多是新生成的贫困对象,面对突如其来的贫困,其心理上往往有诸多不适应之处,容易形成负面的心理认知,极大削弱其未来发展的能力。根据多市的访谈,许多支出型贫困对象都抱有"丢脸""这辈子也就这样了"等心理。由此可见,如何帮助贫困对象重塑脱贫的信心和能力是支出型贫困救助不能缺失的内容。这也已成为大多数基层民政干部的共识。根据问卷调查显示,80%以上的基层民政干部认为,应该对贫困对象进行心理干预,帮助其重塑信心,而认为不需要对贫困群体进行心理救助的仅约占16%。

(四)"救助模式":并存模式与归入模式抉择矛盾

在实践中,主要形成两种支出型贫困救助模式,即并存模式和归入模式。并存模式是指政府制定独立的支出型贫困救助制度,河北省廊坊市及上海市即采取这种模式。2011年河北省廊坊市及2013年上海市试点时出台了正式文件,是一份涵盖认定条件、救助标准、认定程序、资金筹集、政策执行监督等内容的完整救助政策,故据此文件开展的支出型贫困救助模式也被称为试点模式。2014年,国务院《关于全面建立临时救助制度的通知》发布之后,多地政府陆续将支出型贫困救助纳入临时救助范围内,而非单独设立支出型贫困救助制度。故而该模式被称为归入模式,也称临时救助模式。

归入模式与并存模式对支出型贫困救助对象认定规定相似,但在认定程序、审批流程、监督管理、资金来源等方面存在较大差异,由此有时也称归入模式是对并存模式的部分"嫁接"。并存模式下的支出型贫困救助是一个正式的社会救助项目,政府需要为其配备专职人员、建立行政管理架构、筹集专门救助资金等以保证项目的有序展开,而归入模式只是将支出型贫困对象纳入临时救助,没有新增救助项目,主要通过消耗或者分散临时救助的资源运行,同时由于缺乏正式制度约束,实际运行易受决策者和执行者主观因素影响,无疑会极大降低支出型贫困救助效果。但相应地,在操作难度上,并存模式需要从上而下、从内而外为制度运行提供保障,从制度出台到真正落地执行需要经历较长时间、需要消耗更多资源,操作难度大;归入模式则可操作性较强,一般按照原有的救助流程操作,但救助力度以及救助效果则会大打折扣。总体上,两种模式各有其优缺点,前者制度运行规范、更能有效地救助支出型贫困对象,但缺点是加重了财政压力和基层工作人员的负担,实际操作存在一定困难;后者的优势在于易操作、财政负担较小,缺点则是不够规范、无法真正地解决支出型贫困对象的困难。

目前,G省主要依照《临时救助办法》对支出型贫困对象予以救助,属于归入模式,但由于各地政府在定位认知、财政因素、行政管理成本因素等的差异,有的偏向于归入模式,有的又呈现并存模式的特征。调查也发现,部分民政干部认为当前执行的归入模式力度和效果均有限,尤其基层民政干部在实践中遭遇种种困难后,多倾向于并存模式。他们表示,"只要政策出台,哪怕再多困难和压力,也要将政策执行到位,解决民众困难"。应该继续执行归入模式,还是与并存模式接轨,上下还未达成统一,这也是制约支出型贫困救助实施的难点。

（五）"救助程序"：事后救助向预防救助转型遇阻

关于支出型贫困家庭救助的受理、审核、审批、救助金发放等程序,各地主要依照城乡居民最低生活保障办法的有关规定执行,先审核支出、收入以及财产情况是否符合救助规定,后进行救助。具体程序:以家庭为单位,申请人向镇街一级政府提出书面申请,并提供身份证、户口簿、申请表格和各类刚性支出的证明材料,因病致贫需提供医疗证明和医疗费用发票,其他原因也需提供相关的支出证明材料。

从支出型贫困的申请和受理等整个程序看,总体上相对规范稳定,但却仍显烦琐、复杂。有基层民政干部抱怨道,"办理社会救助申请,需要提供银行、社保等资料,现在办理低保有时要提供18个附件,还要一式三份。其实,很多纸质资料都是可以省去的,弄一大堆资料,我们民政干部要做很久"。不少困难群众对此反映较为强烈。根据问卷调查,59.18%的民政干部反映,他们在工作中有接收到群众反馈申请材料繁多。由于申请临时救助的程序烦琐,再加上较低的救助额度并不能在较大程度上缓解支出型贫困家庭的困难,因而导致贫困对象望而却步,一些贫困家庭甚至直接放弃申请。

不仅如此,现有支出型贫困的救助依然是按照"经济状况核对、入户调查、民主评议、审批公示"等程序,本质上仍是一种事后救助,不能较好地适应支出型贫困救助的"急难"特征,无法真正发挥"解燃眉之急"的作用。正因为支出型贫困"急难"特征,因而更应注重救助的时效性、个体的差异性,倡导简化救助程序,这显然不同于收入型贫困救助的普遍性、规范性的价值趋向。从收入型贫困救助向支出型贫困救助转型,或许至少应有两大变化:一是贫困救助申请的地域变化,即贫困对象可以在户籍地、居住地或者急难发生地之间自由选择,而不再局限于户籍所在地;二是审批程序简化,为了应对支出型贫困的"急难"问题,未来支出型贫困救助申请的审批程序可能进一步简化,权限将可能下放至镇街一级。这种趋势变化,无疑对如何规范救助程序提出了更高的要求。这也成为开展支出型贫困救助工作所面临的难点之一。

四、政策目标与政策措施

随着相对贫困问题日益突出,致贫原因由单一的收入因素转为以权利、机会和能力为主的综合因素,社会救助也应逐步从单一的、短期的物质救助发展到"物质+服务"的综合型救助。要认真贯彻落实中共中央、国务院《关于改革完善社会救助制度的意见》等政策精神以及民政部、G 省的相关政策部署,充分发挥社会救助政策在调整资源配置、促进社会公平、维护社会稳定等方面的积极作用,尽快出台因病支出型贫困救助政策,力争 1—2 年内建立健全分层分类、城乡统筹的支出型贫困救助体系。

(一)建立健全多层次的支出型贫困救助体系

1. 实行分类分档救助

根据支出型贫困致贫主要因素,可以将支出型贫困分为五大类型:大病重病型、精神智残型、教育支出型、自然灾害型、意外事件型,对于不同类型支出型贫困,应有重点、分档次、分阶段逐步解决。首先,应建立专门救助体系,重点解决大病重病支出型贫困对象的医药负担和基本生活困难。根据边缘群体问卷统计显示,因重大疾病导致支出型贫困对象占全部支出型贫困比重最高,为40.43%。同时,边缘群体面临的主要困难主要有两个方面,即无法负担高额的医疗费用以及基本生活保障,两项合并占比高达 67.5%。其次,采取困难叠加分档救助模式。不少支出型贫困对象陷入贫困的原因并非单一,往往是多个原因叠加导致其陷入支出型贫困。对此,可以在困难分类的基础上,进行叠加分档救助,即以大病重病为基础档(即 1 档),每叠加其他困难 1 项,即增加 1 档,叠加困难越多,救助档次越高,依次叠加分档救助。最后,逐步将其他支出型贫困类型纳入专门救助体系。根据问卷调查,因残致贫和因学致贫的比重分别为26.71%和20.94%,占比仅次于大病重病型,可以待条件成熟之后,分阶段逐步纳入支出型贫困专门救助体系。

2. 建立分级预警机制

2021 年 5 月,民政部社会救助司新出台的《低收入人口动态监测常态化救助帮扶工作指南》提出,要坚持动态监测、定期更新,确保低收入人口及时、全部纳入监测范围;坚持快速预警、精准救助,一旦发现需要救助的困难群众,立即启动救助程序,会同有关部门给予常态化救助帮扶。低收入人口范围包括低保对象、特困人员、低保边缘等易返贫致贫人口、因病因灾因意外事故导致的支出型贫困人口以及其他低收入人口。在本报告中，重点关注支出型贫困人口的救助，兼顾其他低收入群体的救助，实行分类管理、分级预警、限时核查。首先，紧盯重点人群，尤其关注患病住院、患有慢性病或重大疾病的贫困对象，采取"一户一档"的管理模式，实行动态化的分类管理，定期入户监测其贫困状态，力争做到预防贫困；其次，设立科学的指标体系，确保监测精准化。建议瞄准因病、因残、因学、因灾（含自然灾害和意外事件）、因失业等主要致贫返贫因素，设立患病住院、患有慢性病和重大疾病、登记残疾人、新增失业、高考录取、灾难事件6个预警指标，并由低到高确定蓝、黄、橙、红4个预警级别。综合考虑贫困对象的年龄、身体等情况叠加量化打分，叠加困难多、高龄、缺乏劳动力等，则预警级别越高。

3. 有重点、分层次地统筹城乡社区救助

社会救助工作由政府主导，但具体落实则在很大程度上依赖社区层面推动，应秉承以社区为中心的救助工作理念。根据问卷调查，96.51%的边缘人群和97.26%的低保特困人群是通过村（居）委会或街道办干部得以了解有关政策。因此，社会救助工作应将重心放在社区层面，统筹城乡社会救助，就是要抓好重点社区的救助工作。调研组在实地走访中发现，传统农村社区和城市老居民社区的贫困人口较为集中，问卷调查也显示，61.38%的低保特困对象和50.9%的边缘群体对象来自传统农村社区，21.15%的低保特困对象和22.38%的边缘群体对象来自老居民社区，而其他包括传统单位社区、新型住宅小区社区、城中村社区、城郊结合部社区等合并约占10%。鉴于上述贫困对象分布情况，建议以传统农村社区和老居民社区为重点社区，在资源分配、人手安排等方面向上述重点社区倾斜，并兼顾其他类型社区的贫困救助工作。

（二）形成多元化支出型贫困救助工作机制

1. 社工介入，完善主动发现机制

发现贫困是贫困救助的前提，只有建立支出型贫困对象主动发现机制，完善救助对象认定机制，才能实现应救尽救，实现对支出型贫困对象全覆盖。建立主动发现机制，就是要坚持主动作为的原则，对重点贫困对象及其家庭的经济状况、家庭规模和需求，实行动态监控、及时掌握。当前，一些有条件的地区和社区可以利用大数据技术来精准识别困难群众多样化、多层次的救助需求。但是，对于大多数社区尤其是困难对象较为集中的农村社区，大数据技术的运用并不普遍，占比59.33%的基层民政干部并不认为大数据的应用重要。相反，绝大多数基层民政干部认为，"入户核查"是主动发现必不可少的途径。在实践中，识别工作主要是采取系统比对与入户核查相结合的方式进行，而由于系统比对情况复杂，基层民政干部倾向于采取"入户核查"方式识别。根据问卷调查，高达98.71%的基层民政干部通常会选择将"入户核查"作为识别困难对象的主要方式。

为了落实"应保尽保、及时退保"的政策精神，需要基层工作人员投入大量时间和精力进行入户发现和核查工作，这无形中增加了基层工作人员的工作负担。根据调查统计，53.34%的基层民政干部反映，如果开展支出型贫困救助工作，最担心的问题是救助工作事务繁杂，人手不够应付。针对这种情况，国内一些地方如青岛市城阳区，专门建立了一支"蓝马甲"信息员队伍，负责收集贫困对象家庭状况等方面信息，以便及时、主动发现贫困对象。而调研组在对D市、J市等地的实地调研中，"双百"社工队伍也承担了相应的工作，一定程度上缓解了基层民政干部入户压力。根据问卷调查显示，56.15%的受访基层民政干部认为，设立社工站对于贫困救助工作可以发挥有效的作用。据此，调研组建议在重点社区（如老居民社区、传统农村社区）及其他有条件的社区，进一步支持和规范社工机构，明确社工人员"主动发现"的职责，待条件成熟后，逐步向其他类型社区推广社工介入。

2. 服务先导，建立市场引入机制

针对支出型贫困对象的需求，要积极拓展救助内容、创新救助方式，用政府购买服务或公益创投的方式，对困难群体开展多样化、个性化救助服务。对支出型贫困群体，发展"物质+服务"的救助方式，即一方面按照"尽力而为、量力而行"的原则给予物质救助，另一方面对一些特殊困难群体（如残疾人、重病患者）提供生活照料、心理疏导、社会融入、康复训练等服务，帮助其恢复生存和发展能力。在实地调研中发现，一些地方如J市R区，通过政府购买服务的方式为特殊困难群体提供生活照料服务，产生了较好的效果。根据问卷调查显示，57.74%的基层民政干部认为，引入第三方提供社会服务和评估有利于推动贫困救助工作。

由政府向第三方购买服务，应着重做好两个方面的工作：一是发展壮大第三方机构。当前，支出型贫困对象的服务工作面临着共性矛盾：一方面，困难对象需求多样化，另一方面，相关第三方机构发展滞后，不能有效满足相应的需求。

在实地调研中，基层干部普遍反映，对于残疾人的日间照料、心理疏导等方面缺乏更为专业性的服务，给家庭和社区带来较重的负担。二是以公益创投为导向，引导第三方机构规范发展。通过公益创投活动，培育和发展公益性社会组织，促进其规范治理、提升专业服务能力，推进社会发育和成长；针对支出型贫困群体多样性需求，不断拓展公益服务项目的内容，满足社区和居民群众多样化、个性化的服务需求；积极动员社会捐赠，发展慈善基金和福利基金，以公益创投为导向推动提升政府购买公共服务理念，建立政府和社会组织合作共赢的新机制。

3. 部门联动，建立统筹协调和信息共享机制

当前，在各级政府层面上，建立了民政与其他相关部门的联席会议制度，以便统筹协调贫困救助工作。这种联席会议制度对推动各部门之间就相关重大事项协调行动具有重要作用。然而，在基层工作实践中，无论是以往的收入型贫困，或是未来支出型贫困救助，已面临或将面临大量需要部门间协调的具体事项，在对贫困对象的收入、支出以及财产核对环节需要整合利用人社、住建、金融等部门及有关机构的数据，医疗救助环节则需要民政部门与卫生健康部门、医保部门协调行动，而针对残疾人救助则需要民政与残联部门的互通信息。个别环节的不通畅或个别部门的不配合将影响整个流程的推进，都会给基层工作造成极大困难。根据问卷调查显示，仅6.6%的基层政干部认为，部门协调沟通对贫困救助工作不会造成影响，高达90%以上的基层民政干部承认，部门协调沟通问题会对其工作造成不同程度的影响。

建立统筹协调和信息共享机制，一是要进一步推动信息化建设，实现信息资源在部门间共享，避免信息冲突或割裂。在信息核查阶段，基层民政干部能够通过各相关部门提供的信息进行系统比对，在对象识别环节，也需要相关部门提供专业认定，如残联对残疾人证的认定、医保部门对大病重病的认定等。二是要加强部门统筹协调。在实践中，由于一些新病种没有及时纳入大病重病范畴，导致民政部门无法给予及时救助，残疾人经康复训练后未能及时撤回残疾证，影响民政部门的贫困退出工作，等等。上述问题频频发生，表明各部门之间仍需进一步加强统筹协调。

（三）推动创新支出型贫困救助模式

1. 推行"党建+社会救助"工作模式

在支出型贫困救助中，应充分发挥基层党组织战斗堡垒作用与共产党员的先锋模范作用，借以党建带动救助、依托救助促进党建，实现党建与社会救助的

良性循环。社区党群服务中心是联系社区党组织和群众的平台和纽带,在社会救助工作中发挥重要作用。根据对1318位基层民政干部的问卷调查,在对包括综合服务中心、康园、民生驿站、社区活动中心、日间照料中心等在内的全部社区空间重要性的排序中,党群服务中心获得最高评分4.69分。应继续发挥基层党组织在社会救助中的引领和核心作用:一是坚持"分片联户"的原则,建立党员干部的包联责任机制,实现党员包联包保的制度化、规范化、常态化;二是落实"评优评先"举措,将社会救助工作纳入"党员积分制"管理范围,由群众投票评选社会救助工作中的先进党员,让"党建+社会救助"工作更加深入人心;三是在社区设立专门社会救助服务站(点),按照"一门受理、协同办理"的原则,在社区服务站点设立专门站点,并设置社会救助"党员明星"岗位,明确救助岗位职责,及时响应和帮助贫困对象的救助诉求。

2. 实施收入型救助与支出型救助的并存模式

当前,G省支出型贫困救助散见于临时救助、医疗救助、教育救助等相关文件中,如2021年2月5日实施的《临时救助办法》,根据困难类型将临时救助对象分为支出型救助对象和急难型救助对象,并规定了三种临时救助方式,即发放临时救助金、发放实物和转介服务。而2016年12月16日起实施的《困难群众医疗救助的暂行办法》也对支出型贫困对象的医疗救助作出了规定,救助的主要方式包括资助参保、门诊救助、住院救助,并对救助限额和条件做了各种限制性规定。无疑,上述文件规定对于缓解支出型贫困对象的困难发挥了一定作用,但也不应高估。根据问卷调查显示,89.9%的边缘群体和89.3%的低保特困群体认为,每月主要开支包括两个方面,即基本生活开支和医疗开支。相比低保特困群体,边缘群体医药费报销比例更低,而且面临各种医疗救助方面的限制性规定。而这种状况直接影响其对未来摆脱贫困的信心,约50%的边缘群体认为未来难以摆脱贫困最主要的因素就是医疗费用的负担。

鉴于上述情况,建议出台针对支出型贫困的专门政策文件,将散见的支出型贫困的相关规定统一起来。这不仅符合支出型贫困群体的利益和需求,也将获得基层民政干部的支持。调研组在实地调查也发现,不少基层民政干部倾向于并存模式。他们认为,根据现有政策,一些困难群体并不符合低保政策,高额的医药费用使其深陷贫困之中,"只要政策出台,哪怕再多困难和压力,也要将政策执行到位,解决民众困难"。根据问卷调查显示,58.88%的基层民政干部认为,对于因重大疾病导致的支出型贫困人口,最合理的政策是"既提高报销比例，又实行大病医疗救助和临时救助"。

3. 采取"三步走"贫困对象识别模式

支出型贫困对象的识别是一项极其重要的工作，精准识别不仅避免"漏保"现象，也有利于维护社会救助工作的公平性。在对象识别过程中，对申请材料进行核查是最为关键的一环。根据有关低保政策规定，首先要对申请人的收入和财产状况进行系统比对，一旦发现不符合低保条件的，系统会自动拒绝申请。然而，在实践中，一些低保申请者明显是急需救助的对象，但由于不符合一些硬性条件，导致不能通过系统比对，在支出型贫困对象救助中，应设法避免上述情况出现，力争做到"应保尽保"。为此，可采取"系统比对+入户核查+民主评议"三步走的识别模式。第一步，系统比对，对于申请人的申请材料进行网上系统比对，初步审查资格条件；第二步，入户核查，即由工作人员对困难家庭进行入户核查，除了实地核查申报信息之外，着重考察其家庭的整体状况，结合系统比对情况，初步确定资格条件；第三步，民主评议，不定期召开村（居）民代表会议，对于申请人的材料进行最终审核，最终确定困难对象。上述三大步骤当中，入户核查环节是关键，在收入型贫困救助实践中，它通常被视为最重要的材料核查方式。根据调查显示，98.71%的基层民政干部将其作为审核材料的主要方式之一。

（四）其他相关政策建议

1. 实施"政府保障+社会保险"相结合的保障制度

在各支出型贫困对象类型中最为突出的大病重病型，应以大病重病型贫困对象作为现阶段做好支出型贫困救助工作的主要抓手。为了有效缓解财政压力，建议采取"政府保障+医疗保险"相结合的方式，做好困难群体的基本保障。具体而言，一是借鉴精准扶贫建档立卡的成功经验，对不符合现有特困低保条件的困难对象及潜在的支出型贫困对象，进行登记造册、备案管理，做好动态监测；二是在城乡居民合作医疗的基础上，为登记造册的重点贫困对象提供相应的大病医疗、意外伤害等补充险种，预防此类家庭进一步陷入困境；三是积极做好保险政策宣传工作，增强居民的保险意识和预防意识，努力形成全员参与医疗保险的社会格局。

2. 建立健全社会救助备用金制度

建立健全社会救助备用金制度，旨在充分动员社会力量，作为政府救助和社会保险的有效补充。尤其是针对急难型贫困的救助，社会救助备用金制度可以凭借其灵活、快捷的优势，充分发挥其救助作用。在实践中，一些地方根据自身的救助优势,或由民间自发、或有官方倡导,而设立相应的共济制度,有效提升了救助时效性。如 J 市民政局、扶贫办联合印发了《社会救助兜底脱贫行动方案》,根据该行动方案的要求,重点落实乡镇(街道)救助备用金制度,推动"先行救助、分级审批",对生活困难家庭,视情况由当地乡镇(街道)或县级民政部门先行给予临时救助,手续简单,金额较小。在 D 市的一些乡镇及社区,正尝试建立"政府倡导、社会支持、企业捐赠"的公益慈善基金,用以解决困难群众的急难需求,不断满足居民的"微心愿"。而在 G 东地区的 S 市、J 市,家族内部民间自发的共济互救行动也在一定程度上发挥了作用。

3. 探索以"积分制"为基础的非户籍人口救助制度

长期以来,户籍制度与社会福利相捆绑,户籍人口与非户籍人口享有差别性待遇。为了保障非户籍人口的利益,各地在努力探索构建公平性的社会福利制度,逐步取消非户籍人口的政策性歧视。因此,制定相关贫困救助政策,需要顺应这种趋势,分阶段逐步赋予非户籍人口与户籍人口同等待遇。在对 D 市等地的实地调查中,对于将非户籍人口纳入支出型贫困救助范围,基层民政干部普遍有两大顾虑:一是担心会形成"洼地效应",即非户籍人口可能会大量、持续涌入。这不仅加重了政府的财政负担,也破坏了政策的公平性;二是操作上会存在一定困难。当前,对贫困对象的收入和财产的核查,主要是通过系统比对和入户核查两种途径进行。而一旦将非户籍人口纳入政策范围,对其处于户籍地的财产进行核查将会变得更加困难。

根据上述情况,一是针对可能产生的"洼地效应",推行"积分制"的方式逐步将非户籍人口纳入救助对象范围。"积分制"的设定标准,可以综合考虑本地居住年限、是否缴纳社保及缴纳年限、是否缴纳个人所得税、有无共同生活的本地户籍人口,等等。根据救助对象的积分多少,分档分层、逐步纳入支出型贫困救助对象范围。二是针对处于户籍地的财产核查难题,建议参考"积分制"对非户籍人口区分处理。例如,对于积分达到一定标准或长期在本地工作和生活的非户籍人口,可以参照户籍人口进行财产核查;而对于积分较低、工作居住时间不长的非户籍人口,则需要户籍所在地有关部门通过出具证明或联网核查等方式配合核查。

(作者单位:汕头大学法学院)

结构功能主义视域下社会救助共同体构建路径研究①

李　静　谢　雯

一、问题提出：新形势亟须构建社会救助共同体

党的二十大明确提出，"从现在起，中国共产党的中心任务就是团结带领全国各族人民全面建成社会主义现代化强国、实现第二个百年奋斗目标，以中国式现代化全面推进中华民族伟大复兴。"而全体人民共同富裕、物质文明和精神文明相协调则是中国式现代化的重要特征。2021年，习近平总书记在全国脱贫攻坚总结表彰大会上庄严宣告，经过全党全国各族人民共同努力，在迎来中国共产党成立一百周年的重要时刻，我国脱贫攻坚战取得了全面胜利，现行标准下9899万农村贫困人口全部脱贫，832个贫困县全部摘帽，12.8万个贫困村全部出列，区域性整体贫困得到解决，完成了消除绝对贫困的艰巨任务。消除绝对贫困的同时，教育、医疗、就业以及心理方面的多维贫困将长期存在，宏观社会经济环境以及反贫困形势的变化对社会救助工作带来更高的挑战。

社会救助是保障基本民生、促进社会公平、维护社会稳定的基础性制度安排。② 在开启全面建设中国式现代化新征程、向第二个百年奋斗目标进军的新时期，社会救助面临新的形势和任务。党的二十大报告中明确提出"健全分层分类的社会救助体系"；《中共中央关于制定国民经济和社会发展第十四个五年规划和二〇三五年远景目标的建议》提出要以城乡低保对象、特困人员、低收入

---

① 本文系国家社会科学基金年度项目"老年人信息贫困多维识别及协同治理机制研究"（编号：21BSH019）的研究成果。

② 林闽钢：《分层分类社会救助体系的发展现状和健全思路》，《行政管理改革》2023年第1期。

家庭为重点,健全分层分类的社会救助体系,构建综合救助新格局。当前社会救助面临资源链接单一、相关部门衔接欠佳、救助时效不及时①、主动发现机制建设不足、资金筹集供需不匹配、服务资源整合不充分②、救助对象甄别手段不足③等问题,亟须探索全新的共助模式实现社会救助资源的整合、创建综合救助新格局。

二、现实必需:构建社会救助共同体的
现实需要与客观条件

构建综合救助格局、打造社会救助共同体是实现社会救助高质量发展的时代需要。当前,我国站在历史发展新高度、新起点上,增进人民福祉、实现人民群众共享改革发展成果是进一步提升人民获得感、幸福感的重要目标。社会救助作为民生兜底的基础性制度安排,亦应随着时代之发展而丰富自身内涵。《国民经济和社会发展第十四个五年规划和二〇三五年远景目标纲要》明确指出要健全分层分类的社会救助体系;习近平在中共中央政治局第二十八次集体学习时强调要通过建立健全分层分类的社会救助体系增强人民群众获得感、幸福感、安全感;中共中央办公厅、国务院办公厅印发的《关于改革完善社会救助制度的意见》更是直接指出要构建综合救助格局,加快构建政府主导、社会参与、制度健全、政策衔接、兜底有力的综合救助格局,促进救助资源整合、提升救助效率。可见,充分调动各方主体力量、构建社会救助互动体系已成为实现新时代中国社会救助高质量发展的重要目标。

社会治理方式的嬗变与数字化技术的快速发展为构建社会救助共同体提供了现实条件。相较于绝对贫困治理,相对贫困治理对社会参与的要求将更高,这就需要在理顺绝对贫困治理的救助体系前提下,进一步整合社会救助资源和力量,为相对贫困治理奠定基础。当前,我国社会治理逐步由政府主导向政府引领、党建引导、社会主体参与转型,社会治理从"统治模式"到"管理模式"再到

---

① 马敏:《破解救助难题 助力乡村振兴》,《中国社会报》2021 年 5 月 28 日。

② 黄剑锋、晏子:《协同治理视角下托底性社会救助机制研究——兼论结构性协同与程序性协同的耦合机理》,《社会工作与管理》2020 年第 2 期。

③ 杨立雄:《"一揽子"打包,还是单项分类推进?——社会救助立法的路径选择》,《社会保障评论》2020 年第 2 期。

"服务模式"①。作为社会治理的子系统,社会救助也正出现治理主体多元化的趋势。另外,智慧城市与大数据信息技术的发展为提高社会救助效能提供新思路。当前,我国正处于工业化、城镇化、信息化共同快速发展的阶段。生态环境和生活方式的不断变化催生了多元增长的生存需求,教育、医疗、照护、精神关爱、日常生活照料等资源在不同人群之间的分配与供给情况参差不齐,绝对贫困转变为相对贫困,这也加快了社会养老服务体系的创新步伐。利用物联网、云计算、大数据、智能硬件等新一代信息技术手段与产品,将智能信息技术应用于社会救助服务中,实现个人、家庭、社区、政府与相关资源有效快速地对接与配置,能大力推动社会救助质量效能的快速提升。

当前,江苏、浙江等地均在探索如何构建社会救助共同体,通过充分发挥共同体中各个角色的优势功能,完善社会救助长效机制,强化"兜底保障"功能,推进新时代社会保障事业高质量发展,切实提高社会救助效率与精确性。为了充分释放社会救助共同体的活力与效益,需要从理论结合实践的层面、整体与子系统有效互动的层面、制度与文化深度拓展的层面进行全面且整体的研究与整合。

三、理论耦合:结构功能主义与社会救助共同体

随着时代发展,"共同体"的内涵及外延正不断扩大。1887 年,滕尼斯把共同体(community)从社会(society)概念中分离出来,他认为"共同体"是基于自然意志(血缘、地缘、友谊)的有机组成形式。从此,"共同体"成为一个现代社会学概念。② 波普兰则将"共同体"定义为社群记忆,即因遵照行动上、思想上普遍接受的道德标准而聚合在一起的团体。③ 随着全球化程度加深,人与人之间、群体与群体之间的互动交往不再受传统血缘和地域的限制。在此背景下,吉登斯提出"脱域的共同体"的概念。吴文藻、费孝通等人则把"community"一词译为"社区"——一个能满足居民经济、政治、文化、情感等各种需要并具备互助合作、自我调解、高度自治功能的生活系统。为处理中国治理难题,"共同体"这一传统

---

① 王磊、王青芸:《社会治理视域下的整合社会服务:逻辑、趋势与路径》,《社会建设》2020 年第 4 期。

② 魏娜:《激发基层社会活力,构建"社会治理共同体"》,中国人民大学出版社 2020 年版,第211 页。

③ 王湘穗:《三居其一:未来世界的中国定位》,长江文艺出版社 2017 年版,第 132 页。

概念发展出"社会治理共同体"这一新生概念,而"社会救助共同体"正是后者治理维度聚焦的产物。

20世纪40年代,以帕森斯为代表的社会学家提出的结构功能主义成为解析社会结构与人类行动的重要理论。该理论指出,社会子系统在一定的关联规则下形成总系统并通过自身功能发挥影响整个社会结构的存续与发展,其中功能要素包括适应功能、目标达成功能、整合功能、维持模型功能,此即AGIL功能分析模型。适应功能是指为维持结构有效运转,系统主体通过消极接受或积极变革的方式来获取内部或外部资源以适应环境变化,经济系统发挥此功能。目标达成功能的实现依仗政治权威,整合功能依靠制度规范,模式维持功能的发挥则需要通过群体意识的塑造、价值文化的形成,继而带动整个系统循序平衡。

社会救助共同体作为一个更为聚焦的社会治理共同体,是社会系统中不可或缺的一个局部系统。系统为了维持自身的均衡性,需要通过一定的结构发挥功能来维持系统的稳定。① 社会救助共同体中的各个子系统需要通过发挥各自功能才能实现整个系统的有效运转:一是适应功能。社会救助共同体必须具备适应外界变化的能力,主要通过经济手段实现主体(救助主体与救助客体)从内部或外部获取资源的目的。二是目标达成功能。主要通过政治手段(利益表达、政策制定、政策执行等)来实现目标。三是以制度规范为中心,实现资源调配与整合功能。四是通过价值观、文化精神(全社会友爱互助的精神)实现模型维持。本文结合南京市建邺区的实践经验,在结构功能主义的指导下探索如何构建社会救助共同体,从各角色主体出发,探索社会救助共同体的建构路径与各系统发挥合力的有效机制,通过探循明确的流程规范与执行章程,强化功能输出。

四、现实剖析:南京市建邺区社会救助的实践经验

近年来,南京市建邺区深入贯彻落实中央和省委、市委决策部署,从全面建设转入高质量发展,努力形成"新经济+生态圈"的发展模式。在经济社会发展

---

① 刘雪凤、许超:《知识产权全球治理的结构功能主义解读》,《中国行政管理》2011年第9期。

图1　结构功能主义视角下社会救助共同体 AGIL 系统示意图

的同时,始终坚持改革发展成果惠及广大人民群众,特别是困难弱势群体。全区目前共有低保家庭 1653 户 2308 人、特困供养对象 51 人、低保边缘家庭 169 户 334 人、享受困难残疾人"两项补贴"3229 人、困境儿童 23 人。"十三五"以来,每年投入近 5000 余万元用于社会救助兜底保障,切实将党和政府的温暖送达困难群众。同时通过建系统、成机制、出成果、促改单,建立健全智慧、规范、温情、高效的社会救助体制机制,充分守牢困难群众兜底保障底线,提升困难群众获得感、幸福感。2020 年,建邺区成功入选全国社会救助综合改革创新试点区。2021 年,建邺区社会救助工作充分突出新阶段民政工作职责和定位,紧紧围绕"困难家庭救助帮扶综合评估"全国社会救助改革创新试点这一工作主线,建立健全分层分类的社会救助帮扶体系,着力构建社会救助帮扶共同体。总的来说,建邺区社会救助有如下实践经验。

一是多方主体参与,高效精准整合社会各方救助资源。南京市建邺区通过政府购买服务的方式,引入有资质的社会组织,将入户调查委托懂救助、有爱心的专业组织,并形成了"一看、二问、三查、四访"的工作方法。"一看",即看走访对象的家庭环境、居住条件;"二问",即问家庭成员构成、成员工作、消费支出、出行方式等,详细了解致贫原因与需求;"三查",即查户口性质、查残疾鉴定证书、查疾病治疗等相关资料;"四访",即访家庭、邻居、单位和社区。通过政府发动、社会多方主体参与,对申请救助家庭进行全方位摸底排查,即实现应保尽保,也为充分发挥经济系统效益提供了支撑。同时借鉴阿里、腾讯公益运作模式,建立社区慈善基金,积极引导慈善组织、专业社工、志愿者等多元主体参与扶弱济困,将低保与精神慰藉、心理疏导、能力提升和社会融入等有机结合起来,建立"物质+服务"救助模式,推动由"资金救济型"向"服务需要型"转变。而企业运用其行业优势与特长,根据困难群体需求参与到救助中。例如,针对困难救助群体提供法律类援助、针对困难救助群体精神文化层面进行丰富与提升、相关企业提供人力支持(志愿者)与资金支持等。多元主体共同参与,为辖区内需要社会救助的对象提供了丰富及时的救助服务,包括提供心灵关爱服务,扶贫抚慰救助对象消极情绪,缓解心理压力,矫正不良行为,建立积极乐观的心态;为残疾救助对象开展丰富的文化娱乐活动、康复照料,提供精神照料;提供长者关爱服务,面向贫困、独居、空巢、失独、生活不能自理的老年人提供必要的访视、照料等服务;提供儿童关爱服务,保护困境儿童权益,协调其家庭和社会关系,帮助其建立社会支持网络,适应社区和社会环境;为救助对象提供物质援助,为残疾人失业者救助对象解决临时生活困难;提供法律帮助,帮助了解政府的社会救助政策,保护救助对象合法权益,保障其法定权利得以实现。

二是政府主导,充分发挥义务主体责任。南京市建邺区区委、区政府始终高度重视社会救助工作,以建立智慧、规范、温情、高效的社会救助体制机制为目标,通过建系统、成机制、出成果、促改革,响应国家和省市要求、呼应困难群众需求,充分守牢困难群众兜底保障底线。坚持党建引领,将社会救助工作列入区委区政府的日常议事日程,凡涉及重大社会救助工作和政策文件制定都要经区政府常务会和区委常委集体研究决策,凡事关困难群体切身利益的事项,区领导都亲自了解掌握,持续跟踪关注;局党委和各街道党工委坚持把社会救助工作作为党委会、办公会、形势分析会的重要内容,常抓常议;全区每个街道均按照3—6人、每个社区1—3人配备了专门负责社会救助工作人员,这些都为建邺区的社会救助工作开展奠定了坚强的组织基础。

三是完善相关制度、强化社会各方主体协同效能。南京市建邺区民政部门出台的《临时救助实施细则》,对救助适用对象范围、申请条件、标准方式、受理程序、工作机制、监督管理等作出明确规定;对支出型救助对象认定、救助金额比例,急难型对象确定、救助标准,"一事一议"的流程,政府购买服务的方法,以及不予救助对象的认定条件等进行具体细化;对优化简化审核审批程序、建立绿色救助通道制度作出规定,明确流程。统一全区临时救助工作标准,打通临时救助网上审批、监管环节,建立与区域发展相适应的智慧化、规范化临时救助工作体系和智慧、规范、温情、高效的临时救助体制机制,充分守牢"兜底中的兜底"民生保障底线,实现体系与制度的相互支撑、有效衔接,推动建邺区社会救助工作高质量发展。同时完善了社会救助联盟入户调查、询问邻里、家境调查等方式,为社会组织参与社会救助、进行困难群众家庭状况核查确定了规范流程,包括多维评估标准,如家庭变化立即评、新进对象实时评、家境状况及时评等原则。成员单位从开展社会救助家庭入户走访工作以来,在全市多个区开展入户走访近1万户次、现场帮扶近500次、对接公益资源20余家,贫困家庭走访满意度100%。对社会救助入户调查评估工作进行了有效的实践和研究,形成了一套行之有效的工作体系和评估方法,全面收集贫困家庭的基本信息、动态管理其家庭经济状况、综合分析其困难需要和致贫原因、制订个性化帮扶计划,并从入户服务、评估服务、心灵关爱、精神慰藉、长者关爱、儿童关爱、物质帮扶、法律援助、家庭辅导等方面提供专业服务。

四是积极打造社会和谐文化,充分发挥文化的黏合作用。南京市建邺区鼓励发展"一家亲"社区志愿者服务队在关爱辖区困难家庭、独居老人、保护未成年人等活动中奉献爱心,贡献力量,真正做到立足基层、面向家庭开展邻里关爱互助活动,并打造"四张网"服务需要帮助的人群,即生活照料网、紧急帮扶网、医护保障网和精神慰藉网,多角度、全方位为弱势群体提供救助服务。同时通过发挥街道立足基层的重要位置培训、孵化社会组织,加强专业评估组织的技能培训、业务提升和组织孵化,不断培育壮大困难家庭救助帮扶专业评估队伍。以辖区慈善超市志愿服务团队为基础,跟进提供助医、助学、助困、家政、代购以及组织转介服务等多元供给帮扶举措。

五、社会救助共同体的构建:基于结构功能主义的探索

(一)优化经济系统:多主体参与,精准整合多方资源

以多主体参与为特点的经济系统可以最大限度调动社会资源进行社会救助,而以精准识别、精准帮扶为基础的救助流程是实现社会救助效益最大化的基础。二者相辅相成,可以有效缓解基层救助工作力量不足、调查抽查时效低等矛盾,全面推动社会力量参与社会救助服务,做到精准保障、有效托底、助力社会救助提高精准度。

多主体参与,发挥经济系统适应功能。随着我国社会救助事业的逐步发展,社会救助资金来源也应当更加丰富并保持稳定。发挥社会救助共同体经济系统

的作用力,应当进一步突破政府决策、政府执行的传统模式,继而发展以政府主导、社会各方主体积极参与,通过多种方式调动私营部门、非盈利部门参与社会救助共同体经济系统运转的积极性。首先,充分发挥政府的引导作用。在保证财政支出的基础上,筹集各种资源,通过民主政治程序设定社会需要的优先目标,例如对社会救助主体的公共资源倾斜、财政转移支出、财政补贴、公共服务外包等。其次,充分发挥私营部门组织商品和劳务生产高效率与高效益的优势,企业等市场主体应当积极承担助力慈善事业发展的社会责任,通过多种方式助力政府部门进行社会救助活动,如在竞争中完成公共服务的供给、通过慈善捐助的形式对困难家庭进行救助等。最后,充分发挥第三部门自主性,通过慈善捐助、提供社会服务等方式参与社会救助。

双重精准,实现经济系统运转效率最大化。一方面,要对救助对象进行精准识别。通过多方面的途径准确了解情况,并对走访过程中的关键证据进行拍照留档,为低保动态管理和审批提供精准依据。另一方面,要对救助对象进行精准帮扶。精准帮扶分为政策帮扶和资源帮扶,既要根据困难群众的家庭情况为其申请相匹配的社会救助和社会福利政策,也要发动爱心企业、社会志愿团队、基金会、慈善机构等根据困难家庭的实际情况,为其提供个性化的资源链接,如为心理异常或遭遇重大变故的家庭或人群提供心理疏导,为青少年提供关爱服务等。

(二)深化政治系统:政府主导,发挥义务主体责任

政府作为社会救助的义务主体,必须通过发挥主导作用、引导作用、监督作用,采取各种积极措施推动社会救助工作开展。除了主要在经济系统中完成给付行为,还应在政治系统中发挥规范社会救助流程、引导其他社会主体参与救助活动、监督救助实效的作用。

一方面,作为社会救助的义务主体,政府应当主导建立困难家庭多维贫困状况综合评估及帮扶体系,通过建立评估认定指数、确认困难家庭需求清单、评估已有针对困难家庭的帮扶政策效果,形成困难家庭多维贫困评估指标体系,并优化困难家庭综合帮扶体系,实现精准保障和精准帮扶。另一方面,规范困难群众临时救助工作流程,统一临时救助工作标准,打通临时救助网上审批、监管环节,建立与区域发展相适应的智慧化、规范化临时救助工作体系和智慧、规范、温情、高效的临时救助体制机制,实现体系与制度的相互支撑、有效衔接,推动社会救助工作高质量发展,充分守牢"兜底中的兜底"民生保障

底线。最后还要通过党建引领企业参与救助共同体,通过"两新"组织的支部共建活动,以走访、召开洽谈会等为主要形式,发挥党员志愿者先锋作用,对困难群体进行帮扶。

(三)强化整合系统:完善制度,强化各方协作

建立社会救助共同体行动的制度规范,协调各部分关系,使之成为有机整合体。一方面,通过立制修订完善救助保障对象认定办法等配套制度,建立综合认定体系;完善救助主动发现机制等制度,实施精准施救;另外还需要完善保障机制,用制度管权管人管事,杜绝"人情保""关系保",推进社会救助标准化认定、标准化管理、标准化服务。另一方面,建立政府—社会—家庭衔接制度,根据不同的劳动力系数,量化劳动能力,明确子女赡养义务,划清政府托底不越位的保障界线,全面提升低保家庭认定的科学性、精准性。最后,通过转职能,深化"放管服"改革,将低保、临时救助审批权下放到社区,最大限度简化所需材料,压缩审批层级,规范流程,真正实现"群众少跑路、最多跑一次"。需要强调的是,共同体视角下的社会救助必须创新救助思路,着眼于激发救助对象的内生动力,变"保命式"救助为"持续型"发展,变"漫灌式"刺激为"精准型"就业,变物资之配给为能力之提升,以可行能力提升为基础,以精准就业为路径,[①]努力实现救助对象从消极福利向积极福利之转变。

(四)固化文化系统:打造和谐文化,织牢社会救助网

"老吾老以及人之老、幼吾幼以及人之幼。"中国传统重要慈善文化渊源——儒家思想的内核为仁,讲求由仁而趋善。从儒家的观点来看,善即为仁,而仁就是爱人。慈善在中国传统文化中被认为是一种道德的实践,是与个人的内省和推己及人的慈悲情怀密切相关的[②]。打造社会救助共同体,还需要全社会的共同参与,通过全社会对社会弱势群体的共同关爱实现和谐社会的目标。通过建立主动发现机制,精准把握救助需求,优化评估和救助程序、救助项目体系,鼓励社会组织参与社会救助,提供社会救助服务,同时也鼓励党员志愿者及社区志愿者团队参与社会救助活动,并发挥自身优势,共同参与社会救助。同时,还需要发挥制度优势与弘扬优良传统,包括党的领导的政治制度优势,公有

---

① 李静:《精准就业:可行能力视角下农村弱势群体的扶贫方略》,《中国行政管理》2020年第1期。

② 陈静、董才生:《社会资源、弱势群体与慈善文化的包容传承》,《重庆社会科学》2017年第5期。

制为主体的经济制度优势,全国一盘棋和集中力量办大事的国家治理体系优势,以及家庭、机构、社会均可有效助力的传统优势,[1]以中国特色的传统优势营造并固化优良文化传统及社会氛围,助推社会救助共同体之构建与完善。

(作者单位:云南大学政府管理学院;

河海大学公共管理学院)

---

① 郑功成:《中国式现代化与社会保障新制度文明》,《社会保障评论》2023年第1期。

二、社会救助与共同富裕

共同富裕目标下我国农村相对贫困
家庭多维贫困测度及分解研究①

李春根　陈文美

一、问题的提出

随着脱贫攻坚战取得全面胜利,我国区域性整体贫困得到解决,实现了消除绝对贫困的艰巨任务。但这并不意味我国减贫事业终结,而是呈现出向相对贫困、多维贫困的根本性转变。尤其是在全面开启建设社会主义现代化强国新征程起点上,共同富裕成为新发展阶段奋斗目标,人民对美好生活的向往与发展不平衡不充分的矛盾不断凸显,长期发展形成的区域间、城乡间、个体居民间收入差距居高不下。2021 年 8 月 17 日,习近平总书记在中央财经委员会第十次会议上强调,促进共同富裕,最艰巨最繁重的任务仍然在农村。为此,如何不断探索构建农村相对贫困的长效治理机制,成为夯实新发展阶段高质量减贫、有效推进共同富裕目标的当务之急。事实上,党的十九届四中全会报告中已明确提出建立解决相对贫困的长效机制,2020 年中央一号文件也提出在转向相对贫困治理过程中,需要构建更加常态化的扶贫工作机制,其均成为我国开启并致力解决农村相对贫困问题、织密共同富裕保障网的行动指南。相对贫困作为绝对贫困向外扩展的结果,其覆盖更多人群,同时亦是一个相对的概念,是一种与社会平均收入水平比较处于社会平均水平之下的状态,区别于"程度"的不同。②③　国

————————

①　本文系贵州省哲学社会科学规划课题"贵州易返贫人口的返贫风险测度及预警帮扶机制研究"(21GZYB49)的研究成果。原文发表于《当代财经》2022 年第 5 期。
②　杨立雄、魏珍:《相对贫困治理机制研究——基于新公共管理理论的视角》,《社会政策研究》2021 年第 2 期。
③　左停、贺莉、刘文婧:《相对贫困治理理论与中国地方实践经验》,《河海大学学报》(哲学社会科学版)2019 年第 6 期。

际上多按照全社会收入的中位数或平均数的一定比例(通常在 40%—60%间)来确定相对贫困线,即低于全社会收入的中位数或平均数 40%—60%的社会群体属于相对贫困群体。① 与绝对贫困相较而言,相对贫困的表现形式更加多维,通常表现在收入、教育、能力、卫生、精神、信息、文化等方面的多维贫困,使得其治理更加复杂。

有关农村相对贫困治理的研究,国外学者研究较早。Townsend 认为贫困不只是缺乏最低生活必需品,也是个人或家庭缺乏食物、住房等生活必需品及参与社会活动的资源,致使其达不到社会平均生活水平的一种状态,并首次提出参照平均收入来界定相对贫困标准。② 1976 年阿玛蒂亚·森提出了能力贫困这一概念,开启了相对贫困多维视角的研究,对贫困的研究逐渐从单一维度向多维角度转变。2020 年以前由于我国主要处在绝对贫困、整体性贫困的环境中,学者们的研究更多关注绝对贫困治理,并且从不同视角测算了绝对贫困视域下的农村多维贫困。③ 2020 年以后越来越多学者开始关注农村相对贫困治理研究,檀学文论述了我国中长期进程中解决相对贫困应建立解决相对贫困目标、制定多元标准体系、治理需转向常规化等问题。④ 郑琼洁和潘文轩认为我国相对贫困主要表现在区域性相对贫困、农村相对贫困、公共服务相对贫困、经济相对贫困,其产生的根源在于发展不平衡不充分,并且提出解决不同类型相对贫困的政策建议。⑤ 樊增增和邹薇认为走向共同富裕需要构建消除相对贫困的长效机制,并运用贫困指数变化的"识别—增长—分配"的分解框架研究我国贫困动态的变化过程。⑥ 郑瑞坤和向书坚认为需从需求层次递进结构出发设计后扶贫时

---

① 周力:《相对贫困标准划定的国际经验与启示》,《人民论坛·学术前沿》2020 年第 14 期。

② Townsend P. , *Poverty in the United Kingdom:A Survey of Household Resources and Standards of Living.*[M]Berkeley:University of California Press,1979.

③ 杨龙、汪三贵:《贫困地区农户的多维贫困测度与分解——基于2010 年中国农村贫困监测的农户数据》,《人口学刊》2015 年第 2 期;郭熙保、周强:《长期多维贫困、不平等与致贫因素》,《经济研究》2016 年第 6 期;高明、唐丽霞:《多维贫困的精准识别——基于修正的 FGT 多维贫困测度方法》,《经济评论》2018 年第 2 期;王修华、赵亚雄、付盼盼:《金融渗透、资金流动与多维贫困——来自中国县域的证据》,《当代财经》2019 年第 6 期。

④ 檀学文:《走向共同富裕的解决相对贫困思路研究》,《中国农村经济》2020 年第 6 期。

⑤ 郑琼洁、潘文轩:《后脱贫时代相对贫困治理机制的构建——基于发展不平衡不充分视角》,《财经科学》2021 年第 11 期。

⑥ 樊增增、邹薇:《从脱贫攻坚走向共同富裕:中国相对贫困的动态识别与贫困变化的量化分解》,《中国工业经济》2021 年第 10 期。

代我国农村相对贫困的测度方法,提出运用改进的卡方自动交互检验模型方法,从全部"支出—收入"分类中推断农村相对贫困线测度相对贫困人口。① 仲超和林闽钢以相对贫困家庭为研究对象,测算了相对贫困家庭的多维剥夺状况及影响因素,并提出相应的解决政策建议。② 万广华和胡晓珊认为扶贫转型后,可考虑分城乡及城乡融为一体,同时在省级层面或全国层面设定相对贫困线,估算不同方案下的相对贫困发生率及需要的转移性支出。③ 缪言等认为应该充分发挥政府财政支出工具治理相对贫困的积极作用,构造"相对贫困指数"以评估财政支出工具治理相对贫困的动态效应。④ 吴静茹等认为市场参与机会、能力提升可以持久性缓解相对贫困的内生动力,并通过实证方法验证数字金融对农户相对贫困的影响及作用机制。⑤

通过梳理发现,一些学者以定性的研究方法进行理论层面的阐释,包括治理逻辑与治理机制等方面;另一些学者开始从定量实证测算的视角进行研究,包括方法测定、动态识别、多维测度等。不过,专门针对农村相对贫困测度与治理的研究相对较少。为此,本文聚焦农村相对贫困家庭的相对贫困,在厘清共同富裕与相对贫困治理间的逻辑关系后,进一步阐释农村家庭相对贫困多维治理转向分析的必要性,并选定两组不同的相对贫困线,运用 A-F 双临界值的方法比较测算我国农村相对贫困家庭在教育、健康、生活水平、医疗保险、劳动能力等维度所遭受的多维贫困发生率、多维贫困指数、贡献率等,并将之扩展到不同区域和不同收入组别,为有效精准选择其治理路径,进而为推进实现共同富裕目标提供实证参考。

① 郑瑞坤、向书坚:《后扶贫时代中国农村相对贫困的一种测定方法与应用研究》,《数量经济技术与经济研究》2021 年第 11 期。

② 仲超、林闽钢:《中国相对贫困家庭的多维剥夺及其影响因素研究》,《南京农业大学学报》(社会科学版)2020 年第 4 期。

③ 万广华、胡晓珊:《中国相对贫困线的设计:转移性支出的视角》,《财政研究》2021 年第 6 期。

④ 缪言、白仲林、尹彦辉:《财政支出政策的减贫效应:相对贫困治理视角》,《经济学动态》2021 年第 9 期。

⑤ 吴静茹、谢家智、涂先进:《数字金融、市场参与和农户相对贫困》,《当代财经》2021 年第 8 期。

二、共同富裕与相对贫困治理的逻辑关系

如前所述,相对贫困作为一种与社会平均水平相比较的结果,主要缘于该群体在个体发展能力、发展权利方面存在较大差距,进而引发更多维度的不平等。共同富裕一方面反映了社会对财富的拥有,是社会生产力发展水平的集中体现;另一方面反映社会成员对财富的占有方式,是社会生产关系性质的集中体现。可见,相对贫困作为社会财富分配不平等的一种状态,体现出与共同富裕相反的一面。具体表现如下:

(一)实现共同富裕是相对贫困治理的目标指向

"大同"社会描绘的是人们追求共同富裕的美好梦想。马克思首次阐述了实现共同富裕的物质基础与制度要求,并将其作为社会主义的本质规定,认为在生产力发展迅速的未来社会主义社会,生产将以所有人的富裕为目的。首先,解决相对贫困问题是实现共同富裕目标的前提手段。马克思认为贫困问题的产生源于资本主义生产方式的存在,资本家凭借对生产资料的占有对工人阶级进行肆意剥削,从而导致相对贫困的产生,只有在实行生产资料公有制下,通过不断治理相对贫困才能最终实现共同富裕。其次,实现共同富裕是相对贫困治理的最终目标指向。社会主义作为共产主义的初级阶段,由于生产力发展不充分,该阶段的共同富裕并不意味着平均富裕,还存在个人劳动差异性导致的收入分配差距,随着生产力水平不断提高,实现共同富裕的程度不断提升,不断推向实现更高层次的共同富裕,不遗余力推进构建解决相对贫困长效机制,最终实现共同富裕是我国作为社会主义国家的本质要求。当前我国人民对美好生活的向往与不平衡不充分发展间的矛盾仍然不断凸显,区域间、城乡间、居民收入间差距依然较大,成为当前推进共同富裕战略目标的现实基础,也构成相对贫困治理的实践难题。

(二)提升相对贫困治理能力是推进共同富裕的前提手段

正如全面小康社会重点在"全面",扎实推进共同富裕关键在"共同"。"共同"的内涵是逐步共富、全面富裕与全民富裕,不仅包括宏观层面的区域间、城乡间的共同富裕,还包含微观层面的不同个体的共同富裕。党的十九届五中全会指出,我国社会主义现代化远景目标之一是到2035年全体人民共同富裕取得更为明显的实质性进展,到2050年全体人民共同富裕基本实现。然而现实症结

在于,收入差距较大致使大量相对贫困群体的存在阻碍共同富裕。2019 年,东、中、西部地区的农村居民人均可支配收入分别为 19988 元、15290 元、13035 元,差距明显。此外,已脱贫人口及边缘群体的返贫致贫风险依然存在。当前还面临已脱贫人口的脱贫不稳定、返贫致贫风险、边缘户的返贫和因灾、因病后的致贫。相关摸底数据显示,目前已脱贫人口中有近 200 万人存在返贫风险,边缘人口中还有近 300 万人存在致贫风险。为此,提升农村相对贫困治理能力,不断缩小区域间、城乡间、居民间的收入差距,有效防范易致贫易返贫人口的返贫,才能有效扎实推进实现共同富裕目标。

(三)共同富裕目标下农村相对贫困治理转向分析

相对贫困水平的相对性、现实表征的多维度性、识别标准的复杂性、致贫因素的多元性等均决定着相对贫困治理需求的现实转变。一是参照群体选择的转变。基于相对贫困的相对水平,往往需要将之与纳入到特定时间、空间的参照样本进行比较,目前国际上的通行做法是以居民收入平均值或中位数的一定比例作为相对贫困线。如欧盟采用 50% 或 60% 居民收入中位数标准,世界银行把相对贫困人口界定为收入低于社会平均收入三分之一的社会成员,还有一些国家将低于平均收入 40% 作为相对贫困线。[1] 二是识别标准的多维转变。相对贫困个体发展能力、发展权利等层面差距,致使其在个体发展能力、发展权利受限等方面受限,体现在教育水平、健康状况、就业状况等层面的相对弱势,为此相对贫困的识别更加需要转向至以收入为内核,涵盖教育、健康、住房、就业、医疗保险等多维指标的识别体系。三是治理方式的转变。结构主义认为社会结构排斥是相对群体致贫的重要因素,主要源于收入分配不完善、基本公共服务不均等,造成农村相对贫困群体社会福利低于社会平均水平。[2] 文化主义认为相对贫困是长期贫困文化影响的产物,认为贫困群体的注意力发生了偏差,过分关注政府或社会投入的稀缺资源而对教育及劳动技能长期忽略,致使贫困代际的再生产。[3]与此同时,相对贫困还体现出困难群体主观层面的社会心理需求,他们会以物质

---

① 李鹏、张奇林、高明:《后全面小康社会中国相对贫困:内涵、识别与治理路径》,《经济学家》2021 年第 5 期。

② 汪三贵、刘明月:《从绝对贫困到相对贫困:理论关系、战略转变与政策重点》,《华南师范大学学报》(社会科学版)2020 年第 6 期;李小云、苑军军、于乐荣:《论 2020 后农村减贫战略与政策:从"扶贫"向"防贫"的转变》,《农业经济问题》2020 年第 2 期。

③ 谢治菊、钟金娴:《"认知税":一个理解持续贫困的新视角》,《华中农业大学学报》(社会科学版)2020 年第 6 期。

层面的获取来判断自身是否贫困。为此,在共同富裕目标下,需要积极开展包括教育、医疗、住房、就业、资产等多维贫困测度,来精准识别农村相对贫困家庭的多维贫困,以此来探索有效治理路径至关重要。

三、方法与数据

(一)研究方法

联合国开发计划署(UNDP)在 1997 年提出了"人文贫困"(Human Poverty)这一概念,并在 2010 年《人类发展报告》中提出了多维贫困指数(MPI)这一概念,认为贫困不仅体现在收入不足,更表现为不良的健康营养状况、较低的受教育水平、缺乏谋生手段、粗劣的居住环境、社会排斥、社会参与缺乏等诸多方面。Alkire 和 Foster(2011)在阿玛蒂亚·森的可行能力剥夺理论基础上提出了一种专门测度多维贫困的方法,被称为 A-F 双临界值方法。[1] 该方法可从多个维度综合层面判别研究对象是否处于贫困状态,是目前应用最广泛的测度多维贫困的方法。本文将采用该方法深度测算农村相对贫困的贫困维度、贫困程度、贫困贡献率,并将其扩展到测算不同区域、不同收入的农村相对贫困家庭的相对贫困。具体步骤如下:

第一步,定义样本矩阵和临界值向量。定义一个 $n×t$ 的样本矩阵 $X=[x_{ij}]$,其中的元素 x_{ij} 表示家庭 $i(i=1,2,3,\cdots,n)$ 在维度 $j(j=1,2,3,\cdots,t)$ 上的值。再定义一个 $1×t$ 的临界值行向量 $Z=[z_j]$,z_j 表示维度 j 上的贫困临界值。

第二步,判断家庭在单一维度下的贫困情况。首先定义一个多维贫困矩阵 $g^0=[g_{ij}^0]$,然后判断家庭在各个维度上的贫困情况。当 $x_{ij}<z_j$ 时,即家庭 i 在维度 j 上处于贫困状态时,令 $g_{ij}^0=1$;当 $x_{ij}\geq z_j$ 时,即家庭 i 在维度 j 上不处于贫困状态时,则令 $g_{ij}^0=0$。

第三步,确定贫困维度计数函数。设 c_i 为家庭 i 的贫困计数函数,w_j 为维度 j 的权重,则 $c_i=\sum_{j=1}^{t}w_j g_{ij}^0$。

第四步,判断家庭 i 是否处于多维相对贫困状态。设 k 为贫困维度临界值,σ_k

① Alkire S.,Foster J..Counting and Multidimensional Poverty Measurement.[J] *Journal of Public Economics*,2011,95(7):476-487.

(Xi,Z)为多维相对贫困识别函数,则当$c_i \geqslant k$时,$\sigma_k(Xi,Z)=1$,此时表示家庭i处于多维贫困状态;当$c_i < k$时,$\sigma_k(Xi,Z)=0$,表示家庭i处于非多维贫困状态。

第五步,计算贫困发生率H、多维平均贫困份额A和多维贫困指数M。在识别判断出了多维相对贫困家庭之后,通过加总多维相对贫困家庭,可以计算出相对贫困家庭的多维贫困发生率和多维平均贫困份额,再将这两个数值相乘即可得到多维贫困指数。计算公式为$H = q/n$,$A = \sum_{i=1}^{n} c_i(k)/q$,$M = HA$。其中,$q$是维度临界值,是$k$时识别出的多维相对贫困家庭数;若$c_i \geqslant k$,那么$c_i(k) = c_i$;若$c_i < k$,那么$c_i(k) = 0$。

第六步,计算多维贫困的维度贡献率。将多维相对贫困指数按照维度来进行分解,设M_j为维度j对相对贫困的多维贫困指数贡献率,计算公式为$M_j = w_j q_j/nM$。其中,q_j为在维度j处于贫困状态的多维相对贫困个体总数。

(二)维度指标及权重选取

关于多维贫困指标选取同样没有完全统一指标维度和选取标准。本文参照国际普遍采用的多维贫困指数测度方法及国内郭熙保和周强的研究,[1]并结合研究目标及数据可获得性,综合选取了教育、健康、生活水平、资产、医疗保险、住房、劳动能力7个维度10项指标,同时也参考了国内外普遍采用的等权重赋值法对指标权重赋值,具体指标如表1所示。

表1　维度指标、剥夺临界值和权重赋值情况

维度	具体指标名称	相对贫困的维度临界值	权重
教育	成年人受教育程度、适龄儿童的入学状况	成年人(16岁及以上)平均受教育程度达不到初中水平或者至少有1名适龄儿童(7—15岁)处于未上学状态时记为贫困,赋值为1,否则为0	1/7
健康	自评健康、儿童因病就医次数	家中存在至少1名成年人自评健康状况为"不健康"或者儿童(小于16岁)在过去一年内因病就医次数到达4次及以上时记为贫困,赋值为1,否则为0	1/7
生活水平	烹饪燃料、饮用水	烹饪燃料为非清洁能源或者无法使用井水、自来水或者纯净水时记为贫困,赋值为1,否则为0	1/7

① 郭熙保、周强:《长期多维贫困、不平等与致贫因素》,《经济研究》2016年第6期。

续表

维度	具体指标名称	相对贫困的维度临界值	权重
资产	耐用消费品价值	家中的所有耐用消费品价值低于 1000 元时记为贫困,赋值为 1,否则为 0	1/7
医疗保险	成年人是否享有医疗保险	存在至少 1 人不享受医疗保险时记为贫困,赋值为 1,否则为 0	1/7
住房	住房面积	人均住房面积小于等于 15 平方米时记为贫困,赋值为 1,否则为 0	1/7
劳动能力	劳动力人数	家中没有具备劳动能力的人(16～60 岁,且健康)时记为贫困,赋值为 1,否则为 0	1/7

(三)数据来源及说明

考虑到时间越往前绝对贫困家庭进入样本量的概率就会越大,为使样本中包含相对贫困家庭的数据更加准确,本文选取与 2020 年份最为接近的 2018 年中国家庭追踪调查(CFPS)数据,并将农村居民人均可支配收入的 40% 和 60% 分别作为相对贫困线。其中,农村居民人均可支配收入的 40% 简称"相对贫困线 1";农村居民人均可支配收入的 60% 简称"相对贫困线 2"。在上述标准下,第一组相对贫困家庭有效样本量为 602,第二组相对贫困家庭有效样本量为 982。本文以这些样本来探讨不同划分标准下农村相对贫困家庭的多维贫困状况。需要说明的是,目前国际上没有完全统一的相对贫困线,多设定为中位数收入或平均收入的 40%—60%。[1] 本文将农村居民人均可支配收入的 40% 和 60% 分别作为相对贫困线主要是基于以下三个考虑:一是目前我国基本消除绝对贫困,但仍处在发展中国家阶段,相对贫困线不宜过高;二是随着经济社会发展、人民生活水平改善,相对贫困线亦将随之动态提高;三是由于我国各省份经济发展和生活水平差异较大,采用相对贫困线区间的上下限进行测算,更具针对性和合理性,还能兼顾测算结果的对比性。

(四)指标的相关性检验

鉴于不同维度会产生相互解释的现象,且不同指标的相关性过高说明存在指标设置重复,进而影响维度贡献率和贫困指数等测算结果的准确性,本文采用

---

① 张琦、沈扬扬:《不同相对贫困标准的国际比较及对中国的启示》,《华中农业大学学报》(社会科学版)2020 年第 4 期。

克雷默 V 值(Cramer's V)测算了各指标间的相关系数。测度结果表明,不同标准线下各指标的相关性均较弱,不存在高度相关的指标。其中,教育维度与其他指标的相关系最高,但其平均相关系数仅为 0.079。这说明本文选取的上述 7 个维度是比较合理的。

四、农村相对贫困家庭的多维贫困测度及分解

(一)农村相对贫困家庭的多维贫困测度

1. 多维贫困发生率分析

多维贫困发生率是衡量贫困程度的重要指标之一,主要衡量多维贫困广度。如表 2 所示,在相对贫困线 1 下,我国农村相对贫困家庭的多维贫困发生率较高;在相对贫困线 2 下,多维贫困发生率反而下降;当临界值 k≤4/7 时,随着 k 值变化,两组相对贫困线下农村相对贫困家庭的多维贫困发生率的差距波动较大且数值较高,说明我国农村大部分相对贫困家庭遭受着至少 4 个维度贫困。其中,当 k=3/7 时,贫困发生率均超过 50%;当临界值 k≥5/7 时,随着 k 值变化,相对贫困家庭的多维贫困发生率的差距波动较小且数值较低,表明我国还存在少数一部分农村家庭受到了较为严重的 5 个多维度的贫困。当临界值 k=1 时,农村相对贫困家庭的多维贫困发生率为 0,说明所选样本中没有农村家庭同时遭受 7 个维度的贫困。据此,可将 k=4/7 设定为贫困维度临界值,即遭受到至少 4 个任意维度贫困的家庭为多维相对贫困家庭。

表 2　农村相对贫困家庭的多维贫困发生率

临界值(k)	相对贫困线 1	相对贫困线 2
1/7	99.34%	94.30%
2/7	88.79%	79.43%
3/7	65.28%	54.79%
4/7	32.56%	28.82%
5/7	10.96%	10.39%
6/7	2.16%	1.22%
1	0	0

2. 多维平均贫困份额、多维贫困指数分析

多维平均贫困份额作为衡量多维贫困的重要指标，主要反映多维贫困深度。如表 3 所示，不同相对贫困线下农村相对贫困家庭的多维贫困份额随着临界值 k 的增加而增大，表明相对贫困家庭受到的多维贫困的深度不断增加。在相同情况下，多维贫困指数逐渐减小，说明 k 越大，农村相对贫困家庭陷入多维平均贫困份额虽然增加，但贫困发生率下降却较快，使得多维贫困指数总体呈现下降。此外，相对贫困线提高，多维平均贫困份额总体上没有较大波动，但多维贫困指数表现为下降，一定程度说明我国农村相对贫困家庭的多维贫困程度不断下降。这可能与我国"两不愁三保障"等多举措消除绝对贫困，不断降低贫困程度和缓解多重致贫因素叠加有较大关系。

表 3　不同贫困线下农村相对贫困家庭多维贫困测算结果

临界值（k）	相对贫困线 1		相对贫困线 2	
	多维平均贫困份额（A）	多维贫困指数（M）	多维平均贫困份额（A）	多维贫困指数（M）
1/7	0.430	0.427	0.407	0.384
2/7	0.464	0.412	0.457	0.363
3/7	0.529	0.345	0.534	0.293
4/7	0.629	0.205	0.629	0.181
5/7	0.742	0.081	0.731	0.076
6/7	0.857	0.019	0.857	0.011
1	——	——	——	——

3. 多维贫困指数的维度贡献率分析

不同的相对贫困家庭，其主要遭受到的贫困维度不尽相同，且贫困程度亦不同，多维贫困指数的维度贡献率能较为精准识别出所选样本所遭受的贫困维度。如表 4 所示，不同维度对农村相对贫困家庭的多维贫困指数贡献率差异较大，贡献率从大到小依次是教育、生活水平、健康、劳动能力、资产、医疗保险、住房。其中，教育维度的贡献率最高，其贡献率均超过 25%，这表明教育贫困最容易导致农村家庭陷入相对贫困，改善教育仍是新时代有效治理农村地区相对贫困家庭的多维贫困最重要的手段。生活水平、健康、劳动能力、资产 4 个维度的贡献率也相对较高，均分别超过 10%，说明现阶段我国农村还存在清洁能源的使用率较低，

劳动力人口欠缺、健康改善不足、资产收益较低等问题。医疗保险和住房维度的贡献率最低,其贡献率均保持在5%左右。原因可能在于,医疗保险的普及和农村危房改造使得农村相对贫困家庭在这两个维度上陷入贫困的概率显著变小。

表4 农村相对贫困家庭多维贫困指数的维度贡献率

	相对贫困线1	相对贫困线2
教育	26.44%	27.34%
生活水平	18.50%	19.99%
健康	18.39%	13.90%
劳动能力	14.67%	17.45%
资产	11.56%	10.72%
医疗保险	5.72%	5.45%
住房	4.72%	5.15%

(二)多维贫困特征分解

我国31个省级地区经济社会发展呈现出较大的不充分不平衡,构成我国实现共同富裕目标的重要现实基础和推进阻碍,在此背景下农村相对贫困线、贫困程度、居民收入水平差异较大。为进一步深入分析我国不同区域农村相对贫困家庭遭受多维贫困,本文从区域分组和收入分组两个层面来进行贫困特征分解。

1. 不同区域相对贫困家庭的多维贫困分解

此处将样本数据划分至东部、中部、西部不同区域,计算不同区域的多维贫困发生率、多维平均贫困份额、多维贫困指数以及多维贫困的贡献率,结果如表5所示。由表5可知:(1)就贫困发生率而言,在两组相对贫困线下,均表现出西部农村相对贫困家庭遭受的多维贫困发生率最高,东部次之,中部最低。这说明西部农村相对贫困家庭仍然面临较为严重的多维贫困。(2)就多维平均贫困份额而言,在相对贫困线1下,西部农村相对贫困家庭的多维平均贫困份额较高,其多维贫困的深度较严重,但在相对贫困线2下,东部地区的多维平均贫困份额较高,这说明当提高相对贫困线后,东部农村相对贫困家庭遭受的多维贫困深度有所增加。(3)就多维贫困指数而言,多维贫困指数均表现出西部地区最高,东部次之,中部最低。这再次表明西部地区的多维贫困仍是后扶贫时代贫困治理的重点。(4)就敏感性而言,西部地区的多维贫困发生率更为敏感,且在相对贫困线2下多维贫困发生率提高了近15个百分点,也出现相对贫困线提高、多维贫困指数反而降低的现象，且从 0.288 下降到了 0.188，降幅超过 50%。这与相对贫困线高低与纳入的家庭样本数量呈正相关，且多出来的样本家庭遭受较少的维度贫困有关。

表5　不同区域农村的相对贫困家庭多维贫困测度结果

	相对贫困线 1			相对贫困线 2		
	多维贫困发生率	多维平均贫困份额	多维贫困指数	多维贫困发生率	多维平均贫困份额	多维贫困指数
东部	28.09%	0.626	0.176	28.72%	0.638	0.183
中部	24.26%	0.610	0.148	27.57%	0.617	0.170
西部	44.95%	0.640	0.288	30.00%	0.628	0.188

如前所述，教育维度是相对贫困贡献率最高的指标。表现在不同区域（如表6所示），教育维度的贫困贡献率均是最高的，且贡献率均超过25%。这再次表明农村相对贫困家庭更容易遭受到教育维度贫困。其余维度的贡献率也不尽相同，其中东、中部地区住房维度贡献率最低，西部地区医疗保险维度贡献率最低。东、西部地区相对贫困维度贡献率从高到低依次是生活水平、劳动能力、健康、资产，中部地区则依次是健康、劳动能力、生活水平、资产。此外，不同相对贫困线下西部地区住房维度的贫困贡献率均高于东、中部地区，分别为 7.92% 和 8.18%。

表6　不同区域农村相对贫困家庭多维贫困指数的维度贡献率

	相对贫困线 1			相对贫困线 2		
	东部	中部	西部	东部	中部	西部
教育	26.02%	28.97%	25.11%	25.37%	27.21%	29.71%
生活水平	18.80%	16.52%	19.58%	19.12%	16.02%	24.22%
健康	18.05%	23.39%	15.25%	13.46%	17.40%	11.55%
劳动能力	12.63%	12.23%	18.39%	19.71%	21.13%	11.88%
资产	13.98%	11.16%	9.42%	11.61%	10.50%	9.87%
医疗保险	7.67%	4.94%	4.33%	6.93%	4.42%	4.60%
住房	2.86%	2.79%	7.92%	3.80%	3.31%	8.18%

2. 不同收入组相对贫困家庭的多维贫困特征分解

浙江大学中国农村家庭研究创新团队的测算结果显示,我国农村家庭总收入的基尼系数 2015 年为 0.505,2017 年为 0.535,2020 年比 2010 年提高了大约 20%,呈现出农村地区的收入分配差距不断扩大、不平等加剧。[①] 为此,此处按照收入由高到低的顺序,将相对贫困家庭样本量平均分五组,即低收入组、中等偏低组、中等收入组、中等偏高组和高收入组,如表 7 所示。首先,收入由高到低的相对贫困家庭,其多维贫困发生率虽然偶有波动,但总体均呈现上升趋势,多维平均贫困份额、多维贫困指数亦出现类似结果,说明人均可支配收入越低的农村相对贫困家庭越容易陷入多维贫困、贫困程度越深。其次,高收入组的多维贫困发生率相差较大,不同贫困线下差距高达 1 倍左右,而其余收入分组多维贫困发生率却相差较小。最后,在不同收入组相对贫困家庭中,多维平均贫困份额变化不大,较高的相对贫困线下多维贫困指数较低,但低收入分组的多维贫困指数却不降反升,正好表明收入越低的农村相对贫困家庭,发生多维贫困的可能性增大。

表 7　不同收入分组下农村相对贫困家庭的多维贫困测算结果

	相对贫困线 1			相对贫困线 2		
	多维贫困发生率	多维平均贫困份额	多维贫困指数	多维贫困发生率	多维平均贫困份额	多维贫困指数
高收入	25.00%	0.610	0.152	12.76%	0.623	0.079
中等偏高	26.67%	0.621	0.166	22.45%	0.601	0.135
中等收入	32.50%	0.637	0.207	30.61%	0.626	0.192
中等偏低	40.83%	0.627	0.256	37.76%	0.633	0.239
低收入	37.70%	0.643	0.242	40.40%	0.645	0.261

如表 8 所示,不同收入分组的相对贫困家庭,教育维度的贡献率亦最高,这再次表明农村相对贫困家庭最容易陷入教育贫困维度。住房和医疗保险两个维度对不同收入分组的维度贡献率均最低,贡献比率均不超过 7%。总体而言,基于收入分组的多维贫困贡献率主要发生在教育、生活水平、健康和劳动能力这 4 个维度的组合中,这揭示出对农村相对贫困的多维贫困治理也需从这 4 个维度

---

① 杜鑫:《当前中国农村居民收入及收入分配状况——兼论各粮食功能区域农村居民收入水平及收入差距》,《中国农村经济》2021 年第 7 期。

重点展开、重点施策。

表8　不同相对贫困线下不同收入分组相对贫困家庭的多维贫困贡献率

	高收入		中等偏高		中等收入		中等偏低		低收入	
	相对贫困线1	相对贫困线2	相对贫困线1	相对贫困线2	相对贫困线1	相对贫困线2	相对贫困线1	相对贫困线2	相对贫困线1	相对贫困线2
教育	26.89%	24.24%	27.48%	28.61%	28.21%	28.17%	27.12%	25.84%	26.97%	25.39%
生活水平	20.28%	20.00%	22.52%	17.05%	19.78%	18.59%	18.83%	19.12%	19.08%	17.80%
健康	16.27%	20.61%	16.53%	19.65%	12.82%	16.90%	11.92%	18.35%	12.99%	16.75%
劳动能力	16.51%	17.88%	15.08%	12.72%	18.68%	13.52%	19.69%	12.92%	16.78%	16.49%
资产	8.73%	8.48%	8.68%	11.27%	9.89%	12.11%	12.26%	13.70%	12.99%	11.78%
医疗保险	5.90%	6.06%	4.34%	5.49%	5.86%	6.20%	5.70%	5.43%	5.43%	5.50%
住房	5.42%	2.73%	5.37%	5.20%	4.76%	4.51%	4.49%	4.65%	5.76%	6.28%

五、研究结论与治理建议

本文选取共同富裕的目标视角，在厘清共同富裕与相对贫困间目标指向与前提手段的逻辑关系后，结合相对贫困的多维贫困本质，重点阐述其多维治理转向。在此基础上，本文运用A-F双临界值方法，选取农村居民人均可支配收入的40%和60%作为农村相对贫困线的上下限，利用2018年CFPS数据，构建包含教育、健康、生活水平、医疗保险、劳动能力等在内的多维贫困指标体系，测算我国农村相对贫困家庭遭受的多维贫困发生率、多维贫困指数及贡献率等，并扩展到测算不同区域和不同收入组的农村相对贫困家庭的多维贫困。研究结果表明，同时受到5个以上多维度或1个维度贫困相对贫困家庭数量均较少，超过50%的农村相对贫困家庭同时遭受到至少3个维度的贫困。较高的相对贫困线下，农村相对贫困家庭多维贫困发生率降低，但东、中部地区却不降反升。此外，相对贫困线的提升总体上没有改变多维平均贫困份额，多维贫困严重程度降低主要来源于多维贫困发生率的降低。基于区域分组的多维贫困分解中，多维贫困发生率和多维贫困严重程度均表现为西部地区最高，东部次之，中部最低。基于收入分组的多维贫困分解中，收入越低的相对贫困家庭多维贫困发生率越高，遭受多维平均贫困份额越高，其贫困程度越深。在维度贡献率测算中，不同条件下教育维度的贫困贡献率均最高,其次是生活水平、健康、劳动能力、资产4个维度,医疗保险和住房两个维度的贡献率最低。基于以上结论,本文提出以下政策建议:

第一,努力提升多维度综合治理相对贫困的治理能力。本文测算结果表明,相对贫困家庭的多维贫困维度贡献主要来源于教育、生活水平、健康、劳动能力、资产等不同维度,同时收入水平越低,越容易陷入多维贫困。为此,在扎实推进共同富裕目标实现过程中,须从多维视角多举措综合治理相对贫困。需要不断提升基本公共服务均等化水平,加大职业技能培训,提高农村相对贫困群体的劳动能力,不断提升包括农村燃料获取、饮用水等在内的生活水平,持续加大健康层面的支持力度,提升农村相对贫困群体抵御健康风险的能力。

第二,注重区域间相对贫困治理差异化,适当向西部地区倾斜。相对贫困的多维贫困发生率、多维贫困维度占比与多维贫困指数均出现地区差异,要求相对贫困治理要注重各区域间贫困差异,如东、西部地区更加重视农村相对贫困家庭的生活水平及劳动能力的改善,中部地区需要大力提升健康水平。同时需对西部地区、不同收入家庭进行分层治理,按补弱项思路进行精准施策,尤其需要更加关注西部最低收入的相对贫困家庭,持续发挥财政兜底性作用,确保实现共同富裕目标过程中"不漏一户,不落一人"。

第三,科学合理划定相对贫困线,注重参考多维指标。在确立我国相对贫困线过程中,可以借鉴国际经验将人均收入作为重要的衡量指标,结合发展水平及发展阶段,合理控制相对贫困发生率和相对贫困人口规模,相对贫困线不宜过高亦不宜过低,过高易引发高收入的被增长效应及财政吃紧问题,过低易导致扶贫工作低水平重复。与此同时,需要更加注重包括教育、健康、住房、劳动能力等多维识别指标体系的多维考量,防止单一、"一刀切"等现象发生。

第四,着重提升教育脱贫能力建设水平。本文测算结果表明,教育维度对多维贫困的贡献率最大,是农村相对贫困的主要贡献因子,充分揭示教育是人力资本积累的核心要素,提高受教育程度、延长受教育年限成为治理贫困最有力手段。为此,着重推进基础教育发展,注重其普惠性和公平性,确保相对贫困家庭子女平等受教育机会,更加重视教育脱贫能力提升,持续加大农村地区教育经费投入与政策倾斜,不断完善教育资助体系,有效缓解农村相对贫困家庭的贫困程度。

(作者单位:江西财经大学财税与公共管理学院;

贵州财经大学公共管理学院)

共同富裕目标下我国低收入群体
可持续增收推进机制构建研究

——基于 SSM 的分析框架①

杨　帆　曹艳春

一、问题的提出

自党的十九届五中全会首次提出"扎实推动共同富裕"以来,党中央把逐步实现全体人民共同富裕摆在更加突出的战略地位,将"全体人民共同富裕取得更为明显的实质性进展"纳入国家"十四五规划"和 2035 年远景目标纲要。2020 年以来,我国取得脱贫攻坚的决定性胜利,从根本上消灭了绝对贫困,党和政府的工作目标转向低收入人口与全体国民走向共同富裕。习近平总书记指出:"共同富裕是全体人民共同富裕,是人民群众物质生活和精神生活都富裕"②。2022 年,党中央一号文件指出,促进低收入人口持续增收,最终实现共同富裕。实现全体人民的共同富裕成为我国当前最重要的战略。

现实生活中,推进低收入群体可持续增收是实现我国全体人民共同富裕目标的最有效的途径。从各地民政部门的实践来看,共同富裕战略下,低收入群体主要包括三类:一是脱贫不稳定户,主要指建档立卡脱贫户中存在返贫风险的家庭;二是边缘脱贫户,主要指一般脱贫家庭中存在风险的家庭;三是突发严重困难户。主要指因病因灾因意外事故等突发状况,刚性支出较大超过预警标准或

① 本文系国家自然科学基金面上项目(编号:72174118):"认知症老人非正式照护成本的评估及干预机制研究"和上海市社科规划年度课题青年项目(编号:2021ESH002):"特大城市中认知症老人的家庭照护负担及社区支持模式研究"的研究成果。原文发表于《经济问题探索》2023 年第 2 期。

② 《习近平著作选读》第二卷,人民出版社 2023 年版,第 501 页。

收入大幅缩减,导致基本生活出现严重困难存在返贫风险的家庭。这三种群体自身增收能力有限,需要政府政策推动。诺贝尔经济学奖获得者、《贫困的本质》作者阿比吉特·班纳吉和埃斯特·迪弗洛在历经5年对全球5大洲、18个国家和地区进行深入调查后,认为低收入群体可持续增收存在5大现实困境:缺少信息来源、承受生活压力、在市场中处于不利地位、帮助低收入者的政策实施阻力重重以及短视与认知的局限等。

然而,长期以来,我国对低收入群体的关注点集中于"困难"这个单一视角,构建"困难指数"等单一衡量困难程度的指标体系,政府在脱贫攻坚阶段实施的政策着力点也基本上集中于帮助困难群众物质层面"脱贫"。2020年,我国宣布全体国民物质上"脱贫",取得脱贫攻坚战的伟大胜利,开启共同富裕的国家战略时代。随着共同富裕战略的提出,以往单一的聚焦"困难"的视角和做法已经不再适应时代的需要。要推动低收入群体可持续增收,最终实现共同富裕的目标,必须从系统的视角,构建全面的低收入群体可持续增收推进机制。运用全面系统的视角、引入复杂系统的分析方法,构建复杂系统下低收入群体可持续增收推进机制,具有紧迫性和重要性,也具有创新性。

二、文献综述

(一)关于共同富裕的研究

共同富裕思想最早可以追溯到马克思、恩格斯关于未来社会的科学论述。[1]在《〈政治经济学批判(1857—1858年手稿)〉摘选》中写道,"生产将以所有人的富裕为目的"。[2] 在《资本论》中,马克思还科学地证明了社会主义共同富裕的基础是生产资料社会所有制。共同富裕是社会主义社会的最本质要求,目前关于共同富裕的研究主要集中在以下四个方面:第一,共同富裕的理论基础,包括效率公平论、分配正义论和慈善伦理论等。朱富强认为,共同富裕在微观上体现为建立相对平等的收入分配结构,在宏观上,体现为以相对平等的收入分配结构改善人际关系并推动社会合作。公平和效率间的互补和互促关系有助于实现共

---

① 赵学清:《马克思共同富裕思想再探讨》,《中国特色社会主义研究》2014年第6期。
② 《马克思恩格斯选集》第2卷,人民出版社2012年版,第786页。

同富裕。① 袁航认为,应运用系统论整体论方法扎实推进共同富裕。② 周中之指出,慈善伦理理念体系应以"新仁爱"为基本原则,包含平等、尊重等重要内容,以"分类分层次"的方针来推进共同富裕的事业。③

第二,关于共同富裕的内涵和定义。一般从"富裕"和"共同"这两个词特有的内涵加以界定,把共同富裕解释为全体人民共创共享美好生活的一种图景。《中共中央国务院关于支持浙江高质量发展建设共同富裕示范区的意见》指出:"共同富裕……是全体人民通过辛勤劳动和相互帮助,普遍达到生活富裕富足、精神自信自强、环境宜居宜业、社会和谐和睦、公共服务普及普惠,实现人的全面发展和社会全面进步,共享改革发展成果和幸福美好生活"。有学者从宏观角度构建富裕指数和共同指数,对各国或各省的富裕度和共同度进行测量④;也有学者从与贫困的比较角度对共同富裕进行定义⑤;还有学者从收入分配角度来厘定共同富裕⑥;除此之外,更多的学者从物质和精神层面对共同富裕进行阐述⑦,以及将全体人民有机会、有能力均等地参与高质量社会发展、共享社会经济发展成果作为共同富裕的重要内涵。

第三,关于共同富裕的测量。包括建立共同富裕多维度评价指标和量化函数方法等。陈丽君、郁建兴等认为,共同富裕的维度可以划分为发展性、共享性和可持续性等⑧;胡鞍钢采用生产力、发展机会、收入分配、发展保障和人民福利5个维度⑨;刘培林则将共同富裕划分为两个维度:总体富裕程度和发展成果共享程度⑩。

第四,关于共同富裕的实现路径,最主要的观点包括通过收入调节战略实现

① 朱富强:《共同富裕的理论基础——效率与公平的互促性分析》,《学术研究》2022 年第1 期。

② 袁航:《新时代促进共同富裕"路线图"的哲学意蕴》,《南开学报》(哲学社会科学版)2022年第 2 期。

③ 周中之:《共同富裕的慈善伦理支持》,《求索》2022 年第 1 期。

④ 席恒、王睿、祝毅等:《共同富裕指数:中国现状与推进路径》,《海南大学学报》(人文社会科学版)2022 年第 5 期。

⑤ 程恩富:《社会主义共同富裕的理论解读与实践剖析》,《马克思主义研究》2012 年第 6 期。

⑥ 贾康:《收入分配差距:理论与实际结合的考察及对中国的启示》,《中央社会主义学院学报》2018 年第 1 期。

⑦ 李实:《从全面小康走向共同富裕的着力点》,《中国党政干部论坛》2020 年第 2 期。

⑧ 陈丽君:《共同富裕指数模型的构建》,《治理研究》2021 年第 4 期。

⑨ 胡鞍钢:《2035 中国:迈向共同富裕》,《北京工业大学学报》(社会科学版)2022 年第 1 期。

⑩ 刘培林:《共同富裕的内涵、实现路径与测度方法》,《管理世界》2021 年第 8 期。

共同富裕①、通过加强基础性民生建设促进共同富裕②、以乡村振兴为抓手推进共同富裕③,还有的学者提到通过项目制帮扶促进共同富裕④,更多学者从宏观的视角,论述市场、政府与社会多元协作推动共同富裕⑤。

(二)关于低收入群体及其可持续增收的研究

我国学者关于低收入群体的研究,主要集中于对低收入群体的界定方面,包括从满足基本生活的视角进行界定;或者从与其他收入群体比较的视角进行界定,认为低收入标准包括客观标准、主观标准;绝对标准、相对标准;静态标准、动态标准等。低收入境况的生成机理包括主体不发育论、供体不平等论、载体不完善论等。主体不发育论认为人的素质低下是导致收入低的根本原因;供体不平等论从社会分配、资本缺乏、政府行为、制度短缺等探讨收入低下的根源;载体不完善论又称生存空间论,认为收入低是由于生存空间不足所致。综合来看,低收入群体增收乏力的诱因包括因病、因残、因学、因年龄、因思想认识、因自然灾害、因疫情、因意外事故、因产业项目失败、因务工就业不稳、因缺劳动力、因家庭重压等。

关于低收入群体如何实现共同富裕方面的文献仍较少,已有研究包括:宏观角度,认为应从经济增长、就业优先、提高劳动报酬、深化收入分配制度改革等方面促使低收入群体向中等收入群体迈进,从而最终达到共同富裕。⑥ 微观视角,认为应着眼于低收入群体自我发展,包括促进低收入群体人力资本积累,强化能力培育机制等来推动低收入群体走向共同富裕。⑦

(三)研究述评

从已有文献可以看出,共同富裕是全体人民所要达到的一种富裕状态,不仅是物质生活上的富足,而且包括精神文化生活上的满足、环境上的宜居宜业、社

---

① 罗志恒:《共同富裕的现实内涵与实现路径:基于财税改革的视角》,《广东财经大学学报》2022 年第 1 期。

② 关信平:《现阶段我国走共同富裕道路的社会政策目标及路径》,《西北师大学报》(社会科学版)2022 年第 3 期。

③ 吕德文:《共同富裕视角下农村中等收入群体:类型与特征》,《江苏行政学院学报》2022 年第 4 期。

④ 胡天祺:《项目制帮扶驱动共同富裕:一个分析框架——基于杭州市"联乡结村"帮扶项目的实证研究》,《浙江社会科学》2022 年第 2 期。

⑤ 唐任伍:《乡村振兴推动共同富裕实现的理论逻辑、内在机理和实施路径》,《中国流通经济》2022 年第 6 期。

⑥ 潘华:《中国低收入群体增收的影响因素与实现路径研究》,《宏观经济研究》2020 年第 9 期。

⑦ 罗楚亮:《农村低收入群体的收入增长与共同富裕》,《金融经济学研究》2022 年第 1 期。

会和谐进步以及人的全面发展。因此,共同富裕是一个包含丰富内涵的概念,既具有全民性、全面性、渐进性等特征,又具有共享性、发展性和可持续性等特征。

共同富裕目标下低收入群体可持续增收问题逐渐引起研究者重视,但目前相关研究仍然存在一些不足。首先,关于共同富裕的研究主要集中于宏观层面。对于脱贫不稳定户、边缘脱贫户和突发严重困难户等低收入群体如何实现共同富裕的关注相对较少。其次,对于低收入群体可持续增收的研究主要集中于收入等单一指标、单一角度的研究,缺乏对整个低收入群体增收系统性的研究,存在重收入、轻全面分析的现象。

要使全体人民共享发展成果,实现共同富裕,必须关注包括低收入群体在内的所有群体。而低收入群体存在增收瓶颈,仅仅依靠单一指标"困难指数",以单一视角来分析低收入群体问题,已经不再适应共同富裕的国家战略。如何建立一套低收入群体可持续增收的推进机制,突破增收瓶颈,既是当前需要迫切解决的一个现实问题,也是乡村振兴背景下,推动共同富裕的重要课题,需要建立全面系统的推进机制。

本文基于软系统分析法来对低收入群体进行可持续增收推进机制研究,主要创新点在于:着眼于共同富裕目标,运用系统性方法(SSM)构建全面系统的可持续增收推进机制指标体系;指标体系不仅考虑收入本身,还考虑影响可持续增收的因素,在定量技术的基础上加入主观问卷调查结果,使得可持续增收推进机制研究结果更符合实际;可持续增收推进机制指标的选取多维度立体化,借鉴阿比吉特·班纳吉和埃斯特·迪弗洛的观点[1],纳入低收入群体的思想认知、社会资源、生活习惯、社会参与等指标,试图构建系统性全面性的可持续增收推进机制指标体系,从共享性、发展性和可持续性三个维度构建完整的可持续增收推进机制,最终推动低收入群体实现共同富裕。

三、基于 SSM 的共同富裕目标下低收入
群体可持续增收理论分析

(一)引入 SSM 分析框架的必要性

如前所述,关于共同富裕的内涵以及低收入群体如何实现共同富裕,我国学

---

①　阿比吉特·班纳吉、埃斯特·迪弗洛:《贫穷的本质:我们为什么摆脱不了贫穷(修订版)》,景芳译,中信出版社 2018 年版。

者已经提出一些方法,取得了较为丰硕的成果。早期成果聚焦于宏观收入调节以及对低收入群体"困难程度"的衡量和对"存在困难"的帮扶解决。在扶贫攻坚阶段,则探索建立帮扶机制,以项目制帮扶和基础设施建设推动困难群众脱贫。理论上,采用了宏观收入差距分析、贫困程度分解、困难指数构建、公平效率分析、回归分析、描述性统计分析、问卷调查分析、AHP 方法和德尔菲法等多种方法。然而,这些方法一般采用单一视角,解决边界清晰的问题,一个项目解决一个困难达成一个目标,具有单一性。共同富裕目标下低收入群体可持续增收不仅仅是一个简单的收入问题,还涉及低收入群体自身能力、机会、国家的政策体系、其他主体正式和非正式的支持体系等,是一个复杂的社会问题,有必要引入解决大型、复杂问题的软系统分析法(简称 SSM),描绘"丰富图",构建全面系统的解决方案和路径。

表1　共同富裕内涵、实现路径和理论分析方法比较

共同富裕内涵界定代表性观点	共同富裕实现路径	分析方法	优点和不足
物质和收入	收入调节	宏观收入差距分析、困难指数、公平效率	优点:聚焦收入这一核心要素,进行宏观调控,聚焦困难程度 不足:过于重视收入忽视全面发展
精神、机会和能力	项目帮扶、基础性民生建设	回归分析;统计分析;问卷调查	优点:边界清晰、组织结构良好、一对一链接对应 不足:一个项目解决一个困难达成一个目标,具有单一性
共享性、发展性和可持续性	政企社多元协作	AHP 方法和德尔菲法	优点:考虑全面 不足:指标体系偏宏观性,便于统计不便于落实政策
全体人民共创共享美好生活的一种图景、生活富裕富足、精神自信自强、人的全面发展和社会全面进步,共享改革发展成果和幸福美好生活(《中共中央国务院关于支持浙江高质量发展建设共同富裕示范区的意见》)	实施共同富裕国家战略	SSM(软系统方法)	优点和适用性:全面系统考虑问题,将低收入群体可持续增收置于国家共同富裕宏观目标下,可以解决社会科学中大型的、复杂的社会问题,符合中央"全体人民……美好生活……图景"的构建目标

(二)SSM 分析框架理论解析

SSM 即软系统方法论,起源于系统论思想。系统论思想源远流长,但作为

一门科学的系统论,由理论生物学家 L.V.贝塔朗菲于 1932 年创立。该理论认为,系统是由若干要素以一定结构形式联结构成的具有某种功能的有机整体,系统具有开放性、复杂性和整体性。最初的系统论主要是指硬系统方法论。硬系统方法论适用于那些边界清晰、组织结构良好、便于观察的"系统工程",认为任何事物都有目标状态和当前状态,存在从当前状态达到目标状态的最优路径,按照手段—目标模式即可解决问题。长期以来,硬系统方法论在工程设计等自然科学方面发挥着不可或缺的作用。然而,在遇到社会科学中大型的、复杂的社会问题时,由于缺乏明确的边界,难以"定义",且"结构不良",硬系统方法论无法找到明确的最优路径。

为了克服硬系统方法论不适用于复杂社会科学问题的缺陷,1972 年,英国学者切克兰德（Peter Checkland）教授提出软系统方法论（Soft System Methodology,SSM）。软系统方法论（SSM）以绘制"丰富图"的方式,来描绘社会问题的边界、结构、信息流和沟通渠道,发现与问题相关的完整的人类活动系统,建立许多与现实世界相比较的模型,最终达到目标状态。经过多年的理论改进,软系统方法论已经形成适用于各种复杂的社会问题分析的理论体系。

1981 年,切克兰德提出 SSM 方法的"七—阶段模型"。在七—阶段模型中,第一阶段和第二阶段需要感知和表述现实问题。第三阶段是对各要素进行根定义,即对涉及的概念进行科学界定。第四阶段和第五阶段是 SSM 方法的核心部分,分别是根据根定义建立模型和对现实世界与理想世界进行对比。第六阶段则是提出变革方法和手段,最后在第七阶段采取行动,达到理想世界。如图 1 所示。

（三）基于 SSM 的共同富裕目标下低收入群体可持续增收的分析框架构建

1. 感知和表述低收入群体可持续增收的现实世界和存在问题

如前所述,在我国当前各地民政部门的实践中,对低收入群体分为三类:脱贫不稳定户;边缘脱贫户;突发严重困难户。在现实世界中,低收入群体存在信息缺乏、生活压力过大、市场地位不利、政策实施困难以及短视与认知思想局限等困境,在自身能力、机会和社会资源等方面与高收入群体存在较大的差距。在我国共同富裕的国家战略背景下,低收入群体面临的最大瓶颈是收入增长乏力,需要实现收入的可持续增长。

2. 共同富裕目标下对低收入群体可持续增收进行根定义

根据 SSM 分析框架,需要对目标活动模型的各个要素作出清晰的概念界

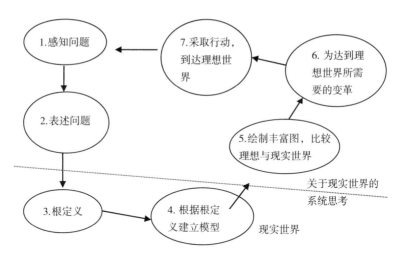

图1　SSM 的七阶段模型

资料来源：Peter B.Checkland，Jim Scholes.*Soft systems methodology in action.*［M］John Wiley & Sons Australia，Limited，1990：27。

定，即"根定义"。如前所述，共同富裕的内涵包括可持续性、发展性和共享性。共同富裕目标下低收入群体可持续增收的根定义包括：首先，可持续性是指不被中断，与经济社会发展相协调，预防低收入群体收入增长被阻断；发展性是指财富的增加和人民收入的增长，体现纵向增长性；共享性是指社会经济发展成果更多更公平惠及全体人民，体现横向公平性。其次，在软系统分析框架中，还设置了一些该理论专属的"根定义"。低收入群体转换为中等收入群体的转换过程设为 T，转换过程中的受益者或者受损者设为 C，系统转换的执行者设为 A，在协同治理条件下，A 即为助力低收入群体可持续增收的政府部门、社会组织、志愿者和市场，转换过程中的世界观设为 W，也即对共同富裕的内涵界定和共同富裕的价值理念。转换过程中的外部环境因素设为 E，包括国家的政治环境、宏观经济环境和法律环境等。

3. 构建活动目标模型

根据共同富裕目标下低收入群体可持续增收的根定义，可以构建活动目标模型。根据软系统方法论的研究步骤，首先，写下为实现低收入群体转换为中等收入群体的系统转换 T 所必要的一些活动。其次，选择那些能够立刻着手去做的活动。再次，画出这些活动所依赖的前期活动和准备。最后，将所有的活动排列出来，并用箭头表明这些活动之间的各种依赖关系。如图 2 所示。

转换过程（T）：低收入群体转换为中等收入群体

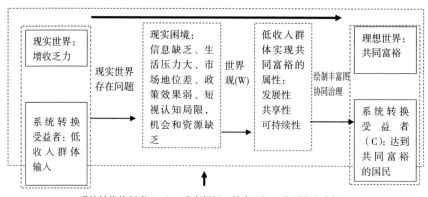

图2　构建共同富裕目标下低收入群体可持续增收目标活动模型

4. 绘制丰富图,比较理想与现实世界

根据低收入群体的现实世界存在的困境,如信息缺乏、生活压力大、市场地位差、政策效果弱、短视认知局限以及机会和资源缺乏等,结合低收入群体的目标:实现具有共享性、发展性和可持续性的共同富裕,本文采用头脑风暴法绘制丰富图。丰富图的起点是低收入群体的界定、分类及其收入低、收入增长慢的现实困境,低收入群体的特征,如健康状况、受教育程度、思想观念和个性品质等。在低收入群体的上方,是对现实困境进行提问和思考:为什么收入低? 为什么增收乏力? 为什么不能可持续增收? 丰富图的右边是对各个可以帮助和推动低收入群体可持续增收的部门、政策和机制进行挖掘和梳理,丰富图的左边是对可提供帮助的主体进行梳理;丰富图的下边是梳理阻碍低收入群体可持续增收的阻滞因素,包括家庭阻滞因素、自然环境、经济社会环境和外部环境等。

5. 探索为达到理想世界所需要的变革

根据丰富图,我们可以对共同富裕目标下低收入群体可持续增收所需变革的因素进行分类和思考。对照低收入群体在现实世界中存在的困境,分析要达到理想世界所需要进行的变革以及可以采取措施的部门,本文对影响低收入群体可持续增收的因素,进行全方位的系统的探讨分析,从而得出推动低收入群体可持续增收推进需要改革的分类指标体系。

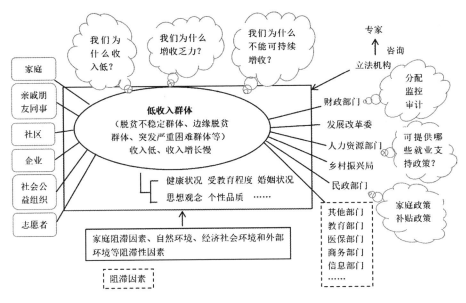

图3 共同富裕目标下低收入群体可持续增收丰富图

6. 分析到达理想世界所需要采取的行动

如前文所述,在软系统分析方法中,最重要的理念是系统性。对于共同富裕目标下低收入群体可持续增收,增收的关键因素是低收入群体自身。在SSM框架中,前六个流程考虑到了可持续增收的各种要素和增收机制。首先对现实世界提出思考:为什么收入低? 也就是低收入群体的现实困境和制约条件。进而,通过对低收入群体可持续增收的内部因素和外部因素进行全面考量。故本文基于SSM分析框架提出低收入群体可持续增收的逻辑思路如图4所示。

根据图4,本文假设:共同富裕目标下低收入群体要达到可持续增收,取决于三个因素:自身增收能力增长;外部主体增收推动力投入;阻滞增收的因素消减。这三个因素分别对应于共同富裕的三个内涵:发展性、共享性和可持续性。结合低收入群体的特征,本文认为:发展性是指低收入群体通过提高自身增收能力,获得更多更长久的收入增加;共享性是指国家和社会通过资源注入和专业性支付等方式推动低收入群体增收;可持续性是指消减低收入群体的增收阻滞因素,弥补收入漏损对低收入群体的损害,从而达到低收入群体可持续增收的总目标。

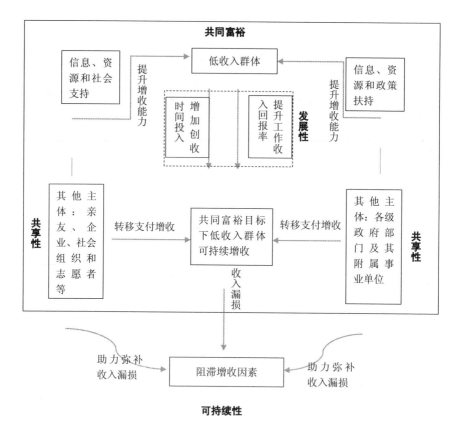

图4　共同富裕目标下低收入群体可持续增收的推进逻辑示意图

四、SSM 框架下的低收入群体可持续
增收模型构建和实证分析

(一)SSM 框架下的低收入群体可持续增收模型构建

基于 SSM 理论,本文构建模型,用于探讨共同富裕目标下低收入群体可持续增收所依赖的因素和发展路径。

在共同富裕目标下低收入群体可持续增收实践中,低收入群体可持续增收可以用公式(1)表示:

$$y_{增收} = f(自身增收能力增长 D_i;外部主体增收推动力投入 W_i;阻滞增收的因素消减 Z_i)$$

(1)

其中, D_i 是指低收入群体自身增收能力增长; W_i 表示外部主体增收推动力投入；Z_i 是阻滞增收的因素消减。共同富裕目标下低收入群体可持续增收 $y_{增收}$ 与 W_i、Z_i 和 D_i 分别呈正相关关系。

低收入群体自身增收能力增长 D_i 受到两个方面因素的影响，分别为增加创收时间投入 T_j 和提升工作收入回报率 H_j。由公式（2）表示：

$$D_i = \beta_j f_j(T_j^i, H_j^i) \tag{2}$$

T_j、H_j 分别表示低收入群体 i 工作时的时间投入量和工作—收入回报率。β_j 为系数，根据个人 i 的能力和经历而不同。T_j 受到时间总量约束，即一天最多 24 小时，一个月最多 31 天，一年最多 12 个月。当然，一年内 T_j 最低月份数为 0，也即是长期处于失业状态。理论上来说，H_j 具有无限可能性，只要愿意努力提升受教育程度和工作能力，低收入群体可以提高自身受教育水平和工作技能，获得丰厚的收入回报。T_j 和 H_j 受到的约束分别为：

$$0 \leqslant T_j \leqslant 12 \text{ 个月} \tag{3}$$

$$0 \leqslant H_j \leqslant \infty \tag{4}$$

创收时间投入 T_j 能否有效增加，受到两个因素的影响：一是家庭照护老人、孩子等需要付出的劳动时间和专人劳动力；二是等靠要思想的存在程度，是否具有主观能动性。

工作收入回报率 H_j 受到两个因素的影响：低收入群体的学历或受教育程度、劳动技能等。

W_i 为其他主体的投入。其他主体的投入包括两个类别，第一个类别是亲友、企业、社会组织和志愿者等非正式的投入 W_{1i}，投入内容包括非正式的转移支付、信息、资源和社会支持等。第二个类别是各级政府部门及其附属事业单位的正式的投入 W_{2i}，投入内容包括制度化的转移支付、信息、资源和政策扶持。W_{1i} 的投入效果取决于非正式主体的力量、非正式主体愿意投入的程度和非正式主体的投入与低收入群体的需求的契合程度。W_{2i} 的投入效果取决于制度化的正式转移支付的多少、政策瞄准的程度、政策是否符合需求等因素。

阻滞增收的因素消减 Z_i 助力弥补低收入群体的收入漏损，这些收入漏损主要包括：疾病治疗支出、教育支出、求职支出、灾害支出、突发事件导致收入骤减等。其他主体需要想方设法帮助低收入群体消减阻滞增收的因素，最终才能达到可持续增收的目标。这部分实践体现共同富裕的可持续性特征。按照卡尔多改善原则，即个人 i 遭遇阻滞增收的事件时，其他主体对阻滞因素的影响的消减程度 ΔZ_i 应超过其在这些事件中降低的收入 ΔY_i。

为实现共同富裕目标下低收入群体可持续增收,根据最小临界值理论,低收入群体自身增收能力增长 D_i、外部主体增收推动力投入 W_i、阻滞增收的因素消减 Z_i 和低收入群体的支出 C_i 三者之间的关系须符合的约束条件如式(5)所示。

$$(D_i + W_i + Z_i - C_i) \text{ 的一阶导数} > 0 \tag{5}$$

(二)实证分析

本文实证分析数据来源于 2022 年 1 月至 3 月在上海、河南、湖南、贵州、甘肃五省市开展的问卷调查。调查对象主要为列入当地政府低保对象人员、特困人员、家庭人均收入低于当地低保标准 1.5 倍人员(其中上海调查对象为低于低保标准 2 倍人员)、部分因疫情、因灾害收入大幅减少导致基本生活发生严重困难人员,以及其他可以认定为低收入的人员。共发放调查问卷 1500 份,在剔除一些填写不完整、关键信息缺失等不合格问卷后,经整理编码并输入系统后得到有效问卷 1382 份,问卷有效回收率约为 92.1%。

1. 相关变量选取

(1)被解释变量的选取

本文以被调查者 2021 年全年总收入作为被解释变量。全年总收入包括全年工资性收入、经营性收入、财产性收入和转移性收入 4 项,由 4 项合计所得。其中工资性收入和经营性收入一般体现的是劳动所得,来源于初次分配环节;而财产性收入和转移性收入是非劳动所得,来源于再次分配环节和第三次分配环节。分项填写的目的在于区分哪些是低收入群体凭自身能力增收所得,哪些是外部主体推动低收入群体增收所得。

(2)解释变量的选取

本文的解释变量包括三组因素:第一组因素是低收入群体自身增收能力,第二组因素是外部主体推动力,第三组因素是阻滞增收的消减因素。

变量组一:低收入群体自身增收能力组变量。

低收入群体自身增收能力主要取决于两大因素:一是创收的工作时间投入,即劳动数量;二是工作—收入回报率,即凝结在劳动者身上的劳动价值,或称劳动价格。在工作—收入回报率一定的情况下,增加工作时间投入可以实现增收,比如打两份工;在工作时间既定的情形下,提高凝结在劳动者身上的劳动价值,比如提高学历或者专业技术职称,同样能够达到增收的目标。

①创收的工作时间投入指标选用"一周工作小时数"来表示,它反映在一个持续时间段内劳动者的工作投入量。这个时间量是用来创收的,不包括做家务、

照顾老人这样的劳动付出,单纯指用于增加收入的工作时间投入。

②工作—收入回报主要考察两个指标,一是受教育程度,二是工作经验。美国著名经济学家明瑟认为,劳动者的工资收入与受教育水平、工作经验等变量存在数理函数关系。

明瑟收入方程:$\log(wage) = \alpha + \beta Educ + \gamma EXP + \gamma_1 EXP^2 + \varepsilon$

方程为:劳动者工资收入的对数与受教育水平、工作经验一次项以及工作经验二次项之间有线性关系。因此,将受教育程度和工作经验结合起来能够较好地反映劳动价值创造。受教育程度指标包括 7 个选项:1 = 从未受过教育,2 = 小学学历,3 = 初中学历,4 = 高中及相当学历,5 = 大专学历,6 = 大学本科学历,7 = 研究生学历。考虑到统计分析的需要,将被调查者的受教育程度换算成受教育年限,比如"从未受过教育"计为 0 年,小学学历计为 6 年,初中学历计为 9 年,以此类推。工作经验指标可以用"专业技术职称"来表示,因为工作经验最终会在技能上得以反映,而技能的客观指标则是专业技术职称。专业技术职称包括 4 个选项:1 = 无职称,2 = 初级职称,3 = 中级职称,4 = 高级职称。将专业技术职称分别赋以权重,其中无职称权重分为 0.1,初级职称为 0.2,中级职称为 0.5,高级职称为 1.0。从而可以创建工作—收入回报指数(见表2)。

表 2　劳动者"工作—收入回报指数"构建方法

	受教育程度与教育年限转换		专业技术职称权重化	
	受教育程度	转换为受教育年限	专业技术职称	权重分
工作—收入回报指数	从未受过教育	0	无职称	0.1
	小学	6	初级职称	0.2
	初中	9	中级职称	0.5
	高中及相当学历	12	高级职称	1.0
	大学专科	14		
	大学本科	16		
	研究生	19		

变量组二:外部主体增收推动力组变量。

外部主体推动低收入群体增收主要包括两种力量:一是亲友、企业、社会组织和志愿者等非正式主体的投入;二是政府部门等正式主体的投入。这些投入

113

既包括资金方面的支持,也包括信息、资源和政策方面的扶持。

①非正式主体的投入主要选取两个指标,分别是子女是否给钱(1＝经常给,2＝很少给,3＝完全没有)、找工作是否得到亲友、企业和社会组织、志愿组织等的帮助(1＝是,2＝否)。这两个指标较好地反映了非正式主体的投入程度,以及投入主体的支持与低收入群体需求之间的契合度。

②正式主体投入方面选取4个指标,分别是是否享受社会保险、是否享受社会救助、是否享受社会福利(如残疾人津贴、老年津贴等)、是否享受社会优抚,其中1＝是,2＝否。只要享受其中一种社会保障制度,即可认为得到政府部门等正式主体的投入。

变量组三:阻滞增收的因素组变量。

阻滞增收的因素主要包括以下指标:

①是否有等靠要思想(1＝是,2＝否);

②家庭成员是否有患大重病或有长期照料人员(1＝是,2＝否);

③是否有未成年子女需要抚养(1＝是,2＝否);

④家庭刚性支出是否大于收入(包括生活支出、教育支出、居住支出、医疗支出、灾害支出等)。

(3)控制变量的选取

控制变量主要包括一些人口学特征指标,本文选择年龄、性别(1＝男,2＝女)、户籍(1＝农业户口,2＝城镇户口)、婚姻状况(1＝未婚,2＝已婚,3＝离婚,4＝丧偶)、省市(上海、河南、湖南、贵州、甘肃)、家庭总人口数、家庭有劳动能力的人口数等。被调查者的平均年龄接近52岁,总体偏高,最小者年龄18岁,最大65岁。女性占比52.5%,男性占比47.5%,女性多于男性。以农业户口为主,占比达到68.5%。婚姻状况中,已婚占比78.1%,未婚者只有9.6%,但是丧偶的比例较高,占到10.3%。家庭平均人口数为2.84,最多的一个家庭有8个人;2个和3个人的家庭规模最多,占比达到55.4%。有劳动力的样本数为1050个,虽然调查样本数中女性多于男性,但是在劳动力上却是男性数量多于女性。

2. 描述性统计分析

(1)低收入群体收入整体状况

从调查结果(见表3)来看,低收入群体收入状况呈现总体收入水平低,群体收入差异显著的特点。在全部1382份样本中,被调查者2021年收入均值约为13752元,不到2021年全国居民人均可支配收入35128元的40%(39.1%)。总体上看,被调查的低收入群体属于收入的底层群体,其中收入的极小值年收入只有2200元,极大值也只有32400元。被调查者中,有32.6%的群体属于低保或特困人员。分省市情况看,上海的收入均值要高于部分省份,甘肃的收入均值在5个省市中最低。尽管5个省市被调查者的收入总体偏低,但不同群体之间仍然存在收入差异,全部样本的标准差达到9444.111元,可以看出大部分样本和均值之间较大的差异性,反映出低收入群体之间本身也存在群体性差异。从四分位数看,全部样本中第一个四分位数(25%)在5000元,第二个四分位数(50%)跳到了10000元,第三个四分位数(75%)直接进入20000元,可见群体之间的收入差距仍然较明显。

表3 被调查者2021年全年收入状况统计结果

样本情况		全部样本	上海	河南	湖南	贵州	甘肃	
N	有效	1382	295	393	192	350	152	
	缺失	0	0	0	0	0	0	
均值			13751.71	19041.7	11113.32	15026.67	13256.37	9836.71
中位数			10000	20000	6000	12000	10000	7250
标准差			9444.111	8551.18	9164.98	9877.254	8926.557	7540.643
极小值			2200	2400	2200	3000	2200	2500
极大值			32400	32400	30000	30000	32000	30000
百分位数	25		5000	11000	4000	5000	3900	4000
	50		10000	20000	6000	12000	10000	7250
	75		20000	26000	20000	24000	20000	13000

(2)低收入群体劳动收入占总收入比重状况

在总收入构成中,工资性收入和经营性收入代表劳动收入状况。表4显示了被调查者工资性收入和经营性收入占总收入比重状况,在全部样本中:来自于工资性收入和经营性收入的比重偏低,只有68.6%,说明劳动收入占总收入的比重不高。其中24.0%的低收入群体劳动收入占总收入比重为0,说明这部分群体的收入更多是来自转移性收入,特别是来自于低保金、养老金、残疾津贴、补助金以及亲友的帮助等。从5个省市的情况来看,上海的情况更加突出,劳动收入占总收入的比重只有46.1%,非劳动收入占总收入的比重达到了51.3%,说明上海低收入群体的收入更多依赖非劳动收入所得,特别是依赖转移性收入。

表4 被调查者2021年工资性、经营性收入占总收入的比重统计结果

占比 (%)	全部样本数	上海	河南	湖南	贵州	甘肃
0	332(24.0%)	151(51.3%)	71(18.1%)	42(21.9%)	49(14.0%)	19(12.5%)
1—99	102(7.4%)	8(2.7%)	36(9.1%)	13(6.7%)	34(9.7%)	11(7.2%)
100	948(68.6%)	136(46.1%)	286(72.8%)	137(71.4%)	267(76.3%)	122(80.3%)
合计	1382(100%)	295(100%)	393(100%)	192(100%)	350(100%)	152(100%)

3. 回归分析

表5列出了本次调查情况的多元线性回归结果,其中模型1代表的是没有控制变量情况下的检测结果,模型2代表的是在加入控制变量后低收入群体收入的影响变化情况。

从模型1可以看出:低收入群体收入状况受到多重因素影响,除了变量组二不明显以外,变量组一和变量组三都有显著性影响。在变量组一中,创收的工作时间投入和工作—收入回报率都通过了1%显著性水平检验,说明这两个因素都对低收入群体的收入状况有十分重要的影响。且这两个因素都与被解释变量之间显著正相关,意味着创收的工作时间投入越多,低收入群体全年获得的总收入也越多;受教育年限越长、专业技术职称越高,低收入群体收入也会越高。在变量组三中,家庭成员是否有患大重病、长期照料人员等以及家庭负债两个因素通过了5%显著性水平检验,刚性支出则通过了1%显著性水平检验,说明这些因素对低收入群体收入增长有较强的阻滞效果,且阻滞效应均为正相关关系,说明家庭重负严重制约着低收入群体的增收。变量组二只在正式主体投入这个因素中,"是否享受政府的社会救助待遇"指标通过了10%显著性水平检验,其他因素和指标均不显著,说明低收入群体收入状况并未受到正式或非正式主体投入的太多影响。

模型2是加入控制变量以后的检测结果。从模型2可以看出:在加入控制变量以后,模型的结果都发生了一定程度的改变。在变量组一中,创收的工作时间投入显著性水平下降到10%,但仍然显著;工作—收入回报率仍维持在1%显著性水平,说明这两个因素对低收入群体收入的影响始终是显著的。在变量组二中,随着控制变量的加入,非正式主体投入因素由不显著转变为显著,说明在控制了性别、年龄、户籍、婚姻状况、家庭人口数、省市等因素后子女是否给钱,找

工作是否得到亲友、企业、社会组织、志愿者等的帮助会对低收入群体的收入产生影响;而正式主体投入因素则全部不显著。在变量组三中,"等靠要思想"这个因素一直不显著;"家庭成员患病情况"因素由5%水平显著下降到10%水平显著,而"未成年子女状况"因素则由不显著转变为显著,说明有未成年子女需要抚养会影响到低收入群体的收入状况。"刚性支出"因素一直处于1%水平显著,并未受到控制因素的影响。"家庭负债"因素则由5%水平显著下降到10%水平显著,但仍对低收入群体收入状况构成影响。

在控制变量组中,年龄、户籍、婚姻状况、省市4个因素对低收入群体有显著性影响。其中年龄、户籍、省市在1%水平显著,婚姻状况则在5%水平显著。年龄因素与解释变量之间显著负相关,说明年龄越大收入越低;户籍与解释变量显著正相关,说明农村的收入越低;省市显著负相关,说明东部上海低收入群体的收入要高于西部甘肃,存在着东中西的收入差异性。

表5 多元线性回归结果

		模型1	模型2
（截距）		7026.064*** (434.275)	13116.391*** (1342.618)
变量组一			
创收的工作时间投入	一周工作小时数	40.636*** (8.733)	22.002* (9.252)
工作—收入回报率	受教育年限×专业技术职称权重分	3520.253*** (192.675)	3362.367*** (192.322)
变量组二			
非正式主体投入	子女是否给钱	966.032 (612.208)	−1661.162* (915.197)
	找工作是否得到亲友、企业、社会组织、志愿者等的帮助	−397.501 (553.17)	−1314.393* (577.205)
正式主体投入	是否享受政府的社会保险待遇	618.278 (1096.606)	607.35 (1978.784)
	是否享受政府的社会救助待遇	1594.299* (626.851)	991.428 (560.498)
	是否享受政府的社会福利待遇	369.433 (511.238)	685.323 (397.554)
	是否享受政府的社会优抚待遇	112.07 (209.437)	87.912 (146.575)

		模型 1	模型 2
变量组三			
等靠要思想	是否有靠政府、靠别人的思想	−64. 359 (992. 259)	−207. 431 (974. 107)
家庭成员患病情况	家庭成员是否有患大重病、长期照料人员等	4111. 838** (1556. 458)	3388. 686* (1528. 215)
未成年子女状况	是否有未成年子女需要抚养	−425. 16 (1056. 633)	1402. 675* (670. 734)
刚性支出	生活支出、教育支出、居住支出、医疗支出、灾害支出等	0. 017*** (0. 004)	0. 015*** (0. 004)
家庭负债	是否存在本息借贷	2462. 055** (119. 732)	1872. 323* (978. 654)
控制变量			
年龄	岁数		−97. 065*** (16. 287)
性别	1=男,2=女		−267. 096 (485. 981)
户籍	1=农业户口,2=城镇户口		9790. 981*** (519. 263)
婚姻状况	1=未婚,2=已婚,3=离异,4=丧偶		−975. 261** (344. 253)
家庭人口数	常住在一起的家庭人数		−131. 381 (172. 198)
省市	1=上海,2=河南 3=湖南,4=贵州 5=甘肃		−1138. 627*** (188. 718)

注:(1)被解释变量:低收入群体 2021 年全年总收入。(2) *、**、*** 分别表示在 10% 、5% 和 1% 的显著性水平下通过显著性检验。(3)模型 1 是在没有控制变量情况下的检测结果,模型 2 是加入控制变量后的检测结果。(4)括号中数字为标准误。

4. 结论

通过上述实证分析,可以得到以下结论:

(1)低收入群体收入增长首先取决于低收入群体的自我增收能力。在受教育年限和专业技术职称一定的情况下,加大创收的工作时间投入会在一定程度上提高收入水平,但由于工作时间是有限的,因此它的增收能力将受限。要保持强劲的增收能力则需要在工作—收入回报率上下工夫,受教育程度和专业技术职称是收入增长的显著性标志。工作—收入回报率因素比创收工作时间投入因素更为重要,因为它不受其他控制因素影响。

(2)家庭重负等阻滞性因素对低收入群体的影响显著且带有根本性。包括低收入群体本人以及家庭在健康、老人赡养和小孩抚养以及各类刚性支出方面的负担严重地消减了低收入群体的收入增长,这些阻滞性因素甚至带有根本性,在短期内或者正常的调节范围内是难以根本改观的。

(3)各类正式主体和非正式主体的投入对低收入群体收入增长相对有限。总体上反映出低收入群体的社会关系网络相对脆弱,亲友的资助和社会对低收入群体的帮助均十分有限,低收入群体从非正式主体获得的帮助不足以提升其收入水平。正式主体的投入更多地来自于社会救助环节,这是我国长期实施的一项保障项目,但因其水平低和仅保障基本生活,所以对低收入群体增收的影响也有待改进。

(4)低收入群体增收存在人口社会学因素方面的收入分化。省市、户籍、年龄、婚姻状况不同收入分化明显。特别是地区差异、城乡差异十分显著,这些因素带来的收入分化显示出中国在社会政策方面的动向和长期的城乡分割局面,需要在政策上进一步加速城乡一体化进程和缩小地区差异。

五、共同富裕目标下低收入群体可持续增收的推进政策建议

由前文理论和实证分析可知,共同富裕目标下低收入群体可持续增收受到三个方面因素的影响,包括低收入群体自身增收能力、外部主体推动力和阻滞增收的因素。结合软系统分析方法,本文认为构建低收入群体可持续增收的推进机制应着眼于"发展性、共享性、可持续性",使低收入群体由系统受损者转换为系统受益者,并通过系统转换的执行者,完成系统转换,从而完成增收乏力到持续增收的转换,使低收入群体逐步走向共同富裕。

第一,应着眼于"发展性",着力提升低收入群体自身增收能力。软系统分析法的活动目标模型揭示,从受损到受益地位的转换,首先离不开低收入群体的内在发展性动力。实证分析也表明,低收入群体自我增收能力是促进低收入群体可持续增收的核心因素。可从两个方面来提升低收入群体自身增收能力,一方面是增加低收入群体创收的工作时间投入,以换取更多的劳动报酬。主要的措施包括:对低收入群体从事劳动工作进行一定的物质激励和精神激励,提高最

低工资额度，鼓励低收入群体合理安排时间，在一份工作之外适当增加"打零工"的时间；对积极参与工作的低收入群体给予表彰；对家庭照料负担较重的低收入群体，由政府或社会组织提供"喘息"服务，分担他们照顾老人和小孩的负担，让他们有更多的时间从事可以创造收入的劳动工作。另一方面是提升低收入群体的劳动技能，提升低收入群体"多挣钱"的能力，政府部门以"购买服务"的方式，提供更多的培训机会，建立和完善工资收入与劳动技能等级挂钩的收入分配制度，激发低收入群体提升技能、获取更高报酬的内心动力。最终达到共同富裕目标中"发展性"的目标。

第二，应完善"共享性"，加强外部主体推动力量对低收入群体增收的推力。共同富裕目标下的"共享"既包括共享公共资源和公共制度，也包括共享基本公共服务，还应包括共享公共产品供给。主要包括三个方面：一是通过普及社会保障制度覆盖面，建立社会保障标准与共同富裕国家战略挂钩制度。在中央和地方财政转移支付环节，建立"老、少、病、残、特"群体的社会救助金标准、养老金、家庭津贴等转移支付标准与国家共同富裕建设进程挂钩机制。二是促进非正式主体对低收入家庭的支持和推动。促进高收入人群社会捐赠、慈善公益资助向低收入群体提供捐赠的激励机制。三是建立和完善"社会资源转移流动机制"。实证调查发现，低收入群体的社会资源明显低于高收入群体的社会资源。外部主体推动力量对低收入群体增收的推进，不仅仅是资金方面的推进，还包括为低收入群体提供就业机会、增加低收入群体的社会资源、提升低收入群体参与社会活动以及帮助低收入群体构建良好的社会关系等，最终实现共同富裕目标中"共享性"的目标。

第三，应加强"可持续性"建设，着力消减阻滞低收入群体增收的因素。主要体现为减轻低收入群体在医疗、生活照料、教育、住房等方面的刚性支出，减少低收入群体在增收过程中的"漏损"。这些"漏损"主要体现为生活支出、教育支出、居住支出、医疗支出、灾害支出、突发事件支出等刚性支出。在大数据背景下，建立数据联网机制，完善低收入群体预警监测机制，在低收入群体出现明显的"漏损"的第一时间，实现"及时发现、及早预警和尽早帮扶"，最终实现共同富裕目标中"可持续性"的目标。

第四，构建和完善低收入群体共建共享"共同富裕"的监测指标体系。基于人类发展指数，建立一套低收入群体共建共享"共同富裕"的监测指标体系，以监测低收入群体共同富裕进程。人类发展指数（HDI）是联合国关于人类进步的综合性评价指标体系,由健康、教育、收入三个维度构成。我国有必要建立基于发展性、共享性和可持续性三个维度的低收入群体预警监测指标体系,包括低收入群体的收入、教育、健康、住房、养老、社会救助、公共基础设施、社会治理、城乡融合、数字化率、公共文化、生态文明等指标体系,建立常态化监测和预警机制。

(作者单位:上海交通大学国际与公共事务学院;

华东师范大学经济与管理学部公共管理学院)

历史巨变中社会救助的中国道路

——中国共产党建党百余年来社会救助的发展历程和实践经验

江树革

作为重要的社会安全网和社会建设的制度安排,社会救助对于维护社会和谐稳定、实现社会公平正义、保障民生和治理贫困具有十分重要的意义。中国共产党成立以来,在革命和建设的不同历史时期进行了大量的卓有成效的社会救助实践,并在社会救助实施的客观条件和社会环境的变迁中不断推进社会救助的体制变革,形成了具有中国特色的社会救助的发展实践,成为中国共产党建党百余年历程的重要组成部分,展现了百余年来中国社会政策变革发展的过程,体现了国家治理能力提升、社会发展进步和现代国家建设的历史变迁。

一、建党百余年来中国共产党领导下的社会救助发展历程

中国社会救助的变迁变革与经济社会发展的历史阶段以及社会救助的目标任务紧密相关,经历了不同历史时期演进前行的顺次发展阶段,体现了在特定经济社会发展阶段上社会救助的行动理念、实现路径和实践取向等方面的显著的制度变迁。

(一)新民主主义革命时期中国共产党领导开展的社会救助

中国共产党成立后,把马克思主义的反贫困思想作为分析和认识中国劳苦大众苦难根源的思想基础和理论基点,立足中国共产党的宗旨、任务和使命,把按照共产主义的理想缔造一个新社会作为自己的奋斗目标,把消灭资本主义私有制和封建剥削制度作为解除人民痛苦和消除贫困的根本方向,将资本帝国主义、封建剥削压迫势力和资本主义私有制作为工农贫困的社会根源,开启了在中国共产党的领导下探索实现劳苦大众摆脱贫困的全新社会革命实践,发动了保

障工农基本权利的斗争,体现了社会政策革命性的鲜明特点。中国共产党第二次全国代表大会宣言明确指出,"农民因为土地缺乏,人口稠密,天灾流行,战争和土匪的扰乱,军阀的额外征税和剥削,外国商品的压迫,生活程度的增高等原因,以致日趋穷困和痛苦","如果贫苦农民要除去穷困和痛苦的环境,那就非起来革命不可。"①在社会政策和社会主张上,提出"改良工人待遇,保护失业工人等",继后又提出"救济失业之工人"。1922 年 8 月 16 日,中国共产党建立的公开领导工人运动的总机关——中国劳动组合书记部发布《劳动法大纲》,提出"为保障劳动者最低工资计,国家应制定保障法"。1928 年,中共六大制定中国革命现阶段的十大政纲,其中,包括实行八小时工作制,增加工资、失业救济与社会保险等。1945 年,在中国共产党第七届第三次中央全体会议上,毛泽东在《为争取国家财政经济状况的基本好转而斗争》的报告中提出,"必须认真地进行对于失业工人和失业知识分子的救济工作,有步骤地帮助失业者就业。必须继续认真地进行对于灾民的救济工作。"②

在中国广大的农村地区,中国共产党高度重视农村贫困问题,面对残酷的封建剥削、战乱和自然灾害下严重的乡村贫困问题,中国共产党把消灭长期存在的封建土地所有制作为解决农村贫困的根本举措,同时,特别强调和注重将分散的农民组织起来,成为新中国成立后开展社会救助的重要思想理念源头和贫困治理经验。

在新民主主义革命时期,中国共产党领导的社会救助贯穿在土地革命战争、抗日战争和解放战争等不同历史时期,面对工农贫困和当时严重的自然灾害,制定和实施了新民主主义革命时期的社会救助政策,形成了在伤亡抚恤、赈济灾民难民、保护儿童、劳动保险等方面的政策法规,在中国共产党创建的革命政权领导下,建立了专门从事救灾救助的组织管理机构,人民政府组织了对灾民大规模的救济工作,展现了中国共产党百余年社会救助实践中的早期贫困治理社会行动。

(二)社会主义革命和建设时期的社会救助

1. 社会主义过渡时期中国共产党领导开展的社会救助

中华人民共和国成立后,中国步入了社会历史发展的新纪元,开启了社会救

---

① 《建党以来重要文献选编(1921—1949)》第一册,中央文献出版社 2011 年版,第 131 页。
② 《毛泽东文集》第六卷,人民出版社 1999 年版,第 71 页。

助事业新的历史起点,并以更大规模在全国范围内实施中国共产党的社会救助政策。同时,社会主义的社会性质也决定了社会救助根本区别于以往历史上社会救济的本质特征和行动原则。伴随从新民主主义社会向社会主义社会的过渡,社会救助也经历了新旧社会交替的根本性制度变革。

新中国成立伊始,国家百业待兴,旧社会遗留下来大量的社会问题、各种社会丑恶现象以及由于战争的影响和新中国成立前长期在帝国主义、封建主义和官僚资本主义压迫下劳苦大众苦难的民生,成为中国共产党和刚刚诞生不久的人民政权在进行社会治理时面临的不可避免的历史性艰巨任务,对于新生的人民政权而言是社会治理和社会建设的重大考验。特别是在新中国成立之初,国家一穷二白,发展基础薄弱。正如毛泽东同志所言,"我们一为'穷',二为'白'。'穷',就是没有多少工业,农业也不发达。'白',就是一张白纸,文化水平、科学水平都不高。"①由于国家财政能力十分有限,社会救助面临巨大挑战,当时在社会上还存在包括贫民、难民、乞丐、孤老残疾和失业人员等在内的大量需要救助的人群。其中,失业问题尤为突出,失业人员、半失业人员(如三轮车夫)、私营小煤窑雇佣的临时工人等社会群体生活困难,直接影响社会稳定和政权建设。面对艰巨的社会救助任务和复杂的社会问题,人民政府采取果断措施,积极开展社会救助和社会治理,制定了救济失业员工的政策措施,发放救济金,救助困难群众。同时,通过资助返乡生产、生产自救、以工代赈等形式解决失业人员的生活困难问题。在灾害救助方面,面对自然灾害给广大人民群众生产和生活带来的影响和损失,党和政府积极调查灾情,发放救灾款物,抗击旱涝等自然灾害,努力降低灾害影响,保障群众的生活。在社会救助的原则方针上实行"生产自救,节约度荒,群众互助",并辅之以政府必要救济。

在社会主义过渡时期,社会救助发展的重要成就不仅表现在对大量需要救济的人员提供帮助,还突出体现在社会救助组织的沿袭、创立和建构上,并在社会救助中发挥重要的作用,奠定了新中国成立以来社会救助的重要制度架构,成为社会主义制度下中国社会救助变迁发展中重要的早期探索实践,制定和实施了一系列符合当时社会历史条件的政策措施,成为中国共产党在新民主革命时期社会救助思想的实践运用,在历史上第一次探索建立了从根本上有别于资本主义和半殖民地半封建社会下的社会救助制度,并取得了历史性和创造性的治

---

① 《毛泽东文集》第七卷,人民出版社 1999 年版,第 43—44 页。

理成果，"这也是早期我国社会救助制度的雏形和社会救助事业发展的基础"①，开创了社会救助的崭新时代，从社会救助和社会改造方面展现了新中国的社会新貌。

2. 全面建设社会主义时期中国共产党领导开展的社会救助

在中国共产党的领导下，我国完成了对农业、手工业和资本主义工商业的社会主义改造，实现了由新民主主义向社会主义的过渡，开启了全面建设社会主义的历史时期。在经济管理体制上实行社会主义计划经济，在农村逐步建立人民公社，构建了社会主义公有制的经济制度，成为在全面建设社会主义时期社会救助制度的基本经济背景。

在全面建设社会主义的发展进程中，中国共产党和政府十分关注城乡困难群众的生活保障。在城市，企业办社会和单位制在扶危济困中发挥重要作用；在农村，作为在自愿和互利的基础上劳动农民组织起来并建立和发展的社会主义集体经济组织——农业生产合作社，在农业生产合作化中逐渐孕育产生和形成，成为农村困难群众民生保障的制度依托。1956—1978 年，伴随农业合作化和农村发展，在农业合作化和将小农经济逐步改造成为社会主义集体经济的过程中，农村五保制度从无到有逐渐发展成为农村社会救助制度的重要组成部分和极具中国特色的乡村社会救助制度。

这一时期，以计划经济体制为根基，以全民所有制为保障，以政府救助为依托，中国逐步建立了包括城乡困难群众救助、自然灾害救助以及五保供养制度在内的社会救助制度体系，构建了基于特定经济发展阶段以及现实国情的社会救助制度，体现了社会主义制度的优越性，彰显了社会救助中人民政府的民生保障责任和社会人文关怀，是对于社会救助发展的全新探索和创造性实践，成为在改革开放和社会主义现代化建设时期社会救助的重要实践基础和制度源头。

（三）改革开放和社会主义现代化建设新时期中国共产党领导开展的社会救助

20 世纪 80 年代后，在改革开放的进程中，伴随经济体制改革的不断深化，经济社会生活发生深刻变化，农村联产承包责任制逐步确立实行，城市国有企业改革加快推进，个体、私营经济等非公有制经济快速发展，社会流动趋于加快，城

---

① 李春根、夏珺：《社会救助财政支出的理论分析框架：规模、结构、绩效》，经济科学出版社2018 年版，第 66 页。

乡关系发生嬗变,原有的基于农业合作化和城市国有企事业单位为依托的计划经济年代下的社会救助面临新的挑战,难以适应社会形势变化和社会转型发展的客观要求,需要基于社会救助的功能定位和目标导向,构建与经济发展阶段性特征相适应的新型社会救助制度,以更好地维护社会稳定,服务和推动国有企业改革。特别是在城市化进程中,农民离开土地进城务工,流动人口大量增加,不仅给社会治理带来新的课题,也使得社会救助和民生保障工作面临新的任务。同时,在市场化改革加速推进和国有企业改革发展的过程中,下岗失业的出现以及由此带来的民生保障问题日益凸显,出现城市新贫困①现象,形成了新的城市贫困群体,这要求社会救助必须适应社会环境和经济基础的变化做出适应性和针对性的调整,在新的社会条件下实现创新发展。

在城市,着眼于加快社会主义市场经济体制的构建,进一步完善社会保障体系,保障城镇低收入居民家庭的基本生活,城镇居民最低生活保障(低保)制度逐步建立,成为新型社会救助制度开启的重要标志,也成为在当时的历史条件下正确处理改革、发展、稳定关系大局的重要社会治理举措和社会政策安排,体现了民生建设的政策创新性,在保障城镇困难群众的基本生活以及维护社会稳定方面意义重大。

城镇居民最低生活保障制度建立以来,作为社会救助体系中最为重要的经常性社会救助项目,在社会救助的功能和目标实现上发挥着基础性的保障作用。最低生活保障制度已成为中国特色社会保障的基础性制度之一,在保障困难家庭基本生活方面发挥了无可替代的作用。② 同时,作为新的社会救助实践和社会政策创新,在社会救助的变革发展以及城镇居民最低生活保障制度的运行中也面临着社会救助实施的效率与公平问题,包括低保制度相关政策的完善、低保资格审核、低保制度的流动性、低保制度中不同层级政府管理之间的事权关系以及在低保制度实施中财政管理体制的优化等,需要不断完善低保制度。从社会救助制度的演变历程看,20 世纪 90 年代以来是中国社会救助改革、发展和完善的重要时期,政策创新和制度拓展构成社会救助制度变革的基本走向和发展轨

---

① 城市新贫困指的是在中国城市出现的、因社会结构转型、经济体制转轨、经济和产业调整、国有企业改革而诱发的贫困。在计划经济为主导的旧体制下以单位为主体的福利功能的瓦解以及相应的社会保险机制的空白,造成了大量的城市相对贫困人口的出现。

② 杨立雄、杨兰:《最低生活保障制度的变化逻辑以及未来发展——基于政策依附性的分析视角》,《社会发展研究》2022 年第 3 期。

迹,彰显了社会救助坚持兜底保障和制度正义的政策导向,体现了在城乡关系变革中社会救助改革发展的历史性跨越。同时,在社会救助发展中,坚持从实际出发,秉持人文关怀、以人为本、应保尽保的治理理念,不断扩大社会救助的覆盖面,奠定了与社会主义市场经济发展要求相适应的新型社会救助的制度基础和基本框架,并在社会救助的管理和运行中着力提升社会救助的规范化、标准化和法治化水平。

在城市社会救助不断改革发展的过程中,农村社会救助也获得了新的发展,并进行了新的政策实践,其中,突出表现在农村居民最低生活保障制度的建立以及农村五保供养制度的创新发展。改革开放以来,我国农村经济获得了快速发展,农村居民生活水平不断提高,但是,在农村经济社会发展中,部分农村居民还存在生活困难问题,需要社会帮扶和社会支持。同时,在农村经济社会变革中,农村社会救助处于转型发展的制度变革之中,需要在改革发展中扩大保障范围,增强保障功能,推进农村社会救助的制度化、规范化发展。在城乡关系变革的背景下,农村居民最低生活保障制度的建立极大地推进了城乡社会救助的共同发展和协同发展,成为在经济社会发展中社会救助的政策创新和制度创设,进一步丰富了农村社会救助、五保供养、扶贫济困等制度安排和救助项目,体现了社会救助公平性和保障性的制度要求和政策拓展,以及基于经济社会发展阶段性特征下社会救助发展的阶段性和保障水平与经济发展阶段的适应性,使得作为经常性社会救助项目的低保制度从城市扩展到农村,突破了社会救助的户籍限制,实现城乡社会救助的统筹发展和共同发展,反映了在城乡关系变革下社会救助民生保障安全网的城乡拓展、城乡贯通和城乡统筹。

纵观城乡低保制度的发展历程,21世纪的头十年是社会救助制度快速发展和社会救助规模显著扩大的时期,反映出了一些鲜明的制度变迁特征,同时对于社会救助制度的模式塑造和政策完善产生了重要的影响。其中,作为新中国成立以来在农村社会救助领域发挥重要作用的特困人员供养制度,在从计划经济向社会主义市场经济的转型中面临新的政策条件和政策基础,也为特困人员供养制度的发展带来新的实践课题。在农村经济发展和社会变革中,农村集体经济解体,农村税费制度改革,农业税全面取消等重要农村经济社会变化成为传统农村社会救助变革发展的重要历史背景。2006年,《农村五保供养工作条例》的实行推动了农村社会救助的发展。在改革开放以来农村社会救助实践的基础上,特困人员供养制度实现创新发展,在农村五保供养工作的实施工作中,着力实现规范救助和公平救助,切实发挥五保供养工作在农村贫困治理中的作用和功能,推动了农村五保供养政策的落实和政策目标的实现。

这一时期是新型社会救助制度变革重塑的重要时期,社会救助制度与时俱进、创新发展,特别是在社会主义市场经济发展中,适应人口老龄化、城镇化、就业方式多样化的现实社情,着力推进社会救助的制度创新,不断完善社会救助政策,构建了新型社会救助的制度框架,保障了城乡困难群众的基本生活,服务了经济体制改革发展的需要,促进了社会和谐稳定。但是,在新的历史条件下,社会救助的发展面临新的任务,需要在以往改革发展实践的基础上,践行新发展理念,着眼新发展目标,实现新的改革发展,在保障性、公平性、可持续性上实现新的提升。

(四)中国特色社会主义新时代中国共产党领导开展的社会救助

进入中国特色社会主义新时代后,在全面建成小康社会的发展目标下,作为社会保障体系的重要组成部分以及实现弱有所扶的重要保障机制,社会救助事业发展践行以人民为中心的发展思想,着力推动创新发展和法治发展,体现了鲜明的人民导向、发展导向以及创新思维和法治思维,实现了从社会管理向社会治理的创新发展,秉持共建共治共享,着力推进治理体系和治理能力现代化,按照兜底线、织密网、建机制的目标,加强和创新社会治理,在社会救助已有发展的基础上,着力打造社会救助的升级版,实现社会救助管理升级和功能提升,在实现人文救助、公平救助、规范救助、法治救助方面不断推进,促进了社会救助的创新发展和制度完善。其中,“两不愁三保障”成为社会救助中极具代表性的具体鲜活的社会政策话语表达。

在社会救助体系建设上,《社会救助暂行办法》的实施反映了社会救助法治发展的实践成果和发展要求,确立了包括最低生活保障、特困人员供养、受灾人员救助、医疗救助、教育救助、住房救助、就业救助、临时救助和社会力量参与的新时代社会救助体系,极大地推动了社会救助的法治化发展。

在低保专项救助上,在新时代社会救助的法治化和规范化发展中,城乡低保制度获得进一步完善和发展,在具体的政策实施中,着力体现分类救助、城乡统筹、重点保障、促进就业和政策衔接等原则,坚持社会救助的兜底性和公平性政策要求,实施积极的社会救助政策,着力增强社会救助的流动性和保障性,低保制度城乡一体发展的趋势日益彰显,救助功能更趋增强。

在特困人员供养方面,作为起始于社会主义计划经济年代并长期存在于农村贫困救助的五保制度在新时代获得领域延伸和功能增强,通过采取集中供养和分散供养的方式,进一步扩大了社会救助的范围,实现公平救助和统筹救助,进一步完善了社会救助的政策体系和工作机制,成为在新时代推进城市社会救助的重要制度安排和创新发展。

在城市生活无着的流浪乞讨人员救助管理上,不断完善相关制度,努力保障生活权益,健全救助制度,坚持分级分类救助,及时提供服务,体现了对于流浪乞讨人员的人文关怀和社会关爱,取得了重要的救助成果。

在社会救助运行机制建设上,突出体现在以推进社会救助精准性、公平性、规范性为目标的社会救助管理和工作机制的创新发展上。通过建立低收入家庭经济状况的专门核对机构、广泛建立低收入家庭收入核对系统、完善低收入家庭认定和管理相关政策,以技术创新、政策创新和管理创新着力破解在新型社会救助建立和实行的较长时间里困扰社会救助的公平性和公正性的低收入家庭收入核查难题,为实现"阳光低保"提供有效保障,从而避免了错保、骗保、关系保和人情保的发生,捍卫救助伦理,也进一步提升了社会救助制度运行的科学化和规范化水平,推进了社会救助治理体系和治理能力的现代化。

在社会救助发展格局上,新时代社会救助的发展进步还突出表现为社会救助法治化发展中社会救助格局的深刻变化。伴随社会救助和贫困治理理念的变化,共治共建成为社会救助改革发展的重要遵循,社会力量参与成为新时代社会救助发展的重要实践。在经济社会发展中,贫困治理多元共治的局面正在形成,慈善事业不断发展,为社会救助和贫困治理注入了新的力量和资源,扩大了社会救助的治理基础,增强了社会救助的保障能力。2016 年《中华人民共和国慈善法》的施行为社会力量参与社会救助提供了法治遵循和法律依据,进一步推动了社会救助的多元合作治理。在新时代加强和创新社会治理中,引导支持社会组织、人道救助、志愿服务和慈善事业健康发展,并在社会救助实践中逐步完善现金救助,不断发展社会服务,大力发展慈善事业,形成共治共建共享的社会救助发展局面。

二、建党百余年来中国共产党领导下社会救助的变革原则

中国共产党成立百余年来,社会救助面临不同的社会环境、历史阶段和发展任务,充分体现了以社会革命、社会改造、社会创建、社会改革和社会创新为鲜明特征的制度变迁历程。在长期的社会救助实践中,社会救助制度在管理治理上

经历了从城乡分割到城乡统筹、从标准较低到标准提高、从项目单一到项目丰富的制度化、社会化、法治化的发展历程，充分彰显了社会主义社会救助的本质功能和制度属性，成为社会建设和社会治理中基础性、兜底性、保障性的制度安排，建立了较为完善的社会救助体系和运行机制，构建了富有效能的社会保护制度安排，造就了具有较高专业化和职业化程度的社会救助人才队伍，建成了规模宏大的社会救助体系，保障了身陷贫困的国家公民的生存发展权利以及城乡困难群众的基本生活，促进了社会稳定、社会和谐、社会团结和社会文明，达致了百余年来社会救助的社会理想，凝聚着在历史巨变中社会救助的实践原则和政策经验。

（一）坚持制度根本属性，在实现社会政治目标中推动社会救助改革完善

建党百余年来，在不同的历史时期和经济社会发展的不同阶段，中国共产党和人民政府对于社会救助高度重视。作为社会保障体系的重要组成部分以及国家和社会对由于各种原因而陷入生活困境的公民给予财物接济和生活扶助的制度，社会救助在国家社会生活中扮演重要角色，有效地保障了城乡困难群众的基本生活，展现了社会救助在社会建设和社会治理中的重要价值。特别在社会主义市场经济体制构建的转型期，新型社会救助制度步入发展加速期，社会救助制度处在经济社会转型的特定历史阶段，担负着为经济体制改革配套以及维护社会稳定的重要使命，社会救助的改革发展被赋予了更多的社会政治寓意。在政策目标和政策实践上，从着眼于为经济体制改革配套、保障困难职工的基本生活和维护社会稳定到保障民生和实现社会公平正义，不断推动社会救助理念创新。从实践上看，城乡居民最低生活保障制度的陆续建立和推广，不仅对于推动城市国有企业改革和维护社会稳定起到了非常重要的作用，而且对于缓解城乡贫困问题、优化社会收入分配格局和推进社会公平正义发挥了积极的作用。

纵观新中国成立以来社会救助的发展变迁，在新中国成立初期，社会救助积极有效开展，维护社会秩序，巩固新生政权，实现了深刻的社会改造，体现了社会主义制度的优越性和人民性；在改革开放和社会主义市场经济发展时期，社会救助制度成为服务和推进国有企业改革的重要的配套政策措施，缓解了改革带来的社会阵痛和社会问题，维护了社会公平正义，成为在经济社会转型中实现和谐稳定的社会安全阀和减震器；在中国特色社会主义新时代，坚持以人民为中心的发展思想，社会救助制度被赋予了新的时代内涵，成为实现"弱有所扶"民生发展目标的重要兜底保障机制，成为新时代社会建设中具有基础性和保障性的贫困治理机制。

（二）坚持发展目标指向，在实现兜底保障中推动社会救助创新发展

社会救助是由于贫困治理的实践需要而产生和发展的，同时，在社会救助的实践中，随着经济社会发展阶段性特征和社会建设实施环境的变化不断进行适应性的变革。作为一项重要的社会政策，社会救助在不同的历史时期面临不同的社会救助实施条件，但是，社会救助发展始终需要坚持目标导向，围绕发展目标，不断推进社会救助变革和政策创新，并在社会救助实践中彰显保障性和发展性。在社会救助实务和具体经办中，如何"保的全"（应保尽保）、"保的准"（精准施助）、"保的好"（群众满意）、"保的稳"（兜底保障）、"保的优"（治理升级）就必然成为社会救助政策目标的具体表达。

在社会救助政策实践中，保障性是社会救助的本质要求和根本特征，社会救助的变革发展彰显了鲜明的民生保障制度特征和政策取向。这就是坚持社会救助的根本目标，努力解决城乡贫困群众的生活困难问题，而社会救助的保障性是在社会救助的制度变革和政策创新中不断完善和发展的，是在坚持"兜底线、织密网和建机制"发展要求中不断得到实现的。其中，社会救助的保障性是与社会救助的公平性密切相关的。特别是在经济社会发展中，随着城乡关系的变化，社会救助实现了从城乡分割到城乡统筹、城乡一体的发展进程，社会救助安全网从城镇扩展到农村，使得社会救助制度扩展覆盖到农村地区。在社会救助的实践中，体现了对新时代社会救助改革发展目标的追求。社会救助和贫困治理的基础是经济发展；同时，在发展实践中需要用改革的方法不断推进治理创新，而发展应该是科学发展和高质量发展，成为社会救助改革发展的总要求和总目标，需要在社会救助的改革发展进程中，不断推进新时代社会救助的改革创新，在救助标准制定和调整、保障标准科学衔接、政策宣传和信息公开、制度运行监测评估、救助资源整合聚力等方面全面优化，打造社会救助制度的升级版。

（三）坚持问题导向意识，在破解发展难题中推进社会救助善治

纵观社会救助发展历程和政策实践可以看出，社会救助所取得的进步是在不断破解制约发展的问题基础上开拓前行和变革实现的，也正是在不断解决问题的过程中促进了社会救助的规范化、科学化和法治化发展。这些在贫困治理中遇到和出现的问题，既有作为社会救助制度自身发展中存在的一般性和普遍性的问题，也有在经济转型和社会变革中遇到的具有具体性和特殊性的矛盾问题，需要通过改革变革和政策完善加以解决。在社会救助发展历程中，在坚持社会救助根本定位和本质属性的基础上,根据不同历史时期社会救助面临的客观环境和发展要求,坚持改革取向,不断推进制度完善和体系健全,破解发展难题,发挥社会救助的应有作用。在社会救助的改革发展中,体现了全面改革的方法论原则,即在社会救助的改革发展中坚持以保障民生为目标,推进社会救助政策改革和制度变革,在实践中基于民生保障的短板和不足,不断深化社会救助改革;同时,在社会救助的改革发展中注重实现改革的整体性、系统性和协同性,构建了充分彰显人民性和民生性的密实可靠的社会救助体系,并形成社会救助改革发展的中国实践和中国特色。特别是在社会救助的改革发展中,坚持问题导向意识并在实践中破解发展难题进而推动社会救助持续发展,成为社会救助改革发展的最为基本的实践思维。

(四)坚持依法依规治理,在法制建设中推动社会救助法治发展

从制度构建的维度看,中国社会救助走过了一条从传统的人道施救到不断趋于规范化和法治化的现代制度施救发展道路,社会救助的法治化水平显著提高,促进了社会救助的规范运行和体系完善,展现了兜底保障和扶危济困的鲜明制度功能。特别是在中国特色社会主义新时代,社会救助发展鲜明地体现了注重法治、强化法治和践行法治的发展历程,并在社会救助中不断推动法治实践,"特别是针对扶贫对象的社会保障专项行动,确保了低收入困难群体不愁吃、不愁穿和义务教育、基本医疗、住房安全有保障""在法制建设、体制改革、机制创新方面实现了新的突破"[1],成为在法治国家、法治政府和法治社会建设中的法治要求在社会救助领域的具体体现。伴随从社会主义计划经济到社会主义市场经济的转型发展,社会救助制度运行与社会救助的法治实践相伴同行。新型社会救助制度建立以来,国家制定和实施了《城市居民最低生活保障条例》《农村五保供养工作条例》《社会救助暂行办法》《中华人民共和国公益事业捐赠法》《中华人民共和国慈善法》等一系列政策法规,引领和推动了社会救助的规范化和法治化运行,极大地推动了社会救助的法治发展。同时,在社会救助发展的地方实践中,各地区立足于保障民生、维护稳定和构建和谐的目标定位,将社会救助的法治化发展要求转化为社会救助的具体实践,制定和实施了大量的系统全面的涉及社会救助管理和运行各个方面的规章制度和政策法规,构建了日臻完善的法规制度体系,坚持依法救助,依法管理,依法施政,推进了社会救助的法治

---

[1] 郑功成:《建设更高质量的社会保障制度》,《中国社会报》2023 年 3 月 9 日。

化实践、规范化发展和制度化运行,体现了社会救助法治化发展和贫困治理的积极成果与制度文明。

三、建党百余年来中国共产党领导下社会救助的实践经验

中国共产党在其百年历程中基于其历史使命、关怀劳苦大众的情怀和以人民为中心的理念,在各个阶段中积极开展反贫困行动并建立发展社会救助制度,逐步形成了相关的理论和实践体系。① 建党百余年来,社会救助在变迁中发展,在变革中进步,不断推进社会救助治理体系和治理能力的现代化,体现了鲜明的社会救助实践逻辑。

(一)在变革发展中实现国家统制和地方分治相结合

在社会救助的国际政策实践中,如何处理好社会救助中中央集权和地方分权之间的关系成为社会救助的重要实践课题。在中国,由于不同地区之间经济社会发展的不平衡性和社会政策实施条件的差异性,决定了中国不能走单纯的中央集权或者地方分权的社会救助治理道路,而必须在国家的集中统一领导下,切实加强政策的顶层设计,增强社会救助政策实施的组织力、领导力和执行力,同时各地方政府从本地区社会救助的现实环境和具体条件出发,将国家社会救助的统一政策安排转化为具体的地方实践,合理确定社会救助制度运行中中央与地方财政的投入结构,努力推进社会救助的统一发展、协调发展和均衡发展,在实践中坚持央地同频共进,从而达致国家社会救助政策的总体目标和发展要求。在社会救助的具体实践中,各地区从社会救助的实际出发,开展了具有创造性的社会救助地方救助实践和地方贫困治理,丰富了中国社会救助的善治元素,并在地方实践当中经过总结提炼,成为国家层面的社会救助政策经验,进而上升为国家行动和国家治理,为推动全国社会救助的创新发展提供了重要实践智慧和经验创造。

(二)在变革发展中实现党政领导与社会参与相结合

中国共产党领导下的社会救助在践行人民性这一最根本的政治属性中,体现了人民群众广泛参与的群众创造和社会合作治理,展现了政府救助和群众自

---

① 关信平:《中国共产党百年反贫困与社会救助的理论与实践》,《人民论坛》2021 年第 19 期。

救相结合的实践特色。在社会救助的发展实践中,体现了中央政府社会救助政策自上而下的引领推动、地方各级政府积极回应以及广大人民群众广泛参与的自下而上的共治实践。在社会救助发展实践中,社会组织多维参与贫困治理,展现了社会救助的公民力量。在中国社会救助发展变革的进程中,千百年来所形成的中国优秀传统文化始终是内化于中国社会救助制度之中的恒久绵延的重要文化元素,并在社会救助的发展实践中发挥着文化育人、文化助人和以文化人的重要作用,彰显了在中国社会变迁和历史巨变中家庭、邻里、社区救助等非正规救助和非正式救助在国家社会救助治理实践中不可替代和不可忽视的作用,深刻蕴含"爱人助人""善举义举"的文化本质精髓。在当代中国,伴随社会转型和社会进步,志愿服务不断兴起和发展,慈善事业趋于壮大,反映了在社会变迁和社会救助制度变革中社会救助的思想渊源和文化之魂。在当代中国,在党和政府的大力倡导和积极推动下,社会救助的公众参与不断扩大,社会救助的健康文化不断培育,在社会救助文化的历史传承和时代蜕变中造就了新时代文明、健康、和谐、友爱、法治的中国社会救助文化和社会价值观,铸就了中国社会救助创新发展、特色发展的文化基因。

(三)在变革发展中实现制度继承与政策创新相结合

中国共产党建党百余年来,特别是新中国成立以来,社会救助的发展实践体现了基于现实经济社会条件的变化和要求,在不断进行适应性变革和创造性政策创新的过程中自我完善发展的历史变迁过程,是对百年来社会救助进行改革创造和守正创新的发展过程,体现了改革与创新、继承与发展的鲜明实践逻辑。在中国社会救助制度的变革发展中,伴随经济体制和社会条件的变化,特别是在中国从社会主义计划经济向社会主义市场经济的深刻经济转型和社会变革中,不是对原有的社会救助政策安排和体制机制推倒重来,而是坚持改革创新,坚持从实际出发,坚持保留、继承和发展并与实践的需要进行适应性和创造性变革,实现既有制度安排和创新制度文明之间的兼收并蓄和包容发展,赋予传统的社会救助制度以新的政策意涵,增强政策调适性和适应性,并在新时代的贫困治理实践中使传统的社会救助制度政策安排赋能增效,展现新的治理功能和治理成效。

(四)在变革发展中实现本土实践与国际经验相结合

当今中国的社会救助是中国共产党领导下的社会救助实践的发展成果和时代演进。经过长期的实践探索和变革发展,中国社会救助已经成为国际社会救助实践的重要组成部分,为世界社会救助提供了中国经验。同时,中国社会救助的发展实践是在中外社会救助比较和互鉴中不断进步的。在中国社会救助的发展中,秉持互学互鉴和开放共享的发展理念,开展中外社会救助领域的政策对话与国际合作,研究和借鉴国外社会救助的政策经验,并实现与中国本土实践相结合的创造性转化,有力地推动了中国社会救助体制机制完善,从而不断促进当代中国社会救助的创新发展。

(作者单位:北京市社会科学院综合治理研究所)

共同富裕目标下低保标准自然增长机制构建研究：一个政策过程的视角[①]

李　琴　李安琪

一、问题的提出

党的十九大提出，到 21 世纪中叶全体人民共同富裕基本实现的新目标，党的十九届五中全会提出到 2035 年"全体人民共同富裕取得更为明显的实质性进展"。在推进共同富裕的进程中，低收入群体面临着致贫或返贫风险，探索如何促进低收入群体迈向共同富裕将成为时代性的课题。[②] 对此，有必要加强社会救助体系的建设，筑牢兜底保障底板，不断完善最低生活保障制度，以保障低收入群体基本生活，提升低收入家庭收入，缩小低收入群体收入差距。

最低生活保障制度是对家庭人均收入低于当地最低生活保障标准的困难家庭给予现金性生活救助，以保证其基本生活的社会救助制度。其中，低保标准是以现金价值为测量单位的家庭人均收入标准，由各地政府根据自身经济发展情况、居民生活水平单独制定。作为确定救助对象和救助水平的手段，最低生活保障标准对社会保障制度的平稳运行有十分重要的意义。[③] 标准过高不仅会加重国家财政的负担，还容易引发"福利依赖"，造成公共资源浪费；而标准过低则难以实现保障基本生活的制度目标，无法适应制度供给与公民需要相匹配的法定

---

① 本研究为国家社会科学基金项目"共同富裕背景下提升低收入人口获得感的实现机制研究"（22BSH031）的阶段性成果。

② 林闽钢：《促进低收入群体迈向共同富裕论纲》，《治理研究》2022 年第 5 期。

③ 关信平：《我国低保标准的意义及当前低保标准存在的问题分析》，《江苏社会科学》2016 年第 3 期。

化要求,①不利于低保制度长期可持续发展。只有在科学、合理、合法的制定下,才能使保障标准、支出规模与经济发展水平相适应,实现最低生活保障制度可持续发展。与地区发展相适宜的低保标准自然增长机制能够动态调整保障标准,提高低保制度的兜底保障能力,推动我国社会救助体系的高质量发展,进而促进低收入群体迈向共同富裕。

与此同时,近几年受新冠疫情影响,部分群众陷入突发性、紧迫性、临时性困难,甚至无法解决最基本的温饱问题,基本生活受到了极大影响。为回应困难群众的实际需求,切实增强该群体的幸福感、获得感和安全感,有必要回答以下问题:现行低保标准是否合理? 随着经济发展、物价上升,如何建立低保标准的自然增长机制? 本研究通过对 C 市低保家庭的消费支出实证调查,结合相关重要经济指标科学判断现行低保标准合理性;同时,基于政策过程理论视角,探讨建立低保标准自然增长机制的政策路径,为科学制定低保标准、完善社会救助体系提供决策参考。

二、文献综述与研究框架

(一)现有文献梳理

1. 低保标准的制定

国内外大致有 6 种贫困线的主要测算方法,分别是市场菜篮子法(基本生活费用支出法)、恩格尔系数法、马丁法、收入比例法、收入等份定义法和生活形态法。它们在可操作性、理论基础和测算依据等方面各有优点和局限性。为统一低保标准的制定,2011 年我国发布了《关于进一步规范城乡居民最低生活保障标准制定和调整工作的指导意见》。文件规定,各地在制定和调整城乡低保标准时可以采用基本生活费用支出法、恩格尔系数法或消费支出比例法。②

目前我国最常用的方法是基本生活费用支出法,该法根据营养学标准列出所有维持基本生存所需生活用品(食物、衣着、居住等)的种类和数量,再基于当地市场价格来确定拥有这些生活必需品需要的现金,得出的总金额即低保标准。

---

① 祝建华等:《最低生活保障制度救助标准的法定化研究》,《中共杭州市委党校学报》2015年第 2 期。

② 姚建平:《共同富裕目标下低保标准制定及其保障水平》,《浙江工业大学学报(社会科学版)》2022 年第 4 期。

基本生活费用支出法直观明了、通俗易懂,贴近居民实际生活情况,可以反映不同地区物价水平。[①] 本研究主要采用基本生活费用支出法,通过样本低保户连续两个月的消费支出问卷调查,评估现行低保标准的合理性。

2. 低保标准自然增长机制

低保标准自然增长机制,指根据物价(特别是生活必需品的价格)变动而科学合理确定并调整标准、适时提高补助水平、增加临时补助,以确保低保家庭生活水平不因物价上涨而下降的一种低保标准动态调整机制。

基于已有的实践经验,学术界对低保自然增长机制的建立进行了研究。周开系统性梳理了自然增长机制的实施情况,归纳了低保标准自然增长机制指标体系,并探索建立昆明市的城市低保自然增长机制。[②] 汪婷通过对2005—2011年全国最低生活保障标准、人均食品支出、人均消费支出、人均可支配收入等数据的二元回归分析,发现城市低保标准暗含一种自然增长机制,从实证的角度证明了低保自然增长机制的科学性。[③] 脱贫攻坚战全面胜利后,姚建平基于共同富裕的目标提出,社会救助标准要随着当地人民生活水平的提高适时进行调整,建立起与物价指数、工资和收入、消费支出等相关因素的联动机制。[④] 无独有偶,杨涛提出在共同富裕的背景下要建立长期的低保标准动态调整机制,以实现各地区低保标准与统计年度同步动态调整。[⑤]

综上,有必要对现行低保标准进行合理性评估,并引入理论视角探索建构低保自然增长机制。首先,最低生活保障标准的制定需要转变理念,从绝对贫困转向相对贫困。目前我国大部分城市运用菜篮子法来测算最低生活保障标准,但此种方法主要针对绝对贫困的状况,随着最后一个贫困县宣布摘帽,低保标准的制定需要从绝对贫困转向相对贫困,在菜篮子法的测算结果上应该结合其他重要经济指标进行动态调整。其二,低保标准自然增长机制的科学性得到了验证,

---

① 向运华、赵羚雅:《基于扩展线性支出模型的城市低保标准研究——以武汉市为例》,《调研世界》2018年第10期。

② 周开:《城市低保标准自然增长机制研究——以昆明市为例》,云南财经大学硕士学位论文,2012年。

③ 汪婷:《城市最低生活保障制度保障标准动态机制研究》,《长沙民政职业技术学院学报》2014年第1期。

④ 姚建平:《共同富裕目标下低保标准制定及其保障水平》,《浙江工业大学学报》(社会科学版)2022年第4期。

⑤ 杨涛:《共同富裕背景下低保标准的测算与应用》,《中国民政》2022年第19期。

但相关研究较少。因此在合理设定相对贫困线、科学制定低保标准的过程中，有必要结合政策过程理论建立低保标准的自然增长机制。基于此，本研究融合各类贫困线测算方式的优点，结合地区实际，根据不同指标判定共同富裕目标下现行低保标准的合理性，并基于政策过程理论构建低保标准自然增长机制。

（二）研究框架

政策过程理论分析政策主体、政策客体及其政策环境的相互联系和相互作用，使得政策系统呈现连贯的动态过程。[1] 西方学者对于政策过程理论的研究存在诸多分野：哈罗德·拉斯韦尔（Harold Lasswell）和兰德尔·瑞普利（Randall Ripley）提出"阶段框架理论"，即把政策过程分解为一系列分立的阶段而形成的阶段序列；[2][3]约翰·金登（John Kingdon）和拉雷·格斯顿（Larry Geston）提出"多源流框架理论"，认为公共政策议程设置的参与者要素包括政府内部参与者与政府外部参与者。[4][5]

我国学者也对政策过程理论进行了本土化探索。张海柱引入了"话语"和"场域"的概念，将政策过程理解为在特定场域中话语竞争的过程，最终由处于主导地位的话语产出政策。[6] 薛澜、朱旭峰、丁煌等学者则介绍了政策过程理论在分析智库决策影响力中的应用。[7] 陈振明等则继承了阶段框架理论，将政策过程划分为政策制定、政策合法化、政策执行、政策评估和政策终结等环节。[8]

基于政策过程理论视角，本文运用陈振明的"阶段论"，从政策议程、政策制定与执行、政策延伸三个阶段合理构建低保标准自然增长机制（见图1）。

首先，在政策制定前期，需要将建立自然增长机制纳入政策议程，组织开展

---

① 陈振明：《公共政策学——政策分析的理论、方法和技术》，中国人民大学出版社 2004 年版。

② Lasswell H.D. *The Decision Process*：*Seven Categories of Functional Analysis*，University of Maryland，1956.

③ Ripley R.B.& Franklin G.A.，*Policy Implementation and Bureaucracy*，Dorsey Press，1982.

④ Kingdon J.W. Agenda，Alternatives，and Public Policies，*Journal of Policy Analysis and Management*，1985，4（4）.

⑤ 拉雷·N.格斯顿、朱子文：《公共政策的制定》，重庆出版社 2001 年版。

⑥ 张海柱：《公共政策的话语建构：政策过程的后实证主义理论解释》，《公共管理与政策评论》2015 年第 3 期。

⑦ 魏丽：《政策过程理论框架下国际知名智库参与全球治理的机制研究——以美国布鲁金斯学会为例》，《智库理论与实践》2022 年第 3 期。

⑧ 刘文祥：《公共政策过程中的美国智库因素研究》，中国经济出版社 2020 年版。

科学的政策调研;其次,在政策制定和执行的过程中,需要完善现有低保标准、确定自然增长机制调整周期和调整方式、明确各部门分工以及保障自然增长机制的资金来源;再次,完善的临时价格补贴机制、多层次的保障体系和就业能力培育机制将成为自然增长机制的政策延伸,与自然增长机制形成有机的政策整体,共同织密保障困难家庭生活的救助之网。

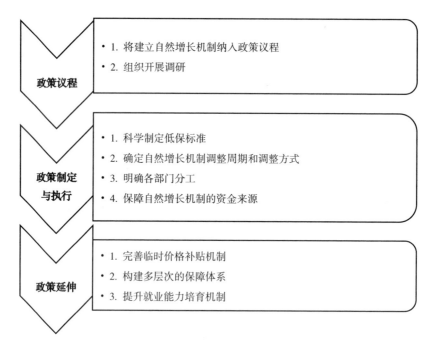

图1 政策过程视角下自然增长机制建构路径

三、C市低保家庭最低生活保障标准合理性评估

本研究以C市为例,通过样本低保户为期两个月的记账方式,测量低保对象人均月基本消费支出,并将调查结果分别与现行低保标准、其他相关经济指标进行对比,进而多维度评估现行低保标准的合理性。

(一)案例介绍与数据收集

作为经济大省,广东省在社会救助体系建设方面取得了亮眼成果。C市毗邻港澳,2021年总人口246.7万人,地区生产总值3881.75亿元,人均可支配收入5116.7元/人/月,居民人均消费性支出3525元/人/月。在社会救助领域,

2021年C市共有在册低保对象6031人。低保财政支出和低保标准均稳步上升，低保标准1139元/人/月，高于省内平均发放水平，具备一定先进性。近年来，C市社会救助工作在法律法规、救助水平、基层执行、治理格局和政策创新等方面都取得了一定成效。

本文以C市低保对象为研究对象开展研究，2021年9—11月在各行政区内抽取部分社区（村）的低保户，以家庭为单位进行为期两个月的基本生活消费支出记账问卷调查，共回收有效问卷148份。调查内容分为食品、衣着、日用品及服务三大类。其中，食品类按照《食品生产许可分类目录》包含8项具体内容：粮食类，食用油及调味品，肉禽蛋水产品，蔬菜类，干鲜瓜果类，烟酒茶及饮料类，糖果糕点、奶豆制品类，其他食品及饮食服务。衣着类指与居民穿着有关的支出，包括服装、服装材料、鞋类、其他衣类及配件、衣着相关加工服务的支出。[1]日用品及服务类包括：日用品类、交通费、通信与网络以及其他费用。

（二）样本调查总体情况

第一，调查发现，样本家庭人均消费支出与低保标准十分接近。样本家庭的月人均基本消费支出为1007.48元，略低于C市现行低保标准（1139元/人/月），处于相对合理的差额范围内（见表1）。[2]

表1　样本家庭户均及人均消费支出额

家庭类型	9月20日—10月19日		10月20日—11月18日		2个月平均	
	月户均支出（元/月）	月人均支出（元/月）	月户均支出（元/月）	月人均支出（元/月）	月户均支出（元/月）	月人均支出（元/月）
1人户	1651.40	1651.40	1511.85	1511.85	1582.89	1582.89
2人户	2326.66	1163.33	2116.68	1058.34	2221.67	1110.84
3人户	2492.64	830.88	2214.73	738.24	2353.68	784.56
4人户	2770.39	692.59	2583.90	645.98	2677.15	669.29
5人户	2971.5	594.30	3113.00	622.6	3042.25	608.45
月平均支出	2152.21	1057.73	1972.42	959.91	2062.93	1007.48

数据来源：调研数据。

其次，样本家庭人均消费支出与C市居民人均消费支出水平仍有较大差

---

① 潘红虹：《人口老龄化影响居民消费变动研究》，上海社会科学院博士学位论文，2020年。
② 文中"现行低保标准"统一指2021年研究进行时C市的低保标准。

距。2021 年 C 市城镇居民人均消费支出为 3666.67 元/月,而样本家庭的人均基本消费支出为 1007.48 元/月,仅为市内居民人均消费支出的 27.48%,差距较大。从样本家庭的食品消费支出情况来看,人均食品类消费支出为 691.71元/月,占其人均基本消费支出(1007.48 元/月)的比例为 68.66%,恩格尔系数超过 60%。说明低保家庭每月消费支出的绝大部分都投入满足生存需要的食品消费当中,生活水平有待进一步提高。

(三)调查结果与现行低保标准的对比

低保标准是动态指标,民政部门需要在制定标准后根据实际情况做出定期调整。其中,定期调整标准是自然增长机制的重点。C 市连续 9 年提高低保标准,由 350 元/人/月逐年上调至 1139 元/人/月,提高幅度达到 225%(见表 2),具有一定合理性。同时,样本低保家庭月人均消费支出为 1007.48 元/人/月,略低于现行低保标准(1139 元/人/月),可见,现行低保标准基本上可以满足低保对象的最低生活保障要求。

表 2　C 市 2012—2021 年低保标准

年份	低保标准(元/人/月)	执行日期
2012	350	2012.4.1—2012.12.31
2013	450	2013.7.1—2013.12.31
2014	520	2014.1.1—2014.12.31
2015	580	2015.1.1—2015.12.31
2016	630	2016.1.1—2016.12.31
2017	896	2017.1.1—2017.12.31
2018	980	2018.1.1—2018.12.31
2019	1055	2019.1.1—2019.12.31
2020	1100	2020.1.1—2020.12.31
2021	1139	2021.1.1—2021.12.31

数据来源:C 市统计局网站。

(四)低保标准与其他经济指标的对比

进一步将低保标准与人均可支配收入、人均消费支出、物价水平等经济指标进行对比分析,多维度评估 C 市最低生活保障标准的合理性。

首先,低保标准与社会经济发展水平同步上升。大部分城市的最低生活保障标准随城市居民人均可支配收入的增长而提高。C 市 2021 年低保标准(1139 元/人/月)是 2021 年城镇居民人均可支配收入(5350 元/月)的21.29%,是 2021 年农村居民人均可支配收入(2866.67 元/月)的 39.73%,可知 C 市低保标准与社会经济发展基本同步,低保对象可以较好地共享社会经济发展成果。

其次,同样物价水平下,低保标准并未显现有效上调。低保标准与物价上涨挂钩,因此低保标准应该随着居民生活必需品价格变化和人民生活水平的提高定期调整。C 市低保标准已逐年上涨,但与物价水平的变化相比并不明显。根据物价水平公式计算得出,2020 年的 1100 元仅相当于 1055 元,与 2019 年低保标准一样,并无作出有效上调,低保标准的上涨水平偏低。

表 3 C 市低保标准与 CPI 对比

年份	低保标准(元/人/月)	CPI
2012	350	102.8
2013	450	102.3
2014	520	103.1
2015	580	101.7
2016	630	101.9
2017	896	100.8
2018	980	102.3
2019	1055	102.3
2020	1100	102.3

数据来源:C 市统计局网站。

最后,与同期人均可支配收入、人均消费支出相比,低保标准的调整幅度有待提高。2014—2020 年,C 市低保标准跟随人均可支配收入、人均消费支出呈现出逐年上升的趋势(见图 2);低保标准占 C 市人均可支配收入、人均消费支出的比例整体呈上升趋势(见图 3)。可见,虽然 C 市低保标准正跟随经济社会的发展同步提高,但低保标准与人均可支配收入的差值呈不断扩大的趋势,不同群体之间的收入差距也在不断扩大,低保标准的调整幅度还有待提高。

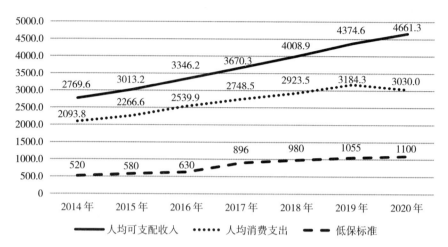

图 2　C 市历年低保标准、人均消费支出、人均可支配收入①

图 3　低保标准占人均可支配收入、人均消费支出比例②

最后，与省内其他城市相比，C 市低保标准位居前列。C 市的低保标准（1139 元/人/月）高于广东省平均发放标准（955.67 元/人/月），且在广东省低保发放标准中排名第二，可见 C 市的低保标准在广东省内具有一定先进性。

---

①　数据来源：C 市统计局网站 http://tjj.zhuhai.gov.cn。

②　数据来源：C 市统计局网站 http://tjj.zhuhai.gov.cn。

四、低保标准自然增长机制构建——以 C 市为例

调查发现，C 市现行低保标准能满足低保对象的物质生存需要，与社会经济发展基本同步，在省内有一定先进性；但在物价波动上升的背景下低保标准上涨水平偏低，且与本市人均消费支出差距逐渐拉大，仍需进一步提升与完善。目前，C 市具备适用低保标准自然增长机制的环境因素，此部分基于政策过程视角探索共同富裕目标下的低保标准自然增长机制构建路径。

（一）C 市低保标准适用自然增长机制的环境因素

C 市低保标准适用自然增长机制的环境因素有三个方面。第一，在宏观政策环境层面，政策文件要求低保标准实现动态调整，构建自然增长机制是对国家政策的落实与回应。第二，在保障民生层面，低保家庭普遍具有脆弱性，物价的波动和上涨易对其生活造成冲击，因而通过低保的动态调整兜住民生底线尤为重要。第三，在经济环境层面，财政收入的稳定增长和居民收入的持续提高为构建低保自然增长机制提供了经济基础。

1. 政策保障：低保标准实现动态调整的基础

2020 年 8 月，《关于改革完善社会救助制度的意见》提出健全分层分类、城乡统筹的中国特色社会救助体系，到 2035 年实现社会救助事业高质量发展。这是我国民生兜底保障制度的总体设计和长远规划，为地方政府开展最低生活保障工作指明了方向。随后，广东于 2021 年 12 月发布《关于进一步完善我省社会救助和保障标准与物价上涨挂钩联动机制的通知》，要求 C 市完善价格补贴联动机制，通过保障标准常态化调整，有效缓解物价上涨对困难群众基本生活的影响，实现困难群众基本生活保障水平与经济社会发展水平相同步。只有实现了低保标准的动态调整，才能提高低保的保障水平和保障效果，真正全方位兜住民生底线。

2. 物价波动：低保标准动态调整的外在动力

伴随经济的发展和居民收入的增长，物价水平水涨船高，受新冠疫情等因素的影响，居民生活物价呈现容易波动的趋势。低保家庭面对物价波动具有天然的脆弱性，亟须政府的保障标准做出相应调整，帮助低保家庭应对物价上涨的挑战。2020 年 C 市的消费者物价指数（CPI）波动较大，甚至一度达到 5% 以上（见图 4），如果救助标准无法适时调整将对低保家庭的生活造成困难。

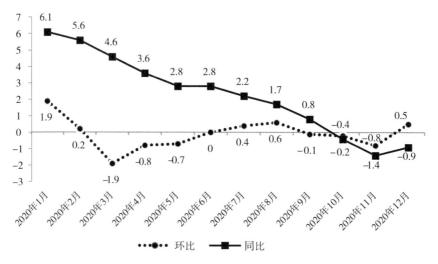

图4 2020年C市CPI月环比、同比价格涨跌走势①

3. 经济平稳发展:低保标准自然增长机制构建的必要条件

近年来C市经济发展稳中向好,为低保标准自然增长机制的构建提供了经济基础。首先,财政收入稳定增长。2021年C市财政收入448.22亿元,同比增长18.2%,增长率为珠三角最高;人均财政收入3.95万元,全省第一。财政收入的稳定增长为完善社会救助工作、提高社会保障水平创造了经济基础,为建立低保标准自然增长机制提供了资金条件。

其次,居民收入持续提高。2021年C市全体居民人均可支配收入61390元,位居全省第五,同比增长9.8%。10年间,C市人均GDP从9.55万元提高到15.79万元,基本实现了居民收入增长与经济发展同步的目标。因此,为促进低保对象共享经济发展成果,应建立低保标准自然增长机制,使保障水平与全体居民收支状况同步调整,实现共同富裕。

(二)C市低保标准自然增长机制构建

在满足环境因素后,本部分基于政策过程视角,分别从政策议程、政策的制定与执行、政策延伸三个阶段探索构建低保标准自然增长机制。

1. 将建立自然增长机制纳入政策议程

根据政策过程理论,一个事项只有进入政策议程并得到相关部门注意,才有

① 数据来源:国家统计局C市调查队调查数据 http://gdzd.stats.gov.cn/zhdcd/。

可能成为一项政策。建立低保标准自然增长机制首先要求政府部门的重视，将建立自然增长机制纳入政策议程。

（1）成立专题研讨小组

将建立低保自然增长机制纳入党委、政府工作的重要事项备忘录，由民政部门牵头，联合财政、统计、物价、劳动和社会保障等部门成立专题研讨小组，组织调研、酝酿想法，逐步将建立低保标准自然增长机制纳入政府的正式议程。为加强各部门分工合作，形成高效的跨部门联动机制，有必要成立专题研讨小组。

（2）组织开展调研

一是充分利用专家智库的力量，组织有关专家在全市进行广泛调研，结合本地经济情况和社会救助工作状况给出针对性建议；二是由民政部门牵头组织专题调研小组赴外地进行考察调研，学习各地市建立低保自然增长机制的先进经验；三是召集相关职能部门和领域内专家开展低保增长自然机制研讨会，根据现行经济发展和低保工作开展情况，制定切实可行的低保标准自然增长机制。

2. 政策制定与执行

首先，自然增长机制的制定核心是完善现有低保标准，确定自然增长机制调整周期和方式。其次，机制的执行需要明确各部门分工，保障自然增长机制的资金来源。

（1）完善现有低保标准

当前发达国家流行的做法是以居民人均可支配收入的40%—60%来划定贫困标准，在国内，江苏省也在探索将帮扶标准由绝对数额转向相对比例，以当地居民可支配收入水平的35%—45%为标准，设置收入最低的3%—5%的居民为帮扶对象。2021年C市低保标准约占居民人均可支配收入的22.26%，二者差距较大。作为沿海发达城市，建议适当提高低保标准占居民人均可支配收入的比例，尝试将占比提高到25%以上，并不断向30%的高水平靠近。

（2）确定自然增长机制调整周期和调整方式

首先，近年来C市低保调标时间不定，在4月、6月、7月均曾开展。为提高低保标准调整的及时性和准确性，应根据每年统计工作的进展情况，确定某一月份为低保标准调整的固定时间，尽量保持各个测算周期的时间间隔相同。其次，由于各地经济发展和社会救助工作开展的状况不同，低保标准的调整方式也不尽相同。2021年C市低保标准占人均消费支出（3525元／人／月）的比例约为32.31%，环比减少4%。未来可将每年的低保标准保持在人均消费支出的

36.5%,使低保标准随着居民人均消费支出的变动而自然调整;同时,在财政能够支持的条件下逐步提升这一比例,提高对困难家庭的保障水平,使困难家庭的生活水平不随居民整体消费支出的提高而下降。

(3)明确各部门分工

建立低保标准自然增长机制应当明确各职能部门的责任和义务。建议组建由市民政局、发展改革委员会、财政局、统计局等部门组成的低保标准自然增长机制工作小组,负责领导、落实低保调整的指标测算等各项工作安排。各部门根据职责进行业务协同与沟通,及时调整存在的问题。

在具体的部门分工中,发展改革委员会、民政局、财政局、统计局是低保标准自然增长机制中的工作核心。发展改革部门要密切关注全市居民人均可支配收入水平情况和各项经济指标,适时启动自然增长机制,抓好机制实施情况跟踪和督导;民政部门要组织好对城乡低保对象低保金的调整和发放;财政部门要积极安排低保资金;统计局要及时提供相关价格指数数据。

(4)保障自然增长机制的资金来源

《社会救助暂行办法》规定,社会救助资金实行专项管理,分账核算,专款专用,任何单位或个人不得挤占挪用。目前 C 市已出台政策保障低保资金的筹措,明确了各级政府应负担的比例和金额,下一步要建立机制明确各级政府对低保资金投入的具体责任,发挥各部门的作用。民政部门统一按照需求进行规划;财政部门进行审计;财政、民政配合发放,保障资金按时、足额的发放到低保对象手中;其他部门应对低保资金管理发放进行监督和跟踪了解。

3. 政策延伸

临时价格补贴机制、多层次的保障体系和就业能力培育机制是自然增长机制的政策延伸,与政策议程、政策制定与执行形成有机整体,共同织起保障困难家庭生活的救助之网。

(1)完善临时价格补贴机制

低保对象的基本生活易受到物价的影响,抗风险能力较差,需要政府建立动态监测机制作为自然增长机制的补充,及时调整标准或发放临时补助。C 市已经建立社会救助和保障标准与物价上涨挂钩的联动机制,在居民消费价格指数达到一定涨幅时给予困难家庭临时价格补贴,但触发条件是:CPI 单月同比涨幅达到 3.5%或者 CPI 中的食品价格单月同比涨幅达到 6%。考虑到第一项的条件触发门槛较高,容易削弱机制的临时保障效果,建议结合实际降低启动条件。

因此，建议适当放宽现有物价联动机制的触发条件，将 CPI 涨幅达到 3.5% 的标准降低到 3% 或更低；建立临时价格补贴通报会商制度，并进一步要求市发改委、民政、统计等相关部门高度关注本市 CPI 变化，根据标准增长机制的要求和实际情况需要，提出是否需要发放临时价格补贴的意见，并报市政府审定。[1] 将常态增长机制与动态补贴机制相结合，并进一步建立完善法律法规体系，明确临时价格补贴的实施主体、资金来源、启动条件和程序，使其成为自然增长机制的有效补充。

（2）构建多层次的保障体系

为建立健全分层分类的社会救助体系，低保标准自然增长机制的政策延伸中还需要构建多层次的保障体系。2021 年 11 月新修订的 C 市《困难群众医疗救助实施办法》扩大了医疗救助的对象范围，在原有的低保、特困、基本救助对象外增加了低保边缘家庭成员和支出型医疗救助对象。随后，广东省发改委《关于进一步完善我省社会救助和保障标准与物价上涨挂钩联动机制的通知》明确要求价格联动机制保障对象为城乡低保对象、特困人员、领取失业保险金人员、享受国家定期抚恤补助的优抚对象、孤儿、事实无人抚养儿童等八类人员，保障对象范围有所拓展。2022 年 8 月颁布的 C 市《残疾人康复救助实施办法》进一步加大了对残疾人康复救助力度，建立健全残疾人康复救助长效保障机制，将经济困难残疾人以外的 0—17 周岁的残疾少年儿童和其他重度残疾人都纳入了救助范围，并提供涵盖手术、辅助器具配置、康复训练和支持性服务等的全方位救助服务。

随着专项福利制度的完善，分类施保的福利部分应逐渐从低保中剥离出来。[2] 对此，C 市需要扩大社会救助保障范围、满足困难群众多样化的救助需求、构建分层分类的救助体系。未来应坚持完善不同救助项目标准、构建多层次保障体系的政策方向，将不同种类救助项目与低保逐步解绑，对各类特殊的、容易被忽视的人群如残疾人、妇女、儿童进行识别和覆盖，有针对性地进行多层次的保障。对于一些特定的弱势群体（如白血病、糖尿病及各类慢性疑难疾病人群），救助标准很难和其他贫困群体统一，可以成立专门的基金予以救助，以项目制方式开展针对性帮扶。

---

① 周开：《城市低保标准自然增长机制研究》，云南财经大学硕士学位论文，2012 年。

② 姚建平：《我国社会救助标准体系建设研究——以最低生活保障制度为中心的分析》，《社会科学辑刊》2021 年第 2 期。

（3）提升就业能力培育机制

通过市场获得收入,是摆脱贫困、进入小康、迈向富裕最重要的途径,是低收入群体实现富裕的主要途径。[1] 因此,促进低收入群体的共同富裕,必须重视"提低增收",基于发展性的政策理念来帮助低收入群体增加收入,提升对低收入群体就业能力的培训机制。

首先,开展需求导向的技术培训。就业能力的培育需要强化对不同岗位导向的就业技术练习,可以在保证和完善现有就业福利政策的基础上,根据低保对象实际需求,鼓励参加相关的岗位技能培训,提高市场竞争力。其次,培植低收入群体的社会资本,提高该群体从社会关系网中获取各种资源的能力。[2] 未来,需加强低收入群体与政府、企业之间的交往和联系,链接资源,畅通刚需链。其中尤其要加强与低收入群体的沟通,积极听取该群体的意见和需求,切实走好低收入群体的就业能力培育之路。

五、总结与讨论

迈向共同富裕的一个关键点就是要补好低收入群体"短板",根据救助对象的实际需求,推动我国社会救助体系在高质量发展目标下不断进步。为切实兜底保障困难群众基本生活,促进共同富裕下的"提低增收",有必要进一步完善最低生活保障制度,以更好发挥其社会稳定的"安全网"和"减震器"角色。其中,合理的最低生活保障标准是低保制度平稳运行的基础,确定合理的低保标准测算方法和制定科学的标准调整机制对社会救助体系的高质量发展至关重要。

本研究首先对 C 市低保家庭进行基本生活消费支出记账调查,掌握样本家庭的基本生活消费支出情况。调查显示,低保家庭的月人均消费支出（1007.48元）略低于 C 市低保标准（1139 元/人/月）。通过计算恩格尔系数、调整购买力后的低保金额、低保标准占人均可支配收入和人均消费支出的比例等多个指标,评估 C 市现行低保标准的合理性。评估结果显示,C 市现行低保标准相对合理,能够保障困难家庭的基本生活需求,但增调幅度还有提升的空间,其保障效果及低保家庭的生活水平仍有待进一步提高。

---

[1]　杨立雄:《低收入群体共同富裕问题研究》,《社会保障评论》2021 年第 4 期。

[2]　范和生、武政宇:《相对贫困治理长效机制构建研究》,《社会科学文摘》2020 年第 4 期。

为了进一步完善现行低保制度,提高保障水平,回应社会救助体系的高质量发展要求,本研究基于政策过程视角,从政策议程、政策的制定与执行、政策延伸三个阶段提出构建低保标准自然增长机制的参考路径。第一,在政策议程环节上,需要成立专题研讨小组,组织开展调研,将建立自然增长机制纳入政策议程。第二,在政策制定与执行环节上,需要完善现有低保标准,确定自然增长机制调整周期和调整方式,并明确部门分工,以保障自然增长机制的资金来源。第三,在政策延伸环节上,需要完善临时价格补贴机制,建构多层次的保障体系,提升就业能力培育机制。未来,还可以对低保标准自然增长机制进行更深入的研究,例如拟定更细致的变化标准、根据突发公共事件等环境因素对政策进行动态调整、运用更丰富的理论视角进行探究和案例分析等,切实推动社会救助制度的高质量发展,促进低收入群体共享社会经济发展成果,实现共同富裕。

(作者单位:暨南大学人文学院)

三、大数据与社会救助

社会救助数字化改革的难点、问题与出路①

祝建华

一、问题的提出

浙江省数字化改革大会于 2021 年初召开。会议指出,数字化改革是浙江新发展阶段全面深化改革的总抓手,也是最为复杂、协同要素最多的一项系统工程。当前的重点任务是加快构建"1+5+2"工作体系:"1"即一体化智能化公共数据平台;"5"即五个综合应用,分别是党政机关整体智治综合应用、数字政府综合应用、数字经济综合应用、数字社会综合应用和数字法治综合应用,包含"产业大脑+未来工厂""城市大脑+未来社区"等核心业务场景;"2"即数字化改革的理论体系和制度规范体系。同年 7 月,浙江省印发《浙江省数字化改革标准化体系建设方案(2021—2025 年)》,标志着改革进入标准化、体系化建设新阶段。方案进一步明确围绕数字化改革总体设计,根据一体化、全方位等特征要求,谋划以标准统一数据定义、规范系统开发、支撑多跨集成、助推制度重塑,以标准体系引领"1+5"系统建设,努力打造涵盖标准体系、工作推进体系、技术支撑体系、安全保障体系的"五横四纵"标准化体系。

一方面,社会救助是社会保障体系最基本的兜底性制度安排,也是缓解民众生存危机、维护社会底线公正、促进国家长治久安的国家治理机制,是民政系统的重要职能。因此,要实现整体智治,社会救助数字化转型当仁不让;另一方面,社会救助制度的发展并非一帆风顺,呈现出不断变革、不断调整的特点。救助叠加、低保的"门槛效应""福利捆绑"等弊端已引起了人们的高度重视,而数字化所具有的特点恰好可以提供整体化治理改革方向。

① 本文系国家社科基金项目"城市居民家庭贫困风险的综合研判及协同防控机制研究"(19BSH055)的研究成果。

现代技术体系的复杂性将导致社会组织方式发生变化，[①]不仅体现为信息技术可将各社会单元间抽象的、直接的、间接的联系具体化、可视化，打通各社会单元间的沟通渠道，构建资源链接的平台，形成关系更为紧密的整体，还体现在信息技术可通过获取的信息进行更深层次的挖掘与预测甚至进一步实现"数据决策"。这些与整体性治理的理念高度契合。因此，借助信息技术构建的信息平台并以此为突破口实现整体性治理成为社会治理的新选择。近年来，数字政府建设成为热议，政府数字化转型效应最大化需要全方位协同。[②] 推广以公众为中心的治理理念是数字政府发展的一个重要趋势，这种服务模式创新的实质是要改变公共部门权力的运行方式，集中表现在注重为公众提供个性化、便捷化、定制化的服务。[③] 公众需求与数字技术带来的改变汇聚起来，驱动政府把服务与治理的职能及过程数字化，架构一个"小前端+大平台+富生态+共治理"的线上线下一体化整体运行的数字政府运行模式。[④]

在社会救助领域，通过大数据、互联网、人工智能等技术的应用解决资源浪费、低效率等问题已迫在眉睫，借助数字化改革推动社会救助制度整体性转型实现整体智治已是大势所趋。近几年随着浙江省推行"最多跑一次、最多跑一地"的改革，并在一些地方推行"社会救助一件事"试点，取得了一定的成效，但核心问题依然存在，需要进行系统性的分析、设计与改革，梳理当前社会救助数字化改革的现状和取得的成效，分析其中存在的问题，尤其是一些核心的难点问题，结合浙江省数字化改革的战略部署，进一步完善社会救助数字化改革的整体设计与具体实施路径，提升社会救助的绩效，增强人民群众的幸福感。

二、社会救助数字化改革的关键特征

（一）人性化

社会救助数字化改革需要警惕走入"数字陷阱"，即忽略社会救助工作的根

---

① 里克罗夫特：《复杂性挑战：21世纪的技术创新》，李宁译，北京大学出版社2016年版，第32—33页。

② 刘淑春：《数字政府战略意蕴、技术构架与路径设计——基于浙江改革的实践与探索》，《中国行政管理》2018年第9期。

③ 叶战备、王璐、田昊：《政府职责体系建设视角中的数字政府和数据治理》，《中国行政管理》2018年第7期。

④ 吴阳：《建设数字政府推动治理能力现代化》，《长春市委党校学报》2019年第1期。

本出发点和落脚点是始终维护好困难群众的基本权益,而不是一味追求新型数字技术的应用。技术是为人服务的,在社会救助数字化改革中始终要保有人性化这一特征,并最终通过数字化改革提供更好的人性化救助服务。人性化一是表现在关注以量化型表象数据客观反映社会救助治理成效,如贫困发生率、低保比例、救助次数等的同时,也要关注涉及救助对象内心感受、认同程度等反映深层次治理状况的隐形指标,如满意度、信任度等。二是表现在救助服务的提供要以救助对象为中心,充分换位思考,通过多种手段精准把握群众需求的"时代脉搏",找准群众期待的"关键穴位",利用数字化手段实现高质量全生命周期救助服务优质共享。三是表现为建立若干柔性机制,简化制度程序与工作流程,增强群众的便利性,减少数据治理本身具有的非人性化可能带来的弊端。四是表现为利用数字化手段便捷社会救助参与渠道,增强民众主动参与积极性,同时拓宽宣传形式,营造"人人自助、人人受助、人人互助"的救助氛围。

(二)一体化

实践证明,系统性是民生制度建设的必然要求。数字化具有的超时空性与共享性有助于将各部门各层级的工作通过高度概括化的方式进行新一轮的归集与整合,打通部门壁垒,重新建立救助体系的"空间坐标系":在横向上,各部门、各领域一体推进、步调一致、高效协同,实现相互贯通、系统融合、综合集成;在纵向上,实现自上而下的顶层设计和自下而上的应用场景创新结合。社会救助数字化改革的一体化表现在理论和实践两个层面的一体化,也表现在社会救助内部制度以及社会救助制度与其他外部反贫困制度内外部整合的一体化。

社会救助体系内部的生活救助、特困供养、灾害救助、医疗救助、教育救助、就业救助、住房救助、临时救助等各个专项救助制度不是单一的制度设计,是一个系统性的有机整体,在救助标准、救助方式、部门合作等问题上还存在不能很好衔接的情况,尤其是面对复杂的多维度贫困,在救助的科学化与精细化方面还有进一步提升的空间。在制度的外部整合方面,社会救助制度与社会保险、社会福利及其他反贫困政策安排之间如何有效衔接也是急需解决的问题之一。

(三)智能化

智能化表现在"新技术、新应用、新交互"。信息与通信技术时刻在更新换代,如今,5G给予更快的传输速度,云技术提供了更大的存储空间,AI算法提供了一种新的思考模式,区块链提供了更安全的网络环境。面对新技术,要在条件允许的范围内,大胆接纳;但一味追求新技术,却不思考新技术的新应用,也会带来不好的结果。举例来说,近期多个地区纷纷建立了大数据库,但部分地区对大数据库的理解和应用仅停留在数据归集与展示层面,缺少进一步的深度挖掘,导致最终成效不佳,事倍功半,也抑制了新技术使用的积极性。因此,对于新技术,不仅要尝试使用,还要正确使用,并争取创新使用,只有这样,数字化改革才能不流于表面、流于形式,变数滞为数智。此外,智能化不仅应表现为软硬件符合行业上"智能"的指标规范,还表现在民众认可上。计算机思维理性高效有序,但最终落实到与民众交互上,仍应当回归最简单的人类思维,更进一步可以模拟线下实情进行场景交互。

三、社会救助数字化改革的核心:"助联体"建设

"救助服务联合体"建设是社会救助数字化改革的核心,也是改革的难点与重点。"助联体"建设以数字化改革为牵引,以满足困难群众需求为导向,突出便民主旨,统筹救助资源,优化业务流程,强化技术支撑,依托实体化阵地,线上线下形成集"救助、管控、服务"于一体的多业务协同、多维度管控、多元素帮扶的社会救助整体智治新模式,全力提升困难群众幸福感和满意度,促进社会救助高质量发展。借助"助联体"的建设,实现救助内容的大变革、救助方式的大转变、救助主体的大协同、救助资源的大整合、救助理念的大调整、救助文化的大塑造、救助效果的大融合。

(一)救助理念大调整

理念上的更新是做好社会救助服务高质量发展顶层设计的前提与基础。需要将社会救助的理念由物质救助向"物质+服务+自助"转变,贯彻服务先行的理念,回应多维贫困需求,实现由碎片化救助向整体帮扶转变,逐步构建优质高效的社会救助服务网络。社会救助作为脱贫攻坚的最后一道安全网,聚焦的是小康路上最容易"掉队"、基本生活最为困难的特殊群体。从保障基本生存需要到保障贫困群体"有尊严"的基本生活已经形成共识,社会救助服务就是要让贫困群体分享经济社会发展的成果,实现全生命周期的公共服务优质共享。社会救助体系在对象涵盖上实现从"贫有所救"到"弱有所扶",再到"危有所防"。救助理念由"贫困管理"向"贫困预防",从而实现"贫困治理",社会救助服务需要基于多维贫困的视角进行顶层设计,做到服务先行,与现金救助互补。浙江省在3市15县开展的为1000户贫困家庭改造儿童居住成长环境的"福彩暖万家、焕

新乐园"项目,以陪伴服务和环境改造代替原本的金钱给付,既有助于贫困家庭孩童的发展,切断代际传递链条,也体现了人文关怀,同时达到了干预家庭决策、防止救助资金被挪作他用的目的。这一做法融入了多种新时代社会救助理念。

（二）救助内容大变革

国内的社会救助主要以现金和物质救助为主,社会救助服务相对处于辅助和补充的位置,供给的覆盖面较低。在当前经常性救助人口总量连年减少,社会救助边际效果有所降低的趋势下,以现金给付为主相对单一的救助方式,已经不能完全适应救助人口结构和救助需求的变化。并且现金救助方式会导致困难群体产生福利依赖,不利于增强贫困家庭发展能力。因此"救助服务联合体"建设要树立服务先行的救助发展新理念,扩大社会救助服务覆盖面,增加社会救助服务的资金投入,积极引导政府购买社会救助服务,加强基层社会救助经办服务能力,加强专业社会救助服务人才的培养,引导基层培育本土化的社会组织力量。可参考一些地方政府购买社会救助服务清单的做法,将救助服务初步分为健康管理类、照料护理类、安全服务类、生活服务类、家庭支持类、精神文化类6大类共计31分项,推动救助服务的供给朝着更为多样化、专业化方向发展。

（三）救助方式大转变

以"助联体"建设为核心的社会救助数字化改革不单纯是政府上网等线上救助建设,而是通过线上线下协同,服务整合、资源链接,从而构建完整的救助场景,并最终实现社会救助服务可及与可得有效统一。实现这一目标,需要对原有救助方式进行升级。一是变被动为主动。基层主动发现,第一时间对新出现的困难家庭进行报告和帮扶,增强工作主动性。如温州开发了"困难群众主动发现信息系统",打通政府救助和社会帮扶之间的信息壁垒,实现信息共享、资源链接。丽水市云和县打造线上动态监测、线下"四看""四问""四证"的"主动发现、兜住幸福"数字化场景应用。二是变碎片为系统。资源是有限的,改革前期需要集中资源打造强效的重点特色项目为转型注入活力,带动整体救助发展。而当数字化改革进入中后期,可能更需要如雨后春笋般的"小而精"项目营造整体救助氛围。当各分散项目逐渐趋向成熟后,找到其内在逻辑,以合理方式将之串联,构建救助对象的全生命周期救助方案,使之系统化。"救助一件事"集成联办便是在做这项尝试。"一件事"包含各项制度认定及救助金给付、电力和有线电视费减免等14项基本救助事项以及社会保险与配套补贴,妇女"两癌"救助,娃哈哈春风助学、燃气管道安装等拟拓展事项。从事项选择中可以看出浙江省东部发达地区已有在未来实现救助场景化与对象全生命周期救助的思考。三是变刚性为柔性。不能将数字化改革单纯理解为传统意义上的"机器换人"。社会救助核心是人的救助,不存在完全"机械"的工作。过去考虑节约成本与追求效率,可能在部分工作执行时有过非柔性做法,数字化改革后,救助人员劳动力得到部分解放,此时,更需要建立响应容错机制,为救助工作提供更多柔性空间。

(四)救助主体大协同

遵循整体性治理原则,按照"政府主导、社会参与、资源共享、服务共建"的要求建立完善工作机制,提升社会救助服务能力。定期召开社会救助部门联席会议统筹工作,通过大救助平台打破信息孤岛,各部门通力合作。积极倡导引入社会力量,充分发挥好较为完善的本地社会组织的带头引领作用,有助于吸引更多社会资源进入社会救助领域,推动"助联体"的合理运作。这里可以参考台州市三门县的做法。三门县培育发展本地社会组织"三门湾"公益谷为枢纽型社会组织,再由"三门湾"为引领,聚集其余相对零散的社会组织力量,发挥合力。同时需要县、乡镇、村(社区)多级联动,互相配合,最大限度地调动民众参与积极性,解决当前社会救助协调机制作用发挥不充分、基层工作人员偏少、救助政策宣传落实不够深入等问题。凝聚各救助部门力量,加大购买服务力度,激励基层经办力量,强化资金、人员编制等方面的保障,纵向系统和横向系统形成良性互动,最后形成强大合力,使得救助工作更加高效。

(五)救助资源大整合

通过数字化改革主动发现困难群众的多元需求,加强资源统筹力度,消除政策"碎片化"问题,提高救助精准性,推动社会力量广泛参与。积极探索"救助+保险+福利"模式,发挥保险的杠杆放大效用、相关福利制度的拓展延伸作用。以医疗救助为例,医疗救助所能提供的救助资源有限,即使加上支出型贫困救助资金,往往也难以将救助对象从"因病致贫"的怪圈中解救出来。而医疗保险不一样,不同于传统医疗救助的事后补助,保险更多是一种事先预防制度,而救助对象有时会不自觉地越过保险这一道屏障直接进入医疗救助兜底。这就需要将救助进行部分前置,使用部分救助资金帮助救助对象进入医保,更进一步甚至可以帮助其进入如杭州民保、西湖益联保等公益性医疗商业保险。这样不仅有可能协助救助对象摆脱"因病致贫",也可以省部分医疗兜底救助资金。此外,需要发挥社会力量在救助对象识别认定中的积极作用。鼓励、支持社工服务机构、社会工作者和志愿服务组织等发挥专业优势和特长提供生活帮扶、精神慰藉、社会融入、能力提升、心理疏导等服务。相关部门职能有效理顺,各项救助帮扶政策有效衔接,形成政府、市场、社会有效联动,人、财、物、服务等各类救助资源有效链接,稳定可持续发展的制度体系、管理体制和运行机制。通过内聚、外联等手段,加强资源集聚和供给,通过"助联体"实现救助资源合理匹配。

(六)救助文化大塑造

"助联体"通过构建线上线下一体化场景式救助服务体系营造出良好的社会救助工作的软环境以及文化氛围推动新时代社会救助高质量发展。借助数字化改革进一步强化各个部门人员的社会救助意识、公益责任感。通过相关部门工作人员、专业社会工作者、社区志愿者、党员干部等多种力量的参与,依靠浙江大救助信息系统进行政策的有效宣传,增强群众对政策的知晓度。充分调动各层面中各个主体的积极性和主人翁意识,发挥基层群众的主观能动性,加强社会救助对象的主动发现,真正地实现救助文化大普及。参考台州市三门县"助共体"联合帮扶中心的做法,不仅在线上进行救助事迹及成果的宣传,还在线下建立"助共体"实体,打造救助场景,在潜移默化中使救助文化深入人心,并最终外化于行。社会救助数字化改革需要人人都可以奉献自己的一份力量,人人都能参与到社会救助工作中来,实现"人人受助、人人自助、人人互助"的良好救助文化氛围,保障"助联体"的可持续发展。

四、社会救助数字化改革的问题

(一)救助系统整体协调不足

随着社会救助理念的更新以及相关业务的拓展实践,社会救助不再是民政系统下的块状部门工作,而是演变为以民政系统为核心,触角蔓延至各相关治理系统的大救助体系。这一体系从诞生起就涉及多个部门多种复杂的条块关系、包含可以预见的庞大工作任务,从一开始就对部门合作与整体协调提出了较高的要求。而从实践中可以发现,尽管引入了数字化手段协助整体治理,但目前仍存在部分因协调不足而产生的问题。数字化的核心是信息数据,在数字化治理背景下的协调不足,最终会反馈在信息上。一是部门各自为政,信息融通不畅。社会救助工作涉及民政局、住建局、教育局、社保局、医保局等部门,同时又涉及妇联、残联、总工会等群团组织,但存在上述各个部门与组织之间相关信息未完全打通,各自确立各自的服务对象,这就导致不同部门提供的社会救助服务可能出现重复或者盲区。例如,存在救助对象婚姻、就业、就学、收入等数据更新不及时的情况,也存在商铺、无证房产、服刑情况尚未进入大救助系统无法查询的情况,这都导致了救助资金调整不及时。二是系统未形成闭环,未穷尽可能,容易造成信息遗漏与流失。数字化改革对传统"其他"思维提出挑战。"其他"思维指在制定政策和具体执行过程中习惯用"其他"指代特殊情况。而随着实践的发展,越来越发现细分"其他"才是推进救助科学化与精准化、避免错保与漏保的关键。三是导致线上线下各成系统,缺少信息上下线交互的过程。部分线下工作人员认为线上是形式主义,部分线上工作者则认为数字化改革就是要取消线下,存在错误认知。

(二)需求发现精准度有待提升

对社会救助服务需求的识别略为欠缺,精准性不足,影响了社会救助服务需求的供给和获得。主要表现为几个方面:一是难以精准发现一些贫困群体的"隐蔽性"服务需求。例如对"因病致贫"的救助对象,政府部门能提供的主要是低保救助和以现金为主的医疗救助,而对这些家庭的照护需求,照顾病人的家庭成员的服务需求等都难以精准识别;二是城市中存在部分"沉默的少数人",这些人主要是以智力残疾、精神疾病、困境儿童为主,这些人及其家庭成员对救助政策的知晓度较低,社会融入较为困难,导致其需求难以被发现,从而导致识别不精准;三是当前需要救助数据的即时归集、救助信息的互联互通等还存在较大的部门壁垒,如何推进救助对象的信息整合,完善家庭经济状况核对办法,全面掌握救助对象的需求,统一救助对象的认定流程,推进认定结果共享使用,构建分层分类,动态更新的对象数据库,制定困难家庭综合评估办法,统筹考虑人口结构、经济状况、健康状况、教育状况、居住状况、就业状况、社会参与、刚性支出等因素,建立综合评估指标体系,综合评估家庭贫困程度和救助需求,为个性化和多元化救助服务提供支撑,这是当前需要社会救助发展过程中始终没有很好解决的问题。

(三)资源链接渠道仍不够畅通

社会救助服务的发展尤其需要通过社会救助数字化改革进行推进,以实现可及与可得性的统一。社会救助服务供给与需求的有效对应是评判社会救助的制度效率的重要指标。一方面,需要通过多种手段主动、精准地评估贫困群体的救助服务需求,通过贫困家庭困境的综合评估,厘清需求的层次、类型。另一方面,需要将包括民政、医疗、教育、住房等在内的各个政府部门及社会组织、企业、个人等社会力量的服务供给进行系统性的资源整合,并进行有效的资源链接。当前存在较为普遍的问题是,企业有资金,但难以找到合适的社会组织去实施相应的救助项目,社会组织的一些救助服务项目又难以与当地困难群众的实际需求有效链接起来。因此,如何通过数据共享、自动研判、推送转介等方式,破除信息壁垒和部门壁垒,有效、直观地呈现申请救助的贫困家庭的实际救助需求,同时通过一定的资源平台和运作机制企业、个人、社会组织等救助资源汇同政府部门救助资源一起与贫困家庭的救助需求进行有效的对接,自动匹配,合理分配救助资源,这些都是迫切需要解决的现实问题。

(四)多元主体参与尚未形成最大合力

社会救助参与主体较多,各主体间的职责还不甚清晰。目前只能知道总体是政府主导,社会力量参与,政府部门内是民政为主导,其他部门配合参与。但对于其余相对零散的力量,缺少一个整合机制。有较多潜在参与主体可待挖掘,也有部分参与积极性较高但不知道怎么参加或参与效果不佳的主体有待培育。总体来说,现有救助队伍的业务能力还有待提升。救助工作人员向来供不应求,结构性短缺的问题长期存在。以浙江省为例,全区从事民政工作的基层人员较少,且大部分民政人员身兼数职,流动性大。人少事多,这就亟待通过数字化改革打破空间地域的限制,并进一步实现"数智减负",同时需要鼓励更多有能力与有条件的人参与到救助工作中来,尤其是发挥当地较为成熟的民政认可的公益组织的力量。但同时需要注意,社会救助数字化改革对专业化的水平要求较高,目前很多社会组织还停留在传统的工作方式中,尚未适应数字化改革背景下的工作环境,暂时还不具备承担相应项目的能力,社会组织的成长和发展还需要一个较为漫长的过程。如何有效地实现政府、企业、社会组织、个人等多主体的资源共享,如何将这些主体进行有效的整合,真正地实现资源共享和服务共建还需要进一步探索。

五、社会救助数字化改革的出路

从近期实践来看,社会救助数字化改革总体方向正确,推进节奏合理,但离完善"助联体"建设,实现社会救助整体智治,促进共同富裕目标的实现,还有较长的一段路需要走。目前还存在"碎片化"及资源链接有效性不足、救助服务输送机制"智慧化"程度不够、社会救助数字化人才储备缺乏等问题。为进一步解决这些问题，需要建设整体协调机制、需求发现机制、资源链接机制、多元主体参与机制。

（一）建立整体协调机制

整体协调从内容上包括信息、流程、队伍、方式、制度等的整体协调，从形式上表现为有形资源的整体协调与无形关系的整体协调。有形资源包括信息、队伍、制度等；无形关系的整体协调包括流程的优化与救助方式的转变等。

1. 信息融通促进人员与部门联动

建设"部门+村社+补充"的救助对象信息来源体系。部门信息指相关救助部门已有的有关救助对象的信息，村社信息指村社有关救助对象家庭基本生活、生产状况的信息以及村长、村支书、社区网格员了解到的困难家庭情况，补充信息指排摸调查中发现的不在常规系统信息范围内的关键信息以及社会组织上报汇总的关键性的参考信息。推进民政党员干部"昼访夜谈"调查长效化机制，确定救助走访对象，了解群众的非结构化需求。在调查期间开展座谈会，了解基层工作情况，督促计划落实。定期召开部门联席会议，实时更新系统联网数据，及时发现异常并第一时间介入处理。线下常态化排查通过两种方式实现：组建专业队伍定期调查及村社干部、网格员队伍动态巡查。通过排查发现并区分"贫、弱、危"三种不同的救助对象，主动发现救助对象的需求，提供精准帮扶。

2. 流程优化规范工作程序

按照"发现、申请、审核、认定、救助、管控、再发现"的大闭环和"发现、申请、审核、反馈、再发现"的小闭环进行救助流程优化再造。在优化过程中，需强调三个规范：规范反馈机制、规范退出机制、规范容错机制。给申请不符合条件的对象明确的信息审核清单及原因反馈，并对共性问题留档、上报。对救助对象实行动态管理。将低保等审批权下放到乡镇（街道），对在审核审批过程中因各种客观原因造成的救助不精准的状况，建立尽职免责制度，根据相应的容错机制给予免责，对救助工作人员进行保护，释放基层活力。

3. 方式多样促进救助过程协同

统一协调线上、线下两个申请入口以及人工和智能两种受理方式。线上主要以"浙里办"App、省政务服务网以及大救助信息平台各相应对接端口为主，线下主要以乡镇、街道服务中心的社会救助窗口为主，实现社会救助的"一窗受理"。此外，推进社会救助"码"上协同，逐步实现救助政策一码知晓，社会救助一码通办。可为每个低保家庭设置专属二维码,在低保证或救助证、家庭住所等粘贴二维码。扫描二维码,救助工作人员可在线实时验证、查询持证家庭或个人的社会救助相关信息,受助家庭可通过二维码第一时间了解享受救助情况,及时向民政部门提交复审材料。民政部门可通过电子认证完成救助信息的更新,无需上交证件盖章。

（二）形成需求发现机制

1. 困境评估

需求发现的前提是进行救助对象的困境评估并由此形成可供智能分析的数据库。制定困难家庭综合评估办法,统筹考虑人口结构、经济、健康、教育、居住、就业、社会参与、刚性支出等因素,建立综合评估指标体系,综合评估家庭贫困程度和救助需求,为个性化和多元化救助服务提供支撑。评估可线上、线下同时进行,但应以线下实地评估结果为主要参考依据。对由于文化程度偏低、行动不便等各种因素无法提出申请的困难群众应当开展上门评估。鼓励社会工作者等专业力量参与评估,推进综合评估的专业化、信息化、科学化。

表 1　困境评估表格设计参考

基本情况	年龄	依照实际情况填写
	性别	依照实际情况填写
	民族	依照实际情况填写
	文化程度	1. 小学及以下　2. 初中　3. 高中　4. 中专　5. 大专 6. 大学本科及以上
	职业情况	依照实际情况填写
	婚姻状况	1. 未婚　2. 已婚有偶　3. 已婚丧偶　4. 离婚　5. 其他
	政治面貌	1. 中共党员　2. 民主党派人士　3. 一般群众
	其他社会身份	依照实际情况填写
	户口类别	1. 城镇户口　2. 农村户口　3. 其他
	居住情况	1. 一年居住 6 个月以上　2. 一年居住 6 个月以下
	户口变动	1. 迁入本社区　2. 从本社区迁出　3. 没变动及其他
	户口所在	A. 户籍人口　B. 非户籍人口 B1. 本省　B2. 本市　B3. 本县（区）　B4. 本街道 B5. 本村　B6. 外省

续表

		生活困境	综合考虑多方因素评估致困因素本身严重程度；
困境评估	显性困境 隐性困难	医疗困境 教育困境 就业困境 住房困境 急难困境 保障情况 文化困境 人际关系 心理问题	调查具体受救助情况，包括种类、方式、主体、数额等；评估改善状况、救助成效；最终评估现有实际困境等级 包括技术技能、语言文字等 包括亲朋不和、社交狭窄、周边融入等 包括心理阴影、孤独抑郁等
	潜在困境	需求收集	

2. 申请时主动发现

申请时的主动发现包括自主发现、他人发现、信息筛选发现三种。设计一系列信息筛查的问题，并将其以电子问卷的形式发送给对象填写，可有效地让申请救助的对象了解自己可以申请的救助项目，增加自主发现的人数。驻村（居）干部、党员队伍及时掌握联系户情况，帮助其申请救助。在医院、学校、福利院等相关企事业单位办公场所、社会团体常用活动场所设置明显的"浙里办"二维码标识，并对相关工作人员进行简单培训，强化主动发现意识。对数据进行自动研判，主动发现救助对象并直接完成核对，并在核对完成后向工作人员推送信息，最终形成"对象主动申请、社会助其申请、信息发现申请"的格局。

3. 救助过程中需求精准发现

救助过程中需求精准发现应当包括需求收集、筛选、发布、实现等环节，形成闭环流程。设计线上、线下多头需求发现渠道。一支高水平、高效率、高素质的主动发现救助需求的队伍尤其重要。省、市、县、镇（街道）、村（社区）多级联动，及时掌握辖区居民遭遇突发事件、罹患重病等特殊情况，主动帮助其提出救助申请并协同办理，做到早发现、早救助、早干预。进一步发挥专业社工和志愿者的力量。线上通过大救助平台的自动研判功能实现救助需求的主动发现，此外还可通过一些信息网络平台实现需求上传、转介、推送。

（三）完善资源链接机制

1. 线上资源链接机制

数字化改革线上资源链接可以在省级大救助信息平台的基础上进行具有地方特色的创新。大救助信息平台有救助需求发布系统、救助政策发布系统，通过数据共享、自动研判、推送转介等方式,能够有效地直观呈现申请救助的贫困家庭的实际救助需求。而这些救助需求的满足不仅需要部门的专项救助,还需要社会力量的广泛参与,可以通过大救助信息平台实现政府、企业、个人、社会组织等救助资源汇聚并与贫困家庭的救助需求进行有效的对接,自动匹配,合理分配救助资源。还可以在信息平台之外设置本地救助热线,建立救助电话网。救助热线与救助信息平台互通,及时将汇集的信息推送到救助信息平台,然后通过救助信息平台的各个系统进行常规的救助流程处置,线下资源输送。

2. 线下资源链接机制

可以学习上海市长宁区的做法,设置救助顾问。还可以在村(社区)服务中心设置救助终端,让居民可以直接通过手机 App、网页、微信公众号、一体终端机完成救助申请、发布救助需求、实现救助资源链接。

线上、线下的各个渠道设置只是实现资源链接的第一步,更关键的是背后的运作机制。首先救助主体与资源实体的对接,救助供需双方初步匹配。之后是资源的实体链接,使救助资源真正地到达需要的对象。线下资源链接提供的资源不应当只有现金,还应该包括提升个人发展能力等各式救助服务。通过资源链接机制以"项目化"的方式对救助对象进行精准识别和个性化救助。资源链接服务首先由社区进行承接,社区没有能力完成的再介入其他链接。因此,可参考分级诊疗实行分级链接。各社区可将可以承接的资源链接任务与无法承接的任务以清单形式列出,在大救助信息平台的系统端口进行说明,避免造成不必要的资源浪费。资源链接机制能够将政府、企业、社会组织、个人的各类救助资源通过信息平台进行有效的梳理、整合、协调、统筹,供需对应、形式多样、救助精准。

(四)优化多元主体参与机制

多元主体参与是实现社会救助数字化改革的核心要义,"助联体"给多元主体参与提供了全新的统筹协调平台,可先对现有参与主体进行重编构建救助共同体队伍,再借助数字化手段,根据区域辐射带动的要求,由各队伍中的成员组建构成若干联合体,从而实现进一步整合来构建多元主体参与机制。

1. 党政群团共同体

党政群团共同体包括党员干部、人大代表、政协委员、群团组织负责人及成员等。这部分人基本是社会精英,应该有着更强烈的社会责任感和对救助帮扶更高的参与意识。一方面,借助各自的组织力量开展社会救助数字化改革相关活动,如通过党建活动普及社会救助文化及相关数字化改革知识、提升社会救助意识;人大代表、政协委员关心社会救助工作,提交数字化改革相关提案,反映民众需求;工会、共青团、妇联等开展数字化改革培训,实施职业技能培训、助学、助业活动、妇女儿童救助项目等。加强困难群众探访,每个社会救助家庭至少有1名党员结对帮扶,每季度至少上门探访一次。另一方面,这部分人群以个人身份志愿参与到救助帮扶活动中,可建立积分制度,给予适当的精神或物质奖励等。其中需要发挥党员、党小组在共同体中的带头作用,通过基层党建引领将社会救助目标与共同体发展目标相结合,建章立制,更好地推进社会救助制度的发展。

2. 救助部门共同体

这一共同体应是数字化改革的主力军,应当最先接受社会救助数字化改革培训,适应智慧治理需求。充分发挥由民政部门牵头,其他部门共同参与的社会救助联席会议的作用。各部门既要做到职责分工明确,又要做到通力合作,坚持组织领导,强化政府部门在社会救助工作的引领地位,统筹、协调、整合、调配各类救助资源,做好项目跟踪、项目督导和意见反馈。完善社会救助通报制度,定期通报工作进展情况,督促各部门如期推进相关工作。通过大救助信息平台汇集部门信息、共享数据、整合资源。在线下调查中发现的并需要专项救助介入的,通过平台做好转介工作,做到信息共享、共通。

3. 乡镇(街道)村社共同体

要将社区治理的目标与社会救助结合起来。一方面,依托社区服务设施加快推进政府公共服务、市场便民服务和居民互助志愿服务的供给。加快政府职能转变和公共服务下沉,建立困难群众救助帮扶小组,协助救助申请及动态管理。在社区全面推行"一站式"、代办制、组团式等服务方式,进一步提升街道、社区服务中心功能,促进社会救助与社区治理的融合发展。另一方面,依托社区完善社会力量参与社会救助的各项条件,培育承接主体。以乡镇(街道)为引领,整合所辖村社资源,包括村社干部、志愿者、乡绅乡贤、居民等,加强村社间的沟通和资源链接,合理配置资源。将大救助体系建设纳入对乡镇(街道)的工作考核,将救助绩效纳入村社主要干部考核。还可加强同一乡镇(街道)所辖村间的联系,促进村社网格员的交流及村社间的合作,实现优势互补、资源共享、互利共赢。

4. 公益力量共同体

当前社会组织很多,但真正具备提供高质量社会救助服务,具备专业能力的社会组织并不多,很多社会组织还需要进一步培育和发展。换句话说,目前还没有完全发挥本地社会组织力量的潜力。需要促进在地社会组织的能力建设,孵化能够承接救助任务的专业救助组织。并以此为中心,培育整合其他志愿力量,提高社会组织承接社会救助服务项目的资质与能力。推进慈善组织、社会组织和爱心企业、志愿服务力量参与社会救助,促进救助需求、资金供给与服务提供三方有效对接。引导社会组织、志愿队伍开展人文关怀、心理疏导、资源链接、能力提升、社会融入等救助服务。社会团体之间也可积极合作探索新的有效的救助参与形式,调动一切有利资源提高社会救助绩效水平。

5. 智力支持共同体

经济社会转向高质量发展,是经济增长方式和路径的转变,更是一个体制改革和机制转换的过程。在社会救助高质量发展阶段,以经验主义为核心的传统型社会救助已难以满足民众日趋多元的救助需求,也难以满足社会治理精细化的要求,救助治理方式亟待转型。先破后立,旁观者清。深陷现有救助工作体制的一线工作人员可能可以说出很多工作中遇到的现实问题,但他们可能说不出解决问题的方法。而从事社会救助理论研究的专家学者可能可以以"旁观者"视角提出建设性意见。实现数字化改革,组建高质量智力支持队伍势在必行。高校、科研院所、领域专家、高层次救助人才都是智力支持的核心组成。这支队伍不仅可以辅助决策,还可以结合富阳区"社会工作督导"制度,开展人才培训,培育储备力量,开枝散叶。更进一步,可根据地区实际建立相应社会救助智库,常态化交互平台,双方共同推进社会救助数字化改革,助力社会救助高质量发展。

社会救助数字化改革本质上是社会救助高质量发展的手段与方式,重点与核心依然是为了解决社会救助过程中的老大难问题,从救助对象的认定及需求的精准识别、研判,到救助内容、救助手段的整合,尤其是通过助联体建设,有效地推动社会救助数字化改革的场景化运营,为社会救助高质量发展奠定了坚实的基础。

(作者单位:浙江工业大学公共管理学院)

全面建成小康社会后
我国社会救助的大数据治理研究

万国威

全面建成小康社会后,我国以绝对贫困为主要治理目标的阶段性任务将逐步转向相对贫困治理领域,贫困治理过程中的数据质量要求将明显提升,而大数据技术如何在未来减贫政策中发挥重要作用以及有何机制体制障碍有待破解就显得尤为重要。基于此,本研究希望在充分厘清社会救助发展脉络和社会救助大数据治理现状的基础上,展望相对贫困治理阶段的大数据变革,以更好地适应中国中长期的社会救助工作。

一、我国社会救助工作的进步与转向

实现全体人民的共同富裕,既是社会主义的本质要求,亦是我国各级党政机关长期以来最为重视的民生保障项目。计划经济时期,我国在城镇和农村地区分别施行了"单位福利+民政福利"与"集体福利+五保制度"的城乡二元制度,并通过充分就业、限量供应及物价控制等外围经济政策确保了生产力水平较低时期的兜底保障工作。自改革开放以来,面对计划经济向市场经济转型过程中涌现的新贫困风险,我国着重通过社会救助和扶贫开发的双轨制对低收入家庭予以保障,于 1999 年全面建成了城镇最低生活保障制度,1986 年和 1994 年开启了县域扶贫开发战略与"八七扶贫攻坚计划",为我国市场经济初期困难家庭维持日常生计和增产增收创造了条件。党的十八大以来,我国又将精准扶贫政策确立为全面建成小康社会的三大攻坚战之一,采取社会救助、社会保险、扶贫开发、医疗保障、控辍保学等制度相结合的大扶贫思路,攻坚克难、砥砺前行,打赢脱贫攻坚战,实现现行标准下 9899 万农村贫困人口全部脱贫,从而为全人类的减贫反贫事业作出了巨大的贡献。

作为贫困治理的主力军,我国市场经济时代的社会救助制度经过数十年的发展已经取得了六个显著进步:一是从低覆盖率到"应保尽保"的转变。自 20世纪 90 年代初分别在山西省左云县和上海市试点农村与城镇低保制度以来,我国社会救助的覆盖人数出现了迅猛增长,至 2003 年和 2010 年前后城镇和农村低保制度已分别实现了"应保尽保"。二是从生活救助向综合救助的转变。2003 年以来,我国低保制度在原有生活救助的基础上加入了医疗救助、教育救助、住房救助等专项救助,并逐步实现了城乡低保、特困人员救助、流浪乞讨人员救助和临时救助等多项救助制度相衔接的综合社会救助体系。三是从均等救助到分类救助的转变。21 世纪初,我国通过分类救助形式对拥有老年人、儿童、残障人士及重病人员的困难家庭提供救助资金的按比例上浮,使得极端困难家庭的生活得以改善。四是从重视物质贫困治理向重视物质贫困与文化贫困均衡治理的转变。近年来社会工作专业队伍的建设及其服务质量的提升使得我国在强化低收入家庭物质贫困兜底保障的同时,也开始以服务介入的方式来推动其文化贫困的改善,从而大大降低了福利依赖及救助污名化等风险。五是从城乡碎片化向城乡一体化的转变。随着城乡低保标准的拉近,我国城乡低保差距已缩小至 1.5 倍左右,长期以来在社会救助领域存在的城市标准高于农村标准的格局正在发生剧变。六是从刚性信息管理向柔性信息治理的转变。利用"互联网+""云计算平台"等现代信息技术,以海量信息为基础的大数据治理在数据共治的全域观、数据挖掘的主体性、数据分析的结构化、数据决策的精准性和数据共享的安全感等方面[①]取得重大突破,以刚性信息为主的传统管理模式逐步嬗变为了以柔性信息为主的治理模式。上述 6 个方面的进步为新时期社会救助的稳定发展奠定了基础。

全面建成小康社会后,我国贫困治理的阶段性任务将迎来重大转变。具体而言,全球经济下行、贸易保护主义抬头及全球产业链断裂曾经一度使我国绝对贫困人数面临反弹压力,但随着我国在新一轮全球经济中的强势复苏,这一系统性风险已得到了根本性的控制。但是,这绝不意味着在未来的兜底保障工作中我们可以轻装前行。根据国家统计局的数据,我国自 2003 年到 2016 年的基尼

---

① 闵学勤:《基层大数据治理:打造活力政府的新路径》,《学海》2019 年第 5 期。

系数长期维持在 0.462 到 0.491 的高位①,这一数字仍高于除拉美地区以外的多数国家。国家统计局的另一份公报也显示,2020 年度全国五分类低收入组的人均可支配收入为 7869 元,同比仅为高收入组人均可支配收入的 9.80%②。另有 2017 年民政部低收入家庭认定指导中心发起的基于 6 省份的低收入家庭经济状况监测调查也发现,我国中心城区、城乡接合部、县镇低收入群体的收入中位数分别占据城镇人均可支配收入中位数的 26.4%、19.1% 和 22.2%,农村低收入群体收入占据农村人均可支配收入的 45.6%。这一巨大的收入分配鸿沟主要与我国兜底保障标准长期偏低、兜底保障人口过少和社会救助财政投资匮乏有关。据统计,2019 年全国城乡低保平均标准的总体收入替代率分别为 20% 和50% 左右,2020 年全国城乡低保对象加特困救助人员总人数仅占总人口的3.5%③,而城乡低保占财政总支出的比例也由 2008 年的 1% 下降到 2018 年的0.74%④。考虑到新时代我国仍然承担着全民共享改革开放成果的重要历史使命,我国在实现绝对贫困治理阶段性目标后积极转向相对贫困治理就变得尤为迫切。我国已经认识到了相对贫困问题的严重性并开启了积极改革,党的十九届四中全会明确提及建立解决相对贫困的长效机制,并且在"十四五"规划中我国再次明确提出了"改善收入与财富分配格局"和"着力提高低收入群体收入"等重要改革方向。

　　从人类发展历程来看,从绝对贫困治理向相对贫困治理的转型,既是经济社会发展到一定阶段的必然产物,也是人类文明应对后工业社会主要矛盾的普遍对策。在已经摆脱绝对贫困的国家,这种依据收入比例法而设计的兜底保障线旨在有效调节国民收入差距及降低社会排斥,并业已成为各国控制基尼系数的良方。例如,欧盟经济委员会建议欧洲各国将贫困线设置为一个成年人可支配收入的 50%,它促使欧盟各国的基尼系数稳定维持在 0.24 到 0.40 的区间,与未经收入调节前 0.40 以上的基尼系数相比这一数字有明显下降。对于中国而言,考虑到长期以来经济社会发展的不均衡性及现阶段较高的兜底保障人口占比,由绝对贫困治理向相对贫困治理的转型虽然是有步骤的但其目标也是笃定的,

①　《2003—2016 年全国居民人均可支配收入基尼系数》,国家统计局网站。
②　《中华人民共和国 2020 年国民经济和社会发展统计公报》,国家统计局网站。
③　关信平:《"十四五"时期我国社会救助制度改革的目标与任务》,《行政管理改革》2021 年第 4 期。
④　宫蒲光:《高度重视社会救助　着力完善制度设计》,《中国民政》2020 年第 14 期。

它意味着中国新时代的社会救助工作需要在"十四五"期间实现五个方面的转变:一是在救助目标上,逐步从以"两不愁、三保障"为目标向以降低基尼系数为目标的转变;二是在保障人群上,逐步从重点聚焦农村绝对贫困人口到重点聚焦城乡相对贫困人口的转变;三是在识别手段上,逐步从以收入/资产贫困为主的识别手段向以支出/状态型贫困为主的识别手段的转变;四是在政策措施上,逐步从以低保资格为前提的救助关联政策向扁平化专项救助政策的转变;五是在贫困线设置上,逐步从一条贫困线向多条贫困线的转变。上述五个方面的重大转变为中国未来的低收入家庭识别提出了新的要求,也成为我国未来社会救助领域必须完成的时代任务。

二、当前社会救助大数据治理的现状与问题

所谓大数据治理,是指在充分利用"互联网+""云计算平台""智慧城市"等现代信息技术的基础上,整合信息资源形成信息组网,并建立"用数据说话、用数据决策、用数据管理、用数据创新"的新型公共治理体系。与传统抽样调查主要利用小样本数据来推演全样本状况不同,这一基于海量信息源和多源流共享信息的治理手段直接利用全样本数据本身来反映被治理群体的宏观样貌,从而能够有力的提升数据治理效率,降低腐败寻租空间,优化公共管理的价值理念[①]。实践中,通过与现代计算机技术和开放信息场域的高度融合,社会救助大数据治理能够更好地应对数据来源广泛性、数据分析复杂性、数据决策科学性、数据处理智能性和数据共享安全性五维度的挑战,建立"以数据为中心"的社会治理新范式[②],因而是破解全面小康时代相对贫困治理困境的可信赖技术手段。

自党的十八大以来,党和政府就高度重视大数据技术在公共治理体系中的作用。2015年8月,国务院发布的《促进大数据发展行动纲要》明确提出"通过高效采集、有效整合、深化应用政府数据和社会数据,提升政府决策和风险防范水平,提高社会治理的精准性和有效性"。2017年底,在中共中央政治局第二次集体学习期间,习近平总书记不但指出"要运用大数据提升国家治理现代化水

---

① 万国威:《新时代我国贫困人口兜底保障的大数据治理变革》,《华中科技大学学报》(社会科学版)2020年第2期。

② 徐宗本、冯芷艳、郭迅华、曾大军、陈国青:《大数据驱动的管理与决策前沿课题》,《管理世界》2014年第11期。

平",而且强调"要运用大数据促进保障和改善民生"。在第十九届四中全会上,习近平总书记重申"建立健全运用互联网、大数据、人工智能等技术手段进行行政管理的制度规则"①。而在"十四五"规划中,再次阐释了"加强数字社会、数字政府建设,提升公共服务、社会治理等数字化智能化水平"的建设方向。在党中央全局性的引领下,近年来民政部对贫困治理领域的大数据运用也高度重视,在 2023 年召开的全国民政系统巩固拓展脱贫攻坚成果同乡村振兴有效衔接工作推进视频会强调,建设用好低收入人口动态监测信息平台,充分发挥低收入人口动态监测和救助帮扶机制作用。

实践中,以 2007 年上海市率先利用住房公积金信息开展信息化审核为开端,我国社会救助领域近年来也全面启动了利用大数据开展救助对象甄别的技术革命。一些重要政策如《社会救助暂行办法》(国务院令第 649 号)、《关于进一步加强和改进最低生活保障工作的意见》(国发〔2012〕45 号)、《关于印发〈最低生活保障审核审批办法(试行)〉的通知》(民发〔2012〕220 号)、《关于居民家庭经济状况核对信息系统建设的指导意见》(民发〔2014〕83 号)和《关于进一步加强农村最低生活保障申请家庭经济状况核查工作的意见》(民发〔2015〕55 号)的颁布使得我国基本于 2015 年前后就建成了社会救助信息化审核的完整政策框架。各省依据上述政策也有步骤地推动了信息核对平台的建设。2015 年底,我国已有北京、上海、江苏、江西和重庆等 10 个省份建立了省级信息核对平台,到 2017 年底这一数字增长至 23 个,至 2019 年底除西藏和港澳台以外的所有省份均建立了平台。同时截至 2019 年 11 月,省市两级核对平台的覆盖率已分别突破 96.8% 和 91.9%,省市两级系统的月均审核人次分别达到了 171.8 万和 274.1 万。中国快速发展的社会救助信息核对平台在将民政、医疗、住房、就业、教育、扶贫等关键信息进行互联互通的基础上为更好地提升救助对象的甄别能力及提高基层政府的数字治理效率创造了条件。

从社会救助大数据治理现状来看,目前全国低收入家庭的精准识别和动态管理已经初步实现了信息化审核,并取得了 5 项重要的进步:一是利用信息核对平台形成了常态化的信息核对流程。截至 2019 年底,全国约有 30 个省级单位和 406 个地市级单位已经建成了社会救助信息核对平台,这些地区不但全面实现了新增低保人口的全员审核,而且利用系统平台对关键信息进行定期的动态

---

① 《十九大以来重要文献选编》(中),中央文献出版社 2021 年版,第 518 页。

追踪,这使得基层低保审批的错误率和无效申请率都有明显降低。二是初步形成了"横向到边"的信息共享网络。目前,我国各地已经基本形成了收入贫困(税务、公积金缴纳、养老金发放、社保缴纳和工商登记等)和资产贫困(存款、车辆、住房等)相结合的低收入家庭信息核对机制,显示出多源流的信息共享能力正在逐步形成。三是初步形成了"纵向到底"的垂直核对系统。目前各地普遍建立了依托救助系统的省市县三级核对体系,其中以北京、上海、天津、广东、海南和青海等为代表的 6 个省市已建立有"一网覆盖"的信息核对平台,可通过"一个系统、多层权限"的数据分配机制保障了一省之内的信息互联。除西藏以外的其余 24 个省份则建立了"多级联网模式",通过省市两级或省市县三级系统的信息核对分工来保障了省内关键信息的共享。四是现代信息技术已经广泛运用于社会救助信息核对工作中。随着现代信息技术的快速发展,近年来以"互联网+""智慧城市""智能终端""云计算平台""可视化技术""移动支付终端审核"为代表的大数据技术已经开始应用于低收入家庭的甄别管理过程中,以上海、广州、苏州、长春、潍坊、赣州、常州、吉安、铜陵、晋中和鄂尔多斯等为代表的城市已在低收入家庭核对领域应用了先进的计算机技术。五是大数据信息核对的辅助决策意识正在显著提升。目前部分地区已经能够利用大数据平台来提升本地区的科学决策能力,例如上海市撰写的《基于核对数据的上海养老服务补贴政策研究》(2016)和《基于核对数据的最低生活保障研究》(2019)对于地方政府决策产生了重要影响,其他地区如常州、赣州、益阳、盐城、潍坊、贵阳、大连、铁岭、北海和吉安等地也得到了地市级以上的领导批示或部门表彰。

当然,既有的社会救助信息核对工作也面临着多方面的问题。第一,信息核对工作的属性仍然不甚明确。尽管法律法规层面对于低收入家庭的信息核对任务已有明文规定,但基层信息核对工作仍普遍面临着两方面的执行困惑。一方面,核对与救助的上下游关系尚未捋顺,信息核对是辅助决策手段而非决策工具的意义并未完全彰显,在部分人员编制较为紧缺的县级机构中核对和救助仍是合署办公;另一方面,信息核对机构承担了越来越多的非救助审核业务量,如近年来新增的困难职工(总工会)和残疾人两项补贴(残联)的审核,这些审核事宜与现有救助事宜并未完全重合。第二,信息核对平台的孤岛效应仍然明显。目前,金融资产信息审核仍然是各地救助核对的普遍难题,这使得银行、第三方支付等金融机构的关键信息难以纳入既有社会救助信息核对网络中。在已能够互联到的信息中,住房信息沉淀于基层、车辆信息的滞后性等问题也较为突出,一些关键信息的审核精准度仍然不高。第三,跨区域信息审核工作成为难点。目前,多数省份尤其是采取"一网覆盖模式"的省份虽然可以有效开展一省以内的大数据审核,但是各省之间的跨省信息共享仍然有限,这使得劳务输出大省在核查风险家庭税务、公积金缴纳、社保缴纳等信息时较为乏力。在采取"多级联网模式"的省市中,目前仍然有省份未能完成省市对接或省市县对接,在省内经济发达城市工作的风险家庭不易准确甄别,且不同层级平台也容易存在严重的数据冲突。第四,支出型贫困的信息审核能力有待提升。目前,我国以医疗、教育和大额取款为主的支出型贫困的信息互联仅在上海等极少数地区开展,这使得我国对于存在较大支出压力的贫困家庭缺乏足够的预警,尤其会影响医疗保险、医疗救助和临时救助等制度的无缝衔接。第五,信息审核的规范性仍然存在一定漏洞。以 2019 年为例,我国约有 59.0%的地市级平台因投资过少或老化严重而不符合三级等保要求,分别约有 45.0%和 47.5%的地市仍然分别未能出台核对信息管理细则和信息操作规程,约 57.0%的地市未能开展任何形式的安全巡查,这些都对信息核对系统的保密安全构成了威胁。第六,信息审核的规模效应递减问题并未充分考虑。各地信息审核平台近年来将施政重点放置在了信息互联能力的提升上,但是数据规模的扩大必然意味着更高的数据成本,而大数据治理时代较低的信息价值密度又会使得其实际收益不高、边际效应递减①,因此如何建立数据质量和数据数量之间的平衡也应是社会救助大数据治理需要持续考虑的问题。第七,信息核对的辅助决策能力羸弱。当前除了极少数城市以外,救助领域的信息核对工作仍然主要集中在低收入家庭资格认定等事务性工作上,新增低保人口的全员审核及有低保家庭的年度例行核查是各地核对部门的主要任务,而利用大数据系统来辅助决策的能力普遍欠缺,在救助标准动态调整、多层次救助标准设置、低保与专项救助对接及急难救助者资格确认等方面尚未能发挥大数据的辅助决策功能。

　　上述问题的形成表面上看似乎与各地信息核对平台的技术能力及成熟度不高有关,例如"云计算平台"的运算能力不足使得数据的即时跟踪水平不足,"移动终端支付审核"技术没有很好地解决第三方支付困局,"智慧城市"中城市物联网平台对个体关键信息的抓取能力不强,"可视化技术"未能很好实现统计领域的人机对话等,但其深层次诱因则主要来自当前大数据发展过程中的四个特

---

① 张春艳:《大数据时代的公共安全治理》,《国家行政学院学报》2014 年第 5 期。

定机制体制漏洞。首先,社会救助领域的立法局限使得信息核对工作缺乏法律抓手。由于"社会救助法"尚未出台且《社会救助暂行办法》同比《商业银行法》的法律位阶更低,目前银行等金融机构可以依法拒绝民政部门开展信息核对。多数地区依靠和金融办等部门的良好关系及和银行开展互利谈判等方式虽然也能勉力维持对存款信息的查询,但是实践中要么存款数据查询会被严格限制要么银行难以全部纳入。对于微信、支付宝等第三方金融平台而言,在未出台专门性法律予以赋权的前提下,对于低收入家庭的金融资产审查存在重大法律障碍。其次,部分地方党政机关对于大数据治理的重视度不高也使得信息核对工作困难重重。在当前,由于部分政府部门对于大数据信息的依赖程度较低,且这些部门担心信息泄露风险所带来的惩罚,故以地方党政机关牵头来建设综合信息共享平台就成为效率最高且最富成效的方式。但是,目前除了少量省份建设有内容丰富的省级信息共享平台以外,多数省份以党政机关来牵头的"云计算平台"发展缓慢,这使得救助部门单独对接各部门以获取信息的难度过高。再次,民政部对于信息核对平台建设缺乏统一要求影响了信息核对的跨省对接能力。在全国信息平台的建设过程中,民政部相关部门未对各省在税务、公积金缴纳、养老金发放、社保缴存、存款等通用性指标的名称标识、类型格式、测量维度和统计口径进行明确规定,这导致各地因数据不统一而无法进行广泛的数据交换。最后,社会救助信息核对机构的自身建设困境也严重影响了信息核对的规范化管理、长期规划及成果转化。目前全国范围内具有独立编制的地市级信息核对机构仅为36.7%,约8.4%的地市级核对机构甚至没有编制,全国59.6%的自筹经费主要用于自筹人员开支。这种机构独立性不强且编制不足的漏洞在基层既容易表现为核对人员因流动率过高而增加信息泄露风险,又容易表现为政府针对社会救助大数据核对的财政投资和长远规划不足,因而核对机构自身的建设也需要引起高度注意。

三、未来社会救助大数据治理的使命与变革

在未来社会救助大数据治理过程中,相对贫困治理同比绝对贫困治理的五个典型差异决定了对其数据质量具有更高的要求,因此持续提升数据质量也成为未来社会救助信息审核工作需要承担的历史使命。第一,降低过高基尼系数目标的确立要求数据更具全面性。由于个体收入通常由工资性收入、经营性净

收入、财产性收入和转移性收入所组成,在实践中往往需要通过税务、社保、公积金、工商等多重信息来统合测算,因而在解决相对贫困问题的过程中就需要互联互通更全面的部门信息,保证关键信息的无遗漏性,解决跨省信息孤岛难题。第二,城乡相对贫困人口的锁定要求数据更具精准性。城镇相对贫困问题尤其是工作贫困问题的难点在于如何准确甄别家庭变动的收入资产并剔除不符合条件的家庭,这就需要有强大的信息共享系统来准确厘清及动态更新城镇工作人员的财务状况,尤其是精准识别出边缘家庭的隐性收入和资产状况。第三,支出型贫困的审查要求数据更具即时性。当前支出型贫困家庭的保障难点主要在于医疗等重要信息的链接能力不足、大额取款用途的识别能力羸弱以及急难救助者的甄别程度不高,信息核对系统目前尚难以及时辨别支出型贫困家庭的资金流向和资金缺额,因而医疗/临时救助的审批时间与大病治疗/临时灾害急迫性威胁的矛盾突出,故有效提升数据的即时反馈能力对于破解支出型贫困难题意义重大。第四,扁平化专项救助的形成要求数据更具兼容性。中短期内低保制度与专项救助的脱钩往往会使得低收入家庭的信息需要多次进行部门审核,即使在资料审核过程中能够做到"一门受理、协同办理"也会因审核业务量的增加而延长申请/审批时间,因而扁平化专项救助体系的构建需要各类数据更具兼容性,以降低多源流数据的复杂性、重复性或冲突性。第五,多条贫困线的设计要求数据更具应用性。目前,部分城市已开始在原有低保线之外划定低收入线,这一通常为低保标准 1.5 倍的新型兜底保障线在理论上因何划定并不清楚,未来如果需要构建多条低收入线的话就更难以找寻到其合理性,而大数据技术的辅助决策可以为多重贫困线的设置提供数据支持,它能够通过相对贫困人口占比及边缘人口数量来测算多重保障线,因而有效提升社会救助大数据信息的应用能力至为关键。

　　相对贫困治理过程中对数据质量的更高要求及当前大数据发展过程中的机制体制困境为中国下一阶段部署社会救助大数据政策带来了重要启示。在未来我们应当在利用好新型信息技术的同时着重在四个方面寻求机制体制的突破:第一,应当通过强化社会救助立法来保障大数据核对工作的基层执行力。当前我国社会救助领域的立法局限已成为完善相对贫困大数据治理的重要阻碍力量,尤其是现行法律对我国低收入家庭存款等金融资产信息审核赋权不足已经给基层工作造成了极大困境,亟须在中短期内予以突破。本研究建议采取如下四项对策来积极应对:一是应当在法律上彻底解决数据伦理问题,清晰厘定政府、商业机构与个体在大数据时代的权责边界,在平衡好保护个人数据权利与维护公共利益关系的同时通过立法明确政府收集社会治理信息的可能性和可行性,保障政府部门可以依法收集并管理的用于特定公共目标的个体信息。二是我国亟需推动"社会救助法"的出台并明确赋予社会救助部门对已申请或已获批低收入家庭财务状况予以独立信息查询的权限,尤其应当明确对于存款等金融信息的查询权限和处置程序。三是应当在国家立法尚未部署完成的前提下,鼓励各地学习上海、江苏及云南等地出台专门的地方行政规章①,明确社会救助部门开展大数据核查的作用、地位、流程、权限和责任。四是应当持续加大对于信息核对平台建设的财政投资,建立与可对接商业规模相适应的数据存储和处理能力②,在硬件上以三级等保为基础要求来实现信息核对平台的优化升级,在软件上注重推动相关技术创新和人才培育,在技术上积极防范敏感信息的网络攻击,严格避免出现数据泄漏事故。

第二,应当通过构建省级综合信息共享平台来避免信息孤岛问题。在国家建立综合信息共享平台尚存在高度数据敏感性和信息泄露风险的前提下,目前我国部分省份在综合信息共享平台建设上的滞后思维已经严重影响到了社会救助大数据治理的有效性,亟须持续优化以省级"云计算平台"为基础的信息互联互通网络。从中短期来看,应当做好四件事情:一是应鼓励由地方党政机关而非单一政府部门牵头部署信息共享平台,各部门非机密信息应及时传输和共享至综合信息共享平台,以降低各部门在信息共享过程中的畏难与推诿情绪,暂时不能达到条件的省份,党政机关主要领导应以协调推进会的方式帮助救助部门等需要大数据统计的机构统一处置数据共享事宜。二是各省应整合成立负责信息收集、分配、传输、分享和考核的综合协调管理部门,有条件地区可以成立大数据局或大数据中心,出台专门的大数据管理规定及细则,统一规范各部门在信息传输、下载、交换、统计、应用和信息发布领域的责权范围及奖惩机制。三是应当充分考虑数据链接规模提升带来的收益递减效应,以提升数据质量而非过度扩张数据链接数量为主要目标,督促各部门严格把关关键信息的数据准确性,及时更

---

① 目前,我国已经有 3 个省级单位出台了地方行政规章,分别为上海市政府 2009 年 7 月 13 日颁布的《上海市居民经济状况核对办法》、云南省政府 2015 年 4 月 19 日颁布的《关于印发云南省城乡居民家庭经济状况核对办法的通知》和江苏省政府 2018 年 12 月 29 日颁布的《江苏省社会救助家庭经济状况核对办法》。

② 于浩:《大数据时代政府数据管理的机遇、挑战与对策》,《中国行政管理》2015 年第 3 期。

新各机构数据,重点整合医疗、银行等迫切需要的社会服务机构数据。四是应当降低多源流数据的复杂性、重复性和冲突性,不同部门具有类似数据的名称、格式及测量应进行统合协调,相关的资源数据库应当可兼容,相关数据应当多部门互认,严格避免出现一个事务多重统计结果的现象。

第三,应当通过完善部省市县四级联动机制来破解跨区域审核难题。2015年国务院颁布的《促进大数据发展行动纲要》要求"自上而下构建跨部门的政府数据共享交换平台",实现包含民政业务系统在内的共享交换平台的全覆盖。但由于各地平台建设在软件公司和操作系统方面存在较大差异,因而跨区域的信息共享就存在着数据名称不同、数据格式迥异、数据内容缺失和运算逻辑混乱等问题,亟需在四个方面予以优化:一是民政部应当督促信息系统建设缓慢的省份尽快完成省市或省市县三级垂直信息共享体系,尤其应尽快实现省内经济强市与省级系统的全面对接,消除一省之内关键信息的互联互通壁垒。二是民政部应积极倡导推动社会救助信息核对领域的"一网覆盖模式",鼓励有条件的省市通过"一个系统、多层权限"的方式来增强省内系统的识别能力、降低信息核查周期,社会救助人口较多省份可有步骤推进此项工作。三是民政部相关部门应根据所辖事务对各省新建或已运行平台的关键数据提出明确要求,应及时监督管理各省市提交数据的真实性和可靠性,在关键数据的用词称谓、测量方法、统计口径和使用规则方面做出原则性规定。四是民政部相关部门可在中长期尝试推动建设如国家社会保险公共服务平台等功能强大的"一键式"全国救助核对信息交换平台,链接各省的通用性信息来打造跨区域信息共享网络,中短期内暂时不具备条件的,民政部可考虑以既有全国平台为基础开发更为友好的跨省信息交换操作页面。

第四,应当通过对信息核对机构的赋权增能来提升其规范管理能力、长期规划能力和辅助决策能力。目前,我国社会救助信息核对机构的权责不明确、编制不到位、管理不健全、规划不清晰等问题已经成为制约未来社会救助信息核对工作的重要机制体制障碍,这对于下一阶段相对贫困人口信息核对工作极为不利。在未来机构建设过程中,我国应给予社会救助信息核对部门四个方面的明确支持:一是应进一步明确救助和信息核对的上下游关联及部门权责差别,赋予社会救助信息核对部门更大的独立审核权,各地应当依法保障核对部门的独立编制与人事权限,在县级以上部门应分离救助和核对人员。二是应当重视培养与稳固社会救助信息核对人员队伍,在省级部门增强对大数据统计分析专业人才的招募、培训与管理,通过系统培养来强化本部门大数据应用人才对关键数据的抓取和挖掘,有条件地区可以在符合保密要件的前提下与高校智库合作,在基层应着力降低核对人员的离职率,有条件的地区应当保障合理的信息核对人员编制,暂时无条件地区应当建立与其劳动强度相适应的薪资补贴及长期雇佣关系。三是各地应明确出台核对办法、实施规范和标准化操作规程三项重要制度规定,与各级管理人员、核对操作人员和软件开发企业相关人员签订保密责任书,增强涉密人员的责任意识,对于核对信息的收集、传输、比对、管理、储存和使用等各环节进行更为细化的监管。四是应当高度重视社会救助大数据事务的战略规划,地方领导干部应增强对大数据时代科学决策的使命感,在开展事务性工作的同时应积极强化信息核对部门的数据挖掘和辅助决策能力,鼓励社会救助信息核对部门依据自身数据库形成专业政策报告,倡导各地社会救助信息核对部门参与民政部及各省市民生保障领域的重要决策过程,打造社会治理的"数据高地"。

(作者单位:华东师范大学社会发展学院)

低保赡养费核算如何平衡家庭义务与国家责任

——基于浙江省赡养费核算改革案例的研究①

方 珂 张 翔

一、导 言

中国的最低生活保障制度(以下简称"低保")是社会保障体系最后的安全网,承担着"托底线、救急难"的功能。2019 年,全国城乡低保支出 1646.7 亿元,保障对象共计 2417.2 万户,4316.3 万人,其中老年低保对象达 1446.83 万人,占低保对象总数的 33.52%②。由于普遍退出了劳动力市场,老年人对转移性收入的依赖性更强。既有研究发现,退休金、子女资助和政府资助在老年人生活来源中的占比超过 70%③。对于没有退休金的老年人而言,子女资助(赡养费)和政府资助(低保)是最主要的生活来源。由于老年人申请低保时需要将子女赡养费计入家庭收入,因而赡养费核算成为老年对象低保资格认定过程中的重要问题。

在低保对象认定的政策实践中,近年来不断完善的经济状况核查制度和核对系统,提升了政府对低保对象收入和财产状况的识别能力。然而,由于赡养费可以现金给付,因此现有的核对手段尚不能对转移性收入中的赡养费作出精准认定。现行的普遍做法是按照申请者子女的情况计算应得赡养费,计为家庭收入,而不论是否真正得到赡养费④。

从法律层面看,虽然现行法律对子女赡养义务作出应然层面的规定,但是对

---

① 原文发表于《公共行政评论》2021 年第 6 期。《中国人民大学报刊复印资料(社会保障制度)》2022 年第 4 期全文转载。

② 数据源自《2020 年民政统计年鉴》。

③ 杜鹏、孙鹃娟、张文娟、王雪辉:《中国老年人的养老需求及家庭和社会养老资源现状——基于 2014 年中国老年社会追踪调查的分析》,《人口研究》2016 年第 6 期。

④ 关信平:《新时代中国城市最低生活保障制度优化路径:提升标准与精准识别》,《社会保障评论》2019 年第 1 期。

赡养费核算的具体办法以及家庭责任的界限却没有作出明确界定。《中华人民共和国民法典》规定:"成年子女对父母负有赡养、扶助和保护的义务;成年子女不履行赡养义务的,缺乏劳动能力或者生活困难的父母,有要求成年子女给付赡养费的权利"。《中华人民共和国老年人权益保障法》规定:"赡养人是指老年人的子女以及其他依法负有赡养义务的人,赡养人的配偶应当协助赡养人履行赡养义务;赡养人不得以放弃继承权或者其他理由,拒绝履行赡养义务"。《最低生活保障审核确认办法》(民发〔2021〕57 号)虽然指出低保对象认定中的家庭收入包括赡养费,但也没有给出具体的赡养费计算办法。

在理论层面上,低保赡养费核算涉及家庭义务与国家责任的权衡问题,这实际上关乎社会政策的"价值问题",即国家在社会政策中的角色是什么? 是否应对穷人等社会弱势群体进行救济①? 具体而言,在低保赡养费核算中,家庭义务与国家责任的权衡体现在如下一系列问题之中。低保赡养费核算应该以应得赡养费还是实得赡养费为依据? 如果依据应得赡养费,那么子女应付的赡养费具体应该如何计算? 如果依据实得赡养费,那么如何认定子女实际给付了多少赡养费? 如果证实申请人子女实际未履行赡养义务,老年人是否可以获得低保?

赡养费核算的政策试点和改革起步较晚,学术界的相关研究也较少。作为社会救助政策创新较为密集的省份,浙江省在 2016 年开始赡养费核算的改革试点,在 2018 年出台了全国第一部低保赡养费核算方面的地方性法规。那么,浙江省的赡养费核算改革是如何权衡家庭义务和国家责任的? 浙江省的赡养费核算办法在实施中出现了哪些新问题? 地方政府如何应对这些新问题? 本研究将分析浙江低保赡养费核算改革的政策试点、政策制定和政策执行过程,探讨这一改革在权衡家庭义务与国家责任方面的进展和不足,并提出政策建议。

二、文献回顾

(一)社会政策研究中的"价值问题":国家、家庭和市场的作用

价值观和行动之间的关系是理解社会的基础②。每一种福利模式都是意识

---

① 熊跃根:《论国家、市场与福利之间的关系:西方社会政策理念发展及其反思》,《社会学研究》1999 年第 3 期。

② Baldock, J. Culture: the Missing Variable in Understanding Social Policy?. *Social Policy & Administration*, 1999, 33(4), 458-473.

形态冲突并最终出现制度化的主流意识形态的产物①。西方福利国家的早期发展可以被理解为各种意识形态之间的斗争②，而经济危机后欧洲福利改革辩论的核心也是一个价值问题，即"谁应该享有何种形式和程度的社会保护以及基于何种理由"③。社会政策的制订则是在将特定价值观与国家、市场、职业和家庭福利联系起来的文化框架内进行的④。

自由主义福利思想强调市场在福利供给中的作用。它们强调对个人权利、经济自由主义的承诺以及国家相对于市场和私人机构的相对有限的作用⑤，而对"国家福利"理念持批评态度，认为公共福利体系是昂贵、效率低下且不必要的⑥。自由主义福利思想主张剩余式的社会福利模式，突出市场和职业福利的作用⑦。

东亚福利模式则更多地强调家庭在福利供给中的义务⑧。在东方文化的价值观中，照顾老人往往被视为家庭的责任⑨。东亚的福利模式强调家庭观念，在价值导向上倾向于把福利事务主要看成是家庭责任⑩。

改良主义和社会主义的福利思想不同程度地强调国家在福利供给中的责

---

①　Ginsburg, N. *Divisions of Welfare*：*A Critical Introduction to Comparative Social Policy*. London：Sage, 1992.

②　George, V. & Page, R. M. *Modern Thinkers on Welfare*, Hemel Hempstead：Prentice Hall/Harvester Wheatsheaf, 1995.

③　Van Oorschot, W., Opielka, M. & Pfau-Effinger, B. The Culture of the Welfare State：Historical and Theoretical Arguments. In van Oorschot, W., Opielka, M. & Pfau-Effinger, B. (Eds.), *Culture and Welfare State*：*Values and Social Policy in Comparative Perspective*, Cheltenham/Northampton, MA：Edward Elgar, 2008, 1-28.

④　Taylor-Gooby, P. Sustaining State Welfare in Hard Times：Who Will Foot the Bill?. *Journal of European Social Policy*, 2001, 11(2), 133-147.

⑤　O'Connor, J. S. & Robinson, G. Liberalism, Citizenship and the Welfare State. In Van Oorschot, W., Opielka, M. & Pfau-Effinger, B. (Eds.), *Culture and Welfare State*：*Values and Social Policy in Comparative Perspective*, Cheltenham/Northampton, MA：Edward Elgar, 2008, 29-49.

⑥　Ellison, N. Neo-liberalism. In Alcock, P., May, M. & Wright, S. (Eds.), *The Student's Companion to Social Policy (Fourth Edition)*. John Wiley & Sons, 2012, 57-63.

⑦　熊跃根：《论国家、市场与福利之间的关系：西方社会政策理念发展及其反思》，《社会学研究》1999 年第 3 期。

⑧　White, G. & Goodman, R. Welfare Orientalism and the Search for An East Asian Welfare Model. In Goodman, R., White, G. & Kwon, H. J. (Eds.), *The East Asian Welfare Model*：*Welfare Orientalism and the State*. London：Routledge, 1998, 3-24.

⑨　林闽钢、吴小芳：《代际分化视角下的东亚福利体制》，《中国社会科学》2010 年第 5 期。

⑩　林卡、陈梦雅：《社会政策的理论和研究范式》，中国劳动社会保障出版社 2008 年版。

任。在改良主义的论述中，马歇尔①指出，社会政策可以对资本主义市场经济的失败进行修正，从而保障公民的社会权利。社会主义的福利思想则直接主张，国家对社会福利负有责任，应当去保护个人免受伤害、满足个人需要②。蒂特姆斯③强调通过社会政策再分配去协调不同群体的利益，确保社会公正。

（二）低保制度的价值基础及其文化背景

中国的低保制度强调家庭成员的互助共济义务④，其背景是中国传统文化对家庭成员赡养义务的重视。瞿同祖⑤指出，不养老人是大逆不道的行为，被社会不容。费孝通⑥认为，中国家庭的代际关系存在"抚育——赡养"的"反馈模式"，强调子女对父母的赡养义务。熊跃根认为，子女对父母的照顾责任根植于传统文化的价值理念，以"孝"为核心的价值规范在老人与子女间的照顾关系上有很强的黏合作用⑦。

不过，子代对赡养义务的看法并不是同质的。既有研究发现赡养义务的履行受到多方面因素影响。首先，在"父系"传统下，女儿的赡养义务存在法理和习惯的冲突。与父系的亲属体系和单系嗣续的习惯相对应，出嫁了的女儿实际上不承担赡养义务的行为规范在中国有些农村地区仍存在⑧。其次，子女对赡养义务的接受程度也受代际关系和情感因素的影响。特别是在家庭结构核心化的背景下，父母为年少子女的抚养和婚嫁操心、对成年子女提供帮助（特别是小孩照料）等都成为日后能否得到赡养的影响因素。⑨

---

① Marshall, T. H. *Citizenship and Social Class*. New York, NY: Cambridge, 1950.

② 林卡、陈梦雅：《社会政策的理论和研究范式》，中国劳动社会保障出版社 2008 年版。

③ Titmuss, R. M. *Commitment to Welfare*. London: Gerge Allen and Unwin, 1968.

④ Gao, Q., Yoo, J., Yang, S. M. & Zhai, F. Welfare Residualism: A Comparative Study of the Basic Livelihood Security Systems in China and South Korea. *International Journal of Social Welfare*, 2011, 20(2): 113-124.

⑤ 瞿同祖：《中国法律与中国社会》，中华书局 1981 年版。

⑥ 费孝通：《家庭结构变动中的老年赡养问题——再论中国家庭结构的变动》，《北京大学学报》（哲学社会科学版）1983 年第 3 期。

⑦ 熊跃根：《成年子女对照顾老人的看法——焦点小组访问的定性资料分析》，《社会学研究》1998 年第 5 期。

⑧ 费孝通：《家庭结构变动中的老年赡养问题——再论中国家庭结构的变动》，《北京大学学报》（哲学社会科学版）1983 年第 3 期；唐灿、马春华、石金群：《女儿赡养的伦理与公平——浙东农村家庭代际关系的性别考察》，《社会学研究》2009 年第 6 期。

⑨ 贺雪峰：《农村家庭代际关系的变动及其影响》，《江海学刊》2008 年第 4 期；许琪：《扶上马再送一程：父母的帮助及其对子女赡养行为的影响》，《社会》2017 年第 2 期。

但单纯强调家庭义务可能导致一些社会问题。刘磊[1]发现，农村分家及赡养责任的分配模式与法律要求的赡养责任模式并不一致，如果严格按照政策文本，部分不具备低保资格的老人实际上会面临困境。当从家庭内部获取赡养资源的能力下降时，老人会把国家视为诉求救济的对象[2]。韩克庆和李方舟[3]指出，政府兜底与家庭义务之间存在"两难问题"，一方面，社会救助的"去家庭化"趋势会带来家庭赡养责任的逃避、救助依赖与攀比心理；而另一方面，"再家庭化"趋势，又会面临子女赡养能力不足和健康照料缺失等问题。因此，在社会救助中，如何寻求家庭义务与国家责任的平衡是一个待研究的问题。

三、研究方法与案例背景

（一）研究方法

本研究采用启示性的案例研究方法，以浙江省低保赡养费核算改革为个案。实地调研活动从 2016 年 10 月持续至 2020 年 12 月，即从浙江省开始改革试点的当年开始。

2016 年 12 月，笔者之一作为相关领域的学者代表参加了浙江省民政厅赡养费核算改革试点工作座谈会，通过参与式观察获取赡养费核算政策制定过程的一手资料。2018 年 5 月、2020 年 4 月、2020 年 12 月和 2021 年 4 月，先后对浙江省民政厅干部进行了四轮追踪访谈，访谈对象包括社会救助处处长、副处长、调研员、主任科员以及经济核对中心工作人员。2020 年 4 月至 2020 年 8 月，依托省民政厅委托课题，赴省内 4 个地市展开实地调研，邀请地市、县民政部门官员、乡镇街道民政助理员以及村干部等开展了 8 场焦点小组访谈。2019 年 7 月、2020 年 12 月和 2021 年 2 月，前往 4 个区县，对地方民政官员、承接低保家境调查的社工机构负责人等对象展开深度访谈和补充调研。同时，从 2017 年 9 月起持续关注省、地市各级政府及民政部门官方网站以及新闻媒体报道，搜集相关

---

①　刘磊：《基层社会政策执行偏离的机制及其解释——以农村低保政策执行为例》，《湖北社会科学》2016 年第 8 期。

②　朱静辉：《家庭结构、代际关系与老年人赡养——以安徽薛村为个案的考察》，《西北人口》2010 年第 3 期。

③　韩克庆、李方舟：《社会救助对家庭赡养伦理的挑战》，《山西大学学报》（哲学社会科学版）2020 年第 5 期。

的政策文本、官方报道,并从省民政厅和地市民政局获取相关政策文件和统计资料。

(二)案例背景

浙江省位于东南沿海,属经济较为发达的省份。2019 年,省内人均地区生产总值达 107624 元/人,为同期全国人均国内生产总值的 1.52 倍①。浙江省在低保政策试点和创新方面锐意改革。1995 年,浙江省试点城市低保制度,成为全国最早推行低保制度的省份之一。2014 年,浙江省政府颁布《浙江省社会救助条例》,成为全国首个进行社会救助地方立法的省份。

2016 年,浙江省民政厅率先在杭州市上城区、温州市瑞安市和丽水市云和县开展赡养费核算改革试点。2018 年,浙江省民政厅试行《浙江省社会救助家庭供养费核算办法》(浙民助〔2018〕146 号),属全国首创。表 1 呈现了浙江省低保赡养费核算改革的主要过程。

表 1　浙江省低保赡养费计算改革大事年表

时间	事件	主要内容
2007.4	《浙江省最低生活保障家庭收入核定办法(试行)》	将赡养费纳入申请对象的收入范围,但未对赡养费收入核对的程序和手段进行明确规定
2014.12	《舟山市最低生活保障实施办法》	《社会救助暂行办法》和《浙江省社会救助条例》出台后,全省首部地市级低保实施办法,首次在赡养费计算环节考虑刚性支出
2015.2	《浙江省社会救助家庭经济状况认定办法》	未对赡养义务人收入核对的程序和手段进行明确规定
2016.3	全省社会救助工作座谈会	省民政厅副厅长提出"研究赡养费计算事宜,有条件的地区可以先行探索研究,形成经验后在全省推广执行"
2016.6	《关于开展赡养能力计算试点工作的通知》	杭州上城区、温州瑞安市、丽水云和县 3 地开展试点
2016.12	赡养费计算试点工作座谈会	省民政厅、省财政厅、省农办相关处室负责人,省内高校相关领域学者,3 个试点单位民政部门负责人交流赡养费计算改革试点工作情况

① 数据源自《中华人民共和国 2019 年国民经济和社会发展统计公报》《2019 年浙江省国民经济和社会发展统计公报》,比值由作者自行计算。

续表

时间	事件	主要内容
2017.8	《浙江省民政厅关于扩大赡养能力计算改革试点工作的通知》	扩大赡养费计算改革试点的范围
2018.12	《浙江省社会救助家庭供养费核算办法(试行)》	正式出台省级赡养费核算办法

四、政策制定:赡养费核算制度的改革与试点

在2016年改革试点之前,赡养费核算并没有单独的政策文件,仅先后在《浙江省最低生活保障家庭收入核定办法(试行)》(浙民低〔2007〕93号)和《浙江省社会救助家庭经济状况认定办法》(浙民助〔2015〕13号)中进行规定。其中,赡养费主要依照赡养协议或有关法律文书所规定的数额计算,仅在无协议或法律文书规定以及规定的数额明显偏低的情况下按照赡养人的支付能力推算,且未对供养义务人收入核对的程序和手段进行具体规定。

在此背景下,省一级的赡养费核算制度缺失,各地在实际工作中没有明确、统一的政策依据。对此,省民政厅自2016年起牵头探索赡养费核算制度的改革工作,经历了试点、专家论证、扩大试点、出台省级赡养费核算办法四个阶段。

(一)试点

2016年开始,杭州市上城区等三地被确定为赡养费核算改革试点单位。改革内容主要包括两方面,即按新方法采集核算依据和按新口径核算支付水平。在核算依据的采集方面,试点地区推行"自诉承诺制、直接核减制和事后审查制"相结合的工作模式。试点地区把供养人家庭自述承诺的家庭人口、个人收入、供养人组成等信息直接作为赡养费的核算依据,不再要求提供证明材料。审核审批机关按不低于20%的比例进行事后核查。凡查出虚假申报的,取消申请人家庭的救助资格,并将虚假申报人家庭纳入社会救助诚信"黑名单"。

在支付水平的核算方面,改革内容包括将一部分困难对象界定为无赡养能力、对另一部分困难对象设置赡养费计算规则。首先,试点地区总体上将家庭人

均可支配收入在当地人均可支配收入60%（含）以下的低收入家庭①、低保家庭、低保边缘家庭、重度残疾人家庭、主要劳动力失联失踪家庭、主要劳动力在监狱服刑的家庭等直接认定为无赡养能力。其次，对有赡养能力的家庭，赡养费依照"（家庭年总收入-当地上一年度人均可支配收入×60%×家庭人数）/需供养人数"的公式计算。

（二）专家论证

在试点工作开展半年后，省民政厅于2016年12月召开赡养费核算改革试点工作座谈会。与会人员包括省民政厅社会救助处负责人、省财政厅和省农办相关处室负责人、省内高校学者以及三个试点地市民政局负责人。笔者作为专家学者，受邀参与此次座谈会。会上，三个试点地市汇报交流了当地改革试点工作情况。

与会专家和官员围绕赡养费核算改革的相关问题展开讨论，焦点问题是赡养费应当以实际给付的金额还是核算得到的应付金额为依据？笔者建议，"对于声称实际未收到子女赡养费的老年申请人，只要民政部门没有发现其子女有给付赡养费的证据，就不应将核算得到的应得赡养费计入老年人收入。这样做可以防止部分实际未得到子女赡养费的老年人'漏保'的风险"。但是，省财政厅与会人员反对这一建议并认为，"赡养的第一责任方是子女而不是政府。不管子女有无实际给付，核算得到的赡养费都应计入老年人收入。如果把政府作为第一责任方，可能导致大家都不赡养老人。即便有部分老人因为子女不愿意给赡养费而遭遇生活困难，也应该通过临时救助去应对，而不应纳入低保……政府不应该简单地划定无赡养能力的界线，而只用根据收入去核算赡养费，不然可能导致收入低于人均可支配收入60%的个人不愿意赡养老人"。

主持这次会议的浙江省民政厅副厅长在会议总结中指出："在工作推进中，对低保对象的准入门槛要宽一些，对申请审批材料的提供要简一些，并且要确保收入认定相对准确，平衡好成本和效率的问题。"

（三）扩大试点

2017年3月，省民政厅在全省社会救助工作会议上指出，要将赡养费核算改革扩大到全省11个市。2017年8月，省民政厅印发了《浙江省民政厅关于扩大赡养能力计算改革试点工作的通知》，舟山市岱山县、宁波市慈溪市、金华市

---

① 云和县由于在2015年城乡低保标准一体化实行后，农村低保边缘标准超过了农村家庭上一年度人均可支配收入的60%，因而采取水平较高的低保边缘标准作为农村的界定门槛。

义乌市等地先后开展试点。

这一阶段的试点基本延续了第一阶段"无赡养能力家庭认定"与"赡养费计算"两方面内容，保留"自诉承诺制、直接核减制和事后审查制"的核对工作机制。不过，在无赡养能力家庭认定环节，舟山市岱山县、宁波市慈溪市、金华市义乌市都将无赡养能力家庭的认定门槛从"人均可支配收入低于上年度当地人均可支配收入水平60%以下"修改为"低于上年度当地人均可支配收入水平50%以下"。赡养费扣减水平也相应地从"当地上年度人均可支配收入的60%"降低到"当地上年度人均可支配收入水平的50%"。

（四）出台省级赡养费核算办法

在两阶段试点后，省民政厅于2018年12月正式印发《浙江省社会救助家庭供养费核算办法（试行）》（以下亦简称《核算办法》），规定供养义务人（配偶、子女、父母）应发挥家庭互助共济作用，最大限度地保障被供养人的基本生活。

赡养费的计算按照以下公式进行："家庭供养支付费=家庭月均总收入-当地低保边缘标准×家庭人数-家庭月均刚性支出。供养费=家庭供养支付费/家庭需供养的人数。其中，供养义务人家庭月均总收入主要依据家庭经济状况核对系统进行推算。无法推算的，按不低于当地最低工资标准计算。申报收入高于推算的，以申报为准。"

同时，该办法还规定供养义务人家庭存在以下四种情形之一的，被供养人家庭不能纳入低保、低保边缘保障范围："（一）有2套及以上产权房，且人均建筑面积高于统计部门公布的上年度当地人均住房建筑面积；（二）有高于当地同期8—12倍低保年标准生活用机动车辆；（三）人均货币财产高于当地同期10倍低保年标准；（四）在各类企业中认缴出资额累计超过20万元（含）"。

《核算办法》将赡养费的扣减标准从参考当地上一年度人均可支配收入的50%—60%调整到低保边缘标准（即1.5倍低保标准），但考虑了家庭月均刚性支出。2018年底，浙江省的城乡平均低保标准分别为762.6元/月和756.9元/月，城乡人均可支配收入分别为4631.1元/月和2275.1元/月①。按照当地上一年度人均可支配的60%、50%以及当地低保边缘标准，换算得到的赡养费扣除金额分别为2778.66元、2315.55元、1143.9元（城市），以及1365.06元、1137.55元、1135.35元（农村）。在不考虑刚性支出的情况下，《核算办法》的扣

---

① 低保标准数据源自民政部网站，人均可支配收入数据源自《2019年浙江统计年鉴》。

除部分实际上比试点阶段大大降低了,特别是在城市地区。同时,相较于试点阶段,《核算办法》对供养义务人家庭设置了财产门槛。

再则,《核算办法》取消了"自诉承诺制、直接核减制和事后审查制"的核对工作机制,转而强调民政部门通过核对系统,对供养义务人家庭的收入、财产、支出情况进行查询、推算、核查。这些举措进一步收紧了老年对象低保资格的认定门槛。从福利价值观角度看,《核算办法》更加强调家庭义务。

五、政策执行中的意外后果:赡养费 核算制度与"漏保"风险

《核算办法》对供养人的收入和财产标准进行限制,将各地市供养义务人赡养费核算办法统一化,强调赡养的家庭义务,规避了部分供养义务人赡养能力明显超标的对象获得低保的情况。在政策执行过程中,这一制度成为将不少低保对象核退的政策依据。

对调研获取的浙江省 2018—2020 年在册低保对象微观个体数据统计发现,三年的低保对象总人数分别为 72.65 万、65.50 万和 61.35 万,老年低保对象人数分别为 28.30 万、25.18 万和 23.21 万,老年人占低保总人数的比重从 2018 年的 38.95%下降到 2019 年的 38.44%和 2020 年的 37.83%,老年低保对象数量的下降速度超过低保总人数的下降速度。

本研究调研获取了 Y 县 2019 年 7 月经系统复核后退出的 100 户低保户的具体信息。根据退出原因分类,供养义务人存款超标的 18 户,供养义务人车辆超标的 31 户,供养义务人工商登记超标的 14 户,供养义务人在国家机关、学校等单位稳定就业的 6 户,供养义务人存款、车辆、工商登记或就业至少一项超标的 62 户,本人收入或财产超标的 38 户。在 Y 县该月核退的低保户中,有 62%是由于赡养费核算的原因。

然而,福利资源在家庭内部的分配并不是完全平均的,赡养费实际给付状况很难通过固定公式进行衡量。特别是在低收入家庭,一些个体可能会在家庭内部的资源分配中处于边缘地位①。因而,虽然按照赡养费计算标准和供养义务

---

① Bray, R., de Laat, M., Godinot, X., Ugarte, A. & Walker, R. Realising Poverty in All Its Dimensions: A Six-country Participatory Study. *World Development*, 2020, 134: 105025.

人财产标准,部分困难对象不满足低保标准,但实际上,他们无法从家庭内部获得足以保障基本生活需要的资源。调研发现,常见的情形包括供养义务人不愿履行赡养义务和供养义务人实际无赡养能力。

(一)供养义务人不愿履行赡养义务

虽然供养义务人应发挥家庭互助共济作用,最大限度地保障被供养人的基本生活是核算政策制定的预设前提,但仍存在一些供养义务人不愿履行赡养义务的现实情形,主要包括供养义务人为女性、被赡养人因早年离婚而未履行抚养义务以及被赡养人老年二婚的三种情形。

其一,供养义务人为女性。虽然在政策对于供养义务人的界定中,儿子和女儿均属于应当履行赡养义务的主体,但是当供养义务人为女性时,法律的规定常常与传统习惯产生冲突。虽然制度所预期的是供养义务人最大限度履行赡养义务,但女性供养义务人不愿意履行义务的现象并不罕见。

> 很多女儿都嫁出去了,他说有女儿都不能保。在农村里,嫁出去的女儿、泼出去的水啊。更何况,父母七八十岁了,女儿都五六十了,她自己都需要儿子养了。(访谈资料:20200513TY)

其二,被赡养人因早年离婚而未履行抚养义务。在这种情形下,即使被供养人有存在法定赡养义务的子女,但被赡养人与子代之间感情淡薄,供养义务人在情感上不愿意履行赡养义务。

> 她是一位70岁的孤寡老人,年轻时抛弃子女改嫁,70岁时回到我们这,没有经济来源,亲生子女也不愿意赡养。按照政策,她确实有法定赡养人,不符合条件。但是又没有收入,子女确实不赡养。(访谈资料:20200710XC)

其三,被赡养人老年二婚的情形。具体来说,虽然被赡养人与供养义务人之间存在正常的亲情关系,但由于中国传统文化下子女常常不愿其父母一方再婚,因而对于二婚的父母也不愿意按期支付赡养费。

> 对于二婚的老人,子女大多是反对的,能在节假日来看望一下就不错了,根本不可能再给钱了。复核工作中遇到一户,女性有一个住别墅的儿子,儿子有义务也有意愿赡养她。但是,她后来和一个光棍领证了,她儿子不愿意同时赡养她和她的老公。(访谈资料:20210204YW)

可见,虽然制度预设的前提是供养义务人尽可能地履行赡养义务,低保仅在赡养费核算不足的情况下提供兜底保障,但实际上,女性作为唯一供养义务人、被赡养人早期未履行抚养义务、被赡养人老年二婚等具体情形,都会与制度产生冲突,导致被赡养人处在"供养义务人不愿赡养,低保条件又无法达到"的窘境。

(二)供养义务人实际无赡养能力

供养义务人实际无赡养能力的情形指的是,即便核算得出的赡养费支付能力超标,但供养义务人实际上并没有赡养能力,具体原因主要包括赡养费计算的收入扣除门槛较低、被赡养人在家庭内部分配中处于弱势地位以及供养义务人财产超标但实际无赡养能力。

其一,供养义务人赡养费计算标准的收入扣除门槛较低。按照现行制度,赡养费核算的扣除门槛为当地低边标准。2018 年末,浙江省的城乡平均月低保标准为 771 元①,相应的低边标准为 1156.5 元,2018 年浙江省城乡居民人均可支配收入为 45840 元/年(3820 元/月),人均生活消费支出为 29471 元/年(约 2455.9 元/月)②。在不考虑家庭刚性支出的情况下,如果困难家庭为两个老人和一个未婚成年子女的结构,则若未婚成年子女的月收入超过 2698.5 元(相当于省内城乡居民人均可支配收入的 70.6%,人均生活消费支出的 1.10 倍),则供养费超出低保标准;如果困难家庭为一个老人和一个未婚成年子女的结构,则若未婚成年子女的月收入超过 1927.5 元(相当于省内城乡居民人均可支配收入的 50.5%,人均生活消费支出的 78.5%,低于最高一档的最低月工资标准),则供养费超出低保标准。可见,即便是一些子女收入水平低于最低工资标准或不足省内人均消费支出的困难家庭,依然可能会因为子女供养能力超标而不能被纳入低保。

> 户主是智力四级(残疾),妻子是精神三级(残疾),一眼看上去,他就是一个低保户。但是,他有一个儿子是没有(残疾)证。有一年省里面审计,查出来他的儿子在就业。按照当时的低保标准,如果给他的儿子算成赡养人,(他父母)是不符合条件的。(访谈资料:20200710JX)

同时,即便是实际无收入甚至负收入的供养义务人也根据当地最低工资标准折算收入。2018 年 1 月 8 日发布的浙江省最低工资标准为 2010 元、1800 元、1660 元、1500 元四档。对此,如果某困难家庭的结构为一个老人和一个有劳动能力的成年未婚子女,且这户家庭恰好生活在省内执行最高档最低工资标准的

---

① 由于统计口径的差异,浙江省民政厅公布的城乡低保平均标准略高于民政部公布的数值,但不影响本研究的基本结论。

② 数据源自《2018 年浙江省民政事业发展统计公报》《2019 年浙江统计年鉴》。

发达地区,那么即便该成年未婚子女无收入,按照最低工资标准计算的赡养费也超过了省内低保平均标准。

> 他们家有个儿子。但他儿子赌博,他不仅是不赡养父母,父母种菜或者零用的钱他还要拿走。像这种情况下,要不要救助?这种情况村里肯定是通不过的。如果让政府养,万一发生极端问题,我们还是要扶,这就很难把握。(访谈资料:20200513GP)

其二,被赡养人在家庭内部分配中处于弱势地位。现行政策是由每一成员基本需要的总和推导出货币化的保障标准,但这并不能保证每一个成员都能在家庭内部分配中得到可以满足基本生活需要的资源。由于在经济上的贡献能力下降,老年人在家庭内部资源决策中容易处在被边缘化的地位(Bray et al.,2020)。

> 村里有一户人家,人有点残疾。他有儿子,儿子也成年了,是临时工,没有稳定的工作。像这样的人,去低保又达不到,但实际上家里又很困难。

(访谈资料:20200513SX)

其三,供养义务人财产超标但实际无赡养能力。现行供养费核算制度规定供养义务人住房、车辆、货币财产等超标的被赡养人无法获得低保和低边。但是,部分财产超标的供养义务人实际上仍然不具备给付足够赡养费的能力。特别是在车辆方面,现行制度规定供养义务人不得拥有高于当地同期8—12倍低保年标准生活用机动车辆。按照浙江省2019年末的省级平均低保标准(814元/月)[①]计算,车辆价值的界线在78144元到117216元之间。对于低保对象而言,这样的限制性条件没有太大争议,但对供养义务人设置这样的门槛却在实际执行过程中造成难题。

> 这户是一对八九十岁的老人,没有收入。取消的原因是查到了他们有一个外嫁的女儿,女儿家里有一个18万的车子。我们也去女儿家核实。她女儿说他们没有房子,买车子是为了接送读初中的女儿上学方便。但是,政策就是这样。她哪怕只有一套房子,且房子是别墅都没关系。但是,她有一个超标的车子,她的父母就不能进入低保。(访谈资料:20200720XC)

可见,虽然现行制度为供养义务人的收入和财产标准设置政策门槛,从而强调家庭成员的赡养义务。然而,由于制度设置可能与实际情境产生冲突,导致供

---

① 数据源自《2019年浙江省民政事业发展统计公报》。

养义务人不愿意履行赡养义务和供养义务人实际无赡养能力的两类群体,成为无法获取低保资格但又存在救助需求的特殊困难对象,形成"漏保"风险。此时,如果没有及时将这些对象纳入低保,则可能使他们面临家庭义务缺位,而国家责任也未能及时兜底的窘境。

六、政策执行中的调适:地方民政部门的创新

"漏保"风险的出现对低保制度"托底线、救急难"功能造成冲击,需要在政策执行过程中进行调适,强化国家的兜底保障作用,在遵循制度的同时,兼顾部分实际未获取足够赡养费的实际困难对象的救助需求。调研发现,地方政府在政策执行过程中存在两种地方性创新策略。

(一)地方性赡养费核算办法

调适的第一种策略是基于政策本身的张力,运用政策执行的自由裁量权,制定地方性赡养费核算办法,应对上级政府核算制度难以顾及到的实际困难。虽然在现行核算制度中,省级政府进行了一些指导性的界定,例如拥有高于当地同期8—12倍低保年标准的生活用车的供养义务人,应当被认定为赡养能力超标。但同时,省级政府也在政策制定环节中为地方政府预留了自由裁量空间,例如在刚性支出扣减类型和标准、不计算供养费的供养义务人家庭类型的确定等具体条款中设置"县级以上人民政府确定的其他特殊困难家庭"等条目,并且在附则中指出,"各县(市、区)以上民政部门可根据本办法,结合当地实际,制定实施细则,报民政厅备案"。对此,地方政府可以积极使用自由裁量权,为应对特殊困难对象的救助需求提供解决方案。L市社会救助家庭供养费核算办法修订是这一机制的体现。

2021年,L市民政局联合市财政局下发了《社会救助家庭供养费核算办法(试行)》,结合L市的实际状况对部分条款进行了地方性的解释和界定。L市在基本坚持省级政策的"家庭供养支付费=家庭月均总收入-当地低保边缘标准×家庭人数-家庭月均刚性支出"基础上①,将"供养费=家庭供养支付费/家庭需供养的人数"的计算公式根据家庭类型进行分类调整,规定为"(1)被供养人

---

① L市的核算公式将家庭月均刚性支出的扣减项目去除,但同时将支出型贫困家庭列为不计算供养费的供养义务人家庭类型。

有不超过二个供养义务人:供养费＝家庭供养支付费×50%/供养义务人家庭需供养的人数;(2)被供养人有三个供养义务人及以上:供养费＝家庭供养支付费×40%/供养义务人家庭需供养的人数"。同时,L市的规定将基层反映强烈的"供养义务人家庭有高于当地同期8—12倍低保年标准生活用机动车辆的,被供养人家庭不能纳入低保和低边"的限制性条款去除,转而将车辆价值折算入供养义务人家庭的货币财产,并坚持以"人均财产价值高于当地同期10倍低保年标准"作为针对供养义务人家庭财产状况的限制性条件。

根据这些调整,L市政府的政策解释指出两类可能因为政策调整而可以重新进入低保的具体情形。

类型一:省市标准核算得到的供养费存在差异。

"有年满60周岁且无收入的夫妻2人,育有1子。儿子儿媳尚未生育,每月收入8100元,儿媳母亲健在。儿子每月刚性支出为医疗费800元。按照省级政策,核算得到的人均供养费为1269.3元,超过现行低保标准(873元),只能纳入低边。但按照市级政策,核算得到的人均供养费为768元,低于低保标准,可以纳入低保"[①]。

类型二:省市标准对于车辆的限制性门槛存在差异。

"有均年满60周岁且无收入的夫妻2人,育有1子。儿子儿媳尚未生育,名下有一辆16万的生活用车,货币财产4万。按照省级政策,儿子家的生活用车价值超过了当地同期12倍低保年标准(125712元),老人不能纳入低保。但按照市级政策,儿子家包含车辆在内的货币财产总额为20万元,人均财产价值未超过当地同期10倍低保年标准(104760元),因而老人可以纳入低保"[②]。

可见,地方性赡养费核算办法可以为地方政府应对政策执行过程中遇到的特殊问题提供弹性空间,即通过出台符合上级政府大政方针的地方性政策文本,为缓解赡养费核算中的实际困难提供条件。

(二)地方性社会救助联席会议

调适的第二种策略是建立地方性社会救助联席会议的机制,通过多部门的集体决策,纳入特殊困难对象。低保对象认定涉及户籍、税务、社保、住建、工商、车管等多部门的事务,供养义务人收入和财产状况认定需要得到多部门的认可。

---

① 资料源自L市《社会救助家庭供养费核算办法(试行)》的政策解读。
② 资料源自L市《社会救助家庭供养费核算办法(试行)》的政策解读。

基于这一逻辑,地方民政部门可以通过相关职能部门的共同参与来强化资格核定的程序合法性,应对特殊困难对象的救助需求。P市Y县的社会救助联席会议制度是该机制的典型案例。

省级赡养费核算办法出台之后,Y县使用信息管理系统对救助对象及其供养义务人的收入和家庭财产状况进行全面复核,将大量不符合政策要求的救助对象筛除出救助体系。仅2019年,Y县共注销低保对象2838户,总计3808人,注销人数相当于2018年12月在册对象总数的39.45%,其中包括大量因为供养义务人收入和财产状况超标的家庭。但考虑到因个别指标超标退出低保但又存在实际困难的人数较多,Y县由县府办牵头,建立社会救助联席会议机制,通过集体讨论为部分实际困难对象保留低保资格提供途径。

截至目前,Y县共在2019年7月和2020年5月召开过两次社会救助联席会议。会议由县府办召集,县府办副主任主持,民政局、财政局、农业农村局、信访局、公安局、人力社保局、建设局、卫生健康局、医疗保障局、县残联、教育局等相关部门参与会议。在联席会议上,各成员单位对民政局提交的特殊困难对象进行逐户集体研究审核,并作出结论。联席会议的讨论结果在会后形成会议纪要,并和讨论名单、问题汇总表、村居调查报告、救助对象申请报告等一起存档备查。

通过社会救助联席会议,2019年提交讨论的51户低保户均得以保留资格。2020年提交讨论的56户低保和10户低边中,仅有3户低边由联席会议成员单位提出异议,要求进一步核实。其中,赡养费核算超标但实际存在困难的对象,是联席会议讨论的主要对象之一。通过联席会议制度,部分子女实际无赡养能力或不愿意履行赡养义务的特殊困难对象,得以保留低保资格。

> 潘某某夫妻都是肢体残疾。虽然有两个儿子和一个女儿,但是大儿子逃债在外,二儿子劳改去年刚放回来,女儿外嫁去省外了,女婿也只是在工厂打工。因而实际上子女是没有赡养能力的。在复核过程中,该户的大儿子有一辆车,但是这辆车也早就抵押给别人了。这一户最后经过联席会议讨论,保留了低保资格。(访谈资料:20200818YP)

又如:

> 吴某某因为女婿名下有一辆价值12万的汽车而不符合低保要求。但是,吴某某的女儿并不是他的亲生女儿,而是年幼时随母亲改嫁过来的,没有血缘关系。并且吴某某常年患病吃药,而女儿和女婿开的副食品商店也

收入有限。因而,在联席会议讨论之后,他得以保留低保资格。(访谈资料:20200818YP)

总之,地方性社会救助联席会议是基于多部门的集体协商机制,强化对特殊困难对象低保资格进行认定的程序合法性,从而为保留低保资格创造条件,在家庭义务缺位的背景下为国家责任的兜底提供条件。

七、小结与讨论

低保赡养费核算制度涉及家庭义务与国家责任的权衡问题。本文发现,浙江省的赡养费核算改革提高了老年对象低保资格的认定门槛,强化了家庭赡养的第一义务,但相对忽略了国家救助的兜底责任。然而,子代对赡养义务的实际履行受到亲属体系、嗣续习惯和情感因素的影响,可能与法理上的赡养义务存在冲突。在此背景下,虽然现行政策普遍强调家庭义务优先的价值基础,并将赡养费核算制度严格化,但却可能造成部分实际未获得赡养费的特殊困难对象无法获得低保资格的"漏保"风险。

本研究基于田野调查总结出三类常见的供养义务人不愿意履行赡养义务和三类常见的供养义务人实际无赡养能力的具体情形。本研究还发现,地方民政部门可以运用地方性赡养费核算办法和地方性社会救助联席会议手段,强化国家在福利供给中的兜底保障功能,在既有制度的约束下,为应对特殊困难对象的救助需求创造空间。

基于上述研究,本文对低保赡养费制度的改革和完善提出如下政策建议。

第一,低保赡养费政策制定要兼顾家庭义务与国家责任,不能搞"一刀切"。单纯强调法理层面的家庭义务,可能带来在家庭义务实际缺位的同时,国家责任无法及时兜底的"漏保"风险。事实上,在强调子女赡养义务的同时,法律也同时规定了国家对老年人基本生活特别是经济困难的老人给予基本生活救助的兜底责任。《中华人民共和国老年人权益保障法》第二十八条规定,"国家通过基本养老保险制度,保障老年人的基本生活。"第三十一条规定,"国家对经济困难的老年人给予基本生活、医疗、居住或者其他救助。老年人无劳动能力、无生活来源、无赡养人和扶养人,或者其赡养人和扶养人确无赡养能力或者扶养能力的,由地方各级人民政府依照有关规定给予供养或者救助"。民政部门可以通过"家庭第一责任+国家兜底责任"来兼顾家庭义务与国家责任,在确认子女没有履行赡养义务前提下,履行国家救助的兜底责任。

第二,适度提高赡养费核算的扣除门槛。在赡养费核算改革的试点、扩大试点和政策立法过程中,浙江省逐步提高了赡养费计算的扣除门槛,但本研究发现,现行制度规定下的低扣除门槛容易造成赡养费超标,即便是对于部分子女水平较低甚至无收入的特殊困难对象也是如此。但事实上,在家庭结构核心化、生活水平和成本日益提升的背景下,收入较低的供养义务人常常难以在仅保留低保边缘户标准收入的基础上履行供养义务。此外,在财产核算方面,按购置价(而不是市场评估价)计算车辆价值等做法,也可能高估供养义务人的实际赡养能力。而在本研究中,L市对供养费核算公式的分类调整,则提高了低保满足特殊困难对象救助需求的能力。因此,应当适度提高赡养费核算的扣除门槛,为满足更多困难对象的救助需求创造条件。

第三,兼顾"自上而下"的制度约束与"自下而上"的弹性执行,赋予地方在特殊困难对象赡养费核算问题上的自由裁量权。尽管赡养费核算制度的完善,为低保对象的资格认定提供了更加制度化和操作化的办法。然而,政策执行过程面临着各式各样的家庭,难以用一个统一的核算办法去量化得到每个老年人实际可以得到的赡养费,进而造成部分赡养费核算超标,但实际上并未获得足够赡养费的生活困难老人无法获得国家的兜底保障。对此,Y县的社会救助联席会议通过建立集体讨论机制,为部分存在实际困难的老人保留低保资格创造条件。因此,在完善赡养费核算制度,即强化"自上而下"的制度约束的同时,也需要兼顾"自下而上"的弹性执行,从而为地方民政部门因地制宜地解决实际困难创造空间。

当然,本研究还存在一些尚待回应的问题和进一步思考的空间。

第一,社会救助部门的首要职责到底是提供"最后安全网"功能,还是倡导子女孝顺?试想,如果一个老年人的子女真的不孝顺,社会救助部门是应该先对老年人履行兜底保障责任,还是坚持认为救助老人会纵容子女不孝顺,从而坐视"漏保"发生?我们认为,子女赡养应该成为绝大多数老年人的最主要基本生活保障来源之一,但兜底保障功能始终是社会救助部门的首要职责,两者并不必然冲突。子女承担赡养老人的第一责任,但对于子女未承担赡养义务的老人,我们应该通过社会救助履行兜底责任。当然,困难的问题可能在于,老年人现实中很难证明子女未履行赡养义务。如果将子女未履行赡养义务的举证责任推给老年人,可能会导致许多老人失去获得低保救助的机会。我们认为,在无法明确证明老年人获得了足够赡养费的情况下,先由政府兜底救助,再加上事后审查制度,也许可以获得更好的政策效果。未来研究可以展开进一步的讨论。

第二,低保赡养费核算中家庭义务与国家责任的冲突问题,是否可以通过救助制度以外的社会养老保险制度或老年福利制度的完善来缓解乃至解决? 2009年我国开始试点新型农村社会养老保险,2014 年我国将新型农村社会养老保险和城镇居民基本养老保险合并为城乡居民基本养老保险制度。2019 年末,城乡居民基本养老保险参保人数 53266 万人,其中实际领取待遇人数 16032 万人,当年基金支出 3114 亿元,由此推算参保人员人均月待遇为 161.86 元,仅为当年农村平均月低保标准 444.63 元的 36.40%。此外,浙江省目前实行的老年津贴制度,也仅为 80 周岁以上的高龄老人提供每月不低于 50 元的津贴。目前城乡居保和老年津贴的待遇水平尚远不足以保障老年人的基本生活需要。[1]

如果将城乡居保的基础养老金水平提高到农村低保标准,让每个老年人都能获得保障基本生活所需的基础养老金,那么老人赡养的经济来源就可以通过救助之外的社会保险或社会福利来得以解决,上述低保赡养核算中家庭义务与国家责任的两难问题就迎刃而解了。未来研究可以对这一政策路径的可行性和制度调整的成本收益进行进一步的研究。

(作者单位:浙江大学社会学系;

浙江大学公共管理学院)

---

[1]　张翔、周雨菲、郑衍煌:《提高城乡居保基础养老金水平促进共同富裕》,《中国社会保障》2021 年第 10 期。

技术治理:大数据技术与
社会救助制度的契合机制

康冰怡

一、引 言

随着我国脱贫攻坚取得重大成就,现行标准下实现了农村贫困人口全部脱贫的目标。在此过程中,社会救助制度发挥了重要作用。然而,绝对贫困的消除并不意味着完全消除了贫困。党的十九大报告明确指出,我国社会的主要矛盾是人民日益增长的美好生活需要与不平衡不充分的发展之间的矛盾。发展的不平衡不充分将导致相对贫困问题长期存在。为此,党的十九届四中全会提出"建立解决相对贫困的长效机制"的新要求。解决相对贫困问题将是我国未来的长期任务,社会救助制度仍是解决贫困问题的重要手段。[①] 进入相对贫困治理阶段,我国贫困问题的性质、成因和特征都发生了很大的改变,[②]由此带来的社会救助制度外部条件的变化,对社会救助制度的发展和完善提出了新要求。一方面要求社会救助制度精准回应困难群众的实际需要,提升救助方式和参与主体的多样性;另一方面要求社会救助制度积极应对信息化时代高复杂性和高不确定性的社会风险和公共问题。[③]

回顾绝对贫困治理时期社会救助制度的有效开展,首先有赖于通过信息化

---

① 关信平:《论我国社会救助制度的结构调整与制度优化》,《山西大学学报》(哲学社会科学版)2020年第5期。

② 王晓毅:《全面小康后中国相对贫困与贫困治理研究》,《学习与探索》2020年第10期。

③ 邓大松、范秋砚:《大数据驱动下社会保障发展与研究的转型升级》,《中国社会保障》2019年第8期。

手段对贫困人口进行精准识别和动态管理。① 因此,进入相对贫困治理新阶段,若想真正实现社会救助制度发展和完善的新要求,仍有赖于政府大数据治理能力的提升。与传统治理模式相比,大数据治理具有信息搜集的主体性、信息分析的数据化、数据决策的精准化和数据治理的全局性等特点。② 它不但改变了传统政府一家独大的信息优势地位,③逐步消除了政府和公众之间的信息差,④推动从政府单一治理向社会多元共治的转型;而且有助于精准判断民众需求的变动,根据民众需求制定有针对性的社会救助政策⑤进而提升公共服务的精准性。⑥ 自党的十八大以来,我国就高度重视大数据在国家治理领域的作用。2014 年的政府工作报告中首次提出"运用大数据技术提高地方政府治理水平"的要求。2015 年 8 月 31 日,国务院发布的《促进大数据发展行动纲要》明确提出"将大数据作为提升政府治理能力的重要手段"。2018 年 5 月 28 日,民政部印发《"互联网+民政服务"行动计划》指出,强力推行"互联网+民政服务",推进"互联网+"和大数据等技术在社会救助制度中的应用。伴随信息技术的快速发展应用与一系列重要政策的引领,大数据社会救助逐渐成为理论研究和实践探索的重要议题。

已有研究大多以分析信息技术的一般性特点和优势为起点,认为大数据分析的客观性,能够减少人为因素的影响和失误,提高扶贫信息的真实性;⑦大数据分析的动态性特征有利于提升贫困识别的精准化;⑧大数据信息高度数字化的优势,减少了部门间信息传播的流程,有利于社会救助跨部门信息的互通共享。⑨ 并将传统社会救助体系视为推进大数据治理的障碍,传统"线下"的救助

---

① 万国威:《新时代我国贫困人口兜底保障的大数据治理变革》,《华中科技大学学报》(社会科学版)2020 年第 2 期。

② 闵学勤:《基层大数据治理:打造活力政府的新路径》,《学海》2019 年第 5 期。

③ 何哲:《大数据时代,改变了政府什么?——兼论传统政府的适应与转型》,《电子政务》2016 年第 7 期。

④ 胡税根、王汇宇、莫锦江:《基于大数据的智慧政府治理创新研究》,《探索》2017 年第 1 期。

⑤ 张翔:《"复式转型":地方政府大数据治理改革的逻辑分析》,《中国行政管理》2018 年第 12 期。

⑥ 陶国根:《大数据视域下的政府公共服务创新之道》,《电子政务》2016 年第 2 期。

⑦ 莫光辉、张玉雪:《大数据背景下的精准扶贫模式创新路径——精准扶贫绩效提升机制系列研究之十》,《理论与改革》2017 年第 1 期。

⑧ 莫光辉:《大数据在精准扶贫过程中的应用及实践创新》,《求实》2016 年第 10 期。

⑨ 金红磊:《"互联网+"背景下的社会救助:现代功能、时间困境及实现路径》,《河海大学学报》(哲学社会科学版)2020 年第 4 期。

信息搜集方式使部分救助对象处于一种被动等待救助的状态，不能准确及时地将需求信息传达给拥有资源的救助者，造成了信息弱势群体的存在。① 部门间社会救助职能的分割，使分处不同部门的社会救助信息难以流通和共享，大数据治理的全局性受到削弱。中央政府与地方政府的博弈关系及信息不对称性使地方政府有挪用社会救助资金发展经济的倾向，进而造成政策"失灵"现象。② 在此基础上，研究者进一步提出加大网络基础设施和相关设备投入，加强基层大数据硬件设施建设，③优化省级贫困信息"云计算平台"建设破解信息孤岛难题，④最终实现政府治理方式从经验式决策向科学化、民主化决策转变⑤等政策建议。

以大数据技术优势为前提，探讨技术优势对社会救助制度发展赋能的研究思路固然凸显了大数据技术应用对社会救助体系建设的推动性，但上述思路将现实社会的数字化作为前提条件，要求线上空间成为线下世界的镜像映衬，以数据的收集、存储、传输、表达、分析来代替传统治理的中间过程，其中作为治理主体和治理客体的人类本身被简化为数据拼图反映在线上世界中。⑥ 然而，现实世界中个体行为、社会运行与政府运作的能动性，贫困治理的复杂性及其难以完全以大数据形式镜像到线上世界的客观性决定了社会救助制度的发展和完善依然需要以该领域的基本制度逻辑为基础。因此，本文以社会救助制度改革和完善的现实需求与制度逻辑为基础，探索大数据技术逻辑嵌入社会救助固有制度逻辑的适应性和挑战性，以及政府、个人和社会作为治理主体和治理客体的能动性，并在此基础上形成有针对性和实用性的政策路径建议，以期大数据驱动下的社会救助制度改革顺利进行。⑦

① 金红磊：《"互联网+"背景下的社会救助：现代功能、时间困境及实现路径》，《河海大学学报》（哲学社会科学版）2020 年第 4 期。

② 季飞、杨康：《大数据驱动下的反贫困治理模式创新研究》，《中国行政管理》2017 年第 5 期。

③ 李晓园、钟伟：《大数据驱动中国农村精准脱贫的现实困境与路径选择》，《求实》2019 年第 5 期。

④ 万国威：《新时代我国贫困人口兜底保障的大数据治理变革》，《华中科技大学学报》（社会科学版）2020 年第 2 期。

⑤ 刘泽、陈升：《大数据驱动下的政府治理机制研究——基于 2020 年后精准扶贫领域的返贫阻断分析》，《重庆大学学报》（社会科学版）2020 年第 5 期。

⑥ 贾开：《数字治理的反思与改革研究：三重分离、计算性争论与治理融合创新》，《电子政务》2020 年第 5 期。

⑦ Volkoff O，Strong D M，Elmes M B．Technological embeddedness and organizational change．*Organization Science*，2007，18(05)：832-848.

二、大数据驱动下社会救助制度发展的现实需求

2018 年 8 月 31 日,国务院发布的《促进大数据发展行动纲要》中指出大力推动政府信息系统和公共数据互联开放共享,加快政府信息平台整合。2015 年 9 月,甘肃省被列为国家扶贫办全国大数据平台建设试点地区,率先开始试点建设精准扶贫大数据平台。① 截至 2019 年 10 月,我国省级和地市级大数据信息平台覆盖率已分别达到 96.8% 和 91.9%,② 全国范围内社会救助大数据信息平台已经初步形成。尽管全国大数据信息平台建设已经初具规模,但是这一时期的大数据技术是凭借技术强制力以一种非制度化的技术赋能形式参与到社会救助体系中,难以满足社会救助制度改革与完善的现实需求。

(一)管理协作需求

我国社会救助制度的管理职责分散在民政部门、卫生部门、人社部门、教育部门等多部门中,即使在最低生活保障这一个救助项目的内部也由民政部门、财政部门、审计部门等多部门共同管理,社会救助项目的管理运行存在信息跨部门流动的障碍。与此同时,民政部门并不属于行政系统中的强势部门,其所具有的权威相对有限,难以有效调节不同部门之间社会救助信息的流动。随着社会救助大数据信息平台的建立,大数据以其信息高度数字化的特征,减少了部门间信息传播的流程,逐步打破条块管理所导致的部门间信息壁垒,提高了不同政府部门间信息共享的效率,改善了社会救助体系内各职能部门间的衔接状况。

虽然大数据助力跨部门合作一定程度上改善了社会救助体系"碎片化"的问题,但是部门间的信息壁垒依然存在。一方面,社会救助不同部门的标准和规范不同,在数据收集、存储、传输、表达等方面的具体操作有所差异,增加数据整合的难度;另一方面,部分地区由当地民政部门牵头建立的大数据信息平台统筹层次较低,需要与其他各部门逐个逐次对接相关数据,才能完成社会救助系统的数据组网,部门间信息对接的困难未能消除。与此同时,随着国家对信息安全问题的重视程度不断提高,各部门对数据安全的重视程度也不断提升,出于对数据

---

① 莫光辉:《精准扶贫:中国扶贫开发模式的内生变革与治理突破》,《中国特色社会主义研究》2016 年第 2 期。

② 万国威:《新时代我国贫困人口兜底保障的大数据治理变革》,《华中科技大学学报》(社会科学版)2020 年第 2 期。

泄漏给本部门带来问责风险的担心，部分部门拒绝或滞后提供信息，不利于社会救助大数据信息完整性和实效性的构建。大数据背景下，社会救助体系内部各部门间的管理协作有待加强。

（二）精准救助需求

社会救助以社会成员的家庭经济状况和财产调查为前提提供救助，以往的社会救助主要以"线下"人工收集的形式采集贫困人口信息，再通过量化分析制定同质化的人口识别政策。受信息收集方式单一的限制，贫困人口信息往往呈现静态、滞后的特征，难以动态反映贫困人口生活状况的变化情况。简单量化分析的信息处理方式也难以对贫困村自然资源分布、基础设施建设情况以及贫困人口的生产生活状况进行综合评估，进而精准配置扶贫资源。精准扶贫时期，社会救助政策借助大数据技术的复杂信息处理能力，综合研判贫困人口的贫困等级，实现了对贫困人口的精准识别。但绝对贫困治理时期的精准救助主要集中在提高救助对象的瞄准性方面，对救助对象的致贫原因和实际需要的关注度不高，并且在救助内容上对符合最低生活保障救助标准的对象都采取同样的补差式现金救助，未能针对不同困难群众的实际需求进行精准救助。

进入相对贫困治理时期，社会救助的制度目标从过去解决生存型贫困问题，转为从相对贫困视角解决生活型贫困和发展型贫困问题，必然导致社会救助对象和范围的不断扩大，[①]对救助对象精准识别的要求会有所降低，而精准满足救助对象实际需要的要求会不断提升。因此，需要提高社会救助识别贫困人口的致贫原因和实际需要的精准度，真正实现以贫困人口实际需要为前提的精准帮扶救助。这就需要拓宽贫困人口的需求表达渠道，为贫困人口提供便捷的发声渠道，真实表达其生活中面临的困境和现实需要。精准扶贫时期，虽然通过大数据技术对收集到的信息进行整理和分析，但信息收集环节仍主要依靠基层干部走访和家计调查的方式实现，再通过层级体系一级级向上汇总信息，数据失真、信息"黑箱"、信息不对称[②]等现象频繁发生，困难群众难以发挥其主观能动性，其真实救助需求无法直接反馈给政府部门，影响了困难群众的诉求表达，进而影响了救助成效和扶贫质量。

---

① 关信平：《相对贫困治理中社会救助的制度定位与改革思路》，《社会保障评论》2021 年第 1 期。

② 季飞、杨康：《大数据驱动下的反贫困治理模式创新研究》，《中国行政管理》2017 年第 5 期。

(三)资源供给需求

我国传统社会救助主要由政府主导,社会力量参与较为薄弱。由政府主导的社会救助主要以现金救助和实物救助的形式为主,救助方式较为单一。[①] 现金救助和实物救助虽然可以较好地保障困难群众的基本生活,但在帮助困难群众摆脱贫困方面的作用有限。[②] 进入相对贫困治理时期,以满足基本生存需求为目标的物质救助难以满足生活型贫困和发展型贫困提高生存能力的缓贫需要,[③]就业救助、教育救助等提高困难群众生存能力的服务型救助供给就显得尤为重要。多样性的服务救助能够更加有针对性地满足困难群众多元化的需求,尤其是以提升贫困者机会、能力与动机为目标的服务型救助,在助力困难群众拓展机会、增能赋权和激励动机等方面可以发挥更大的作用。服务救助的多样性决定了难以依靠政府单一主体实现完全供给,需要社会力量参与到服务救助的供给之中。

2014 年,国务院颁布的《社会救助暂行办法》鼓励社会力量参与社会救助服务供给,服务救助中社会力量的参与程度有所增加。与此同时,随着大数据平台的搭建和互联网公益的兴起,社会力量参与公共事务治理的壁垒有所削弱,大数据技术不仅帮助政府滋生了多方参与社会救助的土壤,还通过信息的有效传递,帮助社会力量了解困难群众的现状和实际需求,使社会力量可以较为平等的参与社会救助的过程中,大大促进了社会救助的社会化。然而,我国现有的社会救助信息平台建设尚不完善,困难群众的需求信息与社会力量的供给信息间的渠道尚未完全打通,被救助对象和社会主体之间的供求信息尚未实现有效对接,多主体信息共享机制尚未建立。

三、大数据与社会救助的运行逻辑

虽然随着数字技术的急剧发展和广泛普及,大数据信息的集成与处理应用已经逐渐成为国家现代化治理体系建设的基础性战略资源。但在社会救助领域,大

---

① 林闽钢:《新时代我国社会救助发展方向》,《中国民政》2019 年第 3 期。

② 关信平:《相对贫困治理中社会救助的制度定位与改革思路》,《社会保障评论》2021 年第 1 期。

③ 关信平:《论我国社会救助制度的结构调整与制度优化》,《山西大学学报》(哲学社会科学版)2020 年第 5 期。

数据技术的应用仍处于起步阶段。相关研究也多从技术赋能的角度出发,聚焦于大数据技术发展和完善社会救助制度的现实应用,而相对忽略社会救助制度与大数据技术互动背后的逻辑机制。因此,在对社会救助领域固有制度逻辑和大数据技术逻辑分析的基础上,本文试图进一步探讨两种逻辑相契合的互动机制。

(一)社会救助制度的运行逻辑

社会救助制度运行是行政体制和救助主体共同作用的结果,通常涉及"自上而下"的"控制—命令""自下而上"的"自主—自治"和纵横相间的"合作—博弈"等不同政策工具的运用,依托不同政府、个人和社会等不同资源禀赋的救助主体,共同实现社会救助制度的有效运作。[①]

在社会救助制度的行政体制内部运行方面。中央实施自上而下的顶层设计,制度运行按照"中央决策—地方执行"的逻辑展开,即中央制定社会救助政策后,通过各级行政组织传达到基层单位。地方政府在社会救助制度的运行中也具有一定的主体地位,即对于上级政府的政策,下级政府也拥有一定的自主能力和自由裁量权。[②] 在中央政府社会救助倡导性政策指引下,地方政府依据各地的实际情况,通过"先行先试"改革实践,[③]实现"自下而上"的"自主—自治"。然而,这种"摸着石头过河"的改革策略与分化试点实践的社会救助体系建构机制,容易导致社会救助制度结构分散等问题的产生。与此同时,条块分割的行政管理格局与横向部门利益间的博弈,进一步加剧社会救助制度管理权的结构分散与功能分化,滋生利益部门化、权威碎片化与服务裂解性等问题,[④]最终形成社会救助制度层级各异、部门分割、地域差异的"碎片化"治理样态。

多元救助主体共治是社会救助制度运行的核心要义。[⑤] 在多元社会主体责任定位上,政府是社会救助首要的义务主体,依托其强大的财政力、动员力和执行力,主要承担社会救助制度制定和资源供给的责任。个人作为陷入贫困的主

① 宋雄伟、张翔、张晴晴:《国家治理的复杂性:逻辑维度与中国叙事——基于"情境—理论—工具"的分析框架》,《中国行政管理》2019 年第 10 期。
② 王婷:《中国政策结构的内在逻辑——以农村社会养老保险为例》,《政治学研究》2018 年第 3 期。
③ 李磊、李连友:《从碎片到整合:中国社会保障治理的进程与走向——基于"理念—主体—路径"的分析框架》,《经济社会体制比较》2021 年第 1 期。
④ 岳经纶、方珂:《福利距离、地域正义与中国社会福利的平衡发展》,《探索与争鸣》2020 年第 6 期。
⑤ 林闽钢:《论社会救助多主体责任的定位、关系及实现》,《社会科学研究》2020 年第 3 期。

体与救助的客体,应首先承担积极寻求救助的义务,在自我救助无法摆脱贫困的情况下,积极寻求政府和社会力量协助摆脱生存困境。社会力量则应充分利用救助资源多、救助方法灵活、救助响应及时等方面的优势,通过与政府合作为困难群众提供其所需的救助服务。政府应在此过程中引导社会力量广泛参与社会救助实践,弥补社会救助供给中的政府失灵,以便更好地实现社会救助政策的高效精准递送。然而,现行的社会救助体系尚未实现协同均衡,由于社会救助制度运行重"政府治理"轻"协同共治",社会力量参与社会救助的渠道受限,多元主体协同治理格局尚未成熟定型。

(二)大数据的技术治理逻辑

大数据技术治理已经成为全球社会治理中最重要和最明显的趋势。[1] 大数据治理的内涵旨在将现代数据处理技术应用于社会救助制度运行的实践中,对社会救助供给和需求信息进行数据化处理,为社会救助制度运行提供一个基于数据结构的可视化图景。[2] 这种清晰性需要经由救助信息再组织、信息处理方式重构以及处理结果可视化研判等技术逻辑实现。

传统的社会救助制度主要依靠各级管理人员采集、记录和筛选社会情况和救助需求信息,然后根据官僚体制的权责链条逐级汇总到上级政府手中。由于人工信息搜集的方式缺乏严格标准化的规范和流程,信息搜集的过程中可能包含大量失真、缺损甚至扭曲的情形,难以真实呈现社会救助运行的存在状态和客观表征。大数据技术创造了收集信息的全新方式,通过高数据化的信息收集,映射出更加精准、维度更多、粒度更细的社会救助体系,从而革命性地重构了社会救助的信息空间,用海量、多样、实时的数据记录、储存、传输和呈现社会救助体系的真实情景,实现了对社会救助信息的数据化再组织。

面对海量、多样的数据信息,仅仅通过数据化的信息呈现难以更好的监测社会救助制度运作、预测救助需求变化以及规划社会救助制度的发展,需要建立相应的计算模型对高度数据化的信息进行准确的算法设计和分析,重构社会救助信息的处理方式。传统的信息处理主要依靠手工作业的方式完成,容易造成救助信息不全面、信息集成质量较低、信息交易成本较高等问题。此外,传统信息处理过程中的数据信息内容和处理方式都由少数官僚精英控制,导致信息处理

---

[1]　刘勇谋:《技术治理的逻辑》,《中国人民大学学报》2016 年第 6 期。

[2]　鲁迎春、徐玉梅:《技术服务:基于数据驱动的养老服务供给模式创新》,《行政论坛》2020 年第 3 期。

过程可能存在"黑箱"现象，从而形成有争议的信息处理结果。大数据技术以云计算、分布式计算等多元化的信息处理技术为手段，依托社会救助大数据信息平台，实时获取社会救助运行的动态化信息，依据标准化的信息处理流程和方法对海量、多样的数据进行计算处理，有助于减少信息处理过程中人工因素的干扰，进而形成更加清晰、准确、可视化的社会救助体系图景。

从社会救助信息的再组织到信息处理方式的重构，社会救助信息最终依托人工智能、机器学习及深度学习等技术可视化框架，实现了社会救助信息的可视化呈现。这里的"可视化"不仅指技术上的信息可见，还意味着社会救助制度应该追求更为开放和透明的信息共享机制，进而通过可视化的信息研判，实现社会救助资源与困难群众需求的精准匹配。与之相反，在传统社会救助体系中，"暗箱操作"现象的存在降低了救助信息的可视化程度，公众和社会力量对社会救助的过程和结果都不甚明了，甚至被排除在社会救助制度运行之外。在社会救助体系中，供需资源的精准匹配需要依靠可视化的信息研判，实现困难群众需求与多主体资源供给间的精准对接，进而实现对社会救助需求的差异化满足。

四、制度逻辑与技术逻辑的契合机制

大数据技术通过改变社会救助信息的组织、处理和研判方式，以"信息"为媒介影响了社会救助制度的微观运作机制。因此，"信息"在社会救助制度改革和完善过程中具有重要作用。基于此，本文将"信息"作为分析的中间变量，从信息化治理理论、态度—行为理论和网络治理理论三重视角，分析政府、个人、社会作为社会救助制度运行的主体和客体，通过大数据技术改变信息的组织、处理和流通方式，实现政府职能重构、个人需求表达和多元主体共治的契合机制。

（一）信息化治理视角下的政府职能重构

信息化治理理论最初在经济学研究领域被用于揭示"信息"对经济活动的影响。卡斯特尔认为"信息"不仅在生产、交换和消费过程中发挥着中介作用，还通过信息处理方式的变革为经济发展带来新技术范式、新经济秩序及社会组织新形式。[①] 进入社会治理领域，"信息"被认为可以从根本上重构社会治理的

---

① Castells M.*Networks of Outrage and Hope：Social Movements in the Internet Age*. Malden：Polity Press，2012.

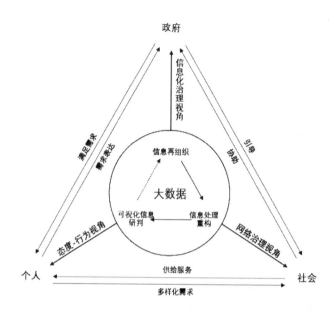

图1　大数据技术与社会救助制度契合机制

过程、制度以及实践，并且可以助力新型社会治理模式的形成，在这一模式中社会治理的构建围绕信息的流动、分析和应用展开。[1]　与此类似，数据化信息在社会救助领域中不仅仅是完善社会救助制度的一项辅助技术，更是重构社会救助体系的重要手段。社会救助大数据信息平台通过跨部门的信息流通和共享，实现了部门间社会救助职能的融合与重构，在行政体制改革之外提供了一种围绕"信息"的社会救助体系变革新机制。

　　社会救助制度层级各异，部门分割的碎片化问题是长久以来社会救助领域理论研究和政府实践的痛点与难点，通过行政体制调整改变社会救助职责部门分割和结构分散化的思路，不仅在各部门利益取向不同的阻碍下难以开展，而且社会救助制度本身的项目多样性和管理复杂性也会阻碍行政体制改革的顺利进行。以行政体制调整提升社会救助管理绩效的改革之路在重重阻碍之下难以推进。大数据技术的发展和应用则为社会救助管理体系改革提供了一种新思路。大数据技术改变了信息收集、处理和研判的方式，信息以数据化的形式依托社会

---

　　① Soma K，Termeer C J，Opdam P.Informational governance—A systematic literature review of governance for sustainability in the information age.*Environmental Science & Policy*，2016（56）.

救助大数据信息平台实现了跨部门的共享与流动,不仅最大限度地维持原有行政体系中机构、人员、事务等配置不变,降低了行政体制变革的成本,而且实现了社会救助管理职能的融合,一定程度上缓解了社会救助政策管理"碎片化"的问题。

然而,目前由单一部门牵头的地市级社会救助大数据信息平台仍存在跨部门信息收集困难、信息统筹层次低且完整性差、信息平台管理能力有限等问题,影响了社会救助信息流通和共享的程度,难以在实践中真正重构社会救助管理体系,社会救助体系整体绩效的提升也大打折扣。因此,推进社会救助大数据信息平台的建设完善显得尤为重要。具体实践可以从以下三个方面展开:一是搭建省级社会救助大数据信息平台,提高社会救助信息的统筹层次,增强信息搜集的完整性,进而提升社会救助信息分析与研判的准确性;二是由省级党政机关牵头建立社会救助大数据信息平台,打破单一部门牵头所带来的跨部门信息组网壁垒,真正实现部门间社会救助信息的互联互通;三是建立独立于行政部门之外的大数据管理中心,负责社会救助信息的收集、存储、传输、分析等技术工作以及大数据平台的信息安全保障工作。

(二)"态度—行为"视角下的个人需求表达

"态度—行为"理论缘于心理学对个体行为如何受环境信息影响的关注。心理学视角认为个体对结果的判断受环境信息的影响,对结果的预期决定了个体的态度,态度又会进一步影响个体的行为,即态度由个体基于对外部信息的判断形成,能够影响个体行为。随着理论的发展,"态度—行为"理论被用于探究环境信息对社会治理中个体行为的影响。在社会治理领域,环境信息对个体态度的形成至关重要,而个体态度又会进一步影响个体行为,进而最终影响社会治理的效果。[①]"态度—行为"理论为理解大数据技术影响社会救助中个体行为的机制的提供了方向。一方面,大数据技术将社会救助信息以更加可视化的形式呈现在困难群众面前,让困难群众有机会充分了解大数据救助的详细内容,以一种更为开放的姿态改变困难群众被动等待救助的心态,进而激发困难群众主动参与社会救助的内在积极性。另一方面,大数据技术与社会救助制度相结合拓展困难群众信息表达的渠道,降低困难群众参与社会救助的门槛,从心理层面减

---

① Wang Y. Promoting sustainable consumption behaviors:The impacts of environmental attitudes and governance in a cross-national context.*Environment and Behavior*,2017,49(10).

少困难群众对社会救助获取难度的预估,从而激发其主动申请社会救助的积极性。

尽管理论层面上大数据技术通过改变信息的获取方式有助于降低困难群众表达个人需求的心理成本,进而改变其行为,但在实践中依然有诸多因素影响需求表达的实际效果。一方面,区域与城乡互联网发展不平衡不充分的问题依然存在,西部地区、农村地区尤其是偏远山区的网络基础设施建设还有待加强;另一方面,受经济发展水平、受教育水平和互联网发展水平等因素的影响,困难群众的互联网使用能力有限制约其难以完成复杂的网络操作。因此,在保留原有"线下"反馈渠道的同时,应积极加强"线上"需求表达渠道的建设。首先,积极发挥移动终端的便捷作用,打造社会救助线上申领小程序,困难群众可以在移动端登陆小程序实时查询救助政策、受助资质、办理流程、所需材料等各方面信息,降低困难群众需求表达的门槛。其次,加强线上申请的宣传、教育和协助工作,在乡村和社区基层设立网络协理员岗位向当地居民宣传社会救助线上申请平台,帮助困难群众学习线上申请的操作流程,提高困难群众获取社会救助信息以及使用社会救助线上平台的能力。最后,不断推进西部地区和农村地区等网络欠发达地区的网络基础设施建设,为社会救助需求表达渠道的扩展扎实基础。

(三)网络治理视角下的多元主体共治

与"态度—行为"理论关注个体行为不同,网络治理理论关注多元主体广泛参与提供公共服务的机制。[1] 该理论认为政府并不是解决社会问题的唯一主体,[2]公众和社会组织都可以成为政府为社会成员提供福利的参与主体,[3]众多公共行为主体通过相互合作、分享公共权力,在相互依存的环境中实现共同管理公共事务。[4] 网络治理理论强调政府、公众和社会组织作为网络治理行为主体在合理分权与信息交换的基础上构建主体间的结构网络,在各主体连接节点上形成一种合作关系,共同整合社会资源,协作实现共同治理目标。信息作为多元行为主体建立关系的重要节点,流畅的信息沟通、合作与资源共享是实现社会救

①　Stephen Goldsmith, Willian D.Eggers. *Governing by Network: the New Shape of the Public Sector.* Washington DC: The Brookings Institution Press, 2004.

②　Kooiman J. *Governing as Governance.* London: SAGE, 2003: 3.

③　Lester S M. *The Tools of Government: A guide to the new governance.* New York: Oxford University Press, 2002.

④　陈振明:《公共管理学:一种不同于传统行政学的研究途径》,中国人民大学出版社 2003 年版。

助各行为主体之间有效协作的基本前提。信息时代,在大数据技术的辅助下社会救助信息在政府、公众和社会组织等社会救助主体之间的流动更加畅通,及时准确的信息交流使社会救助的供给与需求匹配更加精准,进而为实现社会救助制度的灵活化、效率化和长效化提供了保障。

网络治理理论为社会救助领域多元主体共治提供了理论基础和实践指南,但目前社会救助领域多元主体协作机制尚未成型,信息透明度低、信息共享不畅、社会组织参与度低等问题依然存在。[1] 在大数据技术协助下,构建网络协作信息共享机制是实现多元主体共治的重要一步。具体而言,一是政府主导构建信息共享网络。政府通过救助信息共享、购买社会组织救助服务等方式引导社会力量参与社会救助,整合社会救助资源,推动社会救助网络协作信息共享机制的构建。二是社会力量积极参与信息共享网络的搭建。社会组织入驻政府主导的社会救助大数据信息共享平台,发挥自身供给形式多样、供给方法灵活、服务供给专业的优势,依托资源共享平台,形成协同效应。三是公众监督信息共享网络的良性运行。信息共享网络的建立在一定程度上提高了社会救助信息的公开透明程度,为公众监督社会救助政策的执行提供了平台,有利于规范社会救助政策的执行过程。

(作者单位:华中农业大学公共管理学院)

---

① 李静、焦文敬:《黑龙江国有林区社会救助多元主体协作问题研究——基于网络治理理论》,《林业经济》2019 年第 5 期。

四、低保与低收入救助

最低生活保障制度何去何从

杨立雄

低保是我国社会救助的基础性制度安排,也是中国特色社会保障制度的重要组成部分,在保障基本民生、促进社会公平、维护社会稳定方面发挥重要作用。但是近年来,城乡低保人数稳步减少,低保覆盖面持续收窄。在绝对贫困基本消除、相对贫困成为主要贫困形态,同时经济下行压力加大、困难群体数量增加的张力下,低保将何去何从?

一、低保制度走到十字路口

自 1993 年上海率先建立城市低保制度以来,低保受助人数快速增长,到 2012 年,全国城乡低保总人数接近 7600 万人,覆盖面(即低保人数占总人口的比)达到 5.62%。但是自此之后,低保人数持续下降,到 2019 年,低保总人数减少至 4300 万人左右,相比于 2012 年减少了 3300 万人。

二、低保制度存在问题的成因

造成低保人数快速减少、覆盖面持续收窄的原因是多方面的,概括起来主要有三个方面的原因。

一是低保制度设计可再完善。20 世纪 90 年代初,我国开始探索建立城市低保制度,到 2007 年,建立农村低保制度。在建立城乡低保制度初期,我国经济社会发展水平低,贫困发生率高,基于"低水平、广覆盖"原则,低保将尽可能多的困难群体纳入保障范围,较好地保障了最为困难群体的基本生活。随着时间的发展,我国经济水平整体得到较快提升,尤其是脱贫攻坚战胜利后,绝对贫困

消除,相对贫困成为贫困的主要表现形式,导致低保制度不是很适应当前的发展形势,主要表现为:

(1)收入型贫困难以衡量当前复杂的贫困形态。低保制度规定,家庭成员平均收入低于当地规定标准的才有资格申请低保待遇。这种以收入为单一的衡量标准,无法将越来越普遍的支出型贫困、家庭脆弱性、工作贫困等纳入保障范围,也难以将低收入中的残疾人家庭、单亲家庭、多子女家庭等特殊家庭纳入保障范围。而且,由于收入不仅关系到家庭是否符合低保资格,还决定了其待遇水平,因而要求管理机关精准地测量家庭收入。但在收入来源的多元化、隐蔽化的背景下,这项工作变得越来越困难,管理成本也越来越高。

(2)"补差"方式导致低保提标难。低保制度规定,低保待遇按"补差"方式计算,即家庭人均收入与低保标准差多少,补多少。这种方式相当于将低保资格线与低保救助线合二为一,低保标准既是资格线,也是救助线。由此导致低保提标的困境:提高低保标准,意味着低保资格线的下调,让更多家庭进入受助范围,但也意味着低保待遇需要相应地提高,从而也抬升了福利悬崖效应;而放缓低保提标,随着居民收入的整体提高,导致符合救助条件的家庭越来越少。因此,地方政府在提标问题上左右为难。

二是低保管理体制存在不足。

(1)事权与支出责任的不匹配。低保的管理重心在区县级政府,虽然中央财政和省级承担了大部分低保支出,但是县级政府仍然承担了一定比例的财政支出,因而存在减少低保对象的冲动。

(2)基于户籍的管理体制将大量流动性困难家庭人口挡在低保之外。低保制度规定,须向户籍所在地进行申请,由户籍所在地管理机关进行家计调查,并在户籍所在地领取低保待遇,由此增加了申请者的成本,也增加了管理机构核实材料、判断家庭收入和财产的难度,导致部分困难群众放弃低保申请。

三是政策执行的理念存在偏差。从政策执行看,不恰当的问责导致基层低保工作追求"应退尽退",忽视"应保尽保"。主要表现为:

(1)过度问责导致"宁漏勿错"。近年来,审计、纪检等部门对低保开展了多次清理整理,加大了基层工作人员的问责力度,大大降低了"人情保""关系保"等现象的出现。但是机械且过度的问责也导致了基层普遍出现"宁漏勿错""能不保就不保"现象。比如,2015年内蒙古财政人员吃低保一事经审计披露后,全区处理了200多名基层干部,导致2016年全区低保人数急剧减少15万人。但是事实上,吃财政饭的人员中有部分人员为公益性岗位人员。再如,2021年银川市某区(县)核查发现有个别死亡保的情况,该区民政干部被问责后,一批符合低保条件的低保户被清退。目前,部分地区对工作人员的问责正在向更宽的领域延伸,如:将工作失误当做腐败问责,将技术手段欠缺造成的问题归结为工作人员责任。

(2)层层加码将困难家庭挡在门外。出于防止"养懒汉"或加重财政负担等考虑,地方政府对低保申请附加额外条件,抬高了低保门槛。例如,有些地方规定,亲属中有吃财政饭的家庭不能申请低保,经办人员的亲属不能申请低保,家庭成员中有外出务工的不能申请低保。一些地方为避免问责,在低保经办中处处留痕,要求困难群众提供多种证明材料、填写多项表格,要求基层工作人员多次上门核对,赴多个部门调查,加重了申请人的负担,也增加了经办人员的工作量,让部分困难家庭知难而退。

(3)绩效考核的片面性导致对"应退尽退"的追求。中央政府多次强调,要完善低保动态管理,做到"应保尽保""应退尽退"。但是在政策执行过程中,为避免问责,地方政府片面强调低保确准率,将"错保率"设为一票否决。一旦"错保率"达不到标准,不仅影响个人升迁,还影响管理机关和经办机构的奖金待遇和工作经费。由此,基层管理机关和工作人员想方设法做到"应退尽退",忽视"应保尽保"。

三、低保改革迫在眉睫

经过多年的快速发展,我国经济实力已位居世界第二,人均GDP达到1万美元以上,"吃不饱、穿不暖"的绝对贫困现象已基本消灭。但是,以相对贫困标准衡量,我国仍然存在庞大的低收入人口。北京师范大学李实教授的计算表明,2019年,我国家庭人均月收入低于500元的困难群体人数达到1亿人,月收入低于1000元的低收入人数超过5亿人。为此,要从"以人民为中心"的高度充分认识低保扩面的意义,采取切实有效措施,遏制住低保人数持续下滑的态势,筑牢基本民生保障线。具体来说,可以从以下几个方面进行改革:

一是改革低保制度。

(1)将低保资格线与低保救助线分离。以北京市为例,2022年低保标准为每人每月1245元,符合这一条件的家庭过少。为扩大受助面,可以将低保资格线提高到每人每月 2000 元,凡人均收入低于 2000 元的家庭均符合申请低保的条件。而救助待遇则可以低于资格线,且按等级发放,例如,困难一等为每人每月 1500 元,困难二等为每人每月 1000 元,困难三等为每人每月 500 元。将资格线与受助线分离,有利于降低门槛,扩大受助范围,且又可以避免给财政造成负担。

(2)建立家庭困难分级制度。改革低保"补差"制度之后,还需要对家庭困难程度进行分级,以便确定低保家庭的救助待遇。建议综合参考收入、财产、家庭结构、赡养抚养负担、就业、残疾等因素,对家庭困难程度进行分级。建立家庭困难分级制度,不仅有利于建立分层分类社会救助体系,降低福利悬崖效应,也有利于将更多的贫困类型(如支出型贫困、特殊家庭类型)纳入低保范围,扩大低保受助面,还有利于减轻收入核查的工作量。

(3)打破户籍界限。第七次全国人口普查数据显示,我国流动人口规模已高达 3.76 亿,其中省内流动占比超过三分之二;另外,人户分离接近 5 亿人。受户籍限制,这部分流动人口很难在常住地申领低保。为此,建议以省级为单位,统一低保制度、低保标准和申办流程,实现省内流动人口在常住地申领低保;经过一段时间运行后,在时机成熟时实现全国范围内常住地申领低保。要实现上述目标,一个关键措施是建立以省为单位的低收入人口管理平台,让"数据多路跑,群众少跑腿"。

二是完善管理体制。

(1)上收管理权限。将现有由地市制定和发布低保标准的权限收归省级政府,逐步缩小省内差距,扩大不发达地区的受助面;减轻县级财政负担,加大财政困难县的转移支付力度,提高财政困难地区的受助面;统一省内低保资格条件、家庭困难程度认定标准和工作流程,并实现省内"一门受理,全省通办";大幅度简化申请材料,推广北京市西城区"一证一书"(即身份证或户口本和承诺书)申请低保的做法,提高低保申请的便利性。

(2)平衡"错保"与"漏保"。在绩效考核中设置"漏保率"(即应该纳入低保但未纳入低保的比例)考核指标,其权重与"错保率"等同。从民政部做起,将"漏保率"列入考核各省市社会救助绩效的重要指标,纠正政策执行中过于强调"应退尽退"、忽视"应保尽保"的偏向。

三是纠正过度问责任。

对低保进行有效的监督十分必要,但是监督的重点在于对低保资金的审核和监管,而对于救助对象的合法性核查切忌一刀切、简单化,避免技术主义和专业主义的算计,将贫困边缘家庭或是公众认可的家庭排除于外。应基于贫困的复杂性,在严格监督的同时,应融入人文关怀,赋予基层工作者一定的自由裁量权,并设立容错认定范围;严格区分腐败与工作失误的界限,对腐败行为采取"零容忍",对工作失误要适当宽容;对于因技术手段或工作条件难以验证和审核从而造成错保的现象,应免于问责。同时,改变对申请者及低保户的管理方式,从"严申请、宽管理"变为"宽申请、严管理",从事前严防变为事后惩罚;完善低保申请承诺制,加大对失信行为的惩处力度。

(作者单位:中国人民大学劳动人事学院)

缓解能源贫困的效果研究

——基于河北省和山西省部分农村地区的分析①

姚建平　张凌子　谢亚楠

　　缺乏充足、负担得起的能源服务与贫困之间存在显著相关性。能源贫困是世界各国尤其是发展中国家经济社会发展面临的巨大挑战之一。据国际能源署的统计,全球无法正常使用电力资源和依赖传统生物质能的人口分别高达 12.6亿、26.4亿,其中绝大多数分布在经济欠发达地区。② 中国农村仍有大量家庭依赖柴草、煤炭作为基本生活燃料,能源贫困问题仍然不容忽视。

一、文献综述

　　目前,学术界关于能源贫困的概念主要从能源可支付性和能源服务可获得性两个维度来界定的。作为研究能源贫困的先驱,Boardman 认为一个家庭的能源消费支出占总收入的 10% 及以上即可视为能源贫困③。同样,李慷④、张忠朝⑤也从可支付性的角度,将能源贫困定义为无法支付将房屋供暖到适当温度的费用。但是,Papada 等人指出,"10%指标"并不是一个很好的测度能源贫困

　　① 本文系国家社会科学基金一般项目(项目批准号:18BSH051);北京市社会科学基金研究基地项目(项目批准号:18JDGLA035)的研究成果。
　　② 蔡海亚、赵永亮、徐盈之:《中国能源贫困的时空演变格局及其影响因素分析》,《软科学》2021 年第 4 期。
　　③ Boardman B. *Fuel Poverty: From Cold Homes to Affordable Warmth.* [M] New York: Belhaven Press,1991.
　　④ 李慷、王科、王亚璇:《中国区域能源贫困综合评价》,《北京理工大学学报》(社会科学版)2014 年第 2 期。
　　⑤ 张忠朝:《农村家庭能源贫困问题研究——基于贵州省盘县的问卷调查》,《中国能源》2014年第 1 期。

的指标,因为用这一指标代替实际家庭能源消费需求,会低估家庭的实际需要。① 尽管如此,"10%指标"简单直接且易于理解,因此也被广泛采用。此外,也有学者根据可扩展线性支出模型(ELES)算出家庭人均能源消费支出基本需求,即能源贫困线。如果能源消费支出小于基本需求则存在能源贫困,反之不存在能源贫困。② 有一些研究者基于可支付性视角对我国城乡能源贫困问题进行了分析。例如,吴文昊发现我国清洁燃料的选择和整体能源消费种类及结构方面存在明显城乡差异,其原因主要是城乡用能支出占家庭收入的比重存在差异③。袁玲等人的研究也认为,我国农村能源贫困问题的主要原因是处于低收入水平的乡村基数较大。特别是山区乡村经济贫困普遍,由此导致这些乡村农户支付基本能源消费的能力十分有限④。

能源服务的可获得性也是衡量能源贫困的重要方法。国际能源署认为,能源贫困是指人们在炊事方面主要依靠传统生物质燃料或无法获取和使用天然气、电力等清洁能源。⑤ 也有研究从可获得性的角度来研究中国能源贫困问题。例如,赵雪雁等人用人均生活用电量、人均液化气使用量、人均沼气使用量、太阳能热水器与太阳房人均覆盖面积来表征能源接入程度,用清洁炊具普及率来表征能源服务程度。研究结果发现,2000—2015 年中国农村能源贫困呈先增后降的"倒 U 型"趋势,但一直保持着"中部高、东西部低"的马鞍形分布格局。⑥

也有一些研究者从多维能源贫困的角度进行测量和研究。张梓榆等采用CGSS2015 数据,从烹饪、衣着、居住、出行、教育/娱乐五个维度对家庭层面的多维能源贫困进行了测算。研究也发现,多维能源贫困不仅会损害居民的身体健康,而且会危害心理健康。⑦ Wang 等人使用了能源服务的可获得性、能源服务

---

① Papada L, Kaliampakos D. A Stochastic model for energy poverty analysis. [J] *Energy Policy*, 2018,116:153-164.

② 刘自敏、邓明艳、崔志伟、曹晖:《能源贫困对居民福利的影响及其机制:基于 CGSS 数据的分析》,《中国软科学》2020 年第 8 期。

③ 吴文昊:《基于能源贫困视角的中国城乡家庭用能差异》,《现代商贸工业》2020 年第 20 期。

④ 袁玲、甘淑、李文昌:《山区县域乡村能源贫困测度分析——以云南省宣威市为例》,《昆明理工大学学报》(社会科学版)2018 年第 5 期。

⑤ International Energy Agency (IEA). World Energy Outlook 2002 [R]. Paris: *Working Paper*, 2002.

⑥ 赵雪雁、陈欢欢、马艳艳、高志玉、薛冰:《2000—2015 年中国农村能源贫困的时空变化与影响因素》,《地理研究》2018 年第 6 期。

⑦ 张梓榆、舒鸿婷:《多维能源贫困与居民健康》,《山西财经大学学报》2020 年第 8 期。

的质量和能源需求三个维度对我国区域能源贫困进行了评价。结果表明，
2000—2011 年我国能源贫困呈缓解趋势，能源服务可获得性略有改善，能耗无
明显变化，能量管理完整性随波动而降低，家庭能源负担能力和能源效率不断提
高。① 解垩选取家庭做饭燃料、照明、家电服务、娱乐/教育和通信五个维度来构
造多维能源贫困指数并对多维能源贫困的决定因素进行了考查。结果显示：多
维能源贫困指数随时间的推移呈现下降态势。家庭规模、户主特征、居住地区等
变量对多维能源贫困有显著影响。②

　　也有一些研究关注能源贫困对居民福利造成的影响。有研究发现，薪柴等
的燃烧降低了室内空气质量，导致家庭成员暴露在室内空气污染中，容易诱发哮
喘等呼吸系统疾病。③ 刘自敏等人的研究发现，能源贫困显著降低了居民福利
（主观幸福感），并且能源贫困对居民福利的影响效果与程度存在区域、城乡与
收入异质性。

　　影响能源贫困的因素既包括经济发展、能源供给、能源基础设施、能源价格、
能源管理等外部因素，也包括居民收入、受教育水平、居住状况等自身因素。蔡
海亚等分析全国 30 个省份的能源贫困时空演变格局及其影响因素。结果表明，
经济发展水平、能源投资水平、能源利用效率和技术创新水平的提升能够显著改
善能源贫困，而能源价格水平的提升不利于缓解能源贫困，受教育水平的提升对
改善能源贫困不显著。赵雪雁等发现，随着地区经济发展水平、农村能源供给水
平、能源投资水平、农村能源基础设施水平和农村能源管理水平的提高，农村能
源贫困状况得到有效缓解。杜梦晨则以市场经济因素、农户自身因素、区域环境
因素为三个子系统构建能源贫困影响因素系统动力学模型，结果发现农户自身
是影响能源贫困的主要影响因素，尤其家庭收入状况在能源贫困问题中的影响
较大。④

　　在我国北方地区，大量使用煤炭作为生活能源不仅是能源贫困问题的重要

　　① Ke Wang,Ya-Xuan Wang,Kang Li and Yi-Ming Wei,"Energy poverty in China：An index based comprehensive evaluation",*Renewable and Sustainable Energy Reviews*,47(2015),308 – 323.

　　② 解垩：《中国农村家庭能源贫困的经济效应研究》，《华中农业大学学报》（社会科学版）2021 年第 1 期。

　　③ Frank Adusah-Poku,Kenji Takeuchi.Energy Poverty in Ghana：Any Progress So Far?.[J]*Renewable and Sustainable Energy Reviews*,2019(112)：853–864.

　　④ 杜梦晨：《基于系统动力学的我国能源贫困影响因素研究》，云南财经大学博士学位论文，2018 年。

体现,还加剧空气污染,成为形成雾霾天气的主因之一。为此,我国在 2016 年前后开始在北方地区大规模推行"煤改气"政策。农村"煤改气"作为一种环境治理政策,研究者大都着眼于其对空气质量的改善。研究表明,农村冬季取暖"煤改气"作为打赢蓝天保卫战的一项重要举措,大量减少由于燃煤导致的污染物排放,改善环境质量,取得了显著环境效益。① 目前较少有研究从能源贫困的角度去研究"煤改气"政策。相关研究大都着眼于"煤改气"后对居民家庭经济负担的影响。例如,李铁松等人对南充市的研究发现,实施煤改气工程后,居民在燃料上的费用增加得并不多,且在居民的承受范围之内。②③ 也有一些研究认为实施煤改气会大大增加居民的成本,并远超居民的价格承受能力。④⑤ 少量研究也关注到"煤改气"政策对居民生活品质的影响。王嘉琦调研后认为,"煤改气"政策的实施,让农户的居住环境有了明显改善,一定程度上提高了农户的健康水平,便利了居民生活。⑥

从理论上看,"煤改气"优化了家庭能源结构,有利于提升居民的生活品质,能够一定程度上缓解能源贫困问题。在实践过程中,"煤改气"政策真的实现了缓解能源贫困的效果吗?本文选择河北省和山西省部分地区进行调查分析,试图从居民收入和福利两个维度评价"煤改气"政策对农村能源贫困的影响。

二、"煤改气"政策发展

开展农村地区的"煤改气"工作是我国大气污染防治的重要手段,也是解决农村能源贫困、推进农村能源消费结构升级的重要路径之一。2013 年,国务院

① 毛显强、彭应登、郭秀锐:《国内大城市煤改气工程的费用效益分析》,《环境科学》2002 年第 5 期。

② 李铁松、方云祥、张泽洪、郭滨、张军:《南充市煤改气行动计划政策案例研究》,《西华师范大学学报》(自然科学版)2005 年第 1 期。

③ 冯相昭、赵梦雪、王鹏、杜晓林、王敏:《冬季取暖"煤改气"实施现状与案例地区经验做法探讨》,《环境与可持续发展》2020 年第 3 期。

④ 宋金:《公共政策视角下农村"煤改气"政策实施成效研究》,河北师范大学博士学位论文,2020 年。

⑤ 张雪婷:《乌鲁木齐农村地区"煤改气"实施效果调查研究》,石河子大学博士学位论文,2020 年。

⑥ 王嘉琦、杨梅、张振迎:《河北遵化市农村"煤改气"调研及分析》,《山西建筑》2020 年第 12 期。

印发了《大气污染防治行动计划》（国发〔2013〕37号），首次提出在供热、供气管网不能覆盖的地区，改用电、新能源或洁净煤。此后，国家陆续发布了《国务院办公厅关于印发能源发展战略行动计划（2014—2020年）的通知》（国办发〔2014〕31号）、《关于推进电能替代的指导意见》（发改能源〔2016〕1054号）、《国务院关于印发"十三五"节能减排综合工作方案的通知》（国发〔2016〕74号）等政策，进一步明确地区清洁取暖改造意见。对于能源消耗以散煤为主的农村地区，国务院在2018年印发的《乡村振兴战略规划（2018—2022年）》中明确提出"构建农村现代能源体系"，优化农村能源供给结构，完善农村能源基础设施网络，推进农村能源消费升级。

为更好解决北方地区冬季大气污染问题，国家相关部委相继印发了《京津冀及周边地区2017—2018年秋冬季大气污染综合治理攻坚行动方案》（环监〔2017〕116号）、《关于北方地区清洁供暖价格政策的意见》（发改价格〔2017〕1684号）、《北方地区冬季清洁取暖规划（2017—2021）》（发改能源〔2017〕2100号）等文件，"煤改气""煤改电"成为煤炭消费减量替代、治理散煤污染的主要方式。与此同时，各地政府也纷纷出台相关实施政策。河北省城镇供热坚持"宜气则气，宜电则电"的原则推进冬季清洁取暖工作。2016年9月，河北省政府出台《关于加快实施保定廊坊禁煤区电代煤和气代煤的指导意见》（2016），要求到2017年10月底前，禁煤区完成除电煤、集中供热和原料用煤外燃煤清零，标志着河北省"煤改气、煤改电"工作正式拉开帷幕。2017年7月，河北省发布《可再生能源清洁取暖规划实施方案（征求意见稿）》（2017）；次年8月，河北省人民政府发布《关于印发河北省打赢蓝天保卫战三年行动方案的通知》（2018），持续深入开展大气污染防治攻坚行动。而在山西省，省政府办公厅于2020年3月发布《关于印发山西省打赢蓝天保卫战2020年决战计划的通知》（2020）；同年发布《关于做好今冬明春保暖保供工作的通知》（2020），要求各地、各部门和相关企业落实保暖保供各项措施，确保天然气（煤层气）足量供应、全省资源供需平稳有序、资源供应价格基本稳定。山西省能源局也发布《关于及早做好2021年清洁取暖改造相关工作的通知》（2021），巩固清洁取暖改造成果。

为了保证"煤改气"政策的顺利推行，各级政府采取了大量补贴政策。总体看来，"煤改气"政策的财政补贴主要包括采暖设备购置补贴、采暖改造过程补贴和运行补贴。表1是本文调研地点所属地区"煤改气"政策补贴情况。

表 1 河北省和山西省部分地区"煤改气"补贴情况

省份	城市	采暖设备补贴	采暖改造过程补贴	运行补贴
河北省	石家庄市	1000 元/户	2900 元/户	900 元/户,仍使用燃煤采暖,取消其补贴资格
	保定市	补贴 70%,最高 2700 元	4000 元/户	补贴 1 元/立方米,最多 1200 元
	邯郸市	不超过 2700 元/户	灶具每户补贴 200 元	最高补助 1300 元/户
山西省	晋城市	6500 元/户		县(市、区)政府可提出补贴意见,由市、县两级政府按照 1∶1 的比例分担

资料来源:石家庄市人民政府:《石家庄市 2017 年散煤压减替代工作实施方案》,石家庄市人民政府网站;

   河北省人民政府:《关于加快实施保定廊坊禁煤区电代煤和气代煤的指导意见》,河北省人民政府网站;

   邯郸市人民政府:《关于印发邯郸市 2019 年农村地区气代煤电代煤工作实施方案的通知》,邯郸市人民政府网站;

   晋城市人民政府:《关于印发晋城市冬季清洁取暖改造工作实施方案的通知》,晋城市人民政府网站。

  第一,河北省石家庄市"煤改气"政策。对实施"煤改气"的分散燃煤采暖居民用户,按每户 3900 元给予财政资金补贴,由市、县两级财政按照 3∶1 比例分担。其中,2900 元用于支付居民燃气接口费,不足部分由实施"煤改气"的燃气企业承担。1000 元用于补贴居民用户购置燃气采暖设备;居民用户根据采暖面积和供热需求在市政府公开招标确定的燃气采暖热水炉中标入围企业产品目录中自由选择燃气采暖设备;居民用户选定的燃气采暖设备中标价格与 1000 元财政补贴的差额部分,由居民用户自行负担;为确保"煤改气"工作顺利实施,实现居民用户应改尽改、即改即用,防止出现散煤复烧,对 2017 年实施"煤改气"的居民,采暖季每户给予最高 900 元运行补贴,由市、县两级财政按照 1∶1 比例分担。"煤改气"后居民仍使用燃煤采暖,取消其补贴资格。

  第二,河北省保定市"煤改气"补贴政策。在设备购置补贴上,按燃气设备购置安装投资的 70%给予补贴,每户最高补贴金额不超过 2700 元,由省和市县各承担一半,其余由用户承担;采暖期用气予给予 1 元/立方米的气价补贴,每户每年最高补贴气量 1200 立方米,由省、市、县各承担三分之一,补贴政策及标准暂定 3 年。"气代煤"用户不再执行阶梯气价,给予建设村内入户管线户均 4000 元投资补助,由省承担 1000 元,市县承担 3000 元。

第三,邯郸市"煤改气"补贴政策。设备补贴方面,按最高补贴金额不超过2700元/户,由省级补贴1350元,其余1350元由县(市、区)统筹省补贴资金解决;灶具每户补贴200元,由县级承担。燃气初装费执行特殊优惠价2600元/户,由用户承担;运行补贴方面,按每户最高补助1300元,由省级承担320元、市级承担320元,县(市、区)最高承担660元,由各县(市、区)统筹解决。

第四,山西省晋城市"煤改气"补贴政策。政府按照每户6500元(含2017年运行补贴)的标准进行补贴,补贴资金可用于管网建设、设备采购、配套设施建设及设施运行等,各县(市、区)政府要按不低于市政府每户6500元的标准进行配套,并负责补贴资金的统筹使用;对取暖运行费,各县(市、区)要尽可能对接市场,控制在居民可接受的范围内,确需补贴运行费用的,县(市、区)政府可提出补贴意见,由市、县两级政府按照1∶1的比例分担。

三、数据和方法

(一)能源贫困测量

为了考察"煤改气"对农村居民能源贫困的影响,本文对能源贫困测量采取两个维度,即经济维度和福利维度。

第一,经济维度的能源贫困测量。通过能源支出占家庭收入的比例情况(以10%作为临界值)来测量能源贫困。如果能源消费支出超出家庭收入的10%,那么就存在能源贫困问题。同时,如果"煤改气"增加了农村居民的家庭能源支出,加重了经济负担,那么就可以认为"煤改气"加重了能源贫困。

第二,福利维度的能源贫困测量。一般来说,"煤改气"通过优化家庭能源结构能够增加居民的福利。"煤改气"之后冬季取暖室内会更加清洁,同时也能够更好地控制温度,增加室内的舒适感。由于燃气的燃烧效率也明显高于煤炭,因此,"煤改气"之后居民的做饭时间也应该会缩短。因此,如果"煤改气"提高了冬季取暖时室内的舒适度(温度)、减少了做饭的时间,那么就被认为减轻了能源贫困。反之,则认为加重了能源贫困。

(二)数据采集

本文数据来源于2021年1月课题组在河北省、山西省农村的"煤改气"调查。调查采用问卷调查和访谈两种形式收集数据。课题采用判断抽样方法,访问了河北省新乐市X村和F村22户(隶属石家庄市)、保定市永年县Q村和H

村40户、邯郸市雄县Z村和R村40户、山西省晋城市阳城县J村和Y村43户，共165户。被访农户占被访村庄总户数的一半左右。课题组发放问卷160份，其中有效问卷123份。填答问卷的被访者均为实施煤改气的农村家庭。另外，还入户访谈25户。样本受访者的基本情况见表2。

表2 样本受访者基本情况

		全部（N=123）	河北省（N=92）	山西省（N=31）
性别	男（%）	65.0	63.0	71.0
	女（%）	35.0	37.0	29.0
家庭类型	低保户（%）	1.6	1.1	3.2
	建档立卡户（%）	1.6	2.2	0.0
	低收入户（%）	13.8	12.0	19.4
	其他（%）	82.9	84.8	77.4
年龄（岁）	平均年龄（标准差）	45.1（9.4）	44.3（9.7）	47.6（8.0）
文化水平	没上过学（%）	5.7	4.3	9.7
	小学（%）	23.6	21.7	29.0
	初中（%）	52.0	52.2	51.6
	高中/中专（%）	17.1	19.6	9.7
	大学及以上（%）	1.6	2.2	0.0
健康状况	差（%）	0.8	1.1	0.0
	较差（%）	0.8	1.1	0.0
	一般（%）	19.5	20.7	16.1
	较好（%）	32.5	40.2	9.7
	很好（%）	46.3	37.0	74.2
2020年收入	平均收入（标准差）	49439.5（29550.2）	49138.7（30537.7）	50322.6（26892.9）
家庭人口数	平均人口（标准差）	4（1.0）	4（1.0）	4（1.0）

（三）变量设置和分析方法

1. 变量设置

本文主要研究"煤改气"政策对农村能源贫困的影响及原因，以下是变量设定及变量赋值情况，见表3。

一是因变量。在经济维度选取了两个因变量，包括"煤改气取暖成本变化"和"煤改气补贴额度满意度"。在福利维度也选取了两个因变量，即"煤改气后室温变化""煤改气后做饭时间变化"。

二是自变量。影响"煤改气取暖成本变化"的因素很多,通过参考国内外文献及国家政策文件的分析,根据实地调研的数据选取 6 种影响因素(自变量):住房面积、收入水平、健康状况、设备补贴、过程补贴、价格补贴,且经多重共线性检验,所有自变量容忍度均大于 0.1、方差膨胀因子均小于 10,自变量间无明显共线性。对于影响"煤改气补贴额度满意度"的因素,选取住房面积、收入水平、健康状况、设备补贴、过程补贴、价格补贴 6 种因素作为自变量,且经多重共线性检验,所有自变量容忍度均大于 0.1、方差膨胀因子均小于 10,自变量间无明显共线性。对"煤改气后室温变化"的影响因素,选取了年龄、设备补贴、价格补贴 3 种影响因素作为自变量;同时,为了对比显示,对"煤改气后做饭时间变化"的影响因素也选取了年龄、设备补贴、价格补贴 3 种影响因素作为自变量。

具体变量设置如表 3 所示。

表 3 变量定义及赋值(N = 123)

	变量名称	变量含义及赋值	变量类型
因变量	煤改气取暖成本变化	大幅减少 = 1	多分类变量
		略有减少 = 2	
		基本没变 = 3	
		小幅上升 = 4	
		大幅上升 = 5	
	煤改气补贴额度满意度	非常不满意 = 1	多分类变量
		不满意 = 2	
		一般 = 3	
		比较满意 = 4	
		非常满意 = 5	
	煤改气后室温变化	没有变化或更冷 = 0	二分类变量
		更暖和 = 1	
	煤改气后做饭时间变化	没有缩短 = 0	二分类变量
		缩短 = 1	

	变量名称	变量含义及赋值	变量类型
自变量	年龄	实际值取对数（log）	连续变量
	房龄	实际值取对数（log）	连续变量
	住房面积	实际值取对数（log）	连续变量
	健康状况	差 = 1	多分类变量
		一般 = 2	
		良好 = 3	
	收入水平	低 = 1	多分类变量
		中等 = 2	
		高 = 3	
	采暖设备补贴	否 = 0	二分类变量
		是 = 1	
	采暖改造过程补贴	否 = 0	二分类变量
		是 = 1	
	采暖价格补贴	否 = 0	二分类变量
		是 = 1	

2. 方法

本文"煤改气后成本变化""煤改气补贴额度满意度"两个因变量是有序变量，在对其各个维度进行平行线假定检验后，选用有序多分类 Logistic 模型进行分析。模型如下所示：

$$\text{Logit}(P_J) = \ln\left(\frac{P_j}{1 - P_j}\right) = \alpha_j + \beta_1 x_1 + \beta_2 x_2 + \cdots + \beta_n x_n \qquad (1)$$

因变量"煤改气取暖成本变化"（Y）分为 4 个水平：减少、基本不变、小幅上升、大幅上升，取值分别为 1、2、3、4，相应取值水平的概率为 P_1、P_2、P_3、P_4，并对自变量拟合建立方程；因变量煤改气补贴额度满意度（Y）分为 5 个水平：非常不满意、不满意、一般、满意、非常满意，取值分别为 1、2、3、4、5，相应取值水平的概率为 P_1、P_2、P_3、P_4、P_5，并对自变量拟合建立方程。

本文另外两个因变量"煤改气室温变化""煤改气做饭时间"是"0"或"1"的

二分类变量,选取二元 Logistic 模型进行分析。模型如下所示:

$$\text{Logit}(P) = \ln\left(\frac{P}{1-P}\right) = \beta_0 + \beta_i x_i \tag{2}$$

因变量"煤改气后室温变化"(Y)分为 2 个水平:更暖和、没有变化或更冷,取值分别为 0、1,相应取值水平的概率为 P_1;因变量"煤改气后做饭时间变化"(Y)分为 2 个水平:时间缩短、没有变化或更长,取值分别为 0、1,相应取值水平的概率为 P_2。

四、数据分析结果

(一)描述性统计分析

1. 经济维度的能源贫困

图 1 是"煤改气"前后家庭取暖支出变化情况。表中数据显示,受访家庭"煤改气"前的取暖费用均值为 2177.87 元,煤改气后的取暖费用平均值为 2966.94 元。煤改气后平均增加金额为 789.07 元,与"煤改气"前的取暖费用相比增幅达到 36.23%;这表明,"煤改气"显著增加了居民的家庭经济负担(配对样本 T 检验 $p<0.05$)。

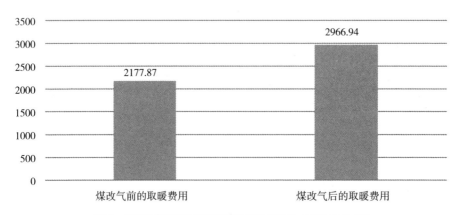

图 1 "煤改气"前后取暖支出的比较(N=123)单位/元

能源支出占家庭收入的比例是判断能源贫困程度的重要指标。表 4 是被访居民家庭"煤改气"前后能源支出占家庭总收入的情况对比。结果显示,"煤改气"前能源支出占总收入大于 10% 的受访家庭有 15 家,占受访总数 12.3%;"煤改气"后这一比例上升到了 18.03%。这说明,"煤改气"政策增加了居民的能源支出的经济负担,加剧了居民的能源贫困问题。

表4 "煤改气"前后能源支出占家庭总收入的比例(N=122)

	>10%		≤10%	
	频数	百分比(%)	频数	百分比(%)
煤改气前取暖费用在总收入中占比	15	12.3	107	87.7
煤改气后取暖费用在总收入中占比	22	18.0	100	82.0

图2是受访家庭对"煤改气"后对冬季取暖成本的变化情况自我评价情况。从图中可以看出,61.8%的受访者认为煤改气后冬季取暖自付费用有不同程度的上升,其中认为小幅上升的占比33.3%,认为大幅上升的占比28.5%。居民认为冬季取暖成本(自付费用)减少的占比较少,只有21.9%。这也表明,"煤改气"政策加重了居民的家庭经济负担。

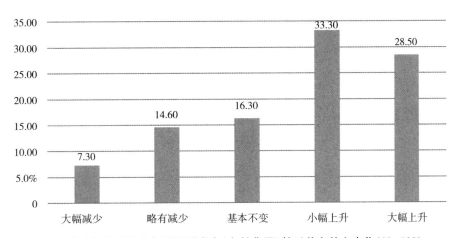

图2 煤改气之后您家冬季取暖成本(自付费用)较以前有什么变化(N=123)

"煤改气"能够推行很大程度上依赖政府的财政补贴。同时,政府补贴也能减轻居民的经济负担,降低其对能源贫困的影响。政府补贴主要包括设备购置补贴、采暖方式改造过程补贴、价格补贴三个方面。表5是被访家庭"煤改气"享受三种补贴的情况。其中,享受了设备补贴的受访家庭占比87%,享受了采暖方式改造过程补贴的占比13%,享受价格补贴的占比66.7%。从补贴的额度来看,政府补贴以设备补贴为主,占总费用的42.22%。而天然气费用补贴仅占总费用的

21.56%。这表明,政府补贴并未全覆盖,而且具体到不同家庭和补贴类别是有显著差异的,因此"煤改气"政策对不同家庭造成经济负担的影响也会不一样。

表5　"煤改气"相关费用和补贴情况(N=123)

是否享受补贴(是)			设备补贴金额			2020年天然气费用补贴		
设备购置补贴(%)	采暖方式改造过程补贴(%)	价格补贴(%)	自付平均费用(元)	政府平均补贴(元)	政府补贴/总费用占比(%)	自付平均费用(元)	政府平均补贴(元)	政府补贴/总费用占比(%)
87	13	66.70	2099.01	1533.91	42.22	2787.29	766.32	21.56

从被访家庭对于政府补贴额度的满意度情况来看,被访家庭表示对政府补贴表示不满意和很不满意的比例达到25.2%,表示满意和非常满意的占比为41.4%,也有33.3%的被访家庭对于政府补贴的额度表示一般。这说明,还是有相当一部分的家庭对政府的补贴额度是不满意的,或者说政府补贴不足以弥补由于推行"煤改气"政策而增加的家庭能源支出。

表6　您对煤改气的补贴额的满意程度(N=123)

	频率	百分比(%)
很不满意	16	13
不满意	15	12.2
一般	41	33.3
满意	26	21.1
非常满意	25	20.3
总计	123	100

2. 福利维度的能源贫困

从多维贫困的角度来看,能源贫困不仅仅表现在经济层面,还涉及烹饪、居住、照明、出行、健康、教育、娱乐、主观幸福感等很多层面。从"煤改气"的角度来看,对居民福利的提升最直观、最显著的表现是冬季取暖室内温度变化以及家庭做饭时间的影响。从被访家庭的情况来看,大部分家庭认为煤改气后室温明显提高,占比为65%;有34.96%的被访家庭认为室内温度没有变化或更冷。这表明,煤改气政策在总体上提高了农村家庭冬季生活品质,增加了农村居民的福利,一定程度降低了其能源贫困。

表7　煤改气对室内温度和做饭时间的影响情况(N=123)

		频数(人)	百分比(%)
煤改后您家室内温度与之前相比?	更暖和	80	65.04
	没有变化或更冷	43	34.96
煤改气后做饭时间变化	没有缩短	68	55.3
	时间缩短	55	44.7

从在做饭时间的情况来看,55.3%的受访家庭认为"煤改气"没有缩短家庭做饭时间,也有44.7%的家庭认为做饭时间在一定程度上缩短了做饭时间。这表明,"煤改气"改进了很大一部分居民的生活方式,增加了他们的福利,也可以说降低了他们的能源贫困。

(二)有序多分类 Logistic 回归分析结果

利用 Spss26.0 对"煤改气取暖成本变化"自变量和因变量进行有序多分类 Logistic 回归分析。从模型回归结果看出,相伴概率 P=0.109 大于 0.05,说明模型通过了平行性检验,模型有效;模型的似然比检验结果 P=0.000,小于 0.001,说明在模型中解释变量的系数不全为 0,该模型的拟合度比仅包含常数项的模型更高。

回归结果显示,住房面积、健康状况、设备补贴、过程补贴、价格补贴 5 个影响因素在对"煤改气取暖成本变化"影响中呈现一定的显著水平。随着住房面积的增加,煤改气后取暖成本上升的概率变小。究其原因,受访者表示由于每户家庭仅安装一台煤改气取暖设备,因而住房面积越大的家庭其单位取暖成本相对较低;与健康状况良好的受访者相比,健康状况一般的受访者在煤改气的取暖成本上升的概率略微降低了,而健康状况差的受访者的取暖成本上升的概率则大幅增加。对于健康状况差的人来说,取暖的时间会更长并且刚性特征更明显。因此,煤改气大幅增加他们的取暖成本会很好理解;与享受设备补贴的受访者,没有享受设备补贴的受访者煤改气取暖成本上升的概率降低了。与享受了改造过程补贴的受访者相比,没有享受改造过程补贴的受访者取暖成本上升可能性更大。与享受价格补贴的受访者相比,没有享受价格补贴的受访者在煤改气取暖成本上升可能性更大。这表明,如果没有国家的这三种补贴(尤其是价格补贴),"煤改气"带来的能源贫困问题将大大加剧。

对"煤改气取暖补贴额度满意度"进行有序多分类 Logistic 回归。从模型回归结果看出，相伴概率 P＝0.078 大于 0.05，说明模型通过了平行性检验，模型有效；模型的似然比检验结果 p＝0.000，小于 0.001，说明在模型中解释变量的系数不全为 0，该模型的拟合度比仅包含常数项的模型更高。回归结果显示，收入水平、过程补贴、价格补贴对"煤改气补贴额度满意度"有显著影响。其中，与收入水平高的受访者相比，收入水平低的受访者对煤改气补贴额度满意的概率更大；与享受了改造过程补贴的受访者，没有享受过程补贴的受访者对煤改气补贴额度满意的概率更小。与享受价格补贴的受访者相比，没有享受价格补贴的受访者对煤改气补贴额度满意的概率更小。

表8 "煤改气"取暖成本变化和"煤改气"补贴满意度 Logistic 回归分析结果（N ＝ 123）

		"煤改气"取暖成本变化				"煤改气"补贴满意度			
		Exp（B）	估算	标准误	显著性	Exp（B）	估算	标准误	显著性
住房面积		0.077	−2.559	1.552	0.099+	0.510	−0.674	1.543	0.662
收入水平	低	1.629	0.488	0.603	0.418	3.136	1.143	0.634	0.072+
	中等	1.368	0.313	0.559	0.575	1.268	0.237	0.582	0.684
	高	—	—	—	—	—	—	—	—
健康状况	差	31.363	3.446	1.615	0.033*	0.337	−1.088	1.353	0.421
	一般	0.349	−1.053	0.480	0.028*	1.860	0.621	0.467	0.184
	良好	—	—	—	—	—	—	—	—
设备补贴	否	0.372	−0.990	0.598	0.098+	1.124	0.117	0.598	0.845
	是	—	—	—	—	—	—	—	—
改造过程补贴	否	3.982	1.382	0.529	0.009**	0.046	−3.071	0.725	0.000***
	是	—	—	—	—	—	—	—	—
价格补贴	否	15.822	2.761	0.507	0.000***	0.020	−3.892	0.599	0.000***
	是	—	—	—	—	—	—	—	—
似然比检验		0.000				0.000			
平行线检验		0.109				0.078			

注：+ p<0.10；* p<0.05；** p<0.01；*** p<0.001。

（三）二元 Logistic 回归分析结果

从对"煤改气后室温变化"的二元 Logistic 模型回归结果来看,霍斯默-莱梅肖检验概率 P = 0.991 大于 0.05,模型通过霍斯默-莱梅肖检验,数据有效;内戈卡尔 R 方大于 0.4,模型整体有效性好;年龄、设备补贴、价格补贴 3 个自变量均通过了显著性检验。其中,受访者年龄每增加 1 岁煤改气后室温升高的可能性增加 13%。这可能是因为年纪大的人能源支付能力更强,也有可能是年纪大的人需要更高的室温;与未享受设备购置补贴的受访者相比,享受设备购置补贴的受访者煤改气后室温变得更暖和的概率更大;与未享受取暖价格补贴的受访者相比,享受取暖价格补贴的受访者温无变化或变得更低概率更大。

从实地调研得知,由于燃气价格差额费用由农户自己负担,一部分受访农户表示虽然家庭已经安装完成煤改气设备,但是设备利用率并不高,多数情况下他们选择不使用煤改气设备或者仅在固定时间段如气温较低的日落后一段时间使用设备。因此,即使享受价格补贴,一些低收入农户的室内温度相较煤改气前会偏低。

对"煤改气后做饭时间变化"进行二元 Logistic 回归分析的模型结果可以看出,霍斯默-莱梅肖检验概率 P = 0.277 大于 0.05,模型通过霍斯默-莱梅肖检验,数据有效;内戈卡尔 R 方大于 0.4,模型整体有效性好;年龄、设备补贴、价格补贴 3 个自变量均通过了显著性检验。其中,受访者年龄每增加 1 岁,煤改气后做饭时间缩短的可能性增加 8.9%;与未享受设备购置补贴的受访者相比,享受设备购置补贴的受访者更有可能做饭时间缩短。访谈发现,设备补贴能够促进农户购买和升级炊事设备,因此其做饭的时间相应地会缩短;与未享受取暖价格补贴的受访者相比,享受取暖价格补贴的受访者的做饭时间更没有缩短的可能性。实地调研也发现当地的"返煤现象"较为严重。由于燃气价格差额费用由农户自己负担,一些低收入农户即使享受了价格补贴也仍然会使用煤做饭,因此较煤改气前的做饭时间并没有明显缩短。

表9　"煤改气"后室内温度变化和"煤改气"做饭时间
变化 Logistic 回归分析结果(N ＝ 123)

		"煤改气"后室内温度变化				"煤改气"后做饭时间变化			
		Exp(B)	估算	标准误差	显著性	Exp(B)	估算	标准误差	显著性
年龄		1.130	0.122	0.031	0.000***	1.089	0.085	0.027	0.002**
设备补贴	否	—	—	—	—	—	—	—	—
	是	4.986	1.607	0.696	0.021*	5.519	1.708	0.744	0.022+
价格补贴	否	—	—	—	—	—	—	—	—
	是	0.078	−2.546	0.687	0.000***	0.065	−2.727	0.549	0.000***
常量		0.001	−7.549	1.979	0.000	0.024	−3.737	1.315	0.004
霍斯默-莱梅肖检验		0.991				0.277			
内戈卡尔 R2		0.454				0.439			
卡方值		1.597				9.837			

注: + $p<0.10$; * $p<0.05$; ** $p<0.01$; *** $p<0.001$。

五、结论与政策建议

(一)结论

第一,经济维度的能源贫困。从描述性统计结果来看,无论是农户的实际能源支出,还是能源支出占家庭收入的比例,"煤改气"之后农户的经济负担都明显加重。政府补贴虽然能很大程度上减轻农户的负担,但各类补贴并未全覆盖且占农户实际支出的比例有很大差异。从对"煤改气取暖成本变化"进行回归分析结果来看,健康状况差的农户其取暖成本上升的可能性将增加。另外,没有享受三种补贴的农户,尤其是如果没有享受价格补贴,"煤改气"后经济负担上升的可能性会大大增加。这表明,"煤改气"政策实施对不同群体经济成本的影响是有差异的。这与前文宋金和张雪婷等人研究是相符的。

从描述性统计结果来看,有大约四分之一的被访者对"煤改气"补贴额是不满意的。

从对"煤改气补贴满意度"进行回归分析的结果来看,低收入受访者对煤改气补贴额表示满意的概率更大。没有享受过程补贴和价格补贴的受访者对煤改气补贴额表示满意的概率更小。这表明不同的群体对于"煤改气"补贴额的满意度也是有差异的。这一点与彭旭等人的研究结论相似。[①]

第二,福利维度的能源贫困。从描述性统计结果来看,超过一半的受访者表示"煤改气"提高了室内温度。这表明,"煤改气"政策改善了农户的生活品质,一定程度上缓解了能源贫困。这与王嘉琦等人的研究结果是一致的。从回归分析的结果来看,随着受访者年龄的增加"煤改气"后室温升高的可能性将增加。这一点可以与前面回归模型中"煤改气"后能源支出与健康状况之间的关系相互印证。研究也发现,享受设备购置补贴的受访者煤改气后室温变得更暖和的概率更大。比较有意思的是,那些享受取暖价格补贴的受访者的室温无变化或变得更低的概率更大。这表明相当一部分农户由于补贴不足使得"煤改气"政策并不能够改善生活品质。有很多的研究都证实了"煤改气"过程中由于政府财力有限政策补贴额度不足的问题。例如,王嘉琦发现在农村"煤改气"政策存在补贴力度不够、政策补贴不及时、执行不到位等问题。

从描述性统计结果来看,接近一半的受访者表示"煤改气"缩短了家庭做饭的时间。这表明,"煤改气"政策提高了农户生活的便利性,也一定程度上缓解了能源贫困。回归分析结果显示,享受设备购置补贴的受访者更有可能做饭时间缩短;这说明,设备补贴能够通过促进农户购买和升级炊事设备,提高农户的生活品质;值得注意的是,那些享受价格补贴的受访者的做饭时间并没有缩短,这也在一定程度证明了"返煤"现象可能是存在的。

(二)政策建议

目前的补贴政策具有"一刀切"的特点,要想持续发挥"煤改气"政策效应,减轻农户的经济负担并缓解能源贫困,政府要在考虑群体差异的基础上优化补贴政策,降低农户的取暖成本。

首先,针对"煤改气"对于健康状况差的人群、老年人群、低收入人群不友好的问题,在参考其家庭收入的基础上进行分层,通过差异化补贴方式适当提高这

---

① 彭旭、谌冉冉、彭欣城、摆智平、文婷、牛志霞:《居民对"煤改气"政策的满意度及其影响因素》,《现代商贸工业》2019 年第 23 期。

些群体的补贴标准。

其次,对补贴用户进行动态调整,每一年或者每两年重新对其收入进行评估,最终目的是保证收入较低且能源支出较大的农户能享受较高补贴;

最后,完善各地农村采暖救助政策。对符合条件的最低生活保障家庭、分散供养的特困人员等群体给予采暖救助,避免"返煤"现象出现。

(作者单位:华北电力大学人文与社会科学学院)

临时救助对象范围及救助标准的确定研究①

左　菁

　　我国临时救助制度作为一项传统的民政业务,从新中国成立初期相对"随意"的社会救济手段,到2014年《社会救助暂行办法》的出台,经过多年的规范化建设,制度框架和内容已经基本成型。但如果将其置于整个社会救助体系之中加以考察,不难发现,由于《社会救助暂行办法》所携带的"支出型贫困规定缺失""福利捆绑"等先天缺陷,临时救助制度作为一项"兜底中的兜底"制度被期予了太多的制度功效,大大超出了其承载能力,也有悖于其设立初衷。各地在临时救助的救助对象范围、救助标准的规定上参差不齐,甚至国家层面文件在各个阶段对救助对象范围及救助标准的把握上也是摇摆不定的。在2020年国务院办公厅《关于改革完善社会救助制度的意见》提出构建制度健全、资源统筹、政策衔接、兜底有力的综合救助格局的新历史阶段,同时在"社会救助法"即将出台的背景下,对临时救助对象范围和救助标准进行深入研究具有极强的理论和现实指导意义。

　　2021年,受重庆市民政局委托,西南政法大学课题组围绕"临时救助对象范围及救助标准的确定"展开研究。为了全面掌握重庆市临时救助工作的开展情况以及运行过程中存在的问题,尤其是救助对象范围和救助标准方面存在的难点、堵点,课题组先后赴渝北区、北碚区、永川区、合川区展开实地调研,与重庆市民政局社会救助处、区县民政局社会救助科负责人及街(镇)基层干部等就临时救助工作进行了深入交谈。之后,课题组赴上海、江苏进行了专题调研,对兄弟省市的相关政策立法情况有了一定的了解。同时,课题组在渝北区、北碚区、永

---

　　①　本文系国家社会科学基金项目"中国特色基本养老服务制度立法完善研究"(22BFX117)和重庆市教委人文社科研究项目"重庆基本养老服务制度立法构建研究"(22SKGH040)的研究成果。

川区、合川区发放临时救助执行情况调查问卷185份,收回有效问卷148份。在深度访谈和获取一手资料的基础上,课题组梳理相关文献资料和政策文本,经认真比较、分析、研究,形成本研究报告。

一、临时救助制度发展历程

临时救助,依其表述样态,可解释为临时性的救助(救济),在我国古来有之。"治国必先安民,安民首重荒政",①中国古代的社会救济以荒政为核心,"救荒活民""灾荒赈济"是历代统治者重要紧急的行政目标和政治任务,也是其安定社会、争取民心的常态化手段。"社会救济事业在我国常被称为慈善事业,渊源甚早,唯多偏于临时救济或救荒等工作,在政府方面则列为荒政,载于历代史册"。② 历朝历代所采用的赈谷、赈款、平粜、蠲减、施粥、居养、抚辑等手段均为灾害期间临时性的救灾济贫措施。

时至新中国成立初期,社会经济几近崩溃,水旱灾害接连发生,大量的灾民、难民、贫民、失业人员和孤老残幼亟待救济。新政府的首要任务是稳定社会和恢复生产,故这一时期的社会救助以突击性、临时性的紧急救济为主要形式,以生产自救、款物接济、以工代赈等为主要救济内容,目的在于解决大量灾民、贫民、失业人员和其他旧体制闲散人员等各类弱势群体最为紧迫的生存问题,"应急性"救助特征明显,从本质上看,即为一种临时性救济。20世纪50年代中期,社会主义改造基本完成,国民经济得到一定程度的恢复,新中国进入全面建设社会主义时期。1951年《中华人民共和国劳动保险条例》的施行以及农村社队集体的建设,为大多数城市职工和农村居民建立了"单位—集体"双轨生活保障机制,经济社会格局的巨大变化导致社会救助被视为"补缺性""边缘化"的制度安排,主要为"单位—集体"保障制度难以覆盖的极少数生活困难的贫困群体施以物质帮助,形成了"拾遗补缺、城乡分割"的救助格局。此时的救助模式从上一阶段的"紧急性救济"转变为"经常性救济为主、临时性救济为辅"的救助模式,此时的"临时救济"主要为遭遇突发性、临时性变故生活陷入困境的人员提供临时性生活救济。改革开放初期的救助思路仍然沿袭计划经济体制下的传统型救

---

① 郑功成:《社会保障与国家治理的历史逻辑及未来选择》,《社会保障评论》2021年第1期。
② 聂鑫:《近代中国社会立法与福利国家的建构》,《武汉大学学报》(哲学社会科学版)2019年第6期。

济,是对单位保障制度和集体经济的一种"补充",救助范围比较狭窄,救助标准偏低,临时救济制度一直处于社会保障体系的边缘地位。

社会主义市场经济体制改革成为临时救助制度向前迈进的助推器。始于20世纪90年代初期的经济快速转型与产业结构巨变,导致大量下岗职工。传统的社会救助措施远不能满足这一时期不断增长的救助需求,社会救助制度从边缘性制度成功"蜕变"为社会保障体系中的基础性制度。在此背景下,临时救治的制度地位和功能也得到显著提升。2007年《民政部关于进一步建立健全临时救助制度的通知》(民发〔2007〕92号)出台,标志着临时救助制度从零散、不规范的"临时救济"制度形态开始走向系统、规范的"临时救助"正式制度安排。2007年至今,临时救助制度的发展轨迹可以梳理为以下四个阶段。

阶段一:制度探索阶段(2007—2013)。

2007年《民政部关于进一步建立健全临时救助制度的通知》(民发〔2007〕92号),提出了"合理确定临时救助的范围和数额""规范完善临时救助的受理和发放程序"等要求,开始部署各地探索建立临时救助制度。截至2013年,全国26个省份制定完善了临时救助政策,出台了临时救助的具体实施办法和政策文件。例如《江苏省城乡困难群众临时生活救助实施办法》(2007)、《重庆市人民政府办公厅关于建立城乡困难群众临时救助制度的通知》(2009)、《河南省财政厅关于建立健全城乡困难群众临时救助制度的通知》(2011)等。

阶段二:制度建立阶段(2014—2018)。

2014年国家在各地制度实践的基础上,出台《国务院关于全面建立临时救助制度的通知》(国发〔2014〕47号),与此同时,《社会救助暂行办法》创设了包括临时救助在内的"8+1"救助体系,意味着临时救助制度完成了中央立法层面的制度设计,实现了从"救穷"到"救急"的制度体系完善。2018年民政部、财政部共同发布《关于进一步加强和改善临时救助工作的意见》(民发〔2018〕23号),进一步细化明确了救助对象范围和类别,提出科学制定救助标准等要求。与此相应,各地纷纷出台全面建立和实施临时救助的通知、意见、工作规程等,甚至有的省市,如浙江、江苏、武汉、广东等地还上升为地方立法。

就重庆市而言,首先于2015年发布《重庆市人民政府关于进一步健全临时救助制度的通知》(渝府发〔2015〕16号),对临时救助的对象范围、救助标准、救助程序、救助方式进行了较为系统的规定。2017年重庆市民政局又出台《关于进一步完善临时救助工作的指导意见》（渝民发〔2017〕60号），进一步将临时救助对象划分为A、B、C、D类，同时明确相应的救助标准，旨在实施精准救助，强化救助管理。

阶段三：制度特殊保障阶段（2019—2020）。

在脱贫攻坚的最后关键阶段，民政部会同财政部、国务院扶贫办于2019年发布《关于在脱贫攻坚兜底保障中充分发挥临时救助作用的意见》（民发〔2019〕87号），重点明确了临时救助在解决"两不愁"、助力"三保障"、防范再返贫以及提升临时救助兜底能力等方面的政策措施。相应地，重庆市民政局、财政局、扶贫开发办公室于2019年12月3日联合出台《关于在脱贫攻坚兜底保障中切实做好临时救助工作的通知》（渝民发〔2019〕19号），采取了"精准救助对象范围""优化申请审批流程""拓展完善救助方式""加强与慈善救助衔接"等有效制度举措强化临时救助的救急难、保基本的制度功能。在疫情防控阶段，重庆市在中央文件的基础上发布了《关于做好新型冠状病毒感染肺炎疫情防控期间有关社会救助工作的通知》（渝民〔2020〕22号）、《关于印发做好新型冠状病毒感染的肺炎疫情防控期间困难群众基本生活保障措施的通知》（渝民〔2020〕34号）等文件，将受新型冠状病毒影响的符合救助条件的家庭和个人纳入临时救助范围。

阶段四：制度完善阶段（2021年至今）。

2020年8月国务院办公厅出台《关于改革完善社会救助制度的意见》，标志着临时救助制度迈入新的发展阶段。《意见》根据困难群众的困难程度和致困原因将社会救助划分为分别针对绝对贫困、相对贫困、急难情形的三个救助圈，旨在建立分层分类的梯度救助体系，将临时救助划入"急难社会救助"范畴。在此背景下，2020年12月重庆市委办公厅、重庆市人民政府办公厅印发了《重庆市改革完善社会救助制度重点举措》，包括"强化急难社会救助功能""完善临时救助措施"等具体措施。

二、临时救助制度对象范围和救助标准"纵""横"比较

（一）"纵"向比较

基于上述阶段划分，可将临时救助的对象范围和救助标准的发展脉络归纳如表1（前三个阶段）：

表1 临时救助对象范围和救助标准发展阶段梳理

	救助对象范围	救助标准	依据
阶段一	包括三类:1. 在最低生活保障和其他专项社会救助制度覆盖范围之外,由于特殊原因造成基本生活出现暂时困难的低收入家庭,重点是低保边缘家庭;2. 虽然已纳入最低生活保障和其他专项社会救助制度覆盖范围,但由于特殊原因仍导致基本生活暂时出现较大困难的家庭;3. 当地政府认定的其他特殊困难人员。	根据临时救助的非定期、非定量特征,针对困难家庭的特殊情况和维持当前基本生活的需要,结合本地实际,依照规范的程序合理确定救助方式、救助数额。	《民政部关于进一步建立健全临时救助制度的通知》(民发〔2007〕92号)
阶段二	包括家庭对象和个人对象,其中家庭对象指的是火灾、交通事故等意外事件,家庭成员突发重大疾病等原因,导致基本生活暂时出现严重困难的家庭;生活必需支出突然增加超出家庭承受能力,导致基本生活暂时出现严重困难的最低生活保障家庭;遭遇其他特殊困难的家庭。个人对象指的是遭遇火灾、交通事故、突发重大疾病或其他特殊困难,暂时无法得到家庭支持,导致基本生活陷入困境的个人。其中,符合生活无着的流浪、乞讨人员救助条件的,由县级人民政府按有关规定提供临时食宿、疾病救治、协助返回等救助。2018年将救助对象进行类别划分,包括急难型救助对象和支出型救助对象。	临时救助标准要与当地经济社会发展水平相适应。县级以上地方人民政府要根据救助对象困难类型、困难程度,统筹考虑其他社会救助制度保障水平,合理确定临时救助标准,并适时调整。2018年后规定依据分类分档原则制定临时救助标准。	《国务院关于全面建立临时救助制度的通知》(国发〔2014〕47号)《关于进一步加强和改善临时救助工作的意见》(民发〔2018〕23号)
阶段三	增加建档立卡贫困家庭;增加受新型冠状病毒影响的家庭和个人,包括:受疫情影响无法返岗复工、连续三个月无收入来源,生活困难且失业保险政策无法覆盖的农民工等未参保失业人员,且未纳入低保范围的;其他基本生活受到疫情影响陷入困境,相关社会救助和保障制度暂时无法覆盖的家庭或个人。	根据现有临时救助标准。	民政部 财政部 国务院扶贫办《关于在脱贫攻坚兜底保障中充分发挥临时救助作用的意见》(民发〔2019〕87号)《民政部 财政部关于进一步做好困难群众基本生活保障工作的通知》(民发〔2020〕69号)

综上可见,我国临时救助制度的救助对象在每一个发展阶段都有不同的范围划定。在临时救助发展初期,主要聚焦于"困难家庭"或"特殊困难人群",从《江苏省城乡困难群众临时生活救助实施办法》(2007)、《重庆市人民政府办公厅关于建立城乡困难群众临时救助制度的通知》(2009)、《河南省财政厅关于建立健全城乡困难群众临时救助制度的通知》(2011)等文件名称便可窥一斑,基于此,该阶段被视为"打补丁"阶段。自 2014 年起临时救助在全国范围推行,救助对象也逐步扩大到所有符合困难情形的家庭或个人,该阶段被称为"全覆盖"阶段,在该阶段的受助人次也是最多的。进入特殊保障阶段后,受助人群有所扩大,但有的省市出于财政支付能力考虑,收缩了支出型救助对象范围,如重庆市在《关于在脱贫攻坚兜底保障中切实做好临时救助工作的通知》(渝民发〔2019〕19 号)中,将支出型救助对象限定为"包括因基本教育、基本医疗等生活必需支出突然增加超出家庭承受能力,导致基本生活一定时期内出现严重困难的下列人群:最低生活保障对象,特困人员,建档立卡贫困家庭,低收入家庭",导致受助人次反而有所减少。详见图 1。

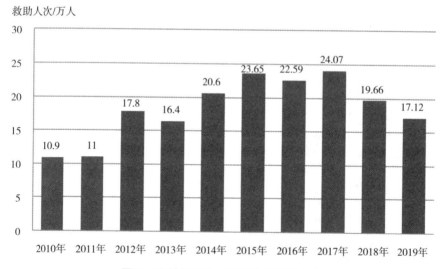

图 1 重庆市 2010—2019 临时救助人次

(二)"横"向比较

从各地关于临时救助的规定来看,救助对象范围和救助标准也是极不统一的,现选取上海、安徽、福建、江西、重庆等典型省市进行比较研究,按照其救助对象划定范围的大小和救助力度的强弱,归纳为"简约模式""低保模式"和

"繁复模式"。

1. 以上海为代表的"简约模式"

上海市临时救助制度依据的效力层级最高,即《上海市社会救助条例》(2019)。该《条例》将临时救助对象范围划分为以下五类:第一类为火灾、交通事故等意外事件,家庭成员突发重大疾病等原因,导致基本生活暂时出现严重困难的本市户籍家庭或者家庭成员持有本市居住证的非本市户籍家庭;第二类为生活必需支出突然增加超出家庭承受能力,导致基本生活暂时出现严重困难的最低生活保障家庭;第三类为遭遇火灾、交通事故、突发重大疾病或者其他特殊困难,暂时无法得到家庭支持,导致基本生活陷入困境的个人;第四类为生活无着的流浪、乞讨人员(以下简称流浪乞讨人员);第五类为遭遇其他特殊困难的家庭或者个人。之所以称上海的做法为"简约模式",是因为上海有专门的支出型贫困和医疗救助政策,临时救助制度功能发挥空间较小,规定相对简单,救助标准也较低。其临时救助的标准按照保障申请家庭或者个人基本生活的原则确定,每人每月一般不超过该市最低生活保障标准,每次救助时间一般不超过3个月。

2. 以福建和安徽为代表的"低保模式"

福建和安徽之所以被归入"低保模式",是因为两地均通过在低保中考虑刚性支出过大群体,将支出型贫困群体纳入低保范围,进而可以与相应专项救助进行对接。两地均在2019年出台当地政策,即《福建省临时救助工作规范》和《安徽省临时救助工作操作规程》。《福建省临时救助工作规范》规定,临时救助不针对特定人群、身份,只确定是否发生突发性、紧迫性、临时性基本生活困难,分为急难型救助对象和支出型救助对象。《安徽省临时救助工作操作规程》则将救助对象分为家庭对象(细分为急难型困难家庭对象和支出型困难家庭对象)、个人对象及其他特殊困难的家庭或个人。从救助标准看,《福建省临时救助工作规范》规定,临时救助金额要根据临时救助标准和救助对象家庭人口、困难类型、困难程度和困难持续时间等因素,分类分档合理确定。支出型救助对象,一般按家庭人口、救助时长(按月)计算核定,即临时救助金额=当地临时救助标准×救助人数×救助时长,原则上救助时长不超过6个月;急难型救助对象,可采取一次审批、分阶段救助的方式进行救助;特殊个案,可采取"一事一议"方式研究决定,适当提高救助额度。《安徽省临时救助工作操作规程》规定对急难型困难家庭,户均救助标准不低于当地城市低保月保障标准的2倍;对支出型困难家庭,视不同困难情形确定具体标准,大体控制在当地城市低保月保障标准的2—10倍。

3. 以江西和重庆为代表的"繁复模式"

江西和重庆的临时救助制度设计较为复杂,故称为"繁复模式"。江西省在2015年《江西省临时救助操作规程》的基础上出台《江西省临时救助实施办法》,在临时救助制度框架内设立特别救助制度,因此,其救助情形包括急难型临时救助、支出型临时救助和特别救助三类。

重庆市现行临时救助执行依据是2017年《关于进一步完善临时救助工作的指导意见》。该《意见》将救助对象范围分为四类:A类,即特困人员、孤儿;B类,即城乡最低生活保障家庭;C类,即家庭人均收入低于城乡低保标准2倍(含2倍)的低收入家庭或个人;D类,即其他家庭或个人。救助项目分为医疗困难临时救助、重特大灾(伤)害临时救助和就学困难临时救助。其中医疗困难临时救助又分为重特大疾病救助和长期维持基本医疗救助。

比较"简约模式""低保模式"和"繁复模式",可以发现,尽管三种模式均大体涵盖急难型救助对象和支出型救助对象,但在具体范围划定上各不相同。例如,上海的支出型救助对象仅仅包括最低生活保障家庭,安徽省也将支出型救助对象划定为包括最低生活保障家庭、城市低收入家庭、农村困难家庭在内的困难家庭。相反,《福建省临时救助工作规范》则明确指出,临时救助不针对特定人群、身份,只确定是否发生突发性、紧迫性、临时性基本生活困难。而江西则在临时救助一般救助对象的基础上增加特别救助对象,且其需满足的条件中的"重大刚性支出"不仅包括医疗性支出,还包括遭遇意外伤害、突发事件、维持基本生活等必须货币支出。重庆市则在明确区分不同经济条件的人群基础上,将救助种类分为医疗困难临时救助、重特大灾(伤)害临时救助和就学困难临时救助,尤其突出医疗困难临时救助,将其细分为重特大疾病救助和长期维持基本医疗救助。从救助水平来看,三种模式逐渐递增,但相差巨大。如上海标准较低,仅仅规定一般不超过3个月最低生活保障标准,而重庆市最高标准可以达到50000万元(按照2021年重庆城市低保标准,约为80个月),相差近26倍,这也直接导致2020年上海的临时救助支出只有2000万左右,而重庆市高达4.6亿左右。

隐藏在上述现象背后的根本原因是各地对支出型贫困消解路径的选择不同。现行制度设计只以家庭收入和财产状况为依据,不考虑家庭刚性支出,使得一些收入在低保标准以上,但因病、因残、因学等刚性支出较大导致贫困的家庭无法纳入低保,也难以享受其他关联的社会救助政策,实际生活水平甚至低于低保户,形成"悬崖效应"。在各类刚性支出中,医疗费用支出占比最高,约占90%以上。基于此,上海、浙江等地早在2013年就出台了因病支出型贫困家庭生活救助的相关规定,同时突破《社会救助暂行办法》"救助捆绑"之规定,积极调整医疗救助覆盖范围,在极大程度上保证临时救助制度轻装上阵,集中发挥"救急难""保基本"的制度功能,支出金额也相对较少。在第二种模式中,"安徽、内蒙古等地也在低保审核审批中,充分考虑刚性支出导致的家庭贫困问题,将其作为认定低保对象的重要因素之一",进而在一定程度上减轻了临时救助的支付压力,例如2017年安徽省民政厅出台《关于做好因病支出型贫困居民最低生活保障工作的指导意见》,将符合条件因病支出型贫困居民全部纳入低保范围;2018年福建省民政厅发布《关于进一步做好支出型贫困家庭最低生活保障工作的通知》,提出完善低保对象认定办法,使低保制度更多惠及支出型贫困家庭。相反,江西和重庆则选择了在临时救助制度内部消化支出型贫困,因此,临时救助的标准制定较高。关于支出型贫困和临时救助的关系问题,本文将在第四部分进行深入探讨,在此不予赘述。

三、临时救助运行过程中存在的问题——基于重庆市调研

近年来,重庆市临时救助工作取得了一定成就,在很大程度上发挥了"救急难""兜底线""补短板"的作用。2015年重庆市救助家庭经济状况核查系统全面建立,通过社会救助家庭经济状况核查认定信息管理系统对申请人的家庭成员状况、收入状况、财产状况等信息进行核查,弥补了传统入户调查的不足,临时救助对象瞄准机制更加健全。"十三五"期间,累计支出救助金1.2亿元,对1.3万余人实施救助帮扶。2020年脱贫攻坚收官之年,全市实施临时救助17.3万人次,发放临时救助金4.6亿元。此外,在疫情防控中临时救助救急难作用发挥明显,对确诊为新型冠状病毒感染的肺炎患者中的低保对象、特困人员、困境儿童以及农村建档立卡贫困人口等困难群体、生活陷入临时困境的外来人员、受疫情影响无法返岗复工、连续3个月无收入来源,生活困难的农民工等未参保失业人员,采取了一系列行之有效的帮扶救助措施。

在重庆市调研过程中,课题组发现各地在临时救助的救助职能、对象范围及

救助标准方面存在共性问题。

（一）救助职能不清晰

所有受访区县均认为目前的临时救助基本沦为疾病事后救助,即"报账式救助",医疗困难临时救助在临时救助资金支出中占比过大(永川:90%;北碚:74.8%;合川:87%)。在工作实践中,临时救助常常被人民群众曲解为民政部门开展的大病医保后的二次报销,甚至部分群众不清楚得到的是医疗救助还是基本生活救助。另外,临时救助救急难功能没有得到有效释放,急难型救助支出占比较小,甚至有的地方至今还没有开展过急难救助。

从问卷调查的情况看,就临时救助领域存在的主要困难类型而言,选择医疗困难的占比最高,为94%,其次为就学困难,占比79%,基本生活困难占比最低,仅为46%。这说明,目前重庆市临时救助的核心工作仍然是解决医疗、上学等刚性支出过大而导致的生活困难问题。具体情况见图2。

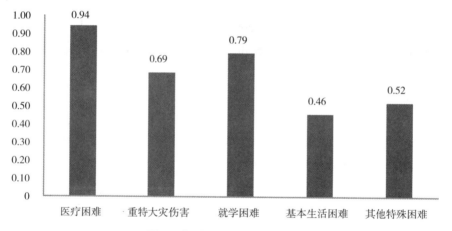

图2　临时救助困难类型比例

与此相应,在急难救助的实施方面,46%的受访街(镇)表示较少开展;21%的受访街(镇)表示极少开展;完全没有开展的街(镇)占到了近30%;开展情况一般和较多的仅仅占到4%。详见图3。

（二）救助对象分类不合理

《重庆市民政局关于进一步完善临时救助工作的指导意见》(渝民发〔2017〕60号)没有采用"急难型救助对象"和"支出型救助对象"的类分,而是将救助对象按收入水平分为A类(特困人员、孤儿)、B类(城乡最低生活保障家庭)、C类

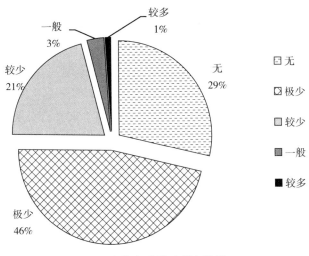

图3 实施急难救助所占比例

（家庭人均收入低于城乡低保标准2倍的低收入家庭或个人）、D类（其他家庭或个人）。从其他省市的规定来看，绝大多数采用"困难情形"标准，少数省市采用"情形+身份"标准。而重庆市是典型的"身份救助"制度安排，同时设置"自救能力"标准，容易出现一系列身份认定和救助公平问题。

第一，救助对象覆盖不够。2020年，全市临时救助对象总人次173354人，非本地户籍仅有219人次，仅占1.2%，比率非常低，与当前探索事件发生地给予临时救助不相适应。

第二，救助范围上对"其他家庭和个人"的定义不明确，可操作性不强。重庆现行临时救助政策将一般家庭即D类家庭定义为其他家庭或个人，定义含糊，基层可操作性不强，无法明确救助范围。

第三，救助项目设置局限性较大。重庆将临时救助情形划分为医疗困难临时救助（包括重特大疾病救助和长期维持基本医疗救助）、重特大灾（伤）害临时救助、就学困难临时救助三类，过于僵化。救助情形涵盖了医疗、教育两个方面专项救助的补充，但未覆盖灾害救助、住房救助等专项救助，且专项救助对一般群众的覆盖不充分，导致临时救助不能充分"补短板"、"兜底线"的发挥作用。

第四，救助不公平突出。首先，医疗困难临时救助中的重特大疾病救助采用费用报销的方式，会导致没有去医院就诊、没有产生医疗机构医疗费用的最困难群众发生漏救的情况。其次，现实生活中有些D类家庭收入略高于C类困难家庭,但临时救助支出金额大,享受的救助标准反而低很多。最后,根据《社会救助暂行办法》的规定,特困人员和最低生活保障对象不仅享有生活保障待遇,还可以享受包括医疗救助等在内的专项救助,本身已经造成了"悬崖效应",如果临时救助仍然遵循这一思路,以身份为标准设置的依据,必然会加剧制度的不合理性和不公平性。

第五,"自救能力"条件不科学。通过自救能力来进行分类不科学,自救能力就是一个未明确的定义,怎样衡量申请人是否具有自救能力,缺乏配套规则,容易导致救助的随意性。

(三)救助标准设置不科学

第一,全市救助标准把握不一。2020年,全市临时救助平均水平为2643.79元,高于这一水平的有主城10区及璧山、万州、合川、长寿等16个区县,其中江北区、沙坪坝区、渝北区、石柱县、两江新区、高新区救助水平超过5000元,两江新区救助水平更是高达11052元。低于全市救助水平的有涪陵、綦江、南川、江津等16个区县,在这16个区县中,涪陵、潼南、城口、秀山4个区县救助水平低于1500元,涪陵的救助水平仅为1062元,且近几年涪陵区救助水平一直偏低。从各个层面看,救助水平与经济发展水平等并不成正相关,各区县政策执行尺度不一。

第二,支出型救助标准不合理。重庆支出型临时救助如重大疾病,按照自付费用的百分比计算救助金额,且设置救助封顶线,是典型的医保费用报销模式,按照这种标准模式进行救助本质上是医疗费用的再次报销,而非对申请人的基本生活救助,偏离了临时救助的制度初衷。

第三,重特大灾(伤)害突发事件救助标准偏低。火灾等突发事件最高不超过18个月城市低保标准。但火灾损失有轻有重,重大损失达数十万元,C类和D类家庭给予不超过6个月城市低保标准,最高仅为3700元,救助力度明显不足。

第四,救助标准确立未充分考虑多种因素。重庆市现行临时救助制度救助标准将临时救助对象分为A、B、C、D四类,将救助情形分为重大疾病、突发事件、教育救助、其他特殊原因四类,不同的救助对象对应不同的救助情形有不同的救助标准,但未充分考虑家庭人口、困难持续时间等因素。如福建省民政厅2019年9月印发《福建省临时救助工作规范》中要求,临时救助金额要根据临时救助标准和救助对象家庭人口、困难类型、困难程度和困难持续时间等因素,分类分档合理确定。

第五,"其他特殊原因"救助标准参差不齐。如垫江为 5000 元以下,綦江为 2000 元以下,江津为 1000 元,而潼南无"其他特殊原因"这个救助情形。因近几年社会发展,低保标准提高,2000 元仅为 3.2 个月城市低保标准。由于重庆救助情形限制较大,住房、灾害困难等仅能从"其他特殊原因"这个救助情形申请临时救助,救助额度小,如撒胡椒面,无法解决群众实际困难。

第六,救助标准过于僵化,缺乏水平调整机制。无论是起付线还是封顶线,均采用固定数额,没有相应的救助水平调整机制,无法与经济发展、物价变动及居民收入水平增长相挂钩,缺乏灵活性。

第七,由于存在"自救能力"标准,一个比较集中的问题是,当申请人赡(扶)养人财产超标是否仍予以救助?

四、根源性问题探讨:制度缺陷与功能回归

2014 年《社会救助暂行办法》的发布和施行,标志着我国基本确立了"8+1"社会救助框架体系,明确了社会救助"托底线、救急难、可持续"的基本功能。但毋庸置疑的是,我国社会救助体系存在顽固性短板和掣肘,集中体现在两个方面:支出型贫困规定缺失以及低保资格与专项救助捆绑。这两个致命缺陷恰恰对临时救助制度的功能定位产生了直接影响,同时引发了支出型贫困与临时救助、医疗救助与临时救助的两次博弈。

(一)制度设计缺陷引发的两次博弈

1. 支出型贫困与临时救助的博弈

经济学之父、英国亚当·斯密在著作《国富论》中提出,"一个人是富还是穷,依照他所能享受的生活必需品、便利品和娱乐品的多少和品质而定"。在很长一段时间,对于贫困的认识主要限于饥饿或基本生活不能得到保障,1901 年英国学者朗特里在其著作《贫困:城镇生活的研究》中将其称为"收入贫困"。随着贫困理论研究的演进,人们逐渐发现,收入贫困是贫困的核心问题,但贫困不仅仅是收入问题,而是多维度的综合问题,收入的高低只能反映人类贫困的一个方面。1998 年诺贝尔经济学奖获得者、印度著名经济学家阿玛蒂亚·森认为,贫困不单是由于低收入造成的,很大程度上是因为基本能力缺失造成的,比如与高额医疗、养老、教育、住房等民生支出,对应的公民获得健康权、养老权、教育

权、居住权的能力缺失。① 联合国开发计划署在《中国人类发展报告——人类发展与扶贫,1997》中提出,应改变过去单纯以收入衡量贫困的做法,采用人类贫困指数(HPI)来衡量贫困。衡量贫困除了要考虑人们的基本食物需求,还必须要考虑在教育、医疗、卫生等涉及人的发展方面的基本需求。在此背景下,"支出型贫困"概念应运而生。

我国"8+1"的社会救助体系尽管在提供生活基本保障、促进社会和谐稳定等方面发挥了一定的积极作用,但其重大制度缺陷之一便是仅仅考虑了收入型贫困,忽略了支出型贫困。随着医疗、教育、住房被逐渐推向市场,家庭成员出现重大疾病、突发灾祸、子女就学、刚性住房支出等原因导致某些家庭收入超过低保标准的家庭刚性支出远远超过家庭承受能力而造成生活实际贫困,甚至低于贫困标准的问题该如何解决? 显然,支出型贫困已然成为一个不能回避的社会问题。这就需要政府在收入型贫困社会救助制度之外建立支出型贫困社会救助制度。在我国社会救助体系存在结构性残缺的情况下,各地纷纷通过制度创新或者制度转嫁,找寻解决支出型贫困的消解路径。

有学者认为,我国支出型贫困救助政策出现两种模式:试点模式与临时救助模式,截止 2017 年,全国共有 16 个省的不同级别地区实行了试点模式,15 个省的不同级别地区实行了临时救助模式。② 尽管临时救助并不完全以救助支出型贫困为己任,但自 2014 年《国务院关于全面建立临时救助制度的通知》(国发〔2014〕47 号)中"生活必需支出突然增加超出家庭承受能力,导致基本生活暂时出现严重困难"之规定,的确赋予了临时救助解决支出型贫困生存困境之使命。课题组针对全国多省市的支出型贫困救助政策的研究发现,针对同一个社会问题,在缺乏国家层面强制性干预的情况下,各地会选择完全不同的社会政策。前述临时救助"简约模式""低保模式"与"繁复模式"在本质上体现了各地临时救助制度与支出型贫困救助政策选择的相互博弈关系。例如,上海通过创设通过"9+1"的社会救助体系(增加"支出型贫困救助制度"),通过外部路径消化现行《社会救助暂行办法》制度局限性带来的消极影响,为支出型贫困群体提供基本生活救助。安徽、福建等地则通过在低保制度中融入"因病支出型贫困居民最低生活保障"的方式进行支出型贫困救助。而"繁复模式"的典型代表江

---

① 阿玛蒂亚·森:《贫困与饥荒:论权利与剥夺》,商务印书馆 2001 年版。

② 刘央央、钟仁耀:《基于博弈论视角的支出型贫困救助政策扩散研究》,《社会保障研究》2017 年第 5 期。

西、重庆则选择在临时救助制度框架内解决支出型贫困问题。可以发现，外部化手段越彻底，临时救助承载的支出压力越小，反之，则越大，二者呈负相关关系。

2. 医疗救助与临时救助的博弈

现行社会救助体系的另一个制度缺陷是"福利捆绑"。我国《社会救助暂行办法》在确定专项救助对象时，以低保资格作为前提条件，不仅助长了"福利依赖""贫困陷阱"等不合理现象的滋生，而且导致低保边缘群体及其他发生实际生活困难的群体得不到应有的救助，形成断崖式救助效应。"目前的社会救助体系仍主要是以低收入作为衡量标准，社会救助总体水平低且往往依赖于低保资格，低保福利包造成了救助资源分配不公"。[①] 其中矛盾最为尖锐的便是医疗救助问题。医疗救助是基本医疗保障之下除去基本医疗保险外的待遇保障，是贫困群体生命安全的"最后一道防线"。我国医疗救助制度自 2003 年开始在农村地区试点，2005 年开始推向全国，但一直存在保障范围较窄的问题。就重庆市而言，现阶段救助对象仍然局限于最低生活保障家庭成员、特困供养人员、低收入救助对象（包括在乡重点优抚、城乡重度残疾人员等）、因病致贫家庭重病患者等。然而，家庭因病导致消费支出远超出其可支配收入是支出型贫困最主要的形式，占比 90% 以上，部分家庭由于人均收入水平略高于所在区域低保标准而被排斥在现有医疗救助体系之外，导致收不抵支而身囿贫困。在此背景下，各地可能会采取完全相反的政策路径来进行化解。"目前，我国对因病支出型贫困家庭的社会救助主要分为医疗救助和临时救助两个部分"。[②]

典型做法之一：制度突破。上海市突破现有社会救助制度藩篱，在 2018 年由民政局、财政局等多部门联合发布《关于进一步调整完善本市医疗救助政策的通知》，在传统医疗救助对象之外增加"因病支出型贫困家庭"，将其划分为"医疗费用等必需支出过大，导致家庭人均可支配收入低于本市城乡居民最低生活保障标准"和"家庭年医疗费用支出达到或超过家庭年可支配收入 40% 的家庭"两种情形，住院自负医疗费用分别按 70% 和 50% 比例给予救助，全年最高救助限额为 13 万元/人。

典型做法之二：制度挤兑。重庆市希望通过在临时救助项目中设置"医疗

---

① 朱照莉、周蕾：《江苏省多元化社会救助体系设计和成本预测研究——基于收入型贫困和支出型贫困结合的角度》，《南京中医药大学学报》（社会科学版）2017 年第 2 期。

② 张明丽、范艳玲：《因病支出型贫困家庭的社会救助问题研究——以武汉市为例》，《南京中医药大学学报》（社会科学版）2017 年第 2 期。

困难临时救助"项目来解决部分家庭医疗刚性支出过大的问题。具体而言,医疗困难临时救助又分为重特大疾病救助和长期维持基本医疗救助。

重特大疾病的救助标准:A 类人员自付费用(指扣除各类赔偿补偿、保险支付、社会救助和社会帮扶后,家庭或个人承担的费用,下同)达到 300 元,超过部分给予不低于 90% 的救助,封顶线 50000 元;B 类家庭或个人自付费用达到 3000元,超过部分给予 40%—60% 的救助,封顶线 40000 元;C 类家庭或个人自付费用达到 20000 元,超过部分按自付费用的 30%—50% 给予救助,封顶线 30000元;D 类家庭或个人由各区县(自治县)视情确定。

长期维持基本医疗救助标准:除前款外,因身患重特大慢性疾病,需要长期维持院外治疗的,A、B 类家庭或个人每年按城市低保标准给予患者本人不超过12 个月的救助;C 类家庭或个人每年按城市低保标准给予患者本人不超过 6 个月的救助。

显而易见的是,在第二种情况下,由于没有为刚性医疗支出额外开辟制度路径,不可避免会产生医疗救助与临时救助的制度功能博弈。重庆方案中"起付线"与"封顶线"的规则设置更是凸显了医疗费用报销的模式复制与转嫁用意。然而这样的做法却导致了明显的制度挤兑,在很大程度上遮蔽了临时救助制度的制度功能与设计初衷。

(二)本文观点:临时救助制度功能的理性回归

1. 从临时救助制度的发展脉络看"应急性救助"的制度本质

从本质上看,临时救助是一种应急救助,是指国家对因意外伤害、重大疾病等原因,导致基本生活出现严重困难的个人和家庭给予的一种临时性援助。无论是古代的"灾荒赈济",还是新中国成立初期的"临时救济",都强调救济的"应急性""非长期性"。进入市场经济后,一系列冲击社会道德和心灵底线的事件,催生了临时救助的正式制度安排。2013 年中央财政开始安排增加临时救助专项补助资金。2014 年《政府工作报告》指出:"社保是民生之基,2014 年的工作重点是推进社会救助制度改革,继续提高城乡低保水平,全面实施临时救助制度,为特殊困难群众基本生活提供保障"。

从 2007 年民政部出台的《关于进一步建立健全临时救助制度的通知》(民发〔2007〕92 号)可以看出,临时救助被定义为对"在日常生活中由于各种特殊原因造成基本生活出现暂时困难的家庭,给予非定期、非定量生活救助的制度"。随后出台的《国务院关于全面建立临时救助制度的通知》(国发〔2014〕47

号)认为,"临时救助是国家对遭遇突发事件、意外伤害、重大疾病或其他特殊原因导致基本生活陷入困境,其他社会救助制度暂时无法覆盖或救助之后基本生活暂时仍有严重困难的家庭或个人给予的应急性、过渡性的救助"。2018 年民政部和财政部联合下发的《关于进一步加强和改进临时救助工作的意见》(民发〔2018〕23 号)指出,坚持以人民为中心的发展思想,以有效解决城乡群众突发性、紧迫性、临时性基本生活困难为目标,以充分发挥临时救助制度效能为主线,落实"兜底线、织密网、建机制"工作要求,坚持托底、高效、衔接,进一步完善政策措施。从以上表述不难看出,临时救助应当有别于长期性的生活救助和定量性的专项救助,具有救助对象的广泛性、困难情形的突发性、救助需求的紧迫性、救助时长的临时性、救助标准的基础性及救助作用的过渡性等特征。临时救助制度的建立,弥补了过去"只救穷"、"不救急"的做法,通过"快速响应机制"的建立,成为反贫困领域的最后一道安全网,起到"织密网、补漏洞"的重要作用。

2. 从社会救助体系的内在逻辑看临时救助"救急难、托底线"的制度功能

关于临时救助的制度功能,在 2014 年印发的《国务院关于全面建立临时救助制度的通知》中明确定位为"托底线、救急难"。从顺位排序来看,似乎"托底线"更重要于"救急难"。但这一思路很快得到了转变。2015 年民政部和财政部联合出台《关于在全国开展"救急难"综合试点工作的通知》(民发〔2015〕57 号),要求各地开展"救急难"工作,让突遇不测者得周急之助、因病因灾者去生存之虞、创新创业者无后顾之忧,有效化解人民群众的生存危机,防止冲击社会道德和心理底线事件发生。《通知》强调,各地应当不断完善临时救助政策措施,在对象范围上,将所有遭遇突发性、紧迫性、临时性基本生活困难的居民家庭和个人纳入临时救助范围,并细化"急难"事项的具体情形。值得注意的是,《通知》同时提出要加快推进重特大疾病医疗救助。为什么在加强临时救助"救急难"功能发挥的文件中提到"医疗救助"? 实际上,整个社会救助体系内在逻辑及统筹协调与临时救助制度的功能定位密切相关。

临时救助制度不是一项孤立运行的制度,与其他社会救助制度相比,临时救助更是一种凸显"兜底"的制度安排,是其他救助暂时无法覆盖或达不到效果情况下的一种"应急"。其他社会救助制度运行良好与否直接影响到临时救助制度的功能定位。前已述及,从临时救助制度的历史发展来看,"救急难"是临时救助制度的天然使命和核心功能所在,但"托底线"如何理解? 至今观点莫衷一是。有学者认为,"托底线"可以从两个层面上理解,第一层面,把"托底线"功能

理解为临时救助制度对困难群体直接发挥的"救急救难"作用。从该角度出发,"底线"可以理解为急难型救助的标准,即当人们遭遇灾害、突发事件等情况基本生活出现严重困难时,通过对其实行救助来保障其最低生活标准。第二层面,把"托底线"功能看做是临时救助制度对整个社会救助体系发挥的作用。从该角度出发,"托底线"可以理解为制度性兜底,即在其余社会救助项目暂时不能涉及或救助后仍然生活困难时,由临时救助提供兜底救助。

课题组不完全赞成这种观点。我国社会救助项目划分为基本生活性救助(特困供养、最低生活保障)、专项救助(医疗救助、教育救助、住房救助、就业救助)、灾害性救助、临时救助等几大类,每种救助项目应当具有独立于其他救助项目的目标定位、救助对象和救助手段,相互之间不能混淆、越位、替代。临时救助与其他救助项目之间应当相互衔接,但也应当相互区别。临时救助作为"应急型"救助应当是补齐其他救助项目的短板,与其他救助项目一起形成救助合力,使得整个社会救助体系协调高效发展。简言之,临时救助应当是"雪中送炭",而非"锦上添花"。"救急难"是临时救助的最本质功能,"兜底中的兜底",应当是从"救急"的角度进行兜底,即从"救急解难"的角度织密织牢民生网,托住民生底线,而非兜其他救助项目的底。之所以目前出现了"制度性托底"的情况,是我国其他救助项目,特别是支出型贫困救助缺失、医疗救助发展滞后,不得已而为之的选择。但即使是制度性托底,课题组认为也应当引起高度重视的一个问题是,临时救助只能从"基本生活保障"的角度托底,不能从专项费用支付的角度托底。让临时救助去兜医疗救助的底,不仅是兜不住的,也是兜不长久的。正是基于这样的思路,《江西省临时救助操作规程》即使想要在临时救助制度框架内解决费用救助的问题,也是通过单独设置"特别救助"来达到这一目的。而相比较,重庆市同样希望通过临时救助来进行费用救助,特别是医疗费用救助,但却是突破了"基本生活保障"的底线,通过类似医保报销的模式来解决这一问题,无论从制度原理还是从制度运行的可持续性角度都是有瑕疵的。

3. 从综合救助格局看临时救助制度功能的未来趋势

2020 年 8 月国务院办公厅出台《关于改革完善社会救助制度的意见》将"建立健全分层分类的社会救助体系"作为社会救助体系完善的重点任务之一,要求构建以基本生活救助、专项社会救助、急难社会救助为主体的"综合救助格局"。在专项社会救助领域,首次提出解除"福利捆绑"的具体措施,即对不符合低保或特困供养条件的低收入家庭和刚性支出较大导致基本生活出现严重困难的家庭,根据实际需要给予相应的医疗、住房、教育、就业等专项社会救助或实施其他必要救助措施。在民政部 2020 年 9 月发布的《社会救助法(草案征求意见稿)》中,"支出型贫困家庭"已经赫然出现在社会救助对象范围之列。此外,《社会救助法(草案征求意见稿)》将"临时遇困家庭或者人员"定义为:"本法所称临时遇困家庭或者人员,指遭遇突发事件、意外伤害、重大疾病或其他特殊原因导致基本生活暂时陷入困境的家庭或人员",同时规定临时救助是国家对遭遇突发性、紧迫性、临时性困难,生活陷入困境,其他社会救助制度无法覆盖或者救助之后基本生活仍有困难的家庭或者人员,采取发放临时救助金、配发实物、提供必要的服务以下方式给予的救助。该规定强化了急难型困难救助,弱化了支出型困难救助。就医疗救助而言,早在 2015 年,国务院办公厅转发民政部等五部门《关于进一步完善医疗救助制度全面开展重特大疾病医疗救助工作的意见》(国办发〔2015〕30 号),要求将救助对象范围从低保对象、特困供养人员扩大到低收入家庭中的老年人、未成年人、重度残疾人、重病患者和因病致贫家庭重病患者等。2021 年 4 月国家医疗保障局、民政部、财政部等七部委联合发布《关于巩固拓展医疗保障脱贫攻坚成果有效衔接乡村振兴战略的实施意见》,明确提出"夯实医疗救助托底保障""统筹加大门诊慢特病救助保障,门诊和住院救助共用年度救助限额。经三重制度支付后政策范围内个人负担仍然较重的,给予倾斜救助",医疗救助改革已经悄然启动。

综上,在新的综合救助格局发展阶段,应在更高起点上统筹完善我国社会救助制度。新时代社会救助理念与定位正在发生深刻变化,我国社会救助正在从"生存型救助"向"发展型救助"、从"身份性救助"向"标准性救助"、从"绝对贫困救助"向"相对贫困救助"转变。随着"支出型贫困"纳入正式救助体系、医疗救助辐射范围进一步扩大,社会救助项目加强相互衔接,社会救助机制体制更加完善、畅通,临时救助制度在制度性托底方面的功能会逐步弱化,会逐步回归"救急难"的核心功能。在下一阶段,临时救助政策应当更加关注"救急难"功能提升机制的完善,注重救助的时效性,避免花费较长时间、通过严格流程才能获得救助的情况,在救助程序上将急难型救助与支出型救助完全区分开。急难情形下,当其他社会救助项目或者帮扶机制不能及时发挥作用时,允许临时救助先予救助,不必展开家计调查,也不受"在获得各类赔偿补偿、保险支付、社会救助和社会帮扶后仍难以维持基本生活"的限制,同时建立容错纠错机制,让工作人员大胆救、高效救、积极救,而不是因为担责顾虑,出现"能不救则不救"的不合理现象。

五、临时救助对象范围与救助标准的确定
——对重庆方案改革的具体建议

（一）合理划定救助对象范围

1. 摒弃"收入身份"标准，采用"困难情形"标准确定对象范围

重庆市为了确保精准施救，《重庆市民政局关于进一步完善临时救助工作的指导意见》（渝民发〔2017〕60号）将救助对象按照收入水平的高低进行分类，继而在救助标准上相应进行阶梯式救助，但"身份"式救助难以保证救助的公平性和广泛性。建议参照湖北省民政厅、财政厅《关于进一步加强和改进临时救助工作的实施意见》（2019）及《福建省临时救助工作规范》（2019）规定之原则"临时救助不针对特定人群、身份，只确定是否发生突发性、紧迫性、临时性基本生活困难"。由于支出型临时救助一般以家庭为单位进行对象界定和实施救助，因此建议将临时救助对象划定为急难型家庭救助对象、支出型家庭救助对象、困境个人和其他特殊困难对象。这样的类别划分也与《关于进一步加强和改进临时救助工作的意见》（民发〔2018〕23号）中"细化明确对象范围和类别。根据困难情形，临时救助对象可分为急难型救助对象和支出型救助对象""根据救助对象不同的困难情形，确定救助类型"的要求相一致。从其他兄弟省市的规定来看，绝大多数的政策、立法均采用该类表述。

同时，需要说明的是：

第一，关于生活无着的流浪、乞讨人员。在《民政部关于进一步建立健全临时救助制度的通知》（民发〔2007〕92号）关于个人对象的表述中，包括"其中，符合生活无着的流浪、乞讨人员救助条件的，由县级人民政府按有关规定提供临时食宿、急病救治、协助返回等救助"。《社会救助暂行办法》也将城市流浪乞讨救助制度并入第九章临时救助制度中。尽管生活无着的流浪、乞讨人员救助的主管部门是民政部门，对流浪乞讨人员的救助也是一项临时性社会救助措施，但针对生活无着的流浪、乞讨人员救助有专门的立法，即2003年《城市生活无着的流浪乞讨人员救助管理办法》，该《办法》设置专门的救助站对其进行管理，在救助方式、救助标准上有异于一般临时救助。在国务院办公厅《关于改革完善社会救助制度的意见》中，将其与临时救助并列，共同纳入急难社会救助范畴。在《社会救助法（草案征求意见稿）》中，"生活无着的流浪乞讨人员救助"与"临时

救助"分列 36、37 条。基于上述原因,建议单独对生活无着的流浪、乞讨人员救助进行规定,不再纳入临时救助困境个人对象。

第二,根据重庆市的调研,有护理需求的特困人员和部分低保户由于没有亲属照护或者支付能力差,在产生一定数额的生活护理、大病住院陪护费后缺乏报销渠道。由于术后陪护照料并非基本生活困难问题,这类费用在现行制度框架中难以找到救助依据,故建议在困境个人对象中增加"因生活不能自理或因病住院发生的照料护理支出较大,导致基本生活出现严重困难的特困人员"。

第三,对于"因自然灾害、事故灾难、公共卫生、社会安全等突发公共事件"应采取相应的救助措施,单独进行规定。此外,需要注意的是,国务院办公厅《关于改革完善社会救助制度的意见》明确指出"做好重大疫情等突发公共事件困难群众急难救助工作""把因突发公共事件陷入困境的人员纳入救助范围,对受影响严重地区人员发放临时生活补贴",故增加"基本生活仍有严重困难的可纳入临时救助范围"之规定。

建议具体表述如下:

一、临时救助不针对特定人群、身份,只确定是否发生突发性、紧迫性、临时性基本生活困难根据困难情形,临时救助对象可分为急难型家庭救助对象、支出型家庭救助对象、困境个人和其他特殊困难对象。

(一)急难型家庭救助对象。主要包括因火灾、爆炸、溺水、雷击、交通事故、人身伤害等意外事件,家庭成员突发重大疾病等原因,造成主要经济来源中断或者家庭财产重大损失,导致基本生活暂时出现严重困难的家庭。

(二)支出型家庭救助对象。因医疗、教育等生活必需支出突然增加超出承受能力,导致基本生活一定时期内出现严重困难的家庭。

(三)困境个人。因遭遇火灾、爆炸、溺水、雷击、交通事故、人身伤害、突发重大疾病、无民事行为能力人或限制民事行为能力患精神病或者其他特殊困难,暂时无法得到家庭支持,基本生活陷入困境的个人;因生活不能自理或因病住院发生的照料护理支出较大,导致基本生活出现严重困难的特困人员。

(四)县级以上人民政府民政部门认定的有其他特殊困难的家庭和个人。

二、对于生活无着的流浪、乞讨人员,按照国家和本市有关规定,提供临时食宿、急病救治、协助返回等救助。

261

三、因自然灾害、事故灾难、公共卫生、社会安全等突发事件,需要开展紧急转移安置和基本生活救助,以及属于疾病应急救助范围的,按照有关规定执行。按有关规定执行后,基本生活仍有严重困难的可纳入临时救助范围。

2. 明确"基本生活暂时出现严重困难"

关于"基本生活暂时出现严重困难",江苏和江西进行了明确界定。《江苏省临时救助实施办法》(2016)规定,基本生活暂时出现严重困难是指暂时性实际生活水平低于当地最低生活保障标准,家庭收入和家庭财产状况符合当地相关规定。江苏的规定参照前述。《江西省临时救助操作规程》(2017)认为:基本生活暂时出现严重困难,一般指维持家庭成员的食物支出、衣物支出(含生活必需品、水、电等)、基本住房(人均面积不超过 20 平方米,非危房)、医疗和教育等方面的必需支出(Expenditure),超过家庭存款(Deposit)与一个年度(上年)家庭全部可支配收入(Income)之和的 2 倍[公式:$E > (D+I) \times 2$],且家庭财产状况符合当地申请救助的相关规定。困境时间不超过 6 个月。课题组认为该计算方式过于复杂,江苏的做法更具操作性。

建议具体表述如下:

基本生活暂时出现严重困难是指暂时性实际生活水平低于当地最低生活保障标准,家庭收入和家庭财产状况符合当地相关规定。

3. 增加申请条件的规定

急难型救助不需要事先进行家计调查,只需补充提交相应材料即可。支出型救助由于涉及收入与支出的比较,有必要对其经济状况进行核对,从收入、财产、收支差等方面设置申请条件。对于收支差的规定,即支出型困难的界定,目前湖北、上海、江苏的规定较为典型,但标准不一,湖南的尺度较为宽松,江苏最严,上海适中。

《江苏省临时救助实施办法》(2016)认为,支出型困难家庭包括因生活必需支出突然增加超出家庭承受能力,导致基本生活暂时出现严重困难的最低生活保障家庭;因突发重大疾病等原因,造成医疗费用等支出过大,收不抵支,导致基本生活暂时出现严重困难的家庭。基本生活暂时出现严重困难是指暂时性实际生活水平低于当地最低生活保障标准,家庭收入和家庭财产状况符合当地相关规定。

《上海社会救助条例》(2019)认为,支出型贫困家庭,包括家庭可支配收入扣除医疗、教育费用等必需支出后,在本市共同生活的家庭成员月人均可支配收入低于本市最低生活保障标准的以及家庭年医疗费用支出在家庭年可支配收入中的占比达到或者超过规定比例的两种情况,这里的比例是40%。之所以规定40%的比例,是因为参照了世卫组织对"家庭灾难性医疗支出"的界定,如果一个家庭强制性医疗支出大于或等于扣除基本生活费(食品支出)后家庭剩余收入的40%,就认为出现了灾难性医疗支出,这个家庭就会因病致贫返贫。

湖北省民政厅、财政厅《关于进一步加强和改进临时救助工作的实施意见》(2019)认为,对一年内家庭收入扣减教育、医疗等生活必需支出后,家庭人均收入低于当地当年城乡最低生活保障标准2倍,且家庭财产状况符合当地规定的,可认定为支出型贫困家庭。

建议具体表述如下:

对申请临时救助对象财产状况的要求、收入和财产的核定与计算,可参照申请低保家庭的财产状况、收入和财产核定的有关规定执行。

支出型困难家庭提出申请前12个月的人均可支配收入应低于当地上年度人均可支配收入,且家庭财产状况符合当地有关规定。支出型困难家庭的可支配收入扣除医疗、教育费用等必需支出后,在本市共同生活的家庭成员月人均可支配收入低于本市最低生活保障标准,或者家庭年医疗费用支出在家庭年可支配收入中的占比达到或者超过规定比例,可申请临时救助。

4. 增加不予救助的规定

综合江苏省、浙江省、江西省、安徽省的相关规定,结合重庆市的实际情况,建议不予临时救助的排除性情形如下:

(1)拒绝配合家庭经济状况调查,致使无法核实相关情况的;

(2)故意隐瞒家庭或个人真实收入、财产、支出和家庭人口变动情况,提供虚假证明材料的;

(3)通过离婚、赠予、转让等方式放弃自己应得财产或份额,或者放弃法定应得赡养费、抚养费、扶养费和其他合法资产及收入的;

(4)人为闲置承包土地的;

(5)在法定劳动年龄段内并且有劳动能力,无正当理由拒绝就业或者从事生产劳动的;

(6)持有短期内可变现的金融资产或收藏品,变现所得能够满足基本

生活所需的;

(7)个人有以下情形的,不得享受临时救助:①个人或家庭成员中有从事封建迷信、传销等非法活动造成困难的;②有赌博、嫖娼、吸毒、卖淫、参与非法组织等行为且尚未改正的;③各类服刑期内人员(经司法行政部门认定的社区矫正人员除外)。

(8)县级以上人民政府认定的其他不予救助的情形。

(二)科学确定救助标准和方式

1. 改"费用报销"模式为"低保基准"模式

如前所述,现行"起付线+封顶线+报销比例"的做法存在诸多弊端,建议所有临时救助类别统一以当地城市低保标准为基准进行计算。但需要注意的是,临时救助标准是否一定等同于城市低保标准?在这个问题上,目前有两种不同的做法,一种做法是完全参照当地低保标准,包括上海、北京、浙江、江苏、河南、江西、安徽等大多数省份均采用这一方式确定临时救助标准。第二种做法是福建省提出的"浮动比率"制,《福建省临时救助工作规范》(2019)规定,"县级人民政府要参照当地城市低保月标准上下浮动25%以内确定临时救助月标准"。福建省采用这种模式的初衷在于保证临时救助标准应与当地经济发展水平相适应。课题组认为,在低保标准经济与社会发展、居民生活消费水平变化和基本生活必需品物价指数变动相挂钩的情况下,直接以低保标准作为临时救助生活救助金的计算基数更具可操作性。

2. 分类分档合理确定临时救助具体标准

《关于进一步加强和改进临时救助工作的意见》(民发〔2018〕23号)明确指出,"临时救助标准可与当地最低生活保障标准挂钩,根据救助对象的家庭人口、困难类型、困难程度和困难持续时间等因素,分类细化救助标准"。重庆市现行临时救助制度救助标准未充分考虑家庭人口、困难持续时间等因素。而福建省民政厅2019年9月印发《福建省临时救助工作规范》中明确要求,"临时救助金额要根据临时救助标准和救助对象家庭人口、困难类型、困难程度和困难持续时间等因素,分类分档合理确定"。考察从2007年来各地的规定,不难发现,临时救助制度运行早期,各地对于标准设置的规定是相对简单、粗放的。例如,《安徽省城乡居民临时救助实施办法(试行)》(2013)规定,每户救助金额原则上为当地月低保标准的2—6倍。《广东省临时救助暂行办法》(2015)规定,每人临时救助标准,原则上不低于当地2个月城镇最低生活保障标准,以家庭为救助对象的,按人均计。但是近年,各地在计算临时救助标准时,纷纷将困难情形、受困人数、受困时长等因素加以考虑,设置不同公式进行计算,临时救助标准确定更加科学化、精细化。课题组在吸收福建、江西、江苏等地有益经验、并结合重庆实际的基础上提出相应的确定方法。

建议具体表述如下:

临时救助金额要根据临时救助对象困难类型、家庭人口、困难程度和困难持续时间等因素,分类分档合理确定。

(一)对急难型困难家庭的临时救助,可采取一次审批、分阶段救助的方式进行救助。困难程度较轻的,及时予以 2000 元(含)以下救助,且不得低于当地单人次 1 个月救助金额;对困难程度较重、救助金额较大的,参照支出型救助对象确定救助金额。

(二)对支出型困难家庭的临时救助,按照其家庭可支配收入扣除医疗、教育费用等必需支出后,在本市共同生活的家庭成员月人均可支配收入与本市城市最低生活保障标准的差额,发放生活救助金;医疗、教育费用等必需支出超过其家庭可支配收入的,按照本市城市最低生活保障标准,发放生活救助金。

救助标准具体公式为:临时救助生活救助金标准×共同生活家庭成员中实际受困人数×受困月数。

(三)对困境个人的临时救助,救助标准具体公式为:临时救助生活救助金标准×受困月数。

(四)对特殊困难家庭和个人的临时救助,可采取"一事一议"方式研究决定,适当提高救助额度。

上述公式中相应受困月数一般不超过 3 个月,最长不超过 6 个月。

3. 增加"心理干预"救助服务

在救助方式上,目前主要以现金救助为主。但在现实生活中,很多困难群众更需要针对"心理危机"的救助服务。中共重庆市委党校针对重庆市南岸区进行的"城市困难群众社区直接救助与帮扶研究"显示,困难群众的社会救助需求内容并不是单一而是"多元化"的,由于家庭困难对个人心理、家庭关系产生消极影响,有相当比例的群众在精神情感方面的救助需求较大。根据贫困理论的分类,经济贫困不是唯一的贫困形式,"精神贫困"也是贫困的表现形式之一。由于困难群众本身社会参与度较低,排解、释放消极心理情绪方面的渠道不多,亟须建立来自政府层面的"心理救助"机制。建议在临时救助的救助方式上增加"心理干预"救助服务的相关规定。

建议具体表述如下：

对符合临时救助条件的家庭和个人，可采取发放生活救助金、配发实物、提供心理疏导及转介服务等救助方式。

（一）发放救助金。按照财政国库管理制度将临时救助金直接支付到救助对象个人账户，确保申请人与被救助人及其账户一致、救助金足额、及时发放到位。原则上临时救助金采取打卡直接发放，并履行签字手续。情况紧急时，可直接发放现金。

（二）发放实物。根据临时救助标准和救助对象基本生活需要，可采取发放衣物、食品、饮用水，提供临时住所等方式予以救助。

（三）提供心理疏导服务。通过政府购买与有关社会组织合作建立心理咨询室，或者上门免费为有心理障碍或消极情绪的困难群众提供心理咨询和聊天服务，为困难群众排解消极情绪提供畅通渠道。

（四）提供转介服务。对给予临时救助金、实物救助后，仍不能解决临时救助对象困难的，可分情况提供转介服务并跟踪办理结果。对符合低保或医疗、教育、住房、就业等专项救助条件的，协助其申请相应的专项救助；对需要慈善组织、社会工作服务机构等通过慈善项目、发动社会募捐、提供专业服务、志愿服务等形式给予帮扶的，要及时转介。

4. 增加支出型贫困财产认定标准

如果采用"困难情形"标准来划定对象范围，则没有必要再保留"自救能力"标准。但另一个需要解决的问题是，给予"支出型困难救助"，首要条件是能够对支出型贫困进行认定。从目前来看，浙江、上海、武汉、成都、安徽等地都出台了支出型贫困家庭认定的相关办法，重庆可以因地制宜，结合重庆的经济发展水平，制定本地的支出型贫困财产认定标准，为提供"支出型临时救助"提供依据。

（作者单位：西南政法大学经济法学院）

我国城市贫困研究的知识图谱

——基于 CSSCI 来源期刊的文献计量分析①

刘璐婵　丁　鸽

一、研究缘起

近年来,随着我国贫困治理事业的不断推进,贫困人口的数量不断降低,2020 年我国脱贫攻坚战取得了全面胜利,完成了消除绝对贫困的艰巨任务,提前十年实现了联合国 2030 年可持续发展议程的减贫目标。随着脱贫攻坚任务的完成,我国的贫困治理事业进入了反贫困战略提升和贫困目标瞄准转换的关键期②,未来反贫困的目标人群将从绝对贫困群体转向相对贫困群体,并更加注重社会公平、发展增能和风险防范。

在城市地区,截至 2021 年 2 月,我国城市最低生活保障人数为 799 万人,低保家庭共计 485.8 万户。目前,我国的城市贫困问题混杂了体制改革、产业升级、阶层分化、城镇化等多重因素③,而传统保障体系解体后建立的现代社会保障制度在应对城市贫困群体脆弱性上仍存在不足④。若城市贫困问题得不到妥

① 本文系江苏省社科基金青年项目"江苏贫困治理中的福利依赖现象研究"(17SHC006);江苏省高校哲学社会科学研究基金项目"社会救助制度与劳动力市场制度的联动机制研究"(2017SJB0079)的研究成果。

② 林闽钢:《相对贫困的理论与政策聚焦——兼论建立我国相对贫困的治理体系》,《社会保障评论》2020 年第 1 期。

③ 林卡、范晓光:《贫困和反贫困——对中国贫困类型变迁及反贫困政策的研究》,《社会科学战线》2006 年第 1 期;王小林、张德亮:《中国城市贫困分析(1989—2009)》,《广西大学学报》(哲学社会科学版) 2013 年第 2 期。

④ 樊丽明、解垩:《公共转移支付减少了贫困脆弱性吗?》,《经济研究》2014 年第 8 期;韩华为、高琴:《中国城市低保救助的主观福利效应——基于中国家庭追踪调查数据的研究》,《社会保障评论》2018 年第 3 期。

善解决,低收入群体较低的主观社会地位与对未来的信心程度不仅会妨碍其获得安全感与获得感,而且将对社会稳定产生较大的影响。①

因此,以城市贫困群体为研究对象开展研究始终是贫困治理领域的重要议题。为了回应城市贫困问题,众多学者选择不同视角、借助不同理论、利用不同方法进行了大量探索,积累了相当丰富的研究成果。本文以我国近年来城市贫困研究为分析对象,采用文献计量的方法对我国城市贫困研究的基本现状、热点变迁等方面进行图谱化和定量分析,既有助于把握当前研究的理论脉络,又有助于为贫困治理的顶层设计提供支撑,进而提升我国贫困治理能力的现代化水平。

二、数据来源与研究方法

为了保证文献数据的权威性、代表性和全面性,本文将文献来源限制为中国知网数据库中的中国社会科学引文索引(CSSCI)来源期刊(包含 CSSCI 来源期刊扩展版,以下简称"C 刊")。在中国知网"期刊"分类下,本研究以"城市贫困"为主题、以"CSSCI"为来源类别、以 2021 年 5 月 1 日为发文截止时间进行文献检索,剔除会议记录、书评访谈等非研究性论文,共筛选出 546 篇城市贫困研究文献作为分析样本。

在此基础上,本文主要采用文献计量方法,对检索到的引文数据进行梳理统计和可视化分析,首先对城市贫困研究的时序、作者与文献来源进行了图谱分析,借助 CiteSpace 文献计量软件和 Nvivo 质性分析软件进行了关键词、研究热点与研究趋势的可视化分析,用以探究我国城市贫困研究的演进趋势。

三、城市贫困研究的文献分析

自 1998 年王培暄在《南京大学学报》上发表题为《城市贫困问题的诊断》一文以来,学界对城市贫困问题的研究拉开了序幕。同年,赵晓彪、施小梅、王时涛等人共计 12 篇文献先后发表在《中国人口科学》《人口学刊》《学术界》《人口研究》等期刊上,其中《城市相对贫困问题中的特殊群体:城市农民工》一文的被引

---

① 关信平:《当前我国城市贫困的新特点及社会救助改革的新方向》,《社会科学辑刊》2019年第 4 期。

量有 56 次。为梳理城市贫困研究的学术脉络,理清研究的缘起与演进方向,本文尝试从文献发表时期、发表数量、作者合作网络、文献引用链以及文献来源等方面进行深入分析。

（一）主题发文时序分析

分析检索文献的发文时间与发文趋势分布,能够比较直观地判断出城市贫困研究领域在学术界的发展速度和受重视程度(见图1)。从 1998 年中国知网收录第一篇关于城市贫困研究的文章以来,该领域呈方兴未艾之势。1998—2021 年,发表在 CSSCI 来源期刊上的文献总量高达 546 篇,平均每年收录 22.75 篇。从总体趋势来看,城市贫困研究领域的文献总量虽有波动,其中 2008 年、2009 年为发文量高峰期,随后数量有所回落,但近几年又呈现出上升的趋势。

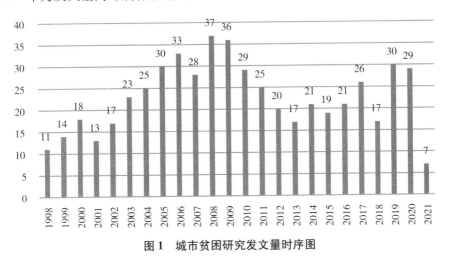

图 1 城市贫困研究发文量时序图

我国城市贫困研究大致可分为三个阶段:第一阶段为 1998—2008 年,这一时间段的发文数量增长幅度较大,2008 年当年的发文量高达 37 篇。本文认为,随着城市地区经济改革的不断推进,市场化改革带来的失业等负面影响逐渐显现,城市贫困人口因劳动就业上的劣势而陷入收入窘境,这一现象引发社会各界高度关注,相关研究开始大量涌现,主要以城市贫困人口为研究对象,对城市贫困的特征、原因及对策进行了分析。第二阶段为 2009—2013 年,这一阶段的发文数量明显回落,2013 年的总发文量降至 17 篇。在此期间,国务院颁布了《中国农村扶贫开发纲要(2011—2020 年)》,标志着农村地区扶贫开发进入关键期。大量研究聚焦于农村减贫事业,重点分析开发式扶贫与社会保障制度的衔接与配合,相关城市贫困研究的热情有所回落,其重心主要聚焦于农民工、城市老年人等群体,贫困代际传递与医疗救助方面。第三阶段为 2014—2021 年,这一阶段发文数量呈波动上升趋势,除 2018 年发文 17 篇外,2015—2019 年的发文量基本保持上升趋势。随着中央扶贫开发工作会议确立了精准扶贫、精准脱贫基本方略,力求打赢脱贫攻坚战,"十三五"前期的贫困研究仍以农村地区为主要研究对象,进入 2019 年后,农村即将完成脱贫攻坚目标任务,贫困治理研究开始进入相对贫困研究的新阶段,这意味着以"生活型、发展型"为特征的城市贫困问题逐渐成为新的研究增长点。

（二）文献作者发文量与引用情况分析

1. 城市贫困研究者的文献发表量

目前我国在城市贫困研究领域已经产生了多位具有较高学术影响力的研究者。就发文量而言,以独立作者、第一作者或合作者身份发文且文献数量在 3 篇以上的共有 14 位(见表 1)。

表 1　城市贫困研究主要文献作者及其发文量（1998—2021）

总发文量	文献作者	总发文量	文献作者
7 篇	袁媛、高云虹	6 篇	慈勤英、王朝明
5 篇	唐钧、单德朋、尹志刚、贺寨平、黄晶	4 篇	尹海洁、高功敬、祝建华、何汇江、姚尚建

结合前文对城市贫困研究阶段的划分,本文按不同时期研究者的发文量进行了统计,发现 1998 年至 2008 年这一时期,唐钧、慈勤英、尹志刚等研究者的发文量较高;2009 年至 2013 年这一时期,高云虹、贺寨平以及王朝明、祝建华等研究者后来居上;2014 年至 2021 年,黄晶、姚尚建、关信平、袁媛等研究者的发文量较高(参见表 2)。

表 2　不同时期城市贫困主题文献作者发文量前 10 位

1998—2008		2009—2013		2014—2021	
唐钧	何汇江	高云虹	谢垩	关信平	洪大用
慈勤英	高云虹	贺寨平	梁柠欣	姚尚建	高功敬
尹志刚	汪雁	王朝明	王莉丽	黄晶	单德朋
袁媛	练乐尧	祝建华	高功敬	袁媛	代兰海
洪小良	苏勤	单德朋	陈岱云	万里洋	陈云

2. 研究者的文献引用情况

就单篇文献被引量而言,以城市贫困为主题、被引次数达200次以上的分别是中国国际扶贫中心的王小林、中国人民大学的汪三贵、美国宾州西切斯特大学的洪朝辉以及中国社会科学院经济研究所的李实所发表的论文(见表3)。这些文献不仅发表时间较早,而且均刊发在各领域的顶级学术刊物上,为后续研究奠定了良好基础。

表3 城市贫困主题文献单篇被引量前5位

作者	文献来源	发表年份	被引次数
王小林、Sabina Alkire	中国农村经济	2009	659
汪三贵	管理世界	2008	448
洪朝辉	江苏社会科学	2003	303
李实、John Knight	经济研究	2002	262
唐钧、朱耀垠、任振兴	社会学研究	1999	180

本文以单篇文献的引用量为标准对城市贫困主题文献进行排序后,对引用量超过50次的高被引文献进行了文献互引网络分析,发现这些文献的篇均被引数高达112.62次,而且所形成的引文网络呈现出清晰的征引脉络。图2为部分文献的互引网络,其中袁媛、薛德升、许学强的《转型时期我国城市贫困研究综述》一文作为重要的节点文献被大量文献引用,后续研究在此基础上进行了延伸和拓展。唐钧、杨立雄等研究者深入分析了社会救助制度和最低生活保障制度;唐钧亦从家庭层面探究了贫困者的生计维持问题,其关于贫困家庭社会支持网的研究还启发了洪小良、尹志刚等人的后续研究;梁汉媚、方创琳、吕露光从空间地理角度切入,分析了贫困空间格局的演化,就"贫困的空间聚集""低收入社区"发展出新的引文网络;洪朝辉和陈剩勇、林龙则从节点文献中寻找到新的研究方向,开启了对城市贫困群体社会权利的分析。

(二)文献来源与学科收录情况分析

1. 城市贫困研究的主要文献来源

从表4可看出,城市贫困研究收录量排第一位的文献来源是《中国人口科学》,其在1998—2015年共收录14篇相关文献。截至2021年5月1日,这些被收录在《中国人口科学》中的城市贫困研究的引用总量达到757次,平均每篇文

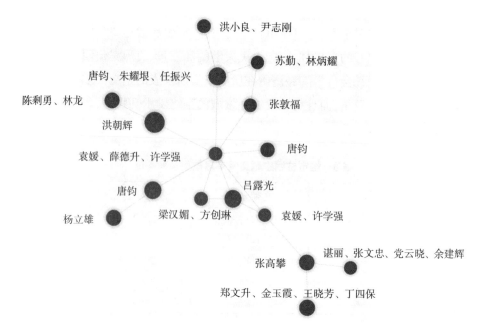

图2　城市贫困研究单篇高被引文献的互引网络

章都被引用了 54 次,单篇文献的最高被引达到 143 次。收录量次之的分别是
《人口与经济》《人口学刊》《人口与发展》等人口学科类期刊以及《江苏社会科
学》《理论与改革》《经济体制改革》等综合性期刊,此外,《城市问题》《人文地
理》等城市、地理类期刊的收录量也较大,同为城市贫困研究的主要刊发地。

表4　城市贫困研究收录量前十的文献来源

文献来源	总发文量	收录时间跨度	引用总量	最高被引
中国人口科学	14	1998 年至 2015 年	757	143
人口与经济	12	2001 年至 2018 年	381	88
城市问题	12	2007 年至 2018 年	260	53
人口学刊	11	1998 年至 2017 年	280	67
人文地理	11	2003 年至 2019 年	237	63
江苏社会科学	9	2003 年至 2019 年	644	303
理论与改革	9	2000 年至 2020 年	75	25

续表

文献来源	总发文量	收录时间跨度	引用总量	最高被引
经济体制改革	9	2001 年至 2021 年	236	83
人口与发展	9	1999 年至 2014 年	146	36
中州学刊	8	1999 年至 2020 年	170	67

为了更清楚地展示相关研究在不同刊物、不同年份的分布情况,本文绘制了主要文献来源收录年份的分布图(见图 3),对收录量排前十位的文献来源进行了收录数量的可视化呈现,其中方格部分代表了收录的年份,灰色方格表示该年份未收录城市贫困主题的文献,黑色表示当年收录不止一篇。从城市贫困研究收录年份的整体分布来看,表格左侧黑色方格较右侧更为密集,尤其是 2000—2008 年这一时期,多本刊物连续出现黑色方格。结合前文对城市贫困研究的阶段划分可看出,在 1998—2008 年这个阶段,城市贫困研究整体呈现出"早期繁盛"的景象,而且 2003 年、2007 年为刊发高峰期。随后城市贫困研究进入一段低迷期,2012 年和 2016 年当年只有一本刊物收录了相关研究。

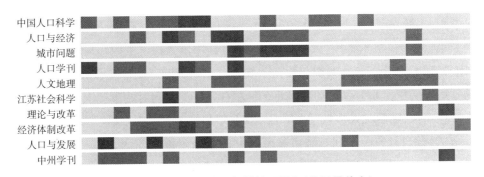

图 3　各文献来源收录年份的可视化(收录量前十)

从收录的时间跨度看,在经历过连续收录和一段收录空白期后,城市贫困研究普遍出现了回归。例如,《人口学刊》《人口与经济》分别在 1998 年到 2007年、2001 年到 2011 年密集刊发城市贫困研究,随后几年未再刊发相关文献,但到了 2017 年、2018 年又开始刊发。同样,《理论与改革》《经济体制改革》《中州学刊》等刊物也在连续收录和空白期后再次大量收录该主题的文献。

2. 不同类型文献来源对城市贫困研究的收录情况

通过对文献来源进行类型划分(见表5)发现,不同类型的刊物对城市贫困研究的收录情况并不相同。人口类和经管类期刊在研究早期是城市贫困研究的主要刊发地,随着研究不断推进,越来越多的综合类社科期刊开始关注这一主题,近三年来该类期刊对城市贫困研究的关注远超其他期刊。值得注意的是,城市贫困的跨学科研究也方兴未艾,尤其是地理与贫困问题的结合逐渐形成了新的学术增长点。

表5　不同类型期刊对城市贫困研究的收录情况(1998—2021)

期刊类型	总发文量	平均发文量/种	高峰年份	最高收录/年
人口类 8 种	65 篇	8.13 篇	2005 年	7 篇
综合社科类 22 种	107 篇	4.86 篇	2020 年	12 篇
地理类 7 种	26 篇	3.71 篇	2017 年	4 篇
经管类 22 种	73 篇	3.32 篇	2008 年	7 篇

(1)人口类期刊对城市贫困研究的收录数量占据主导地位,但近年来收录量有所下降。具体而言,8 种人口类期刊的收录数量由高到低分别是《中国人口科学》(14 篇)、《人口与经济》(13 篇)、《人口学刊》(11 篇)、《人口与发展》(9篇)、《西北人口》(8 篇)、《人口研究》(5 篇)、《中国人口·资源与环境》(3 篇)、《南方人口》(2 篇)。这些期刊占据了城市贫困研究收录的半壁江山,每本期刊的平均发文量为 8.13 篇。但从 2005 年左右人口类期刊对城市贫困问题的关注维持在高位,随后收录数量逐年降低,2016 年起收录量仅为 1 篇。

(2)综合社科类期刊对城市贫困研究的收录量波动较大,近一年来呈现爆发式增长。从 1998 年到 2021 年,该类期刊中城市贫困研究总发文量在 3 篇及以上的共有 22 种期刊,这些期刊的发文总数共计 107 篇。其中,18.2%的期刊总发文量为 8 篇及以上,分别是《江苏社会科学》《理论与改革》《中州学刊》以及《生产力研究》。

表6　综合社科期刊对城市贫困研究的收录情况（1998—2021）

总发文量	文献来源	总发文量	文献来源
9篇	《江苏社会科学》《理论与改革》	5篇	《北京社会科学》《贵州社会科学》《内蒙古社会科学》《社会科学辑刊》《学习与探索》
8篇	《中州学刊》《生产力研究》	4篇	《中国行政管理》《社会科学》《学术界》
6篇	《管理世界》《新视野》	3篇	《广东社会科学》《广西社会科学》《河南社会科学》《浙江学刊》《开发研究》《求索》《改革》《学习与实践》

就收录趋势而言，综合社科类期刊出现了两个收录高峰期。第一个高峰出现在2008年，当年22种期刊共计收录11篇城市贫困研究主题文献，此前各年份的收录量波动较大，但总体处于上升趋势。2009年开始，此类期刊的收录量回落在2篇至6篇的区间，这一态势维持到2020年，因为仅2020年就刊发了12篇相关文献。

（3）经管类期刊对城市贫困研究的收录稳中有降。就收录数量而言，经管类期刊在2008年达到收录峰值7篇，2018年降至0篇，随后在1—2篇区间内波动。尽管该类期刊数量较多，但1998—2021年间积累的文献数量仅为73篇，平均每种期刊仅收录了3.32篇。从整体收录趋势看，经管类期刊对城市贫困研究的收录保持在3篇/年左右，且近年来关注度有所下降。

（4）随着空间地理、城市圈层与贫困的有机融合，地理类期刊成为城市贫困研究发表的新兴领地。7种地理类期刊的收录数量由高到低分别是《人文地理》（11篇）、《经济地理》（5篇）、《地理研究》（4篇）、《地理科学》（2篇）、《地理学报》（2篇）、《地理科学进展》（1篇）、《地域研究与开发》（1篇）。从整体刊发趋势看，自2001年《地域研究与开发》首次收录城市贫困研究以来，地理类期刊尚未对此主题形成规模化、体系化的收录，因此2010年以前发文量偏低。随着空间地理与城市贫困问题找到更多结合点，如贫困的空间聚集、功能空间的致贫效应等，2011年以后，各类研究成果才纷纷发表，并使此类主题的文献不断积累，较前期有了长足进步。2011—2020年，地理类期刊共收录20篇城市贫困研究文献，平均2篇/年，2017年当年收录量高达4篇，这意味着在26篇地理类期刊收录的文献中，77%是在最近十年内收录的，说明城市贫困跨学科研究方兴未艾。

四、城市贫困研究热点的可视化分析

（一）高频关键词的中心性与聚类分析

1. 高频关键词的中心性分析

通过提取城市贫困的关键词，本文运用 CiteSpace 软件对城市贫困领域的研究热点和趋势进行了聚类分析，发现在 546 篇城市贫困研究文献中，城市贫困、相对贫困、城市贫困人口、社会救助等关键词出现频次最高，其次是有关贫困群体类型以及贫困治理策略的关键词，这体现出社会保障制度关乎城市贫困者的衣食冷暖和安全福祉，是贫困治理的重要抓手之一，在相关研究中具有重要地位。同时，当前相对贫困是城市贫困研究的重点方向，建立解决相对贫困的长效机制将是下一阶段城市贫困研究的主要议题。

2. 高频关键词的聚类分析

为进一步考察城市贫困相关研究热点的知识结构，本文采用关键词聚类分析，在 CiteSpace 软件中绘制出了 1998—2020 年基于高频关键词的聚类可视化图谱。具体而言，本文将年份切割节点 Years Slice 设置为一年、聚类节点类型 Node Types 设置为关键词、最大值 TopN 设置为 50 并选择最小生成树，最后得到的 Q 值＝0.8088，S 值＝0.9691。Q 值大于 0.3，S 值大于 0.5，说明根据当前高频关键词进行的聚类是合理的，相关研究被有效地聚合起来，呈现出"研究丛"的图景。

从表 7 来看，当前城市贫困研究已形成了城市贫困、城市贫困人口、贫困、和谐社会、城市新贫困、城市贫困群体等 69 个聚类群。同一个聚类内具有高度相似性的研究主题，还侧重于某个子领域；不同聚类各自探索了城市贫困与政治、经济、社会的关联，极大地扩展了城市贫困的研究视野。

表 7　基于高频关键词聚类分析的城市贫困研究丛

聚类号	紧密度	LLR 对数似然值最大的三个聚类标签词
#0	0.955	城市贫困(23.62)，生活消费支出(3.98)，收入差别(3.98)
#1	0.989	城市贫困人口(15.02)、量化机制(4.87)
#2	0.969	贫困(12.32)、社会资本(11.04)、网络规模(5.48)
#3	0.901	和谐社会(10.7)、开发式扶贫(5.31)、贫困救助(5.31)

续表

聚类号	紧密度	LLR 对数似然值最大的三个聚类标签词
#4	0.986	城市新贫困(11.85)、中产阶级(5.87)、阿根廷(5.87)
#5	1.000	城市贫困群体(12.32)、非洲民族(6.1)、文化人类学(6.1)

注:紧密度代表聚类成员之间的相似程度,数值越高代表聚类成员间的相似程度越高;LLR 为对数似然,
LLR 越大的词越具有对这个聚类的代表性。

城市贫困往往与收入直接关联,因此,有研究围绕生活消费和收入差距对贫困程度进行了测量,并从收支的角度分析城市贫困的成因①②。相关城市贫困的研究还拓展到了家庭社会资本与社会网络领域,从超越个体劣势的层面探究家庭脱贫的局限性③。亦有研究从更宏观的劳动力市场、产业结构等层面分析城市贫困群体面临的劣势④⑤。但随着城市化进程的加快,更多研究还分析了城市新市民在社会融入过程中的贫困问题⑥。另外,也有研究更多关注反贫困制度与策略,紧紧围绕扶贫开发、社会救助等展开⑦;还有研究从国际比较的视角切入,对他国减贫的经验进行总结,尝试为解决我国的城市贫困问题提供借鉴⑧。

(二)基于时序与主题的研究热点分析

1. 不同研究阶段的热点话题

从前文的分析中可以看出,城市贫困研究划分为 1998 年至 2008 年、2009 年至 2013 年、2014 年至 2021 年三个阶段。基于这三个阶段,本文借助 Nvivo 软件对研究热点进行了时序分析,并对不同阶段的热点话题进行了梳理和提炼。

---

① 宋宝安、邓永强、李德成:《贫困对扩大内需的影响》,《黑龙江社会科学》2015 年第 6 期。

② 解垩:《中国城市居民自雇者的收入不平等与贫困:1989—2009》,《中国人口·资源与环境》2012 年第 12 期。

③ 贺寨平:《社会资本对城市贫困人口收入的影响——基于分位数回归的分析》,《天津师范大学学报》(社会科学版)2014 年第 4 期。

④ 都阳、万广华:《城市劳动力市场上的非正规就业及其在减贫中的作用》,《经济学动态》2014 年第 9 期。

⑤ 尹海洁、王翌佳:《东北地区城市工作贫困群体就业质量研究——来自哈尔滨、长春和沈阳市的调查》,《中国人口科学》2015 年第 3 期。

⑥ 杨舸:《流动人口与城市相对贫困:现状、风险与政策》,《经济与管理评论》2017 年第 1 期。

⑦ 关信平:《当前我国城市贫困的新特点及社会救助改革的新方向》,《社会科学辑刊》2019 年第 4 期。

⑧ 张浩淼:《中、韩社会救助制度改革比较研究——论中国最低生活保障与韩国国民基础生活保障的确立》,《理论与改革》2008 年第 1 期。

（1）1998年至2008年的热点话题。这一阶段的样本数量为249篇。通过分析词频发现,这一时期城市贫困研究的高频词包括制度(1.46%)、经济(1.20%)、保障(1.18%)、救助(1.10%)、失业(0.25%)、下岗(0.21%)等(见图4),这与20世纪末我国经济体制改革息息相关。这一时期,国有企业改革引发的下岗潮催生了大量的下岗职工,他们取代传统的民政救济对象,成为城市贫困的主体。在此背景下,相关研究进行了城市贫困群体的界定、规模测算以及生活现状调研,随后以该群体的基本生活、就业收入、社会权利等为研究起点,重点分析了国有企业市场化转型的转轨成本问题,以及传统保障体制崩溃下的政府保障责任问题。此外,单位制解体后,传统保障制度遭受重创,新的社会化保障制度呼之欲出,政策、制度成为相关研究的重要抓手,有关社会救助、最低生活保障制度的研究开始积累。

图4 城市贫困研究的高频词词云(1998—2008)

（2）2009年至2013年的热点话题。这一阶段的样本数量为127篇,除制度(1.39%)、经济(1.160%)、保障(0.91%)等外,收入(0.86%)、家庭(0.83%)、资本(0.54%)的词频也不断上升。另外,城市化(0.48%)、实证(0.26%)、农民工(0.18%)、传递(0.14%)等词汇亦更多出现在研究视野中(见图5),意味着该时期有关城市贫困的研究视角更加广阔,研究方法更加多元,而且理论性不断增强的同时对贫困致因的分析也更加本土化。具体而言,该时期的文献仍关注的

图5　城市贫困研究的高频词词云（2009—2013）

是不断扩大的收入差距、贫困的整体发生率以及贫困的代际传递。研究更加注重群体内部的异质性，对不同地区、不同困境乃至不同贫困程度的子群体分别进行了研究。值得注意的是，此时期关于农民工、流动人口贫困问题的研究不断增多，这与不断加快的城市化进程密不可分。另外，研究还强化了对就业、住房、教育、医疗等话题的讨论，依托于社会排斥、社会网络等理论的分析框架逐步建立，在不断拓展研究边界的同时构建了更加契合国情的贫困治理路径。

　　（3）2014年至2021年的热点话题。这一阶段的样本数量为170篇，传统高频词的热度有所下降，但仍占据了城市贫困研究的主体，包括对贫困的识别与测度、致贫原因类型、反贫困体制机制等的研究。但是，高频词中治理（1.17%）、空间（1.11%）、政策（1.01%）、相对（0.69%）显示出该时期已形成新的关注点（见图6），包括相对贫困、贫困空间、扶贫政策等。该时期的城市贫困研究侧重于以家庭为分析单位，尝试从环境（0.27%）、生计（0.19%）、风险（0.16%）、脆弱性（0.13%）等角度探究贫困家庭所处的不利地位。还有研究更加趋向于对特定群体的分析，如流动（0.45%）、女性（0.14%）等高频词暗示着流动人口、贫困女性等群体逐渐得到关注。另外，自2015年2月27日习近平总书记在中央全面深化改革领导小组第十次会议上指出"要让人民群众有更多获得感"以来，城市贫困研究中关于获得感、幸福感等贫困群体主观意识的研究增多，体现为感知(0.13%)一词的词频不断上升。

图6　城市贫困研究的高频词词云(2014—2021)

2. 不同"研究丛"的热点主题

借助 Nvivo 软件对546篇文献的摘要进行编码发现，经过多年的学术积累，城市贫困研究已经演化出数个子主题，不同的子主题开枝散叶后，围绕城市贫困家庭、贫困致因与多维贫困、反贫困制度与政策以及贫困空间格局形成了多个"研究丛"。

(1)城市贫困家庭"研究丛"。如林闽钢①等进行了贫困家庭脆弱性分析，讨论了贫困者的贫困类型、生计策略及其需求；陈岱云②等则侧重从社会资本的角度解读了贫困家庭有限的社会支持。还有学者以贫困家庭中的特定群体为对象展开分析，如陶传进③等以城市贫困儿童为研究对象，苗红军④则以老年人口

①　林闽钢、梁誉、刘璐婵：《中国贫困家庭类型、需求和服务支持研究——基于"中国城乡困难家庭社会政策支持系统建设"项目的调查》，《天津行政学院学报》2014年第3期。

②　陈岱云、张世青、高功敬：《城市贫困人口的社会支持状况研究》，《江苏社会科学》2013年第6期。

③　陶传进、栾文敬：《我国城市贫困儿童的现状、问题及对策》，《北京行政学院学报》2011年第3期。

④　苗红军：《城市老年人口反贫困的政策取向研究——基于老年贫困形成的机制视角》，《辽宁大学学报》(哲学社会科学版)2017年第2期。

为研究对象。考虑到贫困具有代际传递的可能性,林闽钢①、孙远太②等还讨论了贫困身份与致贫因素的沿袭问题。

(2)贫困致因与多维贫困"研究丛"。在城市贫困研究早期,唐钧③、慈勤英④等研究者就已尝试解读城市贫困的成因,发现匮乏的社会支持网络、社会转型对个体的剥夺、产业结构的变动、社会保障制度转型等都是催生城市贫困的重要因素。随着研究的推进,诸如社会排斥、能力贫困、权利贫困等因素相继被发现。此外,跨学科的研究也提供了贫困空间、生态资源环境等新的分析思路。考虑到致贫因素的复杂性,很多研究者将以往对贫困的定义、识别与测量扩展至多个维度,逐步形成多维贫困的研究丛。如王小林等⑤在 2009 年对多维贫困测量重新进行了解读,在此基础上,吴和成⑥、于涛⑦等也开始探索城市贫困的多重维度。

(3)反贫困制度与政策"研究丛"。大量研究从反贫困的角度开展研究,如何凡⑧、洪大用⑨等从风险社会、经济增长、城市化进程等宏观层面分析了我国的反贫困政策;杨立雄⑩、钟玉英⑪等则侧重中观层面的多项制度与政策,分析了政府、社区、市场等多元主体的反贫困措施,尤其是社会救助制度与低保制度。考虑到贫困治理的对象本身也是反贫困的主体之一,党春艳⑫、魏后凯⑬等探究

---

① 林闽钢:《缓解城市贫困家庭代际传递的政策体系》,《苏州大学学报》(哲学社会科学版)2013 年第 3 期。

② 孙远太:《基于阻断贫困代际传递的社会救助政策改革》,《理论月刊》2017 年第 1 期。

③ 唐钧、朱耀垠、任振兴:《城市贫困家庭的社会保障和社会支持网络——上海市个案研究》,《社会学研究》1999 年第 5 期。

④ 慈勤英:《"文革"、社会转型与剥夺性贫困——城市贫困人口年龄分布特征的一种解释》,《中国人口科学》2002 年第 2 期。

⑤ 王小林、Sabina Alkire:《中国多维贫困测量:估计和政策含义》,《中国农村经济》2009 年第 12 期。

⑥ 吴和成、万里洋、卢维学:《多维视角下城市家庭贫困脆弱性实证研究》,《统计与信息论坛》2020 年第 9 期。

⑦ 于涛:《中国城市贫困的多维测度及治理》,《河北经贸大学学报》2019 年第 3 期。

⑧ 何凡、段雪梅:《城市贫困和失业的存在与中国城市化的路径选择》,《经济体制改革》2003 年第 2 期。

⑨ 洪大用:《改革以来中国城市扶贫工作的发展历程》,《社会学研究》2003 年第 1 期。

⑩ 杨立雄:《中国城镇居民最低生活保障制度的回顾、问题及政策选择》,《中国人口科学》2004 年第 3 期。

⑪ 钟玉英:《当代中国城市低保制度的演进及反思》,《当代中国史研究》2011 年第 6 期。

⑫ 党春艳:《制度与行动:城市贫困群体的生存逻辑——基于社会互构论视角》,《河南社会科学》2012 年第 12 期。

⑬ 魏后凯、王宁:《参与式反贫困:中国城市贫困治理的方向》,《江淮论坛》2013 年第 5 期。

了城市贫困者的生存逻辑,更多从微观层面讨论了反贫困制度与政策应如何落地。

(4)贫困空间格局"研究丛"。随着城市贫困跨学科研究的不断深化,越来越多的学者开始借助空间地理技术探索贫困问题,对贫困的空间聚集、贫困空间分异、功能空间的致贫效应等开展了分析。如袁媛和许学强[①]对广州城市贫困空间的分布和演变进行了分析之后,关于北京、南京等城市的贫困空间研究相继出现,研究者结合城市贫困人口的分布与动态变化,讨论了贫困时空分异格局、贫困聚集、贫困空间固化等话题[②]。此后相关该主题的文献不断积累,逐步形成了规模化、体系化的贫困空间格局"研究丛"。

五、我国城市贫困研究的趋势与展望

(一)城市贫困研究的演进趋势分析

1. 城市贫困研究路径的转换与融合

研究发现,传统的社会救助政策难以帮助受助者脱贫,贫困治理逐步朝向挖掘贫困者潜力的方向演进[③],即由简单保护型救助向发展型救助演化[④],因此,后续研究开始重视发展型贫困治理的路径。另外,早期的贫困治理实践在城市和农村地区分别开展,反贫困分化为社会救助与农村扶贫二元政策体系。目前,两种政策体系逐步有机整合,在有效衔接基础上形成反贫困合力[⑤],越来越多的研究开始将农村贫困研究的路径与城市贫困研究的路径相融合。

2. 反贫困研究视角的扩展与更新

就研究视角而言,越来越多的城市贫困研究开始采用积极救助视角和可持续生计视角。积极救助视角主张从体制改革与机制创新中寻找提升救助水平与降低福利依赖的平衡点,包括树立积极救助目标、重视激励机制与人力资本建

---

① 袁媛、许学强:《广州市城市贫困空间分布、演变和规划启示》,《城市规划学刊》2008 年第 4 期。

② 高晓路、吴丹贤、颜秉秋:《北京城市老年贫困人口识别与空间分布》,《地理学报》2020 年第 8 期。

③ 唐钧:《中国的贫困状况与整合性反贫困策略》,《社会发展研究》2015 年第 2 期。

④ 左停:《反贫困的政策重点与发展型社会救助》,《改革》2016 年第 8 期。

⑤ 刘宝臣、韩克庆:《中国反贫困政策的分裂与整合:对社会救助与扶贫开发的思考》,《广东社会科学》2016 年第 6 期。

设,重构评价指标体系等①;可持续生计视角主张从贫困群体面对的多重脆弱环境入手,发展出系统性、包容性、跨部门、整合性的可持续生计框架,鼓励贫困者通过自由选择的生产性就业和工作获得可靠和稳定的生计②。

(二)未来城市贫困研究的新主题

1. 相对贫困问题

随着我国完成了消除绝对贫困的艰巨任务,中国脱贫攻坚战的重心将转向相对贫困。因此,未来反贫困的目标人群将从绝对贫困群体转向相对贫困群体,左停③等的研究重点观察了相对贫困现象,后续研究应需侧重于制定相对贫困标准,并构建解决相对贫困的长效机制。

2. 工作贫困问题

目前,从贫困者劳动就业的研究脉络中演化出了新的研究方向,即工作贫困(in-work poverty 或 working poor,也称在职贫困、穷忙),该方向重点关注城市贫困者陷入"越穷越忙、越忙越穷"的低薪怪圈的原因。该分支与劳动力市场的联系较为紧密,因此,姚建平④、尹海洁⑤等更多地分析了劳动时间、就业质量、工作机会等因素对个人或家庭贫困状况的影响。此外,由于我国进城务工人员在城市化进程中被视为城市底层群体,因此,乐章⑥、李振刚⑦等的研究开始关注农民工、流动人口等群体的工作贫困问题。

(作者单位:南京邮电大学社会与人口学院)

---

① 关信平:《朝向更加积极的社会救助制度——论新形势下我国社会救助制度的改革方向》,《中国行政管理》2014 年第 7 期。

② 冀慧珍:《可持续生计理念下的社会救助政策改革》,《中国行政管理》2012 年第 1 期。

③ 左停、贺莉、刘文婧:《相对贫困治理理论与中国地方实践经验》,《河海大学学报》(哲学社会科学版)2019 年第 6 期。

④ 姚建平:《中国城市工作贫困化问题研究——基于 CGSS 数据的分析》,《社会科学》2016 年第 2 期。

⑤ 尹海洁、王翌佳:《东北地区城市工作贫困群体就业质量研究——来自哈尔滨、长春和沈阳市的调查》,《中国人口科学》2015 年第 3 期。

⑥ 涂丽、乐章:《城市工作贫困及其影响因素研究——来自 CFPS 数据的实证》,《人口与经济》2018 年第 5 期。

⑦ 李振刚、张建宝:《正规与非正规:就业模式对农民工工作贫困的影响——来自八个城市的经验证据》,《北京工业大学学报》(社会科学版)2020 年第 6 期。

需求溢出理论下重度残障儿童
就学困境与对策研究[①]

陈凤娟　林迪芬　李　明

一、问题的提出

由中国残联发布的《2020 年残疾人事业发展统计公报》指出：2020 年底我国适龄残障儿童少年义务教育入学率达到 95%。2000 年全国未入学适龄残疾儿童 39.06 万人[②]、入学率不足 50% 相比，适龄残疾儿童入学取得了可喜成绩，但仍离"一个也不能少"的目标存在一定差距。《"十四五"特殊教育发展提升行动计划》提出我国 2025 年适龄残疾儿童义务教育的入学率目标是 97%，这意味着要进一步促进未入学残障儿童就学。仍未入学的主要是重度残障儿童，了解已就学的重度残障儿童如何克服困难实现就学，未就学的重度残障儿童入学过程中遇到什么困难，应当如何有效解决义务教育阶段重度残障儿童的入学问题，是提高残障儿童入学率、实现教育公平的基本前提。因此，有必要对重度残障儿童义务教育就学困境进行重点分析，并从源头着手，提出解决方案，切实维护重度残障儿童的义务教育权利。

二、文献回顾

随着残障事业的发展和人们对社会公平的追求，残障儿童义务教育问题引起了专家学者的关注。他们从不同的角度分析了残障儿童教育困境及其成因，

---

① 本文系国家社会科学基金一般项目"残疾人家庭内生动力培育的社会工作行动研究"（21BSH126）的研究成果。

② 《中国统计年鉴》（2001），中国统计出版社 2001 年版，第 775 页。

284

提出了很多建设性的意见及建议,为推动建立和完善残障儿童义务教育政策法规体系、保障残障儿童义务教育权益作出了积极贡献。

残障儿童在义务教育的多方面中表现出其处于劣势地位。孟万金指出,残障儿童教育机会公平不仅表现在义务教育入学率、学前教育入学率低于普通儿童,辍学率高于普通儿童,还表现在残障儿童内部,不同残疾类型、不同性别、不同经济发展水平地区的残障儿童之间也存在受教育机会不均衡的现象①。赵小瑜分析了第二次全国残疾人抽样调查数据,指出学龄残障儿童入学率远低于健全儿童入学率,其中重度残障儿童是残障儿童义务教育的瓶颈,建议开展对重度残障儿童的非正规义务教育,建立以随班就读和特教班为主体、特殊教育学校为骨干、非正规教育为补充的教育体系②。

究其原因,常建文分析了 2011—2013 年中国残联发布的《义务教育阶段未入学适龄残疾儿童情况通报》以及教育部发布的《全国教育事业发展统计公报》指出,我国残障儿童入学率不理想的原因主要有残障程度较重、家庭经济困难、无特教班以及交通不便等,建议健全动态调查未入学适龄残障儿童数量的机制,科学设置和建设各地特殊教育学校、特教班,全面实施残障儿童随班就读、送教上门,加大残障儿童资助力度③。谭奇元在湖南省的调查结果认为,残障儿童未入学的原因是残障程度重、家庭经济条件差、教育场所和机会缺乏、家长履行义务教育责任意识不强④。何侃认为我国残障儿童义务教育投入相对不足、随班就读缺乏保障、送教上门流于形式、法制建设相对滞后⑤。

送教上门是专门针对难以到校就学的重度残障儿童提供的解决方案。刘德华在泉州调查后提出,送教上门存在教师送教内容随意、送教的普通学校教师特教素养欠缺、送教师资不足、政府配套政策和有效机制缺失等问题⑥。向松柏问卷调查后提出,送教上门服务存在频率与时长不足、内容适配性低的问题,同时

① 孟万金、刘在花、刘玉娟:《推进残疾儿童教育公平任重道远——四论残疾儿童教育公平》,《中国特殊教育》2007 年第 2 期。

② 赵小瑜:《重度残疾儿童非正规义务教育探讨》,《残疾人研究》2012 年第 3 期。

③ 谭奇元、文立平:《维护残疾儿童少年义务教育权益——以湖南省相关调查统计为例》,《中国残疾人》2013 年第 6 期。

④ 常建文:《我国适龄残疾儿童未入学现状、原因分析及建议》,《现代特殊教育》2015 年第 10 期。

⑤ 何侃:《残疾儿童义务教育的问题反思与行动策略》,《现代特殊教育》2016 年第 23 期。

⑥ 刘德华:《县域开展重度残疾儿童少年送教上门工作的现状与对策研究——以福建省泉州市为例》,《中国特殊教育》2020 年第 6 期。

家长对送教的认知度低、参与度低①。王培峰指出,送教上门存在部门合作与社会参与不充分、特殊教育资源空间分布失衡、复合型专业人才短缺等问题②。黄春梅认为应从整合资源、深入家庭、科学评估、制订计划、明确送教内容等方面入手,做好重度残障儿童送教上门工作,解决重度残障儿童接受教育的困难③。

可见,重度残障儿童义务教育问题已受部分关注,但多以纯实务研究为主,缺乏理论框架指导,而且以往研究中常将重度残障儿童难以接受教育的原因,简单归结为供方资源受限或社会和残障儿童家庭的观念问题,较少关注重度残障儿童及其家庭的异质性与就学困境的关系。本文以需求溢出理论为指导,既关注供方局限和观念限制问题,又关注需方接受教育的困境,从更为全面的角度分析研究不同情况的重度残障儿童义务教育就学问题。

三、基础理论与基本概念

需求溢出理论由刘太刚教授提出并不断完善。该理论将人的需求按照"个人及其家庭是否有能力或资源满足"分为两类,对于个人及家庭没有能力或资源满足的需求,比喻为溢出容器的水,将需求超过个人及家庭自身供给能力的部分称为"溢出需求"。将个人需求分为"人道需求、适宜需求和奢侈需求",并规定人道需求和适宜需求中溢出需求的满足是公共管理的终极使命④。

需求溢出理论具有超越以往公共管理理论的优越性,它打破了公共物品和私人物品、公共事务和私人事务的边界,以需求的层次替代公私之分,并将政府职能限定在人道需求和适宜需求超出个人和家庭的能力的部分。该理论倡导民生物品和服务提供的差别化,即民生政策按需供给、民生成本差别分担。

重度残障儿童的义务教育需求作为人类的底线需求之一,没有超出适宜需求的范围。所以,在需求溢出理论的指导下,对重度残障儿童义务教育需求进行分析和研究,并对不同程度的需求溢出提出相应的解决方案,既是必要的,也是

---

① 向松柏、冯惠敏、吴谦梅:《残疾儿童少年送教上门的困境与优化路径——基于西南地区522名残疾学生家长的调查分析》,《中国特殊教育》2021年第2期。
② 王培峰:《提高送教上门质量,提升重度残疾儿童受教育水平》,《现代特殊教育》2021年第17期。
③ 黄春梅:《重度残疾儿童送教上门的实践探索》,《课程教育研究》2019年第26期。
④ 刘太刚:《公共物品理论的反思——兼论需求溢出理论下的民生政策思路》,《中国行政管理》2011年第9期。

合理的。

不能自理就学的重度残障儿童,若单纯由家庭清除就学障碍,只有家庭成员直接照护和雇用他人代为照护两个途径。以此为基础,本文构建重度残障儿童义务教育过程中的需求溢出模型。其中涉及三个维度:一是重度残障儿童是否具备自理就学的身心条件,即儿童的残障程度对其在上下学、课堂情绪管理和课堂适应、个人生活自理如厕移动用餐等问题能否独立完成;二是家庭经济状况,即家庭是否具备较好的经济条件,即能否为不具备自理就学能力的重度残障儿童购买相应的服务,如雇用专门的照护人员陪护上学;三是家庭中是否有人力可以直接为不能自理就学的重度残障儿童提供服务,即在不影响家庭生计的情况下,是否有家庭成员有能力照料和支持重度残障儿童就学(见表1)。

表1 基于需求溢出理论下的就学困难重度残障儿童分类

分类名称	是否能自理就学	经济状况是否可支持	家庭是否有照护人力	主要矛盾/需求
自理就学	是	—	—	融合
单困	否	是	是	有效教育、融合
双困	否	是	否	持续就学、照护需求、有效教育、融合
双困	否	否	是	持续就学、家庭生计、有效教育、融合
三困	否	否	否	入学、照护需求、家庭生计、有效教育、融合

重度残障儿童"单困""双困"和"三困"的概念是基于其家庭面临的需求溢出种类数量得来。"单困"是指重度残障儿童不能自理就学,但是家庭不贫困且有人力陪读。"双困"是指不能自理就学、家庭贫困但有人力陪读或家庭不贫困但无人力陪读的重度残障儿童,家庭照护困难可能是由于家中无有照护能力者或家庭中需照护的人数和需求超过了照护提供者的照护能力。"三困"是指不能自理就学、家庭贫困且无人力陪读的重度残障儿童。有一些能够自理就学的重度残障儿童,一些重度肢体障碍如双上肢缺失或下肢缺失但在轮椅辅助下能独立移动和如厕的儿童,在就学中的障碍少一些。仅有言语、听力和视力障碍的重度残障儿童在特殊学校也能实现就学。本文对这些能够实现自理就学的儿童不做讨论。

四、重度残障儿童的就学困境

根据上述分类,我们梳理了调查中发现的重度残障儿童就学困境及其原因。本研究于2021年3月至7月开展实地调查,与重度残障儿童家长、民间助残组织和残联工作人员进行访谈,根据研究的需要,选取了一些访谈内容作为本文的实证资料。访谈对象均来自福建省厦门市和重庆市,分别是7名就学困难的重度残障儿童家长、2名民间助残组织负责人及2名残联教育工作负责人。研究发现,不同"需求溢出"分类中的重度残障儿童就学困境处于不同阶段,所需要解决的问题具有层次性。本文分别对重度残障儿童共同面临的就学困境以及"单困""双困"和"三困"重度残障儿童面临的特殊就学困境进行分析(见表2)。

表2　7位就学困难的重度残障儿童基本情况

序号	个人基本情况	需求溢出分类	就学情况	主要照护者情况
XMLYT01	8岁,女,城镇,肢体一级,四肢	三困	未入学,在家自学,中断康复	母亲照顾她和弟弟,9年无工作
CQZJY02	11岁,女,农村,言语一级,癫痫、智力障碍	三困	未就学,近半年每周送教一次	74岁的奶奶照顾她和智力障碍的母亲
CQCQQ03	16岁,男,农村,智力一级	三困	就学,但中断,未康复	父母务农,没有特意照护
CQLQY04	17岁,女,农村,智力二级	双困	就学,但中断	母亲照护她和妹妹,务农
CQZHY05	10岁,男,城镇,语言二级,自闭症	双困	未入学,异地康复	母亲照护,11年无业
XMLYN06	12岁,男,城镇,智力一级,自闭症	家庭支持入学	休学,难以保障康复	母亲照护,无业
CQCRR07	11岁,男,城镇,智力二级,自闭症、视力弱	家庭支持入学	随班就读、半学半康复	父亲去世,母亲照护,12年无业

(一)重度残障儿童共同的就学困境

不论是"单困""双困"还是"三困"残障儿童,在义务教育就学中,都面临着一些共同的困境,包括由于入学难导致的难以获得教育财政补贴、地区福利机会不平等和制度约束导致的异地入学困难以及受教育权因家长认知和能力差异难以切实得到维护。

1. 重度残障儿童难以获得教育补贴

无法达到入学门槛就不能获得教育财政补贴。政府基于对儿童义务教育的责任，每年专门以残障儿童人数为基数列支教育财政预算，为残障儿童在校学习生活提供了相应的财政支持。考虑残障儿童的特殊性，其生均经费高于普通学生。但是，该项经费是直接划拨到校的。这就意味着获得该项资源是有门槛的，这个门槛就是入学。若重度残障儿童因各种原因无法入学，也就无法获得教育财政补贴。

校方的择易行为使教育补贴具有公平累退性。学校作为教育服务的供给方，不论接收入学的残障儿童具体情况如何，获得生均教育财政补贴都是一样的。因此，学校更有动力接收能自理就学的轻度残障学生。从需求方而言，障碍程度越严重的重度残障儿童越是困难，越需要得到教育补偿，但由于入学困难而无法获得教育补偿。这种具有累退性质的资源配置方式，有违政策初衷，不利于实现教育公平的目标。

2. 随迁残障儿童异地入学难

随迁重度残障儿童无法同等获得迁入地的教育资源。我国的户籍制度曾严格限制着人口的自由流动，各项社会福利制度及公共产品的分配制度，也是基于户籍制度配套建立起来的，具有区域性和属地性的特征。蒂伯特模型假设个人在各辖区之间移动的能力产生了一个类似于市场的、解决地方公共产品问题的方法。当人们知道所居住的社区不能满足其对福利的需求，或者发现有另外一个社区能够更有利于提高他们所追求的福利时，人们就会"用脚投票"流动并居住到这样的社区。

不平等的社会保障制度与迁徙自由之间的矛盾在我国一直存在，作为社会保障制度的一部分，残障人福利制度也存在发展不平衡、不充分的问题，其中地区不平衡和农村不充分问题较为突出。如厦门市的重度残疾人护理补贴最高可达510元/月，而重庆市则最高为70元/月。许多人口较少或经济较弱的区县仍没有建立专业的残障人康复机构、特殊教育学校或特教班。为获得相关专业服务，一些残障人家庭离开户籍地，迁向社会福利水平更高、能提供相关专业服务的地区。"福利迁徙"在我国不同省份地区和城乡之间一直在发生着。2006年进行的第二次全国残疾人抽样数据显示，离开户籍所在乡镇街道生活的残疾人比例为4.94%，其中不含拥有集体户口的残疾人。按照4.94%的比例推算，我国生活在户籍外乡镇街道的残障人约有410万人。按照0—14岁儿童占残障人总体的 4.66% 的比例进行推算,在户籍外乡镇街道生活的残障儿童为 19.1 万人。

普通随迁儿童一般可以通过积分、借读费等方式解决入学问题,但是重度残障儿童异地入学尤其困难。CQZHY05 是一位 10 岁的自闭症男孩,户籍在重庆梁平区农村,当地没有儿童康复医院,当得知重庆城区可以"做免费康复"(残疾儿童康复救助),母亲便带着他一起租住在重庆城区。梁平区当地政府曾通知其回户籍地入学,因为需要继续康复,母亲没有带他回去。

重度残障儿童的就学,除了受自身身心条件限制和家庭经济条件限制外,还被户籍、社会福利制度及公共产品分配制度等多种因素造成的机会不平等所禁锢。户籍管理制度形成了对迁徙自由的制度性排斥,社会保障制度不平等和基本公共服务不均等又促使残障儿童家庭不得不迁徙。

3. 重度残障儿童教育权益保障难

残障人因其自身条件限制,常不能自主表达需求,也很难参与同等的社会竞争,获取社会资源和机会。为此,各级残联、残疾人专门协会代表残障人发声,为残障人争取社会资源和机会做了大量的努力。但是,残障群体数量庞大,而能整合的社会资源又十分有限,很难做到全面覆盖,往往只能集中力量解决残障人最急需、最根本的需求。所以,残障人需求的满足更多的还是由其家庭承担。

生活在城镇且父母工作和经济条件较好的重度残障儿童更可能接受教育,但入学的机会常是经过父母"抗争"维权得到的。那些生活在农村且家庭经济状况较差的重度残障儿童要获得教育机会则很困难,家长也缺乏时间、精力、信息和"抗争"的能力为他们去争取机会。如 CQCRR07 的母亲说:"现在的教育制度有很多的问题,有些家长如果努力去争取是可以为孩子争得机会的,但我现在要顾孩子,还有很多事情要做,我没有这个余力去帮他们,有时候看着那些孩子明明可以争取机会接受教育,但是他们的父母获取信息的能力很弱,不知道怎么去争取,我很为那些孩子感到可惜"。

经济条件较好或有能力陪护重度残障儿童的家庭,尚能为其保障就学机会。但是,贫困或没有能力陪护残障儿童的家庭,就很难靠家庭支持保障其基本教育机会。这样的家庭往往是弱势的,家庭成员疲于应对生活琐事,既无法为残障人提供良好的照护,也无法获得或不知道如何获得外界的支持和帮助。弱势残障儿童家长的无意识习惯,在资源配置不充分的环境下,将导致残障儿童在获取社会资源和机会时处于更加弱势的地位。而且,儿童就学有相应的时间段要求,若没有在合适的时间争取到入学机会,将产生劣势的累积,即阿瑟·奥肯所言的"一步跟不上,步步跟不上……非效率是可以按复利增长的"①。

(二)"单困"重度残障儿童的就学困境

不能自理就学,但家庭经济条件能够支撑且有人力能够陪护其接受教育的"单困"重度残障儿童,通常能在家庭支持下实现入学。其在就学中的主要困境为就学和康复训练的两难以及流于形式、缺失保障的教育质量。"单困"重度残障儿童的就学困境,对于"双困"和"三困"重度残障儿童是潜在的障碍。

1. 就学和康复难以兼顾

成功入学的重度残障儿童及其家庭常面临着康复训练和日常就学之间的矛盾。康复训练需要长期坚持,否则就会不进则退。如果重度残障儿童就学安排挤占了康复训练时间,无法到康复机构进行训练而又无法通过家庭康复保持训练,残障状况可能加剧,独立能力将减弱。XMLYN06 是一位坐轮椅的脑瘫孩子,因为上学后功课重,家长无力专门安排时间陪他去康复机构坚持康复训练,原本可以站立的他退步到无法站立,甚至腿部都萎缩变形了,严重影响孩子的身心康复。同校的另一位自闭症学生,上学后没有坚持继续科学康复,缺少了专业康复老师的个训课持续训练支持,最终因情绪问题严重而被迫休学。

坚持就学和康复兼顾的重度残障儿童,有的半天上学半天康复,有的一周抽出两天到三天去做康复,家长忙于带着孩子在学校和康复机构之间来回奔波,非常疲惫。如何既有效坚持科学康复,又保证义务教育不受中断,是让家长和学校都非常苦恼的问题。

2. 在校教育服务质量难以保证

由于缺少资源教室和专业教师,随班就读的心智障碍儿童很难跟上课堂学习进度。普通教师在特殊教育方面专业性的缺乏以及班级学业成绩的绩效考评压力,使得他们常常只能选择放弃这部分孩子。重度残障儿童虽然坐在课堂上,但没有老师管,因为知识接收能力弱,老师没有耐心和精力多次讲解,随班就读成了随班就座。A 助残组织负责人说,"年级越高这种情况越明显,老师的考核压力更大,其他孩子的学习压力也增加了,逐渐不愿意跟他们玩了"。普通教师的业绩考评和重度残障儿童需要大量投入时间和精力之间存在矛盾。这意味着如果没有启动资源教室,一些重度残障儿童就难以在学校获得有效的教育。

---

① 阿瑟·奥肯:《平等与效率》,王奔洲等译,华夏出版社 1999 年版,第 75 页。

资源教室的恰当利用是有效教育的关键。随着各地大力推进特殊教育提升计划,不少地区都陆续在普通学校试点建立资源教室。厦门市已有 107 个随班就读试点学校建设了资源教室,运行艰难。B 助残组织负责人表示,不少学校资源教室被关闭或闲置,就学的重度残障儿童实质上并未获得个别化教育支持和心理疏导。资源教室未发挥作用的主要原因是没有可靠稳定的专职师资保障资源教室工作的正常开展。残联干部 B 指出:"我们的设备已经很好了,现在的问题是没有老师会用资源教室。"从厦门市某试点校的实际情况来看,聘任的专职老师难以专职,其工作时间常被其他代课事务挤占,最终无法跟进随班就读学生在普通教室的学习和在资源教室开展个别化支持。无独有偶,重庆市几位特殊儿童家长共同"拼"了一位特教老师在学校提供的资源教室里为重度残障儿童提供服务。次年,应重庆市教委关于"残障学生在 5 人以上的学校应设立资源教室"的要求,该老师被学校聘用。但成为学校长聘员工后,该教师不仅要服务于重度残障儿童,还要承担普通学生的课程和其他行政事务,因为时间精力被分散,每周仅能为这几名重度残障儿童上一次课,教学效果不理想。

重度残障儿童不仅在普通学校难以获得有效的教育,在特殊教育学校也同样不容乐观。CQZHY05 的母亲曾尝试带孩子回梁平区的特教学校上学,但"一个班级近 20 个孩子,只有一位特教老师,上课纪律都无法维持,孩子满教室跑,还有学生在外面跑"。孩子状况不好,母亲不放心,希望在学校陪着。但是,特教学校不允许陪读,认为陪读会影响学校正常的运转,且需要陪读的孩子条件也不符合特教学校的招收标准,遂被劝退。

(三)"双困"重度残障儿童家庭的两难抉择

"双困"重度残障儿童就学的主要困境是家庭成员在维持生计和照护就学之间的艰难抉择。两类"双困"儿童通常是相互转化的,只是不同的家庭选择略有差异。家庭照护者同时承担发展生计与照顾护理的双重职责,而生计和照护之间"存在一种此消彼长、互相影响的关系"[1]。一旦家长选择参与社会劳动维持家庭生计,常常失去了照护和支持儿童就学的时间和精力;而一旦选择照料照护重度残障儿童,则会面临家庭经济压力。

XMLYT01 持有肢体一级残疾证,不能自己完成移动、如厕等基本生活活动。

---

[1]　熊吉峰:《在生计与照护之间:农村失能老人家庭照护者的社会支持研究》,中国社会科学出版社 2019 年版,第 80 页。

原籍在中部某省农村,父亲在厦门工作,全家一起生活在厦门。因为厦门各类残障人福利较老家更好,2019年母亲通过技能证书落户的途径连同她的户籍一起迁入厦门,因政策限制不能落在租住地思明区,只能落户在岛外的海沧区。6岁时,母亲生下二孩后需要照护二孩,她的康复训练被迫中止,到学龄后也无法去户籍地海沧区接送和陪读。她只能办理缓学在家里自学。在这类家庭里,照护者甚至没有"生计还是照护"的选项,即使承担了照护的责任,仍然无法帮助孩子接受正式教育。

随班就学的重度残障儿童,大部分由家长全天陪读和照护康复。个别社会资源广和个人能力强的家长,虽然能在照顾残障子女的同时还能实现灵活就业,但是大部分家长只能选择全职照顾陪读或照护。未入学重度残障儿童的家长也并不能很好地平衡照护和生计的矛盾,大部分也只能选择在家全职照护。虽然农村地区的家长可以务农,但这是以牺牲了照护的质量和康复训练为前提的。还有一部分重度残障儿童的监护人本身就是残障人,就连自身都缺乏生活自理能力,更勿论照顾和陪护重度残障儿童就学。部分在智力、精神、情绪管理能力上有严重障碍的重度残障儿童,如果缺乏专门的照护人员,即使入学也很难长期坚持,往往会中途退学。

(四)"三困"重度残障儿童送教服务不理想

为有效落实《第二期特殊教育提升计划》的相关要求,各地大力推进送教上门工作。但是,受到资源短缺、政策配套不足等方面的限制,送教上门的效果并不理想,并没有很好地成为校园教育的替代。调研发现,有的地区送教上门由特殊教老师承担,而更多的地区是由普通教师承担。目前,送教上门存在的问题主要有:一是教师工作压力大,经费和人员难以保障。送教教师除了承担送教上门工作之外,还有带班班级的授课和管理等工作任务,且承担送教上门工作的教师存在大量缺口,送教产生的交通费、礼品、学习用品等开支没有保障,往往都是送教教师自费。二是送教成本较高,效果却不明显。农村地区重度残障儿童居住分散,一次送教上门往往只能服务一位重度残障儿童,且每次送教需要耗时半天甚至一天。因缺乏成熟的工作模式,送教学目标、教的内容、教学方式等,都只能由送教教师根据经验自行决定,送教质量很难界定,教学成果也很难体现。CQZJY02的奶奶说:"我们很感谢老师一周来看她一次,每次会带一带她,但不知道有什么用。"

同时,脱离户籍地生活的重度残障儿童既难以获得户籍地学校提供的送教上门服务,也难以获得流入地学校的送教上门服务。因为无论是送教上门、随班就读都遵循属地管理原则,都是以区县为属地划分责任,经费预算也仅限于本区县户籍的重度残障儿童,学校仅被限制不能拒绝本区县户籍的重度残障儿童入学,对于外地户籍的重度残障儿童,即使没有就学,也无法享受学校提供的送教上门服务。XMLYT01 户籍不在居住地所在区县,而是在其他区县,因而他既难以获得居住地所在区县的送教上门服务,也难以获得户籍所在区县的送教上门服务。

五、解决重度残障儿童就学困境的对策

基于上述重度残障儿童就学困境分析,我们发现不同状况的家庭所面临的问题是有差异的,既有共性问题,也有层次差别,建议分层、分类为重度残障儿童就学提供支持。需求溢出理论倡导政府应将家庭或私人不具备满足能力的人道和适宜需求视作政府职责,鉴于此,本文的具体建议如下。

(一)解决重度残障儿童共同就学困境的对策

1. 设立重度残障儿童专项教育补贴

为了解决补贴累退的问题,在落实和保障残障儿童应学尽学的基础上,政府应设立重度残障儿童专项教育补贴,列入政府财政预算,对未入学的重度残障儿童予以补贴,参照在校残障学生补贴标准执行,所需经费可由各级财政按比例分摊。由教育部门牵头,联合各级残联依托大数据比对,精准筛选核实未入学的重度残障儿童信息,并及时发放重度残障儿童专项教育补贴,补贴用于购买教育服务,为不能到校学习的儿童充实送教上门工作经费。

2. 探索入学资格与实际生活地挂钩

探索建立以更切合实际需要的人、户关系为入学依据的残障儿童就学保障机制,将重度残障儿童的居住地、长期康复地、监护人就业地、监护人社保关系所在地等因素纳入考量。可优先以居住地包括租住地为首要教育责任地,要求重度残障儿童的长期康复地、监护人就业地、监护人社保关系所在地不得拒绝重度残障儿童的就学请求。同时,更重要的是推进公共服务均等化。各级政府应加大投入,整合社会资源,强化资源配置,逐步缩小区域差距,为重度残障儿童提供基本公平的教育服务和其他社会福利。

3. 切实主动保障重度残障儿童受教育权

残障儿童的受教育权不应停留在法律文本,政府应该更为主动去落实和保障其权益。残障儿童户籍地在对学龄儿童就学信息摸底的基础上,除了敦促残障儿童家长送其就学,还应切实了解未就学原因和具体的困难。针对就学困难,链接相应的救济政策和社会资源。关于社会福利政策和各类权益的信息,应主动向全社会公开,并汇编成册发给持证残疾人,保障残障儿童平等享有各类公共资源。对于因康复、父母工作等原因外迁的儿童,应启动联动协同机制,及时准确地联络迁入地政府,协调残障儿童在迁入地接受义务教育。此外,应通过社会工作的方式增强残障儿童家庭的维权意识。

(二)解决"单困"重度残障儿童就学困境的对策

1. 促进残障儿童教育与康复协同

针对就学和康复之间的冲突,应着力统筹康复和教育服务,一体推进,一体落实。有两种协同途径:一是可以尝试康复进校园。学校收集残障学生的档案信息,资源教师链接康复师、医生、学科教师及相关专业人员,共同参与残障学生个别化教育方案的制订与实施,让残障学生在学校坚持义务教育的同时,还能就近就便开展康复训练;二是尝试在重度残障儿童康复医院开设重度残障儿童学习班或在康复医院附近建设学校等方式,提高重度残障儿童获取康复和教育服务的可及度。

2. 提升义务教育阶段残障儿童的教育质量

政府要加大资金投入力度,强化专业人才配备,进一步提高重度残障儿童教育质量和融合程度。一方面,用好用活资源教室,普通学校应配备一定数量的特殊教师,并且专人专岗专用,防止学校其他教学和行政事务分散精力;另一方面,针对学生校园生活中的不便,可以借鉴中国台湾地区的做法,通过聘用特殊教育助理员的方式,为重度残障儿童校园生活中的移动需求、个人卫生处理、情绪管理和其他基本需求提供支持和服务。聘用助理员的资金可以采用"政府补贴大部分+重度残障儿童家庭承担小部分"的原则确定。

(三)解决"双困"重度残障儿童就学困境的对策

1. 提高学龄重度残障儿童家庭护理补贴标准

照护提供者的时间和人力资本也是稀缺资源,家庭照护活动不仅有使用价值,还有市场交换价值和可供持续消费剩余价值的属性。从体面劳动角度出发,应对重度残障儿童家庭发放能够覆盖照护提供者基本生活需要的金额作为补偿。当前重度残障儿童只能申请重度残疾人护理补贴,各地标准不一,如重庆市最高仅为每月 70 元,厦门市最高为每月 510 元。即使是厦门市的护理补贴标准,对于大部分残障人而言过低,标准较低的地区护理补贴仅能覆盖一小部分护理用品。生活难以自理的重度残障儿童,家长通常会因陪护儿童进行康复或接受教育,而无法参与有偿劳动,导致收入中断和家庭经济困难。陪护重度残障儿童远比照料一般儿童在身体和心理上负担更为繁重。对于就业年龄段的残障人和老年残障人,我国尚有托养服务制度和养老服务保障制度进行覆盖,但残障儿童的照护保障的专门制度是缺失的。因此,提高残障儿童的照护补贴标准迫在眉睫。

2. 加大基本公共服务投入力度

家中没有人力能陪护重度残障儿童就学和康复的,或需要照护的人数超过了照护提供者的能力的,应通过政府购买服务或设立公益性岗位等方式,为这部分重度残障儿童提供服务。服务内容包括接送上下学、接送康复、校园内移动、用餐和如厕等基本生活和学习活动的辅助。具体可以通过整合社会剩余劳动力,鼓励在劳动年龄段且有劳动能力的失业保险待遇领取者、"4050"社会保险补贴领取者、低保领取者参与重度残障儿童就学照护工作,也可以通过建立社区志愿者服务队,支持开展重度残障儿童就学照护。

(四)为"三困"重度残障儿童完善送教服务

对于确不能到校接受教育的重度残障儿童,送教上门是最适合的教育形式,因此,改进送教上门工作机制尤为重要。首先,应完善政策保障。大力推进落实特殊教育提升计划,将送教上门所需费用列入政府财政预算,增加送教上门教师的人员配置,合理调配送教上门教师的工作任务,强化对送教上门教师的教育和培训,提高送教上门的服务质量。其次,应该开展分类送教。对单纯肢体障碍的儿童,可以由普通学校的老师送教。而其他残障的儿童建议由相应的特教老师送教,具体分类还需结合重度残障儿童的具体情况予以确定。再次,保证送教时间,丰富教学内容。重度残障儿童送教上门不应仅限于学科知识教学,对于心智障碍儿童,教学内容还应该扩展到生活自理康复训练、认知能力训练等方面。同时,送教上门的服务对象除了重度残障儿童外,还可以扩展到重度残障儿童的家庭成员,尤其是主要照护者,可以为他们开展康复和照护培训。最后,开发互联网教学作为补充。送教上门服务因时间和人力成本高,能提供的次数非常有限。作为补充,可以充分利用互联网技术和设备开发新的教学形式,通过视频直播、网络课堂等方式为重度残障儿童送教。探索由教育部门和残联合作,教育部门研发教学课程和提供设备和网络,残联负责联系重度残障儿童及其家庭成员及时参加相关网络课程学习。教育部门应根据残障类别和残障程度,开发适宜不同残障类别和层次的专门课程,以便重度残障儿童能根据自身实际情况选择观看,让重度残障儿童能看懂、可理解、易掌握。对智力障碍重度残障儿童还应开发生活自理能力训练、认知能力训练等方面的课程,同时对重度残障儿童家庭成员也可以开发相关政策、重度残障儿童康复和照护等方面的课程。

(作者单位:厦门大学公共事务学院;

中共福建省委党校(福建行政学院);

江西省残疾人综合托养服务中心)

五、医疗救助与突发公共卫生事件救助

组态视角下我国医疗救助效率的提升路径研究

——基于模糊集定性比较分析

毛　瑛　谢　涛

一、引　言

医疗救助是政府通过提供资金、政策与技术支持,或社会通过各种慈善行为,对因患病而无经济能力治疗的贫困人群,实施专项帮助和经济支持的一种医疗保障制度。为切实帮助城乡贫困人群解决就医方面的难题,我国 2003 年发布了《民政部关于建立城市医疗救助制度有关事项的通知》(民办函〔2003〕105号)与《民政部、卫生部、财政部关于实施农村医疗救助的意见》(民发〔2003〕158号),并于 2003 年和 2005 年分别在农村和城市开始试点,2008 年全面建立城乡居民医疗救助制度。随着新医改的逐渐深化,城乡医疗救助的范围已逐步向低收入重病患者、低收入家庭老年人、重度残疾人等特困群体扩大,救助内容也发展到当前的资助参合参保、住院救助、门诊救助、重特大疾病救助等相结合的综合救助①。为解决当前贫困人群对基础医疗服务的需求不断提高的问题,2012年 1 月,民政部、财政部、人力资源和社会保障部、卫生部联合下发文件,对重特大疾病医疗救助试点的目标、原则、主要内容和部门职责等作出部署。2015 年进一步建立了大病医疗救助和重特大疾病医疗救助,基本满足了贫困人口最为基本的医疗需求。第六次国家卫生服务调查显示,2018 年城乡因经济困难需住院而未住院的比例为 9.0% 和 10.2%②,仍有众多由于经济因素未就医的贫困群

---

① 毛立坡、张琳、崔斌:《重特大疾病医疗救助试点评析》,《中国医疗保险》2013 年第 8 期。
② 国家卫生健康委统计信息中心:《全国第六次卫生服务统计调查报告》,2021 年。

众，一方面政府几乎承担了医疗救助资金筹集的全部责任，财政支出压力不断上涨①；另一方面，从受助者角度看存在救助资金规模小、力度不足、满意度低②等问题。因此如何提高现行医疗救助的支出效率成为了一个亟待解决的问题。

目前关于医疗救助效率的研究主要关注于效率的评估及其影响因素③，但是并未考虑到不同因素对医疗救助效率的影响是否相互独立，未能回答这些因素会通过何种形式的联动，产生什么样的组合路径影响医疗救助效率等问题。因此本研究基于组态视角，结合 NCA（Necessary Condition Analysis）和 fsQCA（fuzzy set Qualitative Comparative Analysis）方法，分析必要和充分两类因果关系的条件，一方面探究医疗救助效率的必要条件，另一方面分析其各种可能影响医疗救助效率的组合路径。具体地，本研究试图回答以下问题：（1）影响医疗救助效率的核心条件和边缘条件是什么？（2）哪些条件构成的组态路径会提高医疗救助效率？（3）哪些条件构成组态路径会制约医疗救助效率？

二、文献综述与模型构建

（一）医疗救助效率的实践经验与研究进展

1. 探索试点时期：医疗救助效率初探

我国于 2003 年和 2005 年分别在农村和城市开展医疗救助制度的试点工作。试点时期有研究认为健康损伤是导致农村贫困人口致贫的主要原因之一④，且这部分人群由于经济原因对卫生服务的利用存在障碍，因此有必要建立农村贫困人口医疗救助制度。另有研究指出，30%—40% 的贫困居民是由于疾病原因致使生活水平跌落到贫困线之下⑤，因此建立城市贫困居民的医疗救助

---

① 钟玉英、司文晴、刘怡辰：《医疗救助有效率吗：中国省际医疗救助支出效率评估——基于考虑环境因素的三阶段 DEA 模型》，《学术研究》2016 年第 11 期。

② 尹航、林闽钢：《弱势群体医疗救助实施效果评估——基于"城乡困难家庭社会政策支持系统建设项目"调查数据的分析》，《社会保障研究》2017 年第 1 期。

③ 杨浩、何蓓蓓、郑先平：《我国重特大疾病医疗救助效率及其影响因素》，《医学与社会》2021 年第 2 期。

④ 张振忠：《在中国农村建立贫困人口医疗救助制度研究》，《中国卫生经济》2002 年第 11 期。

⑤ 刘远立、安妮、李士雪、张继祥、郑红丽、谷晓明：《城市医疗救助制度的设计：主要挑战与创新》，《中国卫生经济》2003 年第 6 期。

制度迫在眉睫。这一阶段的研究虽然主要针对医疗救助制度的建立与运行进行探索,关于如何提高医疗救助效率的研究较少,有部分研究就如何提高医疗救助的服务利用进行了探索,例如有研究通过设置相关指标监测和评价贫困人口的医疗救助项目的效果①,而效果评价又是衡量医疗救助制度效率的重要手段和依据。结合效果评价,此阶段的医疗救助存在资金需求与财政投入不成比例、救助款被挪用导致流失严重等影响医疗救助服务利用的问题,并有研究指出要建立负责医疗救助政策实施和管理的机构②,强调政府力量在医疗救助中的作用。另有研究指出贫困人口的医疗救助符合效率的原则,对贫困人口实施医疗救助可以提高我国卫生资源使用效率③。探索试点阶段的研究为日后对医疗救助效率的评价提供了方向。

2. 正式建立时期:制度衔接的效率特征

2002 年 10 月中共中央、国务院在关于《进一步加强农村卫生工作的决定》中,提出了在全国农村建立新型农村合作医疗制度并于 2003 年在全国试点运行。2008 年医疗救助制度正式建立,此时对医疗救助的研究从对其建立的必要性与效果评价转向与其他医保制度衔接必要性。一方面是农村贫困人口医疗救助制度与新农合的衔接④;另一方面是城市贫困人口医疗救助与城镇居民医疗救助制度的衔接⑤。医疗救助制度与基本医疗保险制度的衔接,可以降低医疗救助的运行成本、降低贫困人口的就医"门槛",提高卫生服务公平利用的可及性⑥。在这种研究背景下,有学者认为医疗救助制度效率的重要因素之一是制度变迁过程中的路径依赖。因此医疗救助制度的成效很大程度上取决于新型农村合作医疗制度本身的基础和条件,在此过程中,该研究强调提高医疗救助制度的实施效率,需要重点加强新型农村合作医疗信息管理系统建设⑦。

---

① 李士雪、丁国伟、刘远立、李巍然、王丽、陈可:《社区卫生服务与医疗救助项目的监测和评价》,《中国卫生经济》2003 年第 6 期。

② 陶成文、宋玉成:《我国医疗救助存在的问题与对策研究》,《学术交流》2003 年第 5 期。

③ 韩雷亚、张振忠:《对贫困人口实施医疗救助》,《中国卫生经济》1999 年第 11 期。

④ 赵小艳:《医疗救助与新农合制度有效衔接的现状分析》,《中国卫生事业管理》2008 年第 5 期。

⑤ 林枫:《城镇居民医疗救助须与基本医保同步推进》,《中国社会保障》2007 年第 8 期。

⑥ 赵小艳:《医疗救助与新农合制度有效衔接的现状分析》,《中国卫生事业管理》2008 年第 5 期。

⑦ 孙婵:《我国重大疾病医疗救助的制度困境与立法路径》,《卫生经济研究》2020 年第 12 期。

3. 进一步发展与完善:效率评估与影响因素

2012 年多部委联合出台的《关于开展重特大疾病医疗救助试点工作的意见》,开启重特大疾病医疗救助试点工作。2015 年多部委联合出台的《关于进一步完善医疗救助制度全面开展重特大疾病医疗救助工作意见的通知》要求进一步完善医疗救助制度。此时出现了重特大疾病医疗救助制度这一新概念,关于此概念学界尚未统一,但是有研究认为重大疾病医疗救助是医疗救助的特定形式①。此时关于医疗救助效率的研究仍相对较少,主要集中医疗救助的公平性研究,部分研究对医疗救助的效率整体绩效评估,如钟玉英等人在控制环境因素的基础上,采用三阶段 DEA 方法,测算医疗救助支出效率②。杨浩等人利用 DEA-BBC 模型测算全国重特大疾病医疗救助效率,通过 Tobit 模型分析我国重特大疾病医疗救助效率的主要影响因素③。

综上所述,从探索时期到制度建立与完善时期,众多学者基于时代背景与政策环境对医疗救助效率进行不同程度的研究,但是现有研究关于医疗救助效率的评估一方面多集中于质性研究,虽然有几位学者通过定量的方法(如 DEA、Tobit 模型)对医疗救助效率进行评估并研究其影响因素。但是在如何提高医疗救助效率方面,没有考虑各项因素之间的复杂因果关系,没有探究因素的何种组合能产生提高医疗救助效率的路径。

(二)模型构建

针对上述局限性,本研究引入 fsQCA 方法,探索各个因素对医疗救助效率的联动效应,揭示不同因素之间的互动关系,总结提高医疗救助效率路径。本研究在中国情境下构建了影响医疗救助效率的组态模型框架,如图 1 所示。

1. 经济发展水平与医疗救助效率

不同省份的经济发展水平不同,可能会导致因财力差异而引发的贫困弱势群体间受益水平的苦乐不均,越需要救助的人反而越得不到应有水平的救助④,

---

①　白晨:《转移还是消化:省级政府基本公共服务筹资策略及其效果分析——来自医疗救助服务的证据》,《中国软科学》2020 年第 1 期。

②　钟玉英、司文晴、刘怡辰:《医疗救助有效率吗:中国省际医疗救助支出效率评估——基于考虑环境因素的三阶段 DEA 模型》,《学术研究》2016 年第 11 期。

③　杨浩、何蓓蓓、郑先平:《我国重特大疾病医疗救助效率及其影响因素》,《医学与社会》2021 年第 2 期。

④　李晶、赵雅玲、刘荣:《应对我国人口老龄化的社会问题,卫生投入政策的探讨》,《中国地方病防治杂志》2016 年第 5 期。

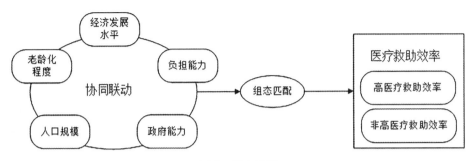

图1　组态模型

可能对医疗救助效率产生不同程度的影响。

2. 老龄化程度与医疗救助效率

目前,我国已经进入人口老龄化快速发展阶段,老年人是医疗卫生资源消费的主要人群,必然会带来医疗救助支出效率上的差异。有研究指出60岁以上老年人是全部患病人口的3.2倍,是全部人口平均卫生资源消耗的1.9倍,老年人是医疗卫生资源消费的主要人群[①]。人口老龄化有可能导致医保需求增加[②]。

3. 人口规模与医疗救助效率

人口规模可能会对医疗救助效率产生显著性的影响。虽然学者通过评估医疗救助效率发现各省市的人口规模数并未显著影响医疗救助支出效率的改变[③],但是也有学者认为地区人口规模越大,该地贫困人口数也相对越多,对重特大疾病医疗救助能力要求越高,并且实证研究发现人口规模和重特大疾病医疗救助效率呈显著负相关关系[④]。

4. 政府力量与医疗救助效率

在医疗救助效率方面,学者认为政府力量对医疗救助的效率会产生影响,当政府对医疗救助从政策和财政上进行干预时,会对救助资金的使用效率产生影响,同时政府的重视会引起社会的关注。

---

①　李炳海、刘俊珍、杨瑞贞、王玲、雍爱莲:《农村人口老龄化对新农合的影响及对策研究》,《卫生软科学》2009年第6期。

②　杜运周、贾良定:《组态视角与定性比较分析(QCA):管理学研究的一条新道路》,《管理世界》2017年第6期。

③　钟玉英、司文晴、刘怡辰:《医疗救助有效率吗:中国省际医疗救助支出效率评估——基于考虑环境因素的三阶段DEA模型》,《学术研究》2016年第11期。

④　杨浩、何蓓蓓、郑先平:《我国重特大疾病医疗救助效率及其影响因素》,《医学与社会》2021年第2期。

5. 医疗费用负担能力与医疗救助效率

有研究发现贫困发生率和平均贫困差距的人口比重分别增加后，均有进一步向低收入人群集中的趋势。这提示了贫困风险进一步由低收入以上人群向低收入人群转移，也提示了个人现金卫生支出对低收入人群的影响[①]。也有研究认为家庭重特大疾病医疗费用负担能力与该家庭人均可支配收入成正比，因为人均可支配收入与家庭医疗保障程度和水平正向相关，所以推断人均可支配收入越高，重特大疾病医疗救助诉求越低[②]。

鉴于上述分析，本研究将地区经济发展水平、老龄化程度、地区人口规模、政府能力、医疗费用负担能力设为前因条件。

三、研究设计

（一）研究方法

1. 定性比较分析与必要条件分析

定性比较分析（Qualitative Comparative Analysis，QCA）旨在解决因果复杂性现象，该方法认为特定结果的产生是由多种相互依赖的条件决定[③]。该方法以集合论和布尔运算作为其方法论的基石，探究前因条件组合（即"组态"）如何引致被解释结果出现可观测的变化或不连续[④]。它根植于组态思维，结合了定性与定量分析的优势，采用整体性和系统性分析思路，考虑多种因素构成的组态而不是单个因素对结果的影响。本研究选择模糊集定性比较分析（fsQCA）研究方法的原因为：一是在研究医疗救助效率的影响机制和提升路径时，需要考察 5 个前因条件对医疗救助效率的组合效应，但传统回归分析只能考虑因素的净效应，fsQCA 却可以分析多种因素的复杂因果关系。二是本研究的条件和结果变量为

---

①　李炳海、刘俊珍、杨瑞贞、王玲、雍爱莲：《农村人口老龄化对新农合的影响及对策研究》，《卫生软科学》2009 年第 6 期。

②　杨浩、何蓓蓓、郑先平：《我国重特大疾病医疗救助效率及其影响因素》，《医学与社会》2021 年第 2 期。

③　杜运周、贾良定：《组态视角与定性比较分析（QCA）：管理学研究的一条新道路》，《管理世界》2017 年第 6 期。

④　Fiss，P.C.，Building Better Causal Theories：A Fuzzy Set Approach to Typologies in Organization Research.［J］*Academy of Management Journal*，2011 54（2）：393-420.

连续变量,因此采用更适合处理连续变量的 fsQCA。[①]

必要条件分析(Necessary Condition Analysis,NCA)旨在识别必要条件,虽然QCA方法也可以分析必要条件,但是无法定量地体现必要程度,但是NCA却可以分析其必要条件的程度以及瓶颈水平。

2. 数据包络分析

数据包络分析(Data Envelopment Analysis,DEA)常用于多投入和多产出的分析,能够对评价单元的技术效率是否达到行业的水平进行评价。该方法的评价是基于规模收益不变的CCR模型和基于规模收益可变的BCC模型。本研究采用BCC模型,原因在于重特大疾病医疗救助的开展会受到经济实力的影响,因此各个地区的规模效率基本不会处在同一水平线上[②]。

(二)数据和样本

根据研究目的和研究方法要求,本研究选择中国31个省级行政区的截面数据为研究对象,数据来源为《中国统计年鉴》和《中国卫生健康统计年鉴》。数据处理采用Stata15.1和Fsqca3.0软件。

(三)测量和校准

1. 变量的选择

(1)结果变量。结果变量为医疗救助效率,由投入指标与产出指标组成。本研究运用DEA-Solver软件,将投入与产出数据导入BCC投入模型。参考已有研究[③][④],选取门诊和住院医疗救助资金数、门诊和住院医疗救助人次数作为投入指标。选取最低生活保障领取人数、人口死亡率作为产出指标。

(2)条件变量。根据以往相关研究,本研究拟选取的条件变量为经济发展水平、老龄化程度、人口规模、政府能力、医疗费用负担能力。由人均GDP反映各地区的经济发展水平;以65岁以上老年人口占比反映地区老龄化程度;以地区年末总人口反映地区人口规模;以地方财政预算支出占GDP的比重反映当地

① Verweij S.Set-Theoretic Methods For The Social Sciences:A Guide To Qualitative Comparative Analysis.[J]*International Journal of Social Research Methodology*,2012(2):165-166.

② 杨浩、何蓓蓓、郑先平:《我国重特大疾病医疗救助效率及其影响因素》,《医学与社会》2021年第2期。

③ 钟玉英、司文晴、刘怡辰:《医疗救助有效率吗:中国省际医疗救助支出效率评估——基于考虑环境因素的三阶段DEA模型》,《学术研究》2016年第11期。

④ 杨浩、何蓓蓓、郑先平:《我国重特大疾病医疗救助效率及其影响因素》,《医学与社会》2021年第2期。

政府能力;以人均可支配收入反映其医疗救助风险的承担能力。描述性统计详见表1。

2. 变量的校准

校准是指将案例赋予集合隶属的过程①②,即将变量校准为集合。本研究参考相关研究③④,将5个条件变量和结果变量高医疗救助效率的3个锚点(完全隶属、交叉点和完全不隶属)分别设定为其样本数据的上四分位数(75%)、中位数(50%)与下四分位数(25%)。非高医疗救助效率的校准规则与高医疗救助效率相反,即取高医疗救助效率的非集。校准锚点详见表2。

表1 条件和结果变量的说明及描述性统计

条件和结果	说明	单位	描述性统计			
			均值	标准差	最大值	最小值
医疗救助投入	门诊和住院医疗救助资金数	万元	107817.1	63409.87	14352.3	214332.3
	门诊和住院医疗救助人次数	万人次	227.43	203.77	4	862.4
医疗救助产出	最低生活保障领取人数	万人	139.24	101.90	10.3	430.5
	人口死亡率	%	6.21	0.86	4.45	7.57
医疗救助效率	BBC-I	/	0.70	0.31	0.14	1
地区经济发展水平	人均GDP	人/万元	6.90	3.26	3.29	16.42
老龄化程度	65岁以上人口占总人口的比重	%	11.28	52.51	5.7	15.2
地区人口规模	年末总人口	万人	4528.55	2912.383	351	11521

① 杜运周、贾良定:《组态视角与定性比较分析(QCA):管理学研究的一条新道路》,《管理世界》2017年第6期。

② Verweij S.Set-Theoretic Methods For The Social Sciences:A Guide To Qualitative Comparative Analysis.[J]*International Journal of Social Research Methodology*,2012(2):165-166.

③ Fiss,P.C.,Building Better Causal Theories:A Fuzzy Set Approach to Typologies in Organization Research.[J]*Academy of Management Journal*,2011 54(2):393-420.

④ Greckhamer,T.,CEO compensation in relation to worker compensation across countries:The configurational impact of country-level institutions.[J]*Strategic Management Journal*,2016(4):793-815.

续表

条件和结果	说明	单位	描述性统计			
			均值	标准差	最大值	最小值
政府能力	地方财政预算支出占 GDP 的比重	%	29.76	21.27	11.98	128.86
医疗费用负担能力	人均可支配收入	元	30643.29	12367.05	19139	69441.6

表 2 条件与结果校准

条件与结果	锚点		
	完全隶属	交叉点	完全不隶属
经济发展水平	7.73	5.63	4.78
老龄化程度	13.00	11.30	9.60
人口规模	6366.00	3876.00	2523.00
政府能力	35.01	23.67	19.92
负担能力	31819.70	26262.40	23828.50
医疗救助效率	1.00	0.8165461	0.3963476

四、数据分析与实证结果

(一)必要条件分析

必要条件指某特定结果的发生总是存在某个因素,这个因素即为结果的必要条件[1]。必要条件一般通过一致性水平进行衡量,反映相同条件组态的案例共属同一结果的程度[2],是进行组态分析前提。

首先,本研究采用 NCA 方法进行必要条件分析,该方法不仅可以识别必要

---

① 张明、杜运周:《组织与管理研究中 QCA 方法的应用:定位、策略和方向》,《管理学报》2019 年第 9 期。

② 谢智敏、王霞、杜运周、谢玲敏:《创业生态系统如何促进城市创业质量——基于模糊集定性比较分析》,《科学学与科学技术管理》2020 年第 11 期。

条件,而且可以计算出各条件的效应量(effect size),也叫瓶颈水平(bottleneck level)①。NCA 分析结果一般会提供 CR(上限回归,ceiling regressio)和 CE(上限包络分析,ceiling envelopment)两种方法估计出的效应量。该方法通过效应量和显著性判断是否为必要条件,即效应量不小于 0.1,且蒙特卡洛仿真置换检验(Monte Carlo sim-ulations of permutation tests)显示效应量是显著的②。因此,根据表3可以判断出,5 个前因条件的效应量均小于 0.1 且 P 值不显著,显示 5 个前因条件中没有医疗救助效率的必要条件。我们进一步分析了瓶颈水平(%),即识别达到结果最大观测范围的某一水平,前因条件最大观测范围内需要满足的水平值(%)。表4显示要达到 80% 的医疗救助效率水平,需要 0.3% 水平的经济发展水平,其他 4 个前因条件不存在瓶颈水平。

其次,本研究进一步采用 QCA 方法检验必要条件。参考相关研究成果③,将一致性阈值设置为 0.9,由表5可知,5 个条件变量的一致性水平均低于 0.9,因此,各条件均无法构成高医疗救助效率和非高医疗救助效率的必要条件。这一结果与 NCA 结果一致,即不存在产生高医疗救助效率的必要条件。这表明单一前因条件对医疗救助效率的解释力较低,医疗救助效率的原因具有复杂性和系统性,需要进一步分析其产生的组态条件,探索高医疗救助效率的形成路径。

表3 NCA 方法必要条件分析结果

前因条件	方法	精确度	上限区域	范围	效应量	P 值
经济发展水平	CE	100%	0.003	0.94	0.003	0.343
	CR	100%	0.001	0.94	0.001	0.346
老龄化程度	CE	100%	0	0.94	0	1.000
	CR	100%	0	0.94	0	1.000
人口规模	CE	100%	0	0.94	0	1.000
	CR	100%	0	0.94	0	1.000

① Dul,J.Necessary Condition Analysis(NCA):Logic and Methodology of "Necessary but Not Suffi-cient" Causality.[J]*Organizational Research Methods*,2016(1):10-52.

② Jan,D.,Erwin,V.;Roelof,K.A Statistical Significance Test for Necessary Condition Analysis.[J]*Organizational Research Methods*,2020,23(2).

③ Ragin,C.;Fiss,P.C.Net effects analysis versus configurational analysis:An empirical demonstra-tion.2008.

前因条件	方法	精确度	上限区域	范围	效应量	P 值
政府能力	CE	100%	0	0.94	0	1.000
	CR	100%	0	0.94	0	1.000
负担能力	CE	100%	0	0.94	0	1.000
	CR	100%	0	0.94	0	1.000

表4　NCA方法瓶颈水平(%)分析结果

医疗救助效率	经济发展水平	老龄化程度	人口规模	政府能力	负担能力
0	NN	NN	NN	NN	NN
10	NN	NN	NN	NN	NN
20	NN	NN	NN	NN	NN
30	NN	NN	NN	NN	NN
40	NN	NN	NN	NN	NN
50	NN	NN	NN	NN	NN
60	NN	NN	NN	NN	NN
70	NN	NN	NN	NN	NN
80	0.3	NN	NN	NN	NN
90	0.6	NN	NN	NN	NN
100	1	NN	NN	NN	NN

注:CR方法,NN=不必要。

表5　医疗救助效率的QCA必要性检测

前因条件	结果变量	
	高医疗救助效率	非高医疗救助效率
经济发展水平	0.422	0.708
~经济发展水平	0.694	0.413
老龄化程度	0.493	0.645
~老龄化程度	0.640	0.493
人口规模	0.409	0.693
~人口规模	0.694	0.414

续表

前因条件	结果变量	
	高医疗救助效率	非高医疗救助效率
政府能力	0.684	0.361
~政府能力	0.402	0.728
负担能力	0.384	0.649
~负担能力	0.698	0.436

(二)条件组态分析

条件组态分析可以揭示引致结果产生的多重条件构成的可能路径(组态)[①]。本研究参考已有研究,将原始一致性阈值设定为0.8[②],将PRI一致性阈值设置为0.7[③],案例频数阈值设定为1[④]。fsQCA软件针对组态一般会输出3种解:复杂解(不使用"逻辑余项")、中间解(采用符合理论和实际的"逻辑余项")、简约解(采用所有可能有助于简化组态的"逻辑余项",不评价其合理性)。通常汇报中间解结果,一般通过结合简约解与中间解的关系对比,识别出每个解的核心条件与边缘条件[⑤]。

1. 产生高医疗救助效率的驱动路径分析

表6显示了5个因素的组态分析结果,显示产生高医疗救助效率的组态(路径)有2条(H1、H2),2个组态的一致性指标分别为0.87、0.91,说明2个组态都是高医疗救助效率的充分条件。解的一致性指标为0.86,说明覆盖绝大部分案例的2个组态也是提高医疗救助效率的充分条件。模型解的覆盖度为0.55,说明2个组态解释了约55%的高医疗救助的原因。横向分析各组态,发现组态H1

---

① Dul;J.Necessary Condition Analysis(NCA):Logic and Methodology of "Necessary but Not Sufficient" Causality.[J]*Organizational Research Methods*,2016(1):10-52.

② Fiss,P.C.,Building Better Causal Theories:A Fuzzy Set Approach to Typologies in Organization Research.[J]*Academy of Management Journal*,2011 54(2):393-420.

③ 杜运周、贾良定:《组态视角与定性比较分析(QCA):管理学研究的一条新道路》,《管理世界》2017年第6期。

④ Greckhamer,T.,CEO compensation in relation to worker compensation across countries:The configurational impact of country-level institutions.[J]*Strategic Management Journal*,2016(4):793-815.

⑤ Ragin,C.;Fiss,P.C.Net effects analysis versus configurational analysis:An empirical demonstration.2008.

和组态 H2 具有相同的核心条件,即核心条件政府能力强和医疗费用负担能力低,但 2 个组态的边缘条件有所不同。在组态 H1 中,地区经济发展水平低和地区人口规模低发挥了辅助性的作用,老龄化程度低则为无关紧要的条件。而在组态 H2 中,地区经济发展水平低和老龄化程度低发挥了辅助性的作用,地区人口规模低为无关紧要的条件。考虑到高医疗救助效率的 2 个组态的核心条件相同,为了比较两种组态路径的差异,本研究将详细分析每一种影响高医疗救助效率的组态。

表 6　产生高、非高医疗救助效率的组态

条件	高医疗救助效率		非高医疗救助效率
	H1	H2	NH1
经济发展水平	C	C	A
老龄化程度	D	C	B
人口规模	C	D	A
政府能力	A	A	B
负担能力	B	B	A
一致性	0.87	0.91	0.996
原始覆盖度	0.47	0.48	0.16
唯一覆盖度	0.07	0.08	0.16
总体一致性	0.86	0.996	
总体覆盖度	0.55	0.159	

注:A 表示核心条件存在,B 表示核心条件缺席,C 表示边缘条件缺席,D 表示条件可有可无。

组态 H1(~经济发展水平 * ~人口规模 * 政府能力 * ~重特大疾病医疗费用负担能力)显示在经济发展水平低、地区人口规模较小的省市,无论老龄化程度如何,如果地区政府能力强但是个人负担能力弱的地区医疗救助效率高。另外,政府能力越强,相关部门的救助需求信息和救助资源信息体系越成熟,对救助资源的整合、救助组织机构协调运转的推动作用越大,越能提升救助效率①。地区人口规模会通过影响人均医疗资源占有比例来影响最终救助效率②,人口

---

① 向运华、王晓慧:《构建以大病保险为基础的大病保障体系》,《中国医疗保险》2020 年第 5 期。

② 肖海翔:《政府卫生支出效率及其改进研究》,湖南大学博士学位论文,2012 年。

规模小的城市,人均医疗资源占有比例较低,会提高个人负担能力弱的居民的医疗救助服务的利用机会,因此会提高医疗救助效率。

组态 H2(~经济发展水平 * ~老龄化程度 * 政府能力 * ~重特大疾病医疗费用负担能力)显示在经济发展水平低、老龄化程度低的省市,无论地区人口规模如何,如果地区政府能力强但是个人负担能力弱的地区医疗救助效率高。一般来说,老龄化程度低,产生重特大疾病的概率相对较低,对医疗救助的服务需求没有那么迫切。在这种情况下,于贫困人群而言,其更有机会得到的重特大疾病医疗救助资源[1],因此会提高医疗救助效率。另外现有研究显示经济发展水平未对医疗救助支出效率的提高产生较大作用[2],且部分研究发现,本研究两个组态中的案例主要集中在中西部地区,可能是因为在中央财政的大力支持下,医疗救助支出的投入与产出比较适度。

2. 产生低医疗救助效率的驱动路径分析

在组态 NH1 中,地区经济发展水平高、老龄化程度低、地区人口规模小、政府能力弱和个人负担能力强为核心条件。这表明雄厚的经济和财政实力,并不一定必然带来医疗救助的高效配置,既可能是投入过剩的原因,也可能是中央财政支持的力度小,放大了省内各市县财力投入差异对医疗救助支出效率差异的影响。老龄化程度低、地区人口规模小说明对医疗救助的需求总体较小且在个人负担能力较强的情况下,对医疗救助的利用自然偏少,同时政府能力弱不足以为当地居民提供良好的医疗救助服务,因此会导致医疗救助效率偏低的情况出现。

五、研究结论与展望

(一)研究结论

本研究首次运用 fsQCA 方法以我国 31 个省级政府医疗救助为案例进行条件组态分析,探究影响医疗救助效率的多重并发因素及驱动路径,揭示了影响医疗救助效率的核心条件。本研究获得以下结论:(1)高医疗救助效率的驱动路

---

[1] 杨浩、何蓓蓓、郑先平:《我国重特大疾病医疗救助效率及其影响因素》,《医学与社会》2021年第 2 期。

[2] 钟玉英、司文晴、刘怡辰:《医疗救助有效吗:中国省际医疗救助支出效率评估——基于考虑环境因素的三阶段 DEA 模型》,《学术研究》2016 年第 11 期。

径分为两条路径。第一条路径为低经济发展水平,低人口规模,强政府能力与低负担能力的联动匹配。第二条路径为低经济发展水平,低老龄化程度,强政府能力与低负担能力的联动匹配;(2)两条路径所涉及的条件中存在替代作用,即经济发展水平低、人口规模小或老龄化程度低时,只要政府能力强和个人负担能力弱,即可产生高医疗救助效率;(3)非高医疗救助效率的驱动机制为 1 条路径,与高医疗救助效率的驱动机制存在非对称性关系。

(二)理论贡献

本研究基于组态视角,分析医疗救助效率的影响因素间耦合的组态效应。相较于其他医疗救助效率的研究,本研究的理论贡献有以下几点。

第一,本研究基于组态理论化①,为医疗救助效率的多要素耦合的研究提供了新思路。虽然以往学者对医疗救助效率的影响因素进行了探究,但是均为净效应,无法探明医疗救助效率的组态因素。本研究通过组态分析发现,并发现了在政府能力强与负担能力弱的情况下,人口规模与老龄化程度如何组合产生了高的医疗救助效率。这些发现对于开展制度组态视角下医疗救助效率研究具有积极的意义。

第二,首次将 fsQCA 方法引入医疗救助的研究中,有研究通过传统定量研究已经指出医疗救助效率的影响因素。但是在传统定量方法的大多数应用假设自变量的影响是线性可加,这意味无论其他自变量的值如何,指定的自变量对因变量的影响都是相同的。净效应的估计假设无论其他自变量的值如何,也无论其他变量的组合如何,指定的自变量都是相同的②。因此,本研究引入 fsQCA 方法,不仅丰富了医疗救助领域的研究方法,还为医疗救助效率前因条件的复杂互动和因果不对称提供了一种整体的视角。

第三,本研究将 NCA 和 QCA 相结合。通过必要条件分析方法(NCA),基于必要性因果关系判断出各项前因条件均不是高医疗救助效率的必要条件,说明单个要素并不构成高医疗救助效率的瓶颈。一方面利用 QCA 分析医疗救助效率的充分条件的复杂因果关系,另一方面利用 NCA 分析医疗救助效率的必要条件的因果关系,虽然 QCA 也能分析必要条件,但是 NCA 能得出条件的效应量,能更加细致地分析必要条件因果关系。本研究在率先在医疗救助领域将两者结

---

① Furnari, S.; Crilly, D.; Misangyi, V. F.; Greckhamer, T.; Aguilera, R. V. Capturing Causal Complexity: Heuristics for Configurational Theorizing. [J] *The Academy of Management Review*, 2020.

② Ragin, C.; Rihoux, B.; Grimm, H. The limitations of net-effect thinking. 2006.

合,有助于推动其必要和充分两种关系研究的发展。

(三)研究局限与展望

本研究也存在一些局限。首先,本研究探索了案例间比较的组态效应,但是在医疗救助效率分析方面,已有研究已经利用面板数据进行净效应分析探索,因此未来的对医疗救助效率的 QCA 分析中可以考虑利用动态面板的数据,将时间因素纳入组态分析中。其次,受限于补充资料,无法对每个案例进行深入的质化分析,一定程度上影响了路径的可推广性,因此后续的研究可以结合其他执行分析方法,如经典扎根理论,深化研究结论。

(作者单位:西安交通大学公共政策与管理学院)

我国医疗救助事业的发展：历程、现状及对策研究[①]

蒋美华　徐浩然　韩虹谷

医疗救助制度是指政府和社会向有需要的病患群体提供基本物质援助和医疗服务,减轻其生活压力,帮助其度过困难时期的一种社会保障制度。经过 70 余年的发展,我国已经建成了比较完善的医疗救助制度,在保障基本民生和脱贫攻坚的过程中都发挥了重要作用。本文在回顾新中国医疗救助事业发展历程的基础上,梳理了所取得的成就和存在的问题,提出了医疗救助事业高质量发展的可行性对策。

一、我国医疗救助事业的发展历程

新中国成立以来,我国的医疗救助长期由社会政策主导,在不同时期受环境影响呈现出不同的发展特征。回顾 70 余年的发展历程,大致可分为新中国成立初期至改革开放前、改革开放至 20 世纪末以及 21 世纪以来三个发展阶段。

(一)新中国成立初期的医疗救助

新中国成立之初,我国各项事业百废待兴,主要的社会目标是医治战争创伤,恢复和发展破败的国民经济。医疗救助未受到足够的重视,并没有成为一个独立的子系统,而是和灾害、贫困救济等一同被并入到了单一的社会救济领域。1953 年 11 月,中国人民救济总会召开第三届全国城市救济工作会议,指出对因灾害、疾病、生育及其他原因而不能维持基本生活需要者给予临时救济。虽然此时没有进行专项的医疗救助,不过当时建立的公费医疗和劳保医疗制度以及农

---

① 原文发表于《齐齐哈尔大学学报》(哲学社会科学版)2023 年第 2 期。

村合作医疗制度等由于覆盖对象具有普遍性,因而在一定程度上对医疗救助制度起到了替代作用。

（二）改革开放至 20 世纪末的医疗救助

改革开放后,由于公费医疗制度向医疗保险制度转变,城乡贫困人群和一部分特殊群体所面临的医疗问题逐渐凸显,医疗救助逐渐成为国家需要重点关注的一项事业。而 20 世纪 80 年代末以来的经济体制改革使得大量国企职工面临失业危机,城乡差距逐步拉大,专项救助逐步受到重视,医疗救助制度的建立也呼之欲出。1997 年 1 月,中共中央、国务院《关于卫生改革与发展的决定》中指出要通过举办合作医疗来保证农民获得基本医疗服务;要重视贫困地区卫生工作,把卫生扶贫纳入扶贫范畴。自 1998 年起各地陆续开始建立职工基本医疗保险制度,但由于仅覆盖部分城镇人口,因此因病致贫、因病返贫现象仍然突出。

（三）21 世纪以来的医疗救助

21 世纪以来,我国的社会政策理念有了一个重大的转变,由以往以效率优先并兼顾公平转向公平优先兼顾效率,建立覆盖全民的医疗救助体系也逐步提上日程。2003 年 11 月,民政部、卫生部、财政部联合颁布《关于实施农村医疗救助的意见》,指出了建立和实施农村医疗救助制度的必要性,同时对医疗救助的目标和原则、救助对象、救助方法、申请和审批程序等内容作了相关规定①。之后,农村医疗社会救助工作开始在各地逐步展开。2005 年 3 月出台的《关于建立城市医疗救助制度试点工作意见》则标志着我国城市医疗救助工作拉开序幕②。但在发展过程中,由于城乡二元结构的差异导致城乡医疗救助水平和内容存在较大差距。对此,2009 年 6 月,民政部又联合财政部、人力资源和社会保障部发布《关于进一步完善城乡医疗救助制度的意见》,探索建立城乡一体化的医疗救助制度。随着 2014 年《社会救助暂行办法》的出台,我国社会救助的发展又步入了一个新的历史阶段,社会救助制度逐步走向成熟、定型。《社会救助暂行办法》中第五章将医疗救助单独编列,对救助对象、救助方式、救助程序做了相关规定。同时,我国医疗救助的项目不断丰富,各项政策也在不断完善。2018 年 10 月,《民政部办公厅关于加强慈善医疗救助活动监管的通知》中指出

---

① 王海容、邹雨轩、向令:《略论我国医疗救助立法的缺失》,《泸州医学院学报》2013 年第 6 期。

② 刘继同、严俊、孔灵芝:《中国医疗救助政策框架分析与医务社会工作实务战略重点》,《社会保障研究》2009 年第 1 期。

要查处假借慈善医疗救助之名而进行的非法营利活动,对慈善医疗救助的运行监管作出了更加严格的规定。2021年11月,国务院办公厅印发了《关于健全重特大疾病医疗保险和救助制度的意见》,对救助对象的范围、救助费用的起付标准和比例等又进行了细化和明确。

二、我国医疗救助事业的发展现状

经过了70余年的发展,我国基本建成了覆盖全面、统筹城乡的医疗救助体系,与其他社会救助各子系统共同搭建起了一张保障人民基本生活的安全网。但同时,由于医疗救助事业起步较晚,各地区在经济发展水平、人口状况分布、地域环境等方面存在较大差异,导致我国医疗救助领域仍存在一些问题亟待解决。

(一)我国医疗救助事业发展所取得的成就

由于国家对医疗救助的不断重视,70余年来,通过各项政策的不断完善与实施,我国医疗救助在增加资金投入、扩大覆盖人群、提升救助效率、深化救助服务等方面均取得了显著成效。此外,国家还在不断完善多层次医疗保障体系,为居民提供更完备的卫生服务。

1. 资金投入不断增加

统计显示,2019年,中央财政共投入医疗救助补助资金245亿元,安排40亿元专项补助资金用于加大深度贫困地区贫困人口医疗保障水平,医疗保障扶贫综合保障政策惠及贫困人口达2亿人次,已帮助418万因病致贫人口实现精准脱贫。2020年,中央财政继续投入医疗救助补助资金260亿元,比上年增长了6%,专门调拨40亿元补助资金专门用于提高"三区三州"等深度贫困地区农村贫困人口医疗保障水平,还安排15亿元用于特殊转移支付医疗救助补助资金。2021年,原承担医保脱贫攻坚任务的25个省份共资助超过8500万人参加基本医疗保险,支出176亿元,人均资助达到207元。基本医疗保险、大病保险、医疗救助三重制度累计惠及农村低收入人口就医超过1.2亿人次,减轻医疗费用负担近1190亿元[①]。

可见,国家对医疗救助的重视程度不断提高,医疗救助资金投入力度持续加

---

① 数据来源:根据2019—2021年《医疗保障事业发展统计快报》整理所得。

大,帮助更多的群体解决了基本的医疗问题。

2. 覆盖人群日益广泛

在医疗救助制度建立之初,我国城乡医疗救助对象主要面向的是城乡人口中因病返贫、因病致贫的贫困群体,而城市医疗救助主要覆盖的是未参加城镇职工基本医疗保险的居民或已参加但个人经济负担较重的职工群体。直到2009年,人力资源和社会保障部出台了关于《进一步完善城乡医疗救助制度的意见》,要求在原有的五保户和低保人群的基础上将低收入家庭重病患者以及当地政府规定的其他特殊困难人员纳入救助范围中,救助范围才开始扩大(见表1)。

表1　2018—2020年我国医保参保人数及救助规模

年份	资助参加基本医疗保险人数（万人）	门诊和住院医疗救助人次（万人次）	职工基本医疗保险参保人数（万人）	城乡居民医疗保险参保人数（万人）
2018	6692	5361	31681	102778
2019	8751	7050	32925	102483
2020	9984	8404	34455	101676

数据来源:根据2019—2021年中国社会统计年鉴、国家医保局公告整理。

从表1可以看出,在政府的支持下,我国资助参加基本医疗保险的人数已经从2018年的6692万人上升到2020年的9984万人,增长幅度达到了49.2%,而门诊和住院医疗救助人次增长3533.2万人,涨幅超过56.8%[①]。这足以见得我国医疗救助受益群体大幅增加,越来越多的群众能够享受到政府的救助服务,满足基本医疗需求。

3. 救助体系逐步完善

经过70余年的发展,尤其是21世纪以来的医疗救助改革,我国医疗救助体系不断完善,而救助内容也逐渐多样化。以广州市为例,在2010年就已经建立了以资助参保参合和门诊住院救助为主体,专项医疗、慈善医疗、特别医疗和临时医疗为补充的多层次、立体化的救助体系,且覆盖对象涵盖了本市户籍人员,外来务工已缴纳两年社会保险的人员及在当地就读的大中专生。受助对象可根

---

① 根据《2021中国统计年鉴》整理所得。

据自身经济情况逐层申报,在基本医疗救助无法满足自身医疗需求的情况下,符合相应的条件即可继续参加更高层次的救助,每年的救助总额可达 6 万以上,切实解决了受助群众的医疗问题①。

4. 救助效率明显提高

传统的医疗救助通常是先由救助对象自行垫付全额医疗费用,治完病后再去通过相应的程序申请救助金,由相关部门审批后再进行救助金的发放。这种模式不仅手续繁杂,耗时长,而且给救助对象带来了较大的负担。尤其是在面对一些重大疾病时,由于难以负担高额的医疗费用,导致一些患者不得不停止或是放弃治疗。

为解决这一问题,2009 年,民政部和其他三部委共同颁布了《关于进一步完善城乡医疗救助制度的意见》,提出开始探索“一站式”救助服务。这种模式是通过对患者进行信息核对,筛选出符合标准的救助对象,并由系统根据报销比例自动测算报销金额,使患者在看病时仅需支付自己所需负担的那部分费用。不仅简化了救助金的申领程序,提高了救助效率,而且大大减轻了患者的医疗负担。以浙江省为例,在 2019 年颁布的《关于进一步加强医疗救助工作的指导意见》中明确指出,要建立健全医疗救助“一站式”结报工作机制,实行看病群众医疗救助“一站式”结报,实现“一次都不用跑”。目前我国各省均已陆续推行“一站式”医疗救助结算服务②。

5. 救助服务逐渐深化

我国社会救助制度在建立初期主要是依靠政府进行物质救助,而近年来救助方式开始逐渐转变为“物质+服务”的综合型救助。随着服务型医疗救助的推广,相应的医务社会工作者也在逐步发展,逐渐成为医疗救助的一支重要力量。与传统的事后救助不同,医务社会工作的推行将医疗救助服务逐步深化,由“被动救助”变为“主动援助”。通过医务社会工作者主动深入弱势群体,了解其生活状况,核实医疗费用开支,开展健康教育和医疗救助政策宣传,同时对服务对象进行长期跟进,将救助服务与疾病预防相结合,重视从源头上解决问题。医务社会工作者通过宣扬“助人自助”的理念,促进服务对象由被动接受救助转向主

---

① 《广州市困难群众医疗救助试行办法》,广州市人民政府网站。
② 任玙、陈杏:《中国医疗救助政策演进与改善策略探索》,《中国卫生事业管理》2020 年第3 期。

动寻求自助,推动服务对象自立自强[1]。

通过社会工作服务与政府救助的有机结合,弥补了传统的政府救助无法深化服务的不足,从而成为医疗救助的有益补充,为解决医疗救助领域的突出问题作出了重要贡献。

（二）我国医疗救助事业发展中尚存在的问题

不可否认的是,虽然医疗救助取得的成就值得称赞,但该领域仍然存在的一些问题值得我们反思。目前我国医疗救助在资金筹集、地区差异、救助立法以及救助对象认定等方面仍需改进。这将是推动我国医疗救助事业高质量发展必须要解决的问题。

1. 救助资金筹集水平低

当前我国社会救助筹资渠道以政府财政为主,辅以福利彩票公益金和一般公共预算,同时鼓励社会各界慈善组织和团体及个人自愿捐献。虽然筹资渠道多样,但各项资金来源所占比例有很大的差异。医疗救助资金的支出以中央、省、市、县四级的财政拨款为主,而彩票公益金、社会组织及其他来源渠道占比很低。2020 年,我国门诊和住院医疗救助资金总额为 3523602.4 万元,仅占当年卫生费用总支出的 0.49%[2]。中央财政的支出还远不能满足贫困群体医疗救助需求。此外,虽然像红十字会、慈善总会等这类组织有针对特殊群体开展专项救助,但其所捐助的资金直接纳入医疗救助范畴的比例也不高。

贫困人口所面临的医疗救助的问题的解决并非一朝一夕,这项工程需要长期推进。而若是由政府持续承担过多的医疗救助资金,不仅给政府带来巨大的财政压力,也难以促进我国医疗救助及卫生事业的高质量发展。随着救助项目的增多和救助水平的提高,鼓励各方更多地参与到医疗救助事业中已刻不容缓。

2. 地区间救助标准差距大

在中央颁行医疗救助方案后,各省市均根据自身发展状况制定了本地区的救助标准。但我国由于领土广袤,不同地区经济发展水平不一,因此医疗救助标准也存在较大差异。资料表明,有些地区救助额度标准设立得过低,难以充分满足群众的救助需求。一些地区还限定了特殊病种,使得一部分群体无法享受到

---

① 秦海龙、李秋萍、李斐、陈肃微:《医务社会工作机构主导的服务型医疗救助实践与反思——以陕西秦怀社会工作服务中心医疗救助服务为例》,《社会与公益》2018 年第 9 期。

② 根据《2021 中国统计年鉴》整理所得。

相应的救助服务。同时各地住院救助报销比例也从 70%—100% 不等①。这一方面表明各地经济发展水平差距较大,另一方面反映出有些政府机关在制定医疗救助政策上考虑不够完善,未能充分考虑居民的医疗需求。从地域上来看,农村医疗救助水平和城镇存在较大差距,尚未完全实现城乡统筹。此外,东部发达地区普遍投入资金较多,容易出现医疗救助资金结余的现象,而西部欠发达地区投入资金相对较少,医疗救助资金不足,救助水平也较低,地区间的差异问题仍需重视。

3. 救助法律建设滞后

纵观世界各国社会救助的发展,基本是立法先行,即先有社会救助相关法律的出台,其后才有社会救助项目的具体实践。如英国在 1601 年就颁布《济贫法》,之后又根据社会发展需要进行了修订,形成了《新济贫法》,第二次世界大战后又出台了《国民救助法》。联邦德国于 20 世纪 60 年代颁布了《联邦社会救助法》,其他许多国家也都是先颁行了本国的救助法律,之后各国具体的救助项目才依法逐步展开。我国的社会救助长期由政策主导,一直没有建立完备的社会救助法律。直到 2014 年《社会救助暂行办法》出台,才第一次以正式的行政法规对医疗救助的相关内容作出了具体规定。但其中医疗救助只占一章,且仅有对救助方式、救助对象、救助程序等内容的基本规定,并没有详细的实施准则②。同时《社会救助暂行办法》仅是作为行政法规而实施,并未上升到法律的层次,相应的法律效力也随之降低。而即将颁布的"社会救助法"虽然对医疗救助的相关内容作出了新的规定,但目前只是在 2020 年以草案的形式向社会各界广泛征求意见,尚未正式出台。

由于法律建设滞后,导致我国医疗救助中常会出现骗保、私自挪用救助金、对救助对象标准界定不一等现象。尽快出台更具权威、更为完备的社会救助法律势在必行。

4. 救助存在排斥现象

我国医疗救助制度主要救助对象面向的是家庭人均收入低于最低生活标准的低保户群体,而对于其他一部分群体,像接近低保标准的低收入人群,因疾病

---

① 数据来源:根据各地人民政府、民政部门网站公布的政策文件整理所得。

② 冼淑铃、周贤日:《医疗救助:政府责任、公民权利和社会互助》,《温州大学学报》(社会科学版)2017 年第 2 期。

造成因病返贫、因病致贫的群体,进城务工及其他外来流动群体和重大突发性灾害事件中造成重大损失的群体等并未给予足够的帮助和支持。非低保对象难以获得医疗救助及其他专项帮助,由此产生了社会救助的"悬崖效应"①,从而引发了社会救助中的排斥现象。这既影响社会公平,又使救助资源无法得到充分配置。因此,医疗救助制度在救助对象范围界定方面仍存在问题。

三、我国医疗救助事业高质量发展的对策

"十四五"时期我国经济社会发展的主题是高质量发展,这是对经济社会发展各方面的总要求,医疗救助同样应该朝这个方向迈进。鉴于目前我国医疗救助领域存在的相关问题,笔者认为应从以下几方面着手来推进我国医疗救助事业高质量发展。

(一)完善救助资金筹集方式,鼓励支持社会捐助

作为医疗救助的主体,政府的角色固然重要,承担着主要的救助责任,但由于我国救助群体众多,且 GDP 增速放缓,因此必须尽快缓解政府在医疗救助方面的财政压力,鼓励社会群体及个人积极进行社会捐助。民政部门应通过主动开展医疗救助资金筹集宣传工作,引导更多的群体参与到捐助活动中来。目前我国与社会捐赠相关的法律主要有公益事业捐赠法以及对捐赠群体税收优惠作出规定的个人所得税法实施条例,但均缺乏具体的实施准则,可操作性不强,难以充分调动捐赠群体的积极性。因此应尽快出台更加完备的法律法规及相关政策文件来规范捐助程序及相关事宜,推动社会捐助高质量发展,让部分社会捐助能成为医疗救助的有效资金来源。

此外,可以推行新的医疗救助资金的筹资方式,如每年划拨基本医疗保险基金总额的一定比例作为医疗救助资金的来源,保持医疗救助资金随基本医疗保险基金的增长而稳步增加②。

(二)缩小地区间救助水平差距,科学调配救助资金

各地区间的经济发展水平差距无法在短期内自行调节,需要国家通过相

---

① 关信平:《"十四五"时期我国社会救助制度改革的目标与任务》,《行政管理改革》2021年第4期。

② 向国春、顾雪非、李婷婷、张振忠、毛正中:《我国医疗救助制度的发展及面临的挑战》,《卫生经济研究》2014年第3期。

应的政策支持来缩小不同省份、地区间的救助水平差距。在财政分配上,应更多地向欠发达地区倾斜,同时给予其更多的物质帮助,减轻当地政府救助压力。应编制更加完善的救助预算,科学确定救助所需,统筹分配结余基金,确保医疗救助金更多地用在"刀刃"上,提高救助金使用效率,提升医疗救助水平。

根据中共中央、国务院《关于实现巩固拓展脱贫攻坚成果同乡村振兴有效衔接的意见》,要继续完善东西部对口帮扶服务机制。除了保持现有的帮扶关系外,还要推进"一东带一西"的固定化发展模式。根据各省实际情况匹配互助省份,引导发达省份对欠发达省份进行救助援助。同时,2020年颁布的《关于改革完善社会救助制度的意见》中指出,要尽早实现医疗救助制度城乡统筹,推动城乡救助服务均等化。要大力支持农村医疗卫生服务建设,根据当地实际医疗水平,完善基础医疗设施,提高村卫生室、卫生院、医疗服务站救助水平,确保每一位村民都能享受到基本的医疗救助服务,推动医疗救助高质量发展。此外,对于有条件的地区,还要有序推进持有居住证的农村转移人口在城镇居住地申办社会救助服务,实现城镇化与乡村振兴战略的有效衔接。

(三)加强救助法规建设,提供有力的制度保障

目前世界上医疗救助事业发展良好的国家多已建立了较为完备的法律规范,如韩国的《医疗救助法》、新加坡的《穷人医疗救济法》等①,这些法律保障了各国医疗救助工作的良好运行。目前我国仅有的《社会救助暂行办法》中所涉及的与医疗救助相关的规定内容很少,比较宏观,无法充分指导医疗救助工作的开展,且这部法规立法层次较低,缺乏足够的法律效力。因此应尽快由全国人大出台更加完善、更加权威的医疗救助法来规范救助活动,约束救助主体,并能够对医疗救助中的不当行为予以处罚。社会救助法作为对医疗救助作出详细规定的最新法律,在完成意见征求后应尽快颁布实施。

同时,考虑到我国幅员辽阔,各地经济水平发展不一,在中央出台专门的救助法律后,各地也要根据当地实际情况对其进行适当的调整与补充,制定并实施相应的地方性法规,并根据自身发展状况不断完善。

---

① 任玙、曾理斌、杨晓胜:《城乡医疗救助制度之现状、问题与对策》,《南京医科大学学报》(社会科学版)2015年第1期。

（四）改进救助对象识别方式，推行常态化救助

由于专项救助与低保绑定，使一些处于救助边缘的群体无法获得足够的帮助与支持。因此，应继续推动改进医疗救助对象识别方式。要结合各地发展状况，完善低收入救助对象及重病患者等救助群体认定方法，制定更加合理的救助对象划分标准。除了参照原有的低保标准外，应增设新的救助识别指标，比如家庭年卫生费用支出总额，从而更清楚地了解居民的健康状况，精准识别救助对象。同时，由于流动人口医疗救助程序繁杂，可通过与其户籍所在地建立沟通机制实现信息共享，核查救助者信息，解决好异地救助问题。

推动医疗救助事业高质量发展，要以中共中央办公厅、国务院办公厅印发的《关于改革完善社会救助制度的意见》为指导，完善疾病应急救助机制。在遭遇突发疾病等其他紧急情况时，要确保医疗机构先救治、后收费，保证困难群众不因医疗费用问题影响就医。同时，鉴于我国已经打赢了脱贫攻坚战，消除了绝对贫困，相应的"低保户"也大幅减少，医疗救助发展中就应逐步调整资助政策，推行常态化救助。中共中央、国务院《关于实现巩固拓展脱贫攻坚成果同乡村振兴有效衔接的意见》中指出，要继续对特困人员、低保对象以及因病致贫、因病返贫人口进行政策倾斜，夯实医疗救助兜底保障，合理确立年度救助标准，控制救助对象政策范围内医疗费用自付比例。对于易返贫致贫人口要实行常态化救助，应更多关注处于救助标准边缘的群体和其他弱势群体，放宽救助准入条件，把更多需要救助的人群纳入救助范畴中。

四、结　语

生命健康权是一个人最基本的权利，也是享受其他合法权利的基础。医疗救助作为保障人民身体健康的最后一道防线，在人的健康发展中扮演着不可或缺的角色。新中国成立以来，我国的医疗救助事业经过 70 余年的稳步发展，已经基本建成了覆盖全民、统筹城乡的医疗救助体系，成为社会稳定发展的重要助推器。尤其是在脱贫攻坚过程中，解决了近 1 亿人口的基本医疗问题，为"两不愁、三保障"的实现打下了坚实基础。现如今我国已步入全面小康社会，绝对贫困已经消除，在接下来社会发展过程中会更加关注相对贫困问题的治理。因此，应继续加大对医疗救助事业的支持力度，稳步推进医疗救助工作转型，使医疗救

助在发展过程中更多立足于解决相对贫困，为群众提供更高水平的健康防护和更高品质的医疗服务，早日实现"健康中国"的发展目标。

（作者单位：郑州大学政治与公共管理学院；

郑州大学郑州与公共管理学院；

中央财经大学社会与心理学院）

我国灾难性卫生支出标准的界定

——基于医疗支出对家庭基本生活消费的影响①

张仲芳　刘海兰　刘　星

一、问题的提出

我国脱贫攻坚战取得全面胜利,农村贫困和区域性整体贫困等绝对贫困现象得到解决,但是相对贫困现象可能会在较长一段时间内持续发生,这是我国加快构建共同富裕发展格局面临的重要挑战。收入和支出是理解相对贫困的不同维度,低收入群体和支出型贫困群体构成了相对贫困群体的主要部分。同时,在医疗支出、教育支出、住房支出、灾害支出等支出型贫困致贫因素中,疾病带来的医疗支出是核心的致贫因子。② 2020 年,中共中央、国务院印发《关于深化医疗保障制度改革的意见》,明确提出要健全统一规范的医疗救助制度,建立防范和化解因病致贫返贫长效机制。但我国现有医疗救助政策及实践一方面主要关注收入贫困群体,另一方面在支出端设置的条件非常严苛,在家庭完全无法解决医疗负担即因病致贫返贫形成既定事实时才给予救助,这样的做法无法发挥预防作用。我国医疗救助对象识别机制有必要尽快完成从收入端到支出端的转变。

①　本文系国家自然科学基金项目“城乡居民医疗保险制度的减贫效应评估:一项基于‘准自然实验’的追踪研究”(81760619)、江西省 2020 年度研究生创新专项资金项目“医疗保险 DRGs 支付方式改革对医疗费用和医疗服务质量的影响研究”(YC2020—B100)、2020 年度广东医科大学人文社科类重点培育项目“医疗保险 DRGs 支付方式改革对医疗费用和医疗服务质量的影响研究——以湛江为例”(GDMUZ2020010)的研究成果。原文发表于《中国卫生政策研究》2022 年第 11 期。

②　池秋娜、郭玉辉:《社会兜底保障由收入型贫困向支出型贫困延伸研究——以医疗支出型贫困为例》,《社会政策研究》2018 年第 4 期;王超群:《因病支出型贫困社会救助政策的减贫效果模拟——基于 CFPS 数据的分析》,《公共行政评论》2017 年第 3 期。

如何刻画一个国家或地区的家庭因疾病造成的医疗卫生经济负担和财务脆弱风险，并以此作为救助政策介入的条件，从而避免因病致贫返贫的发生，是一个复杂且重要的命题。对此，国际上普遍使用"灾难性卫生支出"（Catastrophic Health Expenditure）这一概念和指标进行衡量，其中世界卫生组织（WHO）2009年提出的标准使用最广，即一段时间内一个家庭的医疗支出占家庭可支付能力的比例达到40%时，即认定发生了灾难性卫生支出。这一标准的底层逻辑是当阈值达到40%的时候，家庭强制性医疗支出将挤压家庭基本生活消费（生存型消费），造成家庭生活水平下降甚至面临贫困风险。而事实上，除世界卫生组织提出的这一标准外，国内外研究对于灾难性卫生支出的指标衡量问题存在诸多分歧。该指标的计算公式由分子、分母和阈值组成，其中，分子由家庭年度自付医疗费用表示已经获得了普遍的认可，但分母和阈值的选择存在争议。分母除了可支付能力外，被认为可以用家庭年度总收入、总支出、家庭可支配收入、非食品支出等数值指代。①②③④ 40%的阈值则根据研究需要被赋值为0—60%不等。⑤⑥⑦ 因此，有必要根据我国具体国情，对灾难性卫生支出标准进行较为科学的界定，为完善我国医疗救助对象识别机制奠定基础。

现有围绕中国灾难性卫生支出开展的量化研究主要关注于两个方面。一是引入微观数据，对灾难性卫生支出发生率、发生强度、致贫率、特征规律、影响因素等方面进行分析。⑧⑨ 二是对新农合、城乡居民医保、基本医疗

① Pradhan，M.and N.Prescott，2002，"Social Risk Management Options for Medical Care in Indonesia"，*Health Economics*，11（5）：431-446.

② Wagstaff，A.and E.V.Doorslaer，2003，"Catastrophe and Impoverishment in Paying for Health Care：With Applications to Vietnam 1993~1998"，*Health Economics*，12（11）：921-934.

③ 朱铭来、胡祁：《中国医疗救助的对象认定与资金需求测算》，《社会保障评论》2019年第3期。

④ 王怡欢、张楚：《农村贫困家庭灾难性卫生支出风险及影响因素研究——基于2018年CHARLS数据》，《中国卫生政策研究》2021年第1期。

⑤ Liu Y，Rao K，Wu J，et al.China's health system performance.［J］*Lancet*，2008，372（9653）：1914-1923.

⑥ Meng Q，Xu L，Zhang Y，et al.Trends in access to health services and financial protection in China between 2003 and 2011：a cross-sectional study.［J］*Lancet*，2012，379（9818）：805-814.

⑦ 封进、李珍珍：《中国农村医疗保障制度的补偿模式研究》，《经济研究》2009年第4期。

⑧ 卢雪梅、慈勤英：《贫困家庭灾难性卫生支出的影响因素与医疗救助政策选择——基于阿玛蒂亚·森的可行能力视角》，《广西社会科学》2017年第8期。

⑨ 徐文娟、褚福灵：《灾难性卫生支出水平及影响因素研究——基于CHARLS数据的分析》，《社会保障研究》2018年第5期。

保险制度、大病保险等医疗保障制度和医改政策对灾难性卫生支出的缓解效果进行实证研究。①②③④ 关注我国灾难性卫生支出标准界定的文献非常稀少。朱铭来等利用个体医疗服务利用对医疗服务价格敏感度的变化，构建面板门槛回归模型，发现我国家庭年度医疗服务自负金额占收入的比例为 44.13%可作为灾难性卫生支出的临界值。⑤ 高健等将"因病致贫"从绝对概念推广至相对概念，探索"灾难性卫生支出"指标与"因病致贫"最佳匹配模式，认为最符合中国国情的"灾难性卫生支出"指标应以"收入作为分母，12%—17%作为阈值"为宜。⑥ 于新亮等参考相对贫困和长期多维贫困理念，根据 Alkire 和 Foster 多维贫困测度方法、Foster 的持续时间分析法，建立了反映时间维度变化的持续灾难性卫生支出指数。⑦ 但这些研究并未从灾难性卫生支出这一概念本身出发，以医疗支出是否挤出家庭基本生活消费作为灾难性卫生支出阈值选择的依据，这为本文的研究提供了理论参考和研究空间。

本文的主要贡献体现在三个方面：第一，整体上，对国际灾难性卫生支出标准在我国的适用性进行了思考，对我国灾难性卫生支出标准的界定提供了参考。第二，通过实证分析论证了医疗支出强度与家庭基本生活消费之间的"倒 U"形关系。第三，以医疗支出对家庭基本生活消费产生挤出效应的节点作为依据，对我国灾难性卫生支出的阈值进行了界定。

---

① 吴群红、李叶、徐玲等：《医疗保险制度对降低我国居民灾难性卫生支出的效果分析》，《中国卫生政策研究》2012 年第 9 期。

② 姜德超、吴少龙、魏予辰：《新医改缓解了看病贵吗？——来自两省家庭灾难性卫生支出分析的证据》，《公共行政评论》2015 年第 5 期。

③ 朱铭来、于新亮、王美娇等：《中国家庭灾难性医疗支出与大病保险补偿模式评价研究》，《经济研究》2017 年第 9 期。

④ 王翌秋、徐登涛：《基本医疗保险是否能降低居民灾难性医疗支出？——基于 CHARLS 数据的实证分析》，《金融理论与实践》2019 年第 2 期。

⑤ 朱铭来、于新亮、王美娇、熊先军：《中国家庭灾难性医疗支出与大病保险补偿模式评价研究》，《经济研究》2017 年第 9 期。

⑥ 高健、高海霞、刘亚辉、丁静：《"灾难性卫生支出"能解释农村"因病致贫"吗？——中国式标准的提出》，《中国卫生政策研究》2018 年第 11 期。

⑦ 于新亮、郭文光、王超群、于文广：《持续灾难性卫生支出测度、城乡差异与医疗保险阻断效应评估》，《南方经济》2021 年第 11 期。

二、理论分析与研究假设

(一)医疗支出强度与家庭基本生活消费

虽然从表面上看,医疗支出与其他消费(包括家庭基本生活消费)同属于家庭消费的项目,医疗支出更多自然会挤压其他消费的空间。另外医疗消费更多代表着受到的疾病冲击更大,身体健康程度的下降会导致收入的减少,从而导致消费水平的下降。但是根据"生命周期"理论,人们会在收入较高的时候通过储蓄等各种方式提前进行预防,从而具有面临风险时实现平滑消费的能力,因此医疗支出并不会对其他家庭消费产生"挤出"效应,这一理论通过了众多研究的检验。朱波和杭斌通过对改革开放以来我国城乡居民省际面板数据进行实证分析,发现我国城乡居民的预防性储蓄动机都很强烈,且医疗支出不确定性在统计意义上显著增强了城乡居民(特别是农村居民)的预防性储蓄动机。[1] 楚克本等使用 2010 年、2012 年和 2014 年三期 CFPS 微观数据的农村居民样本进行实证分析,发现医疗支出对其他消费是显著的正向影响,说明我国农村居民在受到健康冲击时具有一定的平滑消费的能力,农村家庭会采用增加劳动供给和对外借贷的方式来进行平滑消费。[2] 唐琦和秦雪征使用中国健康与养老追踪调查数据分析医疗消费对非医疗消费的"挤出效应",发现医疗消费的增加并不会"挤出"非医疗消费,但是会显著减少家庭储蓄性资产,增加家庭债务,对大多数类型的消费虽然没有影响,但是会减少食品和衣着消费,该研究只限于中老年家庭。[3] 上述研究由于直接用医疗支出作为自变量进行回归,并不能完整刻画医疗支出与其他家庭消费的异质性关系,例如过大的医疗支出规模和过于脆弱的家庭财务可能使得家庭平滑消费能力的丧失。本文使用医疗支出强度这一自变量以克服上述问题。本文借鉴朱铭来等和高健等的做法,以家庭收入作为灾难性卫生支出的分母,姑且将家庭年度医疗支出占家庭年度总收入的比例称为医疗支出强度,则医疗支出强度=家庭年度医疗支出/家庭年度总收入×100%。根据以上

---

[1] 朱波、杭斌:《流动性约束、医疗支出与预防性储蓄——基于我国省际面板数据的实证研究》,《宏观经济研究》2015 年第 3 期。

[2] 楚克本、刘大勇、段文斌:《健康冲击下农村家庭平滑消费的机制——兼论外部保障与家庭自我保障的关系》,《南开经济研究》2018 年第 2 期。

[3] 唐琦、秦雪征:《中国家庭医疗消费挤出效应的实证研究》,《经济科学》2016 年第 3 期。

研究结论,可以推测医疗支出强度与家庭基本生活消费之间存在着非线性关系。当医疗支出强度较小时,家庭具有平滑消费能力,对家庭基本生活消费产生正向影响;当医疗支出强度较大时,家庭平滑消费能力丧失,对家庭基本生活消费产生"挤出"效应,且随着医疗支出强度的提高,这种"挤出"效应将愈加明显。据此,本文提出第一个假设:

假设1:医疗支出强度与家庭基本生活消费之间存在非线性关系,且表现为"倒 U"形。

(二)灾难性卫生支出的阈值

根据世界卫生组织提出的标准,强制性医疗支出影响到家庭基本生活时才意味着灾难性卫生支出发生,因此将医疗支出强度对家庭基本生活消费产生正向关系转为负向关系的转折点作为灾难性卫生支出的阈值。由于世界卫生组织提出的标准认可度最高,国内外针对中国灾难性卫生支出的研究大多使用40%这一阈值,因此本文假设当医疗支出强度达到40%时,家庭平滑消费能力将丧失,医疗支出与家庭基本生活消费的正向线性关系消失,开始转为负向线性关系。据此,本文提出第二个假设:

假设2:医疗支出强度达到40%时,医疗支出对家庭基本生活消费的正向效应消失,开始转为负向效应。

三、研究设计

(一)模型构建与变量选取

本文采用双向固定效应模型估计医疗支出强度对家庭基本生活消费的影响。基本估计模型如下:

$$y_{it} = \alpha + \beta_1 x_{it} + \beta_j x_{jit} + \mu_i + \lambda_t + \varepsilon_{it}$$

其中,i 和 t 分别表示个体(家户)和年份,ε_{it} 表示误差扰动项,μ_i 和 λ_t 分别表示个体固定效应和时间固定效应,y_{it} 表示被解释变量,β_1 表示估计系数,x_{it} 表示核心解释变量,x_{jit} 表示一系列控制变量。

本文的被解释变量是家庭基本生活消费,即家庭年度食品支出、衣着支出、住房支出三者之和。核心解释变量是医疗支出强度,具体表示为家庭年度医疗支出/家庭年度总收入×100%。根据以往研究,控制变量包括家庭存款、家庭净资产、家庭年度工资性收入、家庭年度经营性收入、家庭年度转移性收入、家庭年度财产性收入、家庭年度其他收入、家庭年度人均纯收入、家庭规模等家庭特征变量和户主户口性质(农业户口取值为0,非农业户口取值为1)、户主婚姻状态(在婚,有配偶取值为1,其他情况取值为0)、户主受教育年限(文盲/半文盲取值为0,小学取值为6,根据常规学制赋值)、户主个人年度总收入、户主身体健康状况等户主个人特征变量。另外,考虑到家庭消费情况受地区经济发展水平影响较大,因此将省份虚拟变量也纳入控制变量考虑。

(二)数据来源

本文使用的是中国家庭追踪调查(China Family Panel Studies,CFPS)2012年、2014年、2016年和2018年4期的数据。CFPS由北京大学中国社会科学调查中心实施,样本覆盖25个省/市/自治区,目标样本规模为16000户,跟踪收集个体、家庭、社区3个层次的数据。除了核心解释变量医疗支出强度需要做简单的公式计算外,其他所有涉及变量都可以直接在CFPS个体和家庭版块找到。四期数据的原始样本量为46471,去除没有户主信息、家庭地址缺失和重复的样本和异常值后,我们最终获得了12269个家户共28346个样本的4期非平衡面板数据。所有收入变量均使用2010年的可比价格进行平减,对所有数值较大的变量均进行了上下各1%的缩尾处理。

(三)变量描述性统计

图1是2012年、2014年、2016年、2018年各年家庭平均医疗支出强度,显示我国家庭医疗支出占年总收入的平均比例维持在13%—17%,家庭年度纯收入中超过六分之一的部分将用来支付医疗费用。另外,从2012年到2014年,家庭平均医疗支出强度有较大幅度的下降,但是2016年和2018年又呈现了缓步提升的趋势。这说明我国居民家庭自付医疗负担仍然较重,对于一些收入较低、患重特大疾病的家庭来说,"因病致贫、因病返贫"的风险很大。

四、实证分析

(一)基准回归结果

在经过一系列检验后,我们拒绝了使用混合效应模型和随机效应模型的原假设,认为应该使用固定效应模型。最后,我们在固定效应模型中加入时间固定效应,即建立"双向固定效应模型",另外考虑到家庭消费行为可能受地区影响,因此也将省份固定效应加以控制。

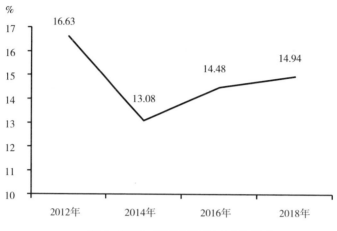

图 1　2012—2018 平均医疗支出强度

表 1 展示了在全样本下使用双向固定效应模型回归的结果。在第（1）列中，我们以家庭基本生活消费为被解释变量，发现医疗支出强度对家庭基本生活消费产生了显著的正向效应，即家庭医疗支出强度每提升一个百分点，将导致家庭基本生活消费增加 20.051 元。为验证假设 1 的猜想，在第（2）列中加入了医疗支出强度的平方项，发现医疗支出对家庭基本生活消费的正向效应更加明显了，同时平方项的系数显著为负，说明二者之间存在着明显的"倒 U"形关系，假设 1 成立。根据第（2）列的估计结果，对"倒 U 型"的拐点进行估算，得出拐点处的医疗支出强度约为 71.42%。也就是说，以 71.42% 为临界值，医疗支出强度与家庭基本生活消费的关系由正向效应转为负向效应，也即灾难性卫生支出的阈值应该在 71.42% 左右，假设 2 不成立。

表 1　基准回归结果

	（1）	（2）	（3）	（4）	（5）
医疗支出强度	20.051 ** （10.213）	108.269 *** （39.137）	23.164 *** （17.322）	14.894 *** （4.815）	38.021 *** （32.116）
平方项		−0.758 ** （0.379）	−0.144 *** （0.164）	−0.136 *** （0.043）	−0.312 *** （0.313）
家庭存款	0.010 *** （0.004）	0.009 ** （0.004）	0.007 *** （0.002）	0.003 *** （0.001）	0.000 （0.003）
家庭净资产	0.002 *** （0.001）	0.002 *** （0.001）	0.001 *** （0.000）	0.000 * （0.000）	0.001 *** （0.000）

	（1）	（2）	（3）	（4）	（5）
家庭年度 工资性收入	0.062 *** （0.024）	0.055 *** （0.020）	0.028 ** （0.011）	0.007 * （0.004）	0.027 ** （0.012）
家庭年度 经营性收入	0.008 （0.026）	0.003 （0.025）	0.019 （0.021）	0.002 （0.003）	−0.013 （0.022）
家庭年度 转移性收入	0.120 *** （0.030）	0.083 *** （0.029）	0.085 *** （0.015）	−0.007 （0.005）	0.041 * （0.022）
家庭年度 财产性收入	0.066 （0.071）	0.063 （0.071）	−0.010 （0.028）	0.046 （0.046）	0.031 （0.044）
家庭年度 其他收入	0.153 *** （0.043）	0.155 *** （0.043）	0.010 （0.010）	0.004 （0.004）	0.140 *** （0.043）
家庭年度 人均纯收入	−0.015 （0.040）	−0.041 （0.035）	−0.003 （0.017）	0.003 （0.008）	−0.014 （0.028）
家庭规模	1,611.668 *** （313.166）	1,828.050 *** （295.491）	1,223.001 *** （153.143）	163.135 *** （62.505）	215.053 （192.620）
户主特征变量	控制	控制	控制	控制	控制
省份固定效应	控制	控制	控制	控制	控制
样本量	28346	28346	28346	28346	28346

注:括号内为标准误;*** 、** 、* 分别表示 1%、5%、10%的显著性水平。

这一结果符合"生命周期"理论,也即是家庭会对疾病带来的不确定的医疗支出进行提前预防,在疾病风险发生时,可以通过其他方式进行消解,不至于对家庭的基本生活产生影响。而至于为什么医疗支出反而会对家庭基本生活消费产生"挤入"效应,我们自然会想到,当某一家庭成员受到疾病冲击时,会被认为需要摄取更多的营养,因此会提高伙食标准,同时也会从改善衣着、住房条件等方面增强对患者的照顾。尤其是当患者是家庭中的青壮年时,这一表现会更加明显,因为家庭急需患者恢复健康,从而恢复劳动能力,以获得收入。而当患者是老年人时,这一表现可能不会这么明显,因为老年人已经退出劳动力市场,并且生病也主要是以老年病、慢性病为主,无法通过短时间的条件改善而得到身体功能的快速恢复,这有可能是唐琦和秦雪征在以中老年家庭为研究样本时得出相反的结论的原因。

但二者之间"倒 U"形的关系显示,医疗支出对家庭基本生活消费的"挤入"效应不是一直持续的,当医疗支出强度达到 71.42%左右,超过了家庭的平滑消费能力水平或预期时,医疗支出将"挤出"家庭基本生活消费,家庭基本生活水平将受到影响。如果此时救助政策能够介入的话,将使家庭基本生活得到保障,大大降低家庭陷入"因病致贫、因病返贫"的概率。

这一阈值高于 WHO 提出的 40% 的标准,更是远远高于发达国家尤其是北欧国家 10% 左右的标准。①② 这可能与不同国家居民消费习惯和福利水平有关。一方面,我国居民倾向于储蓄和理性消费,因此应对疾病风险的能力较强;另一方面,虽然我国建立起了庞大的医疗保障网,但是实际保障水平有限,且伴随着医疗费用的不断上涨,居民医疗费用自付部分依然较多,导致医疗支出强度本身数值更大。另外,阈值越小,代表着居民家庭被认定为灾难性卫生支出的门槛越低,相应的医疗救助投入则越大。因此,本文所计算的阈值与我国当前经济社会发展阶段也更为适配。

(二)稳健性检验

为了得到更加稳健的研究结果,本文使用了不同的方法对可能存在的内生性进行解决。

1. 更换变量

在表 1 第(3)(4)(5)列中,我们分别使用家庭年度食品支出、家庭年度衣着支出、家庭年度住房支出来表示家庭基本生活消费,发现医疗支出强度与家庭基本生活消费之间的"倒 U"形关系依然成立。

表 2　转换模型回归结果

	医疗支出强度	平方项	所有控制变量	省份固定效应	样本量
(1)	0.003 *** (0.001)	-0.00002 ** (0.000)	控制	控制	28346
(2)	0.004 *** (0.001)	-0.00002 ** (0.000)	控制	控制	28346
(3)	0.009 *** (0.002)	-0.00006 *** (0.000)	控制	控制	28346
(4)	0.005 *** (0.002)	-0.00003 ** (0.000)	控制	控制	28346

---

① Song E C, Shin Y J. The comprehensive health expenditure ceiling system to prevent catastrophic health expenditure: focusing on applicability using cost estimation. [J] Health Soc Welf Rev, 2015, 35(2): 429-56.

② Zawada A, Kolasa K, Kronborg C, et al. A comparison of the burden of out-of-pocket health payments in Denmark, Germany and Poland. [J] Global Policy, 2017, 8: 123-130.

续表

	医疗支出强度	平方项	所有控制变量	省份固定效应	样本量
(5)	143. 845 *** (39. 075)	−1. 041 *** (0. 373)	控制	控制	27425
(6)	52. 799 *** (16. 950)	−0. 316 ** (0. 160)	控制	控制	27425
(7)	21. 054 *** (3. 637)	−0. 178 *** (0. 036)	控制	控制	27425
(8)	69. 991 ** (32. 468)	−0. 548 * (0. 312)	控制	控制	27425

注:括号内为标准误;***、**、*分别表示 1%、5%、10%的显著性水平。

2. 取对数

由于家庭收入、支出等变量数值较大,考虑到变量共线性的问题,对家庭收入、支出等变量进行加 1 后取对数处理,再进行双向固定效应回归。回归结果如表 2 所示,在第(1)行中,以取对数后的家庭基本生活消费为被解释变量,显示医疗支出强度对家庭基本生活消费产生了显著的正向影响,同时平方项的系数显著为负,说明二者之间"倒 U"形关系依然成立。同样的,在(2)(3)(4)行中,分别以取对数后的家庭食品支出、衣着支出和住房支出为被解释变量,结果依然保持一致。囿于篇幅,其他控制变量的系数和标准误未展示。

3. 使用倾向得分匹配模型消除样本选择偏误

本文的被解释变量与核心解释变量,即医疗支出强度与家庭基本生活消费之间,可能存在的内生性来自两个方面。

一是来自医疗支出强度的分子——医疗支出。其一,医疗支出和基本生活消费同属于家庭支出项目,医疗支出增加会对家庭基本生活消费产生直接逻辑上的挤压,从而发挥负向效应,可以将其称为"替代效应"。其二,医疗支出多说明受到健康冲击大,而健康状况会直接影响个体的劳动参与和家庭收入,从而对家庭基本生活消费产生负向效应,可以将其称之为"收入效应"。不管是"替代效应"还是"收入效应",均会导致医疗支出强度与家庭基本生活消费的负向关系,但是结合以上回归结果来看,这种负向效应并没有出现,因此可以暂时忽略。其三,如果医疗服务被当作奢侈品进行消费,那么医疗支出的大小便能够体现家庭的消费习惯,更追求健康精致生活的家庭势必也会在基本生活方面增加消费,从而引致医疗支出与基本生活消费的正向关系,但是以往研究已经证实,不管是城镇居民还是农村居民,医疗服务对于家庭来说都是必需品,①②因此也可以不予考虑。二是来自医疗支出强度的分母——家庭年度总收入:虽然健康冲击对于个体和家庭来说具有一定的随机性,但有证据表明,收入、社会资本、受教育水平等要素会对健康产生直接或间接的影响,③④也就是说,资源禀赋不足的家庭更有可能面临健康风险。另外,家庭收入作为分母,其数值越小,医疗支出强度则越大。这些证据表明,医疗支出强度对家庭基本生活消费的影响可能不仅仅是因为医疗支出大引起的,而是背后隐藏的众多因素导致的。换句话说,医疗支出强度大和医疗支出强度小的群体本身就具有差异,存在着样本选择偏误。对此,利用倾向得分匹配模型消除样本差异。

由于本文研究不涉及政策实施时间,因此采用混合匹配的方法,即把所有样本打乱后进行匹配。由于前面计算的"倒 U"形拐点在 70% 左右,因此将医疗支出强度大于等于 70% 的家庭视为实验组,将医疗支出强度小于 70% 的家庭视为对照组。进入匹配的协变量有家庭人均收入分位数、户主外出吃饭的频率、户主受教育年限等变量,采用最近邻匹配方式。将未匹配成功(offsupport)的样本删除后,共筛选得到 27425 个家户样本,再进行双向固定效应回归,回归结果展示在表 2 第(5)(6)(7)(8)行。

在第(5)行中,我们使用家庭基本生活消费作为被解释变量,医疗支出强度的系数显著为正,平方项的系数显著为负,说明二者之间"倒 U 型"关系依然稳健,计算出拐点处的医疗支出强度为 69.09%,证明基准回归模型得到的 70% 左右的临界值是可靠的。在第(6)(7)(8)行中,同样将被解释变量更换为家庭食品支出、衣着支出和住房支出,结果依然稳健。

(三)异质性分析

经过以上研究,可以确定在全样本视角下,医疗支出强度与家庭基本生活消费之间存在着稳健的"倒 U 型"关系,且拐点在 70% 左右。因此,全样本下,家庭年度医疗支出占家庭年度总收入的比例达到 70% 时,可视为发生了灾难性卫生

①　张颖熙:《医疗服务是必需品还是奢侈品?——基于中国城镇居民家庭医疗卫生支出弹性的实证研究》,《经济学动态》2015 年第 10 期。

②　王文娟、曹向阳:《增加医疗资源供给能否解决"看病贵"问题?——基于中国省际面板数据的分析》,《管理世界》2016 年第 6 期。

③　解垩:《与收入相关的健康及医疗服务利用不平等研究》,《经济研究》2009 年第 2 期。

④　周广肃、樊纲、申广军:《收入差距、社会资本与健康水平——基于中国家庭追踪调查(CFPS)的实证分析》,《管理世界》2014 年第 7 期。

支出。为了使得灾难性卫生支出的标准和医疗救助瞄准机制更加精准,有必要进行异质性分析。城乡二元结构下,城乡差异在研究中往往受到特别重视。另外,有理由相信不同贫富程度的家庭应对健康风险的能力是有差异的。据此,本文对城乡以及不同收入等级的家庭进行了分类,开展异质性分析。

1. 城乡异质性

CFPS 各年数据的"国家统计局城乡分类"变量将家庭分类为"城市"和"乡村",本文据此将样本分成城市居民和农村居民两组,分别进行双向固定效应回归。如表 3 前两列所示,医疗支出强度与家庭基本生活消费的"倒 U 型"关系集中体现在农村居民家庭,城市居民家庭不显著。说明城市居民家庭面对健康风险时实行平滑消费的能力较强,医疗支出不会影响到家庭基本生活。可能的原因是:一是城市医疗、教育、基础设施等公共服务水平更高,居民受到重大健康冲击的概率更小,医疗支出本身更小;二是城乡居民收入差距较大,城市居民收入更高,因此医疗支出对城市居民带来的冲击更小。通过城乡居民家庭医疗支出强度简单统计,这一猜测得到了印证,城市居民家庭平均医疗支出强度为12.44%,而农村居民家庭平均医疗支出强度高达 17.99%。这也启示我们,以灾难性卫生支出作为医疗救助对象瞄准机制时,应该更加关注农村居民家庭,增强政策倾斜力度。经过计算,农村居民家庭拐点处的医疗支出强度是 61.39%。

表 3   异质性回归结果

	城市居民家庭	农村居民家庭	高收入家庭	中等收入家庭	低收入家庭
医疗支出强度	42.825 (59.943)	137.383 ** (53.803)	2.243 (162.756)	182.396 *** (62.488)	60.011 (89.731)
平方项	−0.285 (0.620)	−1.119 *** (0.492)	−0.163 (1.710)	−1.768 *** (0.595)	−0.266 (0.826)
所有控制变量	控制	控制	控制	控制	控制
省份固定效应	控制	控制	控制	控制	控制
样本量	14583	13468	8283	14040	6023

注:括号内为标准误;***、** 分别表示 1%、5%的显著性水平。

2. 贫富异质性

CFPS 各年数据中,有"家庭人均收入分位数"这一变量,分为"最高 25%""中上 25%""中下 25%""最低 25%"四个类型,将家庭人均收入四等分。结合一般研究习惯,将"最高 25%"样本定义为高收入家庭,"中上 25%"和"中下25%"样本定义为中等收入家庭,"最低 25%"样本定义为低收入家庭,分别进行双向固定效应回归。如表 3 后三列所示,医疗支出强度与家庭基本生活消费的"倒 U 型"关系集中体现在中等收入家庭,高收入家庭和低收入家庭不显著。可能的原因是高收入家庭应对健康风险的能力极强,医疗支出过高也不会对其产生影响,而低收入家庭应对健康风险的能力极低,就算是很小的医疗支出也会对基本生活产生冲击,因此都不存在拐点。这启示我们,应该将医疗救助对象覆盖范围从低收入群体等重点人群扩大到中等收入群体。经过计算,中等收入家庭拐点处的医疗支出强度是 51.58%。

通过异质性分析,我们认为以灾难性卫生支出为瞄准机制的医疗救助政策,应该主要面向农村居民家庭和中等收入家庭,高收入家庭可以暂时排除在救助范围外,而低收入家庭则需继续使用以收入作为瞄准机制的救助政策加以解决。在瞄准对象更加精准的情况下,我国灾难性卫生支出的阈值应该设在 50%—62%之间,而不是全样本下的 70%左右。

五、结论与政策建议

(一)主要结论

本文基于中国家庭追踪调查 2012 年、2014 年、2016 年和 2018 年 4 期的非平衡面板数据,采用双向固定效应模型,实证分析了医疗支出强度对家庭基本生活消费的影响效应。研究发现:(1)医疗支出强度即家庭当年医疗支出占家庭总收入的比例与家庭基本生活消费并不是简单的线性关系,而是存在拐点的"倒 U 型"关系,对可能存在的内生性进行讨论后,结论依然稳健。(2)在拐点前后,医疗支出强度对家庭基本生活消费的正向效应转为负向效应,也就意味着医疗支出强度超过临界值后,家庭面对健康冲击时的平滑消费能力开始消失,家庭基本生活将受到影响,因此可以把拐点的临界值作为我国灾难性卫生支出的阈值。适合我国实际情况的灾难性卫生支出阈值应高于世界卫生组织提出的40%。(3)异质性分析发现,我国以灾难性卫生支出为瞄准机制的医疗救助政策应该重点关注农村居民家庭和中等收入家庭,在此背景下,我国灾难性卫生支出的标准应该是:以家庭年度医疗支出为分子,以家庭年度总收入为分母,阈值在 50%—62%。

(二)政策建议

第一,尽快实现医疗救助政策瞄准机制由收入端向支出端的转变,建立防范和化解因病致贫返贫长效机制。以往主要以收入作为对象识别机制的做法是一种消极型的救助模式,只能在贫困发生后进行"补救",无法发挥"预防"的作用。① 因此,为了发挥医疗救助防范作用,必须警惕重大医疗支出对家庭财务带来的风险,研究表明,就算是"中上""中下"收入水平的家庭,也有可能因为医疗支出过大而降低基本生活水平,按照以往的识别机制,这些家庭可能会被排除在外,而以医疗支出为识别机制的做法则可以避免这些问题。另外,低收入家庭中重点人群的救助政策不宜马上废除,因为他们的家庭财务非常脆弱。当前可采取"收入+支出"识别机制,以收入端识别低收入家庭救助对象,以支出端识别中等收入家庭救助对象,向农村居民家庭倾斜,实施动态管理。

第二,多维度多层面开展调查研究,不断增强灾难性卫生支出指标标准的科学性。本文的研究为界定我国灾难性卫生支出指标标准提供了一定的经验借鉴,但是只是基于医疗支出对家庭基本生活消费的视角,还应该从更多的维度和层面开展调查研究,使得指标标准更加精准科学。灾难性卫生支出是引自国外的概念,不管是世界卫生组织还是其他国家学者提出的标准,都不一定适合我国国情,不能一味直接拿来使用。结合我国实际情况,统筹我国财政负担能力和预算约束情况,最大限度保障人民群众权益,是我国灾难性卫生支出标准界定的重要准则。

第三,提高财政对医疗救助的投入,多渠道拓宽资金来源。当前我国医疗救助资金投入与困难群众日益增长的救助需求仍然存在较大差距,更别提建立医疗支出型救助政策了。资金不足直接导致了当前我国医疗救助覆盖范围过窄、保障水平低下等问题,虽然近年来我国医疗救助财政投入不断增加,但是跟民众需求相去甚远,财政是医疗救助资金的主要来源,因此必须提高财政对医疗救助的投入力度。另外,还需积极拓宽筹资渠道,在推进共同富裕的进程中,应充分发挥三次分配的作用,如鼓励社会捐赠,建立慈善救助制度,开通医疗救助资金与社会捐赠资金的通道,建立医疗救助慈善基金账户,通过划转体彩、福彩等补充医疗救助资金,同时还应鼓励单位互助、社区互助、购买商业健康保险等方式,

---

① 卢雪梅、慈勤英:《贫困家庭灾难性卫生支出的影响因素与医疗救助政策选择——基于阿玛蒂亚·森的可行能力视角》,《广西社会科学》2017年第8期。

减轻财政压力。

第四，提高经办服务信息化水平，降低对象识别管理成本。家计调查是社会救助领域共有的难题，而建立支出型医疗救助识别机制还需要对家庭自付医疗费用进行统计，因此更加困难。必须提高经办服务的信息化电子化水平，提高民政、税务、医保等部门的协同性，实现数据共享，降低对象识别的难度和管理成本，防范"道德风险"带来的巨大的资金支付压力。

（作者单位：江西财经大学财税与公共管理学院；

广东医科大学人文与管理学院；

江西财经大学财税与公共管理学院）

中国农村居民健康贫困的测度与分解[①]

贾海彦　赛晓妤

一、引　言

自联合国开发计划署发布《2010 年人类发展报告》以来,多维贫困思想被全球广泛接受。根据联合国提出的可持续发展目标(SDG),2030 年世界各地将消除一切形式的贫困。[②] 这意味着大多数中低收入国家的贫困治理发生转型,迈入了多维贫困时期。

从现有文献来看,以往大多数研究主要将健康视为一项人力资本,关注健康风险冲击、个人或家庭医疗开支等与贫困的关系[③],聚焦医疗保险、疾病救治等扶贫效果。[④][⑤] 健康贫困的测度指标也较为单一,多为疾病风险、死亡率以及预期寿命等生理指标。[⑥][⑦] 进入多维贫困治理时期,多数国家的健康扶贫政策目标已经拓展至追求个体健康机会与权利平等、健康服务与保障均等化等高阶政

①　本文系国家社会科学基金一般项目"健康减缓相对贫困的治理成效评估及提升策略研究"(21BGL194)的研究成果。

②　Transforming our World: The 2030 Agenda for Sustainable Development. Available online: https://sdgs.un.org/2030agenda(accessed August 13,2022).

③　Wanga J,Lyub N,Lic M,et al.The Application of Information Network for Health Poverty Alleviation.[J]*Editorial Board*,2019:147.

④　Korenman S D,Remler D K.Including health insurance in poverty measurement:The impact of Massachusetts health reform on poverty.[J]*Journal of Health Economics*,2016,50:27-35.

⑤　Xiao X U E,Zheng Q.Study on Health of Rural Poor Population and Health Poverty Alleviation Countermeasures in Chongqing.[J]*Asian Agricultural Research*,2022,14(1):15-18.

⑥　Clarke P,Erreygers G.Defining and measuring health poverty.[J]*Social Science & Medicine*,2020,244:112633.

⑦　Siddique H M A,Nazir S,Mohey-Ud-Din G,et al.The impact of poverty on human health:a panel data analysis.[J]*Bulletin of Business and Economics*(BBE),2022,11(1):113-120.

策范畴。健康贫困的测度指标也开始逐渐关注贫困个体的内生脱贫动力和自我发展能力,其与外部生活环境的互动关系,乃至全民健康福祉增进等维度。①②③④ 但是迄今为止,较少有文献开发健康贫困的多维测度指标,对农村居民的健康贫困评估等实证研究也尚未全面展开。

2020年中国政府宣布打赢脱贫攻坚战,贫困治理效果显著,城乡居民健康差距持续缩小,健康贫困状况得到显著改善⑤。但是,仍有相当多数的农村低收入群体存在健康素养低、健康权利不平等、健康保障不充分等问题⑥。受经济社会发展、外部环境等多重因素的共同影响,农村居民的健康致贫风险变得更加不确定。中国健康扶贫事业积累的经验和面临的新挑战,可为发展中国家的贫困治理提供经验证据和未来警示。

在本研究中,我们尝试考虑经济贫困和健康,构建多维健康贫困指数(MHPI)。使用 Alkire-Foster(AF)方法,测度中国农村居民健康贫困整体变化状况。随后,本研究将健康贫困指数进行分解。按地区分解,观察区域经济社会发展水平与农村健康贫困发生的关系;按指标分解,观察各指标对农村居民健康贫困的贡献率,探究健康贫困的微观致因。

本研究有以下意义:首先,本研究从供给侧和需求侧双重视角,构建了多维健康贫困指数(MHPI);依据多维贫困内涵,重新设置指标临界值。该指标体系更适合对农村居民健康贫困的观测,丰富了贫困治理研究。其次,本研究使用中国大样本入户调查数据(CFPS),对中国农村居民的多维健康状况进行测度与分解,

① Willen S S,Knipper M,Abadía-Barrero C E,et al.Syndemic vulnerability and the right to health. [J]*The Lancet*,2017,389(10072):964−977.

② Ma M,Li Y,Wang N,et al.Does the medical insurance system really achieved the effect of poverty alleviation for the middle-aged and elderly people in China? Characteristics of vulnerable groups and failure links.[J]*BMC Public Health*,2020,20(1):1−15.

③ Chi X X,Liu X H,Zhang Z Z.Measuring Multidimensional Health Poverty in China.[J]*Frontiers in Public Health*,2022:2420.

④ Liao P,Zhang X,Zhang W.Endogenous health risks,poverty traps,and the roles of health insurance in poverty alleviation.[J]*Health Economics Review*,2022,12(1):25.

⑤ QIN L,Chen C,LI Y,et al.The impact of the New Rural Cooperative Medical Scheme on the "health poverty alleviation" of rural households in China.[J]*Journal of Integrative Agriculture*,2021,20(4):1068−1079.

⑥ Wang N,Xu J,Ma M,et al.Targeting vulnerable groups of health poverty alleviation in rural China—what is the role of the New Rural Cooperative Medical Scheme for the middle age and elderly population?.[J]*International Journal for Equity in Health*,2020,19(1):1−13.

探寻贫困致因,明确政策目标,提出解决方案。这项研究有助于决策者制定更加完善的公共卫生政策,特别是对于那些贫困治理向多维贫困迈进的发展中国家。

二、文献综述

摆脱贫困是人类社会健康发展的永恒话题。一方面,发展中国家贫困人口的健康问题日益突出,较差的健康状况加剧了贫困程度;另一方面,健康平等是社会正义的重要体现[1],开展健康扶贫项目有助于缩小健康差距,提升全人类健康福祉。通过梳理相关文献,我们发现有关健康和贫困的研究主要集中在以下几方面。

一是对于贫困与健康的关系。研究表明,收入对健康状况的改善有积极影响,如养老金保险产生的健康效益主要体现在疾病预防上[2],是防止老年人陷入贫困的重要保障措施[3]。同时,健康状况的改善是减少贫困的必要条件。[4][5] 更好的健康水平可以降低医疗支出,赋能人力资本,进而提高收入并摆脱经济贫困。[6] Aregbeshola 和 Khan[7] 研究发现自费医疗支出将会导致尼日利亚的贫困率增加 0.8%;Kim[8] 分析得出健康冲击导致韩国绝对贫困家庭的比例

① Chandanabhumma P P,Narasimhan S.Towards health equity and social justice:an applied framework of decolonization in health promotion.[J]*Health Promotion International*,2020,35(4):831-840.

② Fuling C,Yang L.Comparison of health efficiency between Pension security and Medical security for the elderly.[J]*Financial Engineering and Risk Management*,2020,3(1):1-13.

③ Cuadros-Meñaca A.Remittances,health insurance,and pension contributions:Evidence from Colombia.[J]*World Development*,2020,127:104766.

④ Alcan S,Özsoy O.Relation between health and wages in Turkey.[J]*Panoeconomicus*,2020,67(1):111-126.

⑤ Chung G K K,Dong D,Wong S Y S,et al.Perceived poverty and health,and their roles in the poverty-health vicious cycle:a qualitative study of major stakeholders in the healthcare setting in Hong Kong.[J]*International journal for equity in health*,2020,19(1):1-13.

⑥ Banerjee A,Deaton A,Duflo E.Wealth,health,and health services in rural Rajasthan.[J]*American Economic Review*,2004,94(2):326-330.

⑦ Aregbeshola B S,Khan S M.Out-of-pocket payments,catastrophic health expenditure and poverty among households in Nigeria 2010.[J]*International journal of health policy and management*,2018,7(9):798.

⑧ Kim C O.Effect of health shocks on poverty status in South Korea:exploring the mechanism of medical impoverishment.[J]*International Journal of Health Policy and Management*,2022,11(10):2090-2102.

增加4.6—8.0个百分点。此外,贫困往往伴随着较低的医疗可及性与可负担性,阻碍个体获得充足、优质的现代医疗服务,对健康产生负面影响。[1][2] Harris et al.[3]认为,相较于非贫困家庭,贫困家庭更容易遭受疾病冲击,预期寿命更短[4],收入低、医疗费用高以及医疗保险缺乏等是贫穷与疾病之间循环的基本逻辑机理[5]。

二是对于健康贫困测量。联合国发展计划署(UNDP)和牛津大学贫困与人类发展研究中心(OPHI)联合发布的全球多维贫困指标(MPI),用以测量多维贫困发生率、贫困深度和贫困构成,得到广泛应用。[6][7][8] 这些指数在健康贫困领域也得到开发拓展。如 Yan et al.[9]使用死亡率、认知健康、心理健康、身体健康以及自我报告的健康状况(SRH)构建健康不平等指数。Iqbal and Nawaz[10]选取健康服务使用、卫生服务质量、保健服务费用、母婴健康和儿童健康生成健康贫困指数(HPI),测度巴基斯坦农村地区的健康贫困人口。Traoré[11] 使用出生时的

① Zou Q,He X,Li Z,et al.The effects of poverty reduction policy on health services utilization among the rural poor:a quasi-experimental study in central and western rural China.[J] *International Journal for Equity in Health*,2019,18(1):1–11.

② Batra A,Hamad R.Short-term effects of the earned income tax credit on children's physical and mental health.[J] *Annals of Epidemiology*,2021,58:15–21.

③ Harris H,Ooi Y B H,Lee J S,et al.Non-communicable diseases among low income adults in rural coastal communities in Eastern Sabah,Malaysia.[J] *BMC Public Health*,2019,19:1–13.

④ Tafran K,Tumin M,Osman A F.Poverty,income,and unemployment as determinants of life expectancy:Empirical evidence from panel data of thirteen Malaysian states.[J] *Iranian journal of public health*,2020,49(2):294.

⑤ Pan J,Chen C,Yang Y.Building a global community of shared future free from poverty.[J] *Global Health Journal(Amsterdam,Netherlands)*,2021,5(3):113.

⑥ Alkire,S.;Santos,M.E.Acute Multidimensional Poverty:A New Index for Developing Countries. OPHI Working Papers 38,University of Oxford.2010.Available online:https://ophi.org.uk/acute-multidimensional-poverty-a-new-index-for-developing-countries(accessed August 17,2022).

⑦ Ravallion M.On multidimensional indices of poverty.[J] *The Journal of Economic Inequality*, 2011,9:235–248.

⑧ Ferreira F H G,Lugo M A.Multidimensional poverty analysis:Looking for a middle ground.[J] *The World Bank Research Observer*,2013,28(2):220–235.

⑨ Yan B,Chen X,Gill T M.Health inequality among Chinese older adults:The role of childhood circumstances.[J] *The Journal of the Economics of Ageing*,2020,17:100237.

⑩ Iqbal N,Nawaz S.Spatial differences and socioeconomic determinants of health poverty.[J] *The Pakistan Development Review*,2017:221–248.

⑪ Traoré O.The relationship between health poverty and income poverty in Sub-Saharan African countries:Evidence from index correlations.[J] *SN Business & Economics*,2021,1(10):128.

预期寿命和人均 GDP(购买力平价)等指标计算了撒哈拉以南非洲国家健康贫困。这些指数也经常被用于健康减贫效果的评估。有研究发现,中国政府实施的健康扶贫项目(HPAP)能够使农村家庭的平均自付医疗费用支出降低 15%[1],灾难性卫生支出的发生率降低 17.1%[2]。

三、方法和数据

(一)研究方法

Alkire 和 Foster[3] 基于可行能力理论,设计了多维贫困测度方法,称为 Alkire-Foster(AF)方法。该方法包含贫困维度、权重分配、多维贫困识别、贫困汇总和指数分解等组成部分,是 MPI 指数的基础方法。是迄今为止国内外学者研究多维贫困的主要工具,也得到了众多国内外学者、组织、政府层面的认可[4]。本研究使用该方法进行中国农村居民健康贫困的测度与分解。

首先,在健康贫困维度取值设置上,设 $M^{n,d}$ 代表 $n \times d$ 维矩阵,n 为样本数量,d 为维度。令 $y \in M^{n,d}$,代表 n 个人在 d 个维度上的不同取值,其中 y_{ij} 代表第 i 个农户在 j 维度的取值。

其次,定义 Z_j 为第 j 个维度上的健康贫困发生值,健康贫困发生矩阵 $g^o = [g_{ij}^0]$,用来表示农户健康贫困发生情况,如果农户在某指标下是低于健康贫困临界值的,那么在健康贫困发生矩阵中该农户该指标的值为 1,表示该项健康指标处于贫困状态;否则该值为 0,表示为非贫困状态。给各维度设定权重 w_j,$g_{ij}^0 \cdot w_j$ 就代表个体 i 在 j 维度上的贫困值。

再次,定义一个列向量代表农户个体 i 在所有维度上的贫困值的加总,即列

① Chen C,Pan J.The effect of the health poverty alleviation project on financial risk protection for rural residents:evidence from Chishui City,China.[J] *International journal for equity in health*,2019,18 (1):1-16.

② Lu J,Zhang M,Zhang J,et al.Can health poverty alleviation project reduce the economic vulnerability of poor households? Evidence from Chifeng City,China.[J] *Computers & Industrial Engineering*, 2021,162:107762.

③ Alkire S,Foster J.Counting and multidimensional poverty measurement.[J] *Journal of public economics*,2011,95(7-8):476-487.

④ World Bank Multidimensional Poverty Measurement Workshop. Available online:https://ophi. org.uk/world-bank-multidimensional-poverty-measurement-workshop(accessed August 13,2022).

向量 s_i，$s_i = \sum_{j=1}^{d} W_j g_{ij}^0$。在健康贫困发生矩阵中根据健康贫困的临界值 K，对每

个样本多维健康贫困的识别：$s_i(k) = \begin{cases} \sum_{j=1}^{d} W_j g_{ij}^0, & s_i \geq k \\ 0, & s_i < k \end{cases}$，其中，$s_i(k) = \sum_{j=1}^{d} W_j g_{ij}^0$

表示个体 i 在 k 临界值标准下为贫困，把非健康贫困个体的贫困值进行归零处理，剔除非健康贫困个体的贫困信息对健康贫困加总的干扰，把归零后的健康贫困发生矩阵称为已删减矩阵(K)(n×d)。

此时的健康贫困指数计算公式为：

$$M_0 = HA_1 = \frac{1}{n} \sum_{i=1}^{n} s_i(k) \tag{1}$$

式中：H 为调整后的多维健康贫困发生率，$H = \dfrac{q}{n}$，q 为识别出的多维健康贫困农户数量，n 为总数量；A 为平均健康贫困发生份额，也即健康贫困强度，$A = \dfrac{1}{q} \sum_{i=1}^{n} s_i(k)$，即多维健康贫困人口的贫困分数值的加权平均。

最后，依据上面(1)式中算出的 M_0，测算各指标对健康贫困的贡献率：

$$I_j = \frac{W_i \cdot CH_i}{M_0} \tag{2}$$

式中：W_i 为第 i 列指标的权重值，CH_i 为在已删减矩阵中第 i 列指标健康贫困发生的人口率。

(二)多维健康贫困指数(MHPI)设计

传统的 MPI 包括 3 个维度 10 个指标，[1]具体指：(1)健康，包括营养状况、儿童死亡率；(2)教育，包括儿童入学率、受教育程度；(3)生活水平，包括家庭用电、卫生设备、饮用水、地板类型、做饭燃料、资产拥有状况。健康贫困的测量维度应当更多考量经济、社会、卫生环境以及公平效率等因素的共同影响[2]。本研究考虑中国现状和数据的可获得性，拓展了 MPI 指标，设计 MHPI。MHPI 包括

① Alkire S, Foster J. Counting and multidimensional poverty measurement. [J] Journal of public economics, 2011, 95(7-8): 476-487.

② Målqvist M, Hoa D T P, Thomsen S. Causes and determinants of inequity in maternal and child health in Vietnam. [J] BMC public health, 2012, 12(1): 1-10.

个体经济收入、个体健康禀赋、个体健康素养和行为、健康生活环境和健康服务与保障权利五个维度,17 个二级指标。表 1 详细说明了维度、指标、权重和剥夺界限。

表 1　多维健康贫困指数(MHPI)

维度	指标	权重	健康贫困临界值
经济收入	家庭人均年纯收入	1/5	低于年度贫困线＝1,否则＝0
个体健康禀赋	BMI 指数	1/15	不在[18.5~24]区间＝1,否则＝0
	健康自评	1/15	自评为不健康＝1,否则＝0
	慢性疾病	1/15	患有慢性疾病＝1,否则＝0
个体健康素养和行为	是否抽烟酗酒	1/30	有吸烟、喝酒任一项＝1,否则＝0
	是否锻炼	1/30	一周内不进行锻炼＝1,否则＝0
	健康消费支出	1/30	个人医疗保健支出占总支出比例低于总样本的中位数＝1,否则＝0
	就诊机构选择	1/30	选择社区卫生服务站、村卫生室、诊所＝1,否则＝0
	是否住院治疗	1/30	生病不接受住院治疗＝1,否则＝0
	垃圾倾倒场所选择	1/30	选择附近的河沟、住房周围、土粪坑、随处倒＝1,否则＝0
健康生活环境	做饭用水	1/20	使用江河湖水、井水、雨水、窖水、池塘水/山泉水＝1,否则＝0
	做饭燃料	1/20	使用柴草、煤炭＝1,否则＝0
	卫生间类型	1/20	室内非冲水厕所、室外非冲水厕所、非冲水公厕＝1,否则＝0
	高污染企业	1/20	居住周边五公里内有高污染企业＝1,否则＝0
健康服务与保障权利	医疗保险	1/15	未参加任何医疗保险＝1,否则＝0
	医疗卫生人员数	1/15	社区人均医疗卫生人员人数低于总样本中位数＝1,否则＝0
	医疗水平评价	1/15	评价不满意＝1,否则＝0

首先是经济收入维度。选取家庭人均年纯收入作为衡量指标。在相对贫困内涵下,根据社会平均收入或中位收入的一定比例来界定贫困成为国际普遍做法,本研究将家庭人均年纯收入低于当年度样本群体中位收入者视为发生经济贫困。

其次是个体健康禀赋维度。（1）身体质量指数（BMI）。这是国际最常用来量度体重与身高比例的工具，由 Keys et al.[1]正式提出。计算公式为：BMI＝体重（kg）／身高的平方。本研究根据中国肥胖问题工作组织（WGOC）提出的中国成人判断超重和肥胖程度的界值，当指数介于 18.5—24 时为正常健康状态，在该范围之外即视为不健康。（2）健康自评。这是大多数文献惯用的反映个体健康状态变量，能够全面反映健康的多维性和整体性。[2][3] 本研究将自评为不健康者视为处于健康贫困状态，其余视为处于健康状态。（3）慢性疾病。疾病是中国农村贫困人口面临的最大健康威胁[4]。中国政府在 2016 年颁布的《"健康中国 2030"规划纲要》将重大慢性病视为过早死亡率的指标。因此，本研究将个体患有慢性疾病或过去 12 个月有因病住院者，视为处于健康贫困状态。

再次是个体健康素养与行为维度。本研究参考中国健康教育中心制定的居民健康素养水平指标[5]，结合 CFPS 数据可得性，设计了代表健康素养与行为水平的六个指标，包括：（1）是否抽烟酗酒，抽烟酗酒习惯通常被认为是不健康的[6]；（2）是否锻炼，有规律地参加体育运动有助于身体健康[7]；（3）健康消费支出，本研究将个人健康消费支出占总支出比例低于样本中位数者，视为没有意愿或者不能承受正常水平的健康消费支出（Zhao et al.,2020[8]），健康素养较低；（4）就诊机构选择，寻医就诊能够主动选择去正规医疗机构者，视为健康素养较

① Keys A,Fidanza F,Karvonen M J,et al.Indices of relative weight and obesity.[J]*Journal of chronic diseases*,1972,25(6-7):329-343.

② Jylhä M. What is self-rated health and why does it predict mortality? Towards a unified conceptual model.[J]*Social science & medicine*,2009,69(3):307-316.

③ Xiang Q,Yan C,Ma Y,et al.Classification and influencing factors of rural elderly′s vulnerability to health-related poverty in central and western regions of China.[J]*Global Health Journal*,2021,5(3):135-143.

④ Zhou Y,Guo Y,Liu Y.Health,income and poverty:Evidence from China's rural household survey.[J]*International Journal for Equity in Health*,2020,19:1-12.

⑤ Q & A on health literacy of Chines Residents. Available online:http://www.gov.cn/xinwen/2021-04/01/5597287/files/fa3930ea661d4feba05a0dd66288e52c.pdf(accessed August 13,2022).

⑥ Marques A,Peralta M,Santos T,et al.Self-rated health and health-related quality of life are related with adolescents′ healthy lifestyle.[J]*Public health*,2019,170:89-94.

⑦ Pinckard K,Baskin K K,Stanford K I.Effects of exercise to improve cardiovascular health.[J]*Frontiers in cardiovascular medicine*,2019,6:69.

⑧ Zhao Y,Oldenburg B,Mahal A,et al.Trends and socio-economic disparities in catastrophic health expenditure and health impoverishment in China:2010 to 2016.[J]*Tropical Medicine & International Health*,2020,25(2):236-247.

高,反之则视为健康素养较低,求医行为不科学;(5)是否住院治疗,生病愿意接受住院治疗者,视为健康素养较高,就医行为科学,反之为否;(6)垃圾倾倒场所选择,能够主动选择公共垃圾收运场所倾倒垃圾者,被视为具有较高的健康素养,反之则视为健康素养较低,卫生习惯不科学。

又次是健康生活环境维度。参考 MPI 指数中关于生活环境的指标,本研究从居家环境和社区周边环境两个维度进行指标设计。(1)选取做饭用水、做饭燃料和卫生间类型作为居家环境的代理指标,将做饭用水为自来水和桶装水等、做饭燃料为非柴草类、卫生间为冲水类型的家庭,视为拥有健康的居家环境,反之,居家环境则视为不健康[1][2];(2)将居住地周边 5 公里内无高污染企业的社区,视为健康的社区环境,反之,社区环境则视为不健康[3]。

最后是健康服务与保障权利维度。该类指标应包括居民健康支出保障和公共健康服务共享权利两维度,前者主要体现在疾病支出费用的补偿,后者主要体现为公共健康服务与保障均等化程度。其一,医疗保险作为分散家庭经济风险的一种补救措施[4],能够补偿因疾病风险而造成的经济损失,本研究将是否参加医疗保险作为健康支出保障的代理指标变量,将农村居民未参加任何一项医疗保险的,视为处于健康支出保障的贫困状态;其二,参考 Liu et al.[5]的做法,使用社区人均医疗卫生人员数和对社区医疗服务水平评价作为基本健康服务共享权利的代理指标变量,将医疗卫生人员人均数值低于中位数、对就诊机构医疗服务水平评价不满意的,均视为健康服务共享权利处于贫困状态。

(三)数据收集和描述性分析

本研究使用来自北京大学中国社会科学调查中心(ISSS)执行的中国家庭

① Ray I,Smith K R.Towards safe drinking water and clean cooking for all.[J] *The Lancet Global Health*,2021,9(3):e361-e365.

② Abbas K,Xie X,Xu D,et al.Assessing an empirical relationship between energy poverty and domestic health issues:A multidimensional approach.[J] *Energy*,2021,221:119774.

③ Siddique H M A,Kiani A K.Industrial pollution and human health:evidence from middle-income countries.[J] *Environmental Science and Pollution Research*,2020,27(11):12439-12448.

④ Alatinga K A,Williams J J.Mixed methods research for health policy development in Africa:The case of identifying very poor households for health insurance premium exemptions in Ghana.[J] *Journal of Mixed Methods Research*,2019,13(1):69-84.

⑤ 刘军军、王高玲、严蓓蕾:《慢性病患者健康贫困脆弱性的影响因素研究》,《中国卫生经济》2019 年第 5 期。

追踪调查(CFPS)数据①。该数据是两年一期的具有全国代表性的大型微观综合家庭社会跟踪调查数据,覆盖全国 25 个省、市、自治区,样本所在区域人口数占中国总人口的 94.5%,目标样本量为 16000 户,具有样本量大、覆盖范围广的优点。该项调查采用分层多阶段的抽样设计,包含社区问卷、家庭问卷、成人问卷和少儿问卷四个部分,充分反映了中国经济、社会、人口、教育发展和个人健康的变化。② 这项调查经过了道德审查,为社会科学各领域的学术研究和公共政策分析提供了真实可靠的数据。③

　　自 2010 年基线调查以来,CFPS 已开展了五轮跟踪调查。本研究使用 CFPS 在 2016 和 2018 年收集的数据,其中"自评健康""慢性病""吸烟""喝酒"等指标来自成人问卷;"做饭用水""做饭燃料""卫生间类型"等指标来自家庭问卷;"高污染企业""医疗卫生人员数"等指标来自社区问卷,各部分问卷包含的问题广泛,充分反映了农村居民个人健康和家庭生活的多个方面,能够较好地衡量中国不同地区农村居民健康贫困状况的多样性。为了提高问卷合并后特征变量和数据的准确性与完整性,本研究对样本进行了基本特征的描述性统计,剔除了数据缺失和含有明显异常值的样本。最终共计得到来自 25 个省份的 13151 个样本。详细的社会人口统计数据见表 2。

表 2　描述性统计

特征	统计	频率	%
年龄	年轻组:40 岁及以下	2676	20.35
	中年组:41—60 岁	6038	45.91
	老年组:61 岁及以上	4437	33.74

　　① Kong S T,Wu Q.Chinese family and society dynamics using the china family panel studies(CFPS)household panel.[J]*Australian Economic Review*,2019,52(1):127-133.

　　② Xie Y,Hu J.An introduction to the China family panel studies(CFPS).[J]*Chinese Sociological Veview*,2014,47(1):3-29.

　　③ Zhang H,Wang H,Yan H,et al.Impact of internet use on mental health among elderly individuals:a difference-in-differences study based on 2016 – 2018 CFPS data.[J]*International Journal of Environmental Research and Public Health*,2021,19(1):101.

续表

特征	统计	频率	%
家庭规模	3 人及以下	5542	42. 14
	4—5 人	4453	33. 86
	6 人及以上	3156	24. 00
性别	男性	6589	50. 10
	女性	6562	49. 90
教育	文盲/半文盲	4962	37. 73
	小学	3904	29. 69
	初中	3157	24. 01
	高中及以上	1128	8. 58
婚姻	已婚	11230	85. 39
	未婚	1921	14. 61

数据来源:来源于 2016 年、2018 年 CFPS。

下面的几个图显示了五个维度下每个指标处于健康贫困状态的人口占总样本的比例,并进行了两年数据的比较。

图 1　经济收入维度和个体健康禀赋维度各指标的贫困人口比例

图 1 显示,从两年均值来看,"家庭人均年纯收入"处于相对贫困线以下的人口比例最高,为 59.86%,罹患"慢性疾病"的人口比例最低,为 18.37%。从两

年数据比较来看,除"健康自评"的健康贫困人口比例上升之外,其余指标均呈下降趋势。

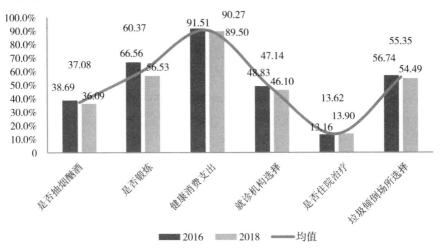

图 2 个体健康素养和行为维度各指标的贫困人口比例

图 2 显示,从两年均值来看,"健康消费"指标的健康贫困人口比例最高,为90.27%,"是否住院治疗"指标的健康贫困人口比例最低,为13.62%,其余指标大致相当。从两年数据对比来看,除"是否住院治疗"指标的健康贫困人口比例略上升外,其余指标的比例都有较明显降低。

图 3 显示,从两年均值来看,"卫生间类型"指标的健康贫困人口比例最高,为71.79%,"高污染企业"指标的比例最低,为16.61%。从两年数据比较来看,"做饭用水"和"高污染企业"的健康贫困人口比例略有上升,其余下降。

图 4 显示,从两年均值来看,"医疗卫生人员数"指标的健康贫困人口比例最高,为50.22%,"医疗保险"指标的比例最低,为5.44%。从两年数据比较来看,三个指标的健康贫困人口比例具有不同程度的上升,上升幅度最高的是"医疗水平评价",上升了6.15个百分点。

四、结 果

(一)测算

1. 整体状况

本研究使用 AF 方法来测度 2016 年、2018 两年中国农村居民的健康贫困剥

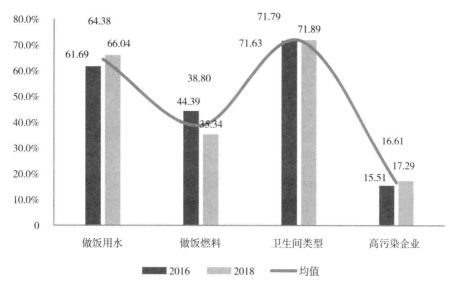

图3　健康生活环境维度各指标的贫困人口比例

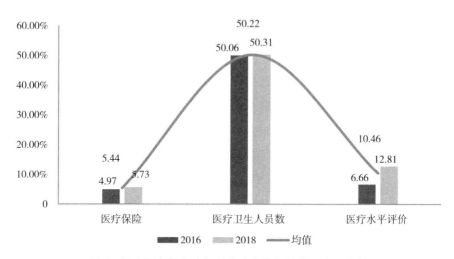

图4　健康服务与保障权利维度各指标的贫困人口比例

夺状况,并进行横向比较以观察变化情况。表3显示,随着K值的增加,多维健康贫困指数(M₀)逐渐减小,健康贫困发生率(H)也呈下降趋势,但是,健康贫困强度(A)呈上升趋势。参照联合国的K值使用标准,在多维贫困测度中多使用K≥0.3,也就是处于健康贫困状态的指标等于或超过30%的个体被认定为发生了多维健康贫困。具体来看,在2016年,当K=0.3时,农村居民的M₀为0.363,

也即超过 36.3% 的农户至少存在 30% 的健康指标处于贫困状态,这时 H 为 75.03%;A(即健康贫困人口的处于健康贫困状态的指标分数值的加权平均)为 48.39%。在 2018 年,M_0 为 0.353,也即超过 35.3% 的农户至少存在 30% 的健康指标处于贫困状态,这时 H 为 73.78%,A 为 47.82%,与 2016 年相比,均呈现下降态势。当 K=0.6 时,在 2016 年,农村居民的 M_0 为 0.066,H 为 10.08%,A 为 65.27%;到 2018 年,这三个指标依次降低为 0.064、9.81%、64.77%。

表3 不同阈值下的多维健康贫困指数

K 值	多维健康贫困指数(M_0)		健康贫困发生率(H,%)		健康贫困强度(A,%)	
	2016	2018	2016	2018	2016	2018
K = 0.1	0.419	0.410	99.32	99.21	42.15	41.29
K = 0.2	0.407	0.396	92.43	90.89	44.06	43.57
K = 0.3	0.363	0.353	75.03	73.78	48.39	47.82
K = 0.4	0.300	0.286	57.34	54.72	52.39	52.22
K = 0.5	0.182	0.174	31.33	30.03	57.95	57.83
K = 0.6	0.066	0.064	10.08	9.81	65.27	64.77
K = 0.7	0.012	0.011	1.67	1.44	73.31	73.39

数据来源:2016 年、2018 年 CFPS。

2. 异质性分析

为了测量具有不同人口特征的组之间是否存在显著差异,本研究以 K=0.3 为例,对多维健康贫困指数进行了异质性分析(见表4)。

从年龄分组来看,随着年龄增长,M_0、H、A 均增加,尤其是 61 岁以上的老年组。以 2018 年数据为例,老年组的 H 达到 83.57%,比 40 岁以下年轻组高了 20.32 个百分点。从两年数据比较来看,只有中年组的 M_0 和 H 同时下降,健康贫困状况有所好转,其他组别均有不同程度的上升,尤其是年轻组健康贫困的恶化状况值得关注。

从家庭规模分组来看,中等规模家庭的 M_0、H、A 均较低,6 及 6 人以上家庭规模的健康贫困状况最差,2018 年的 H 达到 77.92%。从两年数据比较来看,各项指数均有不同程度的下降,健康贫困状况有较明显改善。

从性别分组来看,女性的 M_0、H、A 均好于男性。而从两年数据比较来看,男性健康贫困改善程度要大于女性。从教育程度分组来看,教育程度越高,健康贫困状况越好。从婚姻状况分组来看,已婚状态农户的健康贫困状况略好于未婚状态,但差别不明显。

表 4 K=0.3 时多维健康贫困指数的异质性分析

	多维健康贫困指数(M₀)		健康贫困发生率(H,%)		健康贫困强度(A,%)	
	2016	**2018**	**2016**	**2018**	**2016**	**2018**
年龄						
年轻组	0.261	0.285	58.39	63.25	44.62	44.98
中年组	0.352	0.343	74.20	72.38	47.39	47.42
老年组	0.419	0.417	82.81	83.57	50.65	49.89
家庭规模						
3 人及以下	0.352	0.348	72.37	72.71	48.63	47.83
4—5 人	0.367	0.343	76.31	71.87	48.05	47.79
6 人及以上	0.380	0.373	78.38	77.92	48.49	47.83
性别						
男性	0.375	0.363	76.82	75.29	48.78	48.25
女性	0.350	0.343	72.97	72.39	47.92	47.40
教育						
文盲/半文盲	0.400	0.431	81.08	85.89	49.36	50.20
小学	0.323	0.358	68.81	74.76	46.87	47.94
初中	0.291	0.319	62.39	68.65	46.61	46.44
高中及以上	0.192	0.278	45.95	61.65	41.86	45.13
婚姻						
已婚	0.360	0.353	74.76	73.85	48.17	47.83
未婚	0.382	0.351	76.73	73.43	49.73	47.74

数据来源:2016 年、2018 年 CFPS。

(二)分解

1. 按照地区分解

为了更好地揭示农村居民健康贫困状况与当地经济发展水平之间的关系,本研究仍以 K=0.3 为例,将健康贫困指数按照地区和省份分解,结果如表 5 和图 6 所示。

首先,从东、中、西部地区分组来看。东部地区农村居民的 H 和 A 等指标均是最低的,中部地区次之,西部地区最高。从两年数据变化来看,东部和西部地区农村居民的各类指数都有不同程度的下降,但是中部地区的健康贫困下降率却略有上升,为-0.017%。

其次,从不同省份来看。在2018年,东部地区农村居民的H最高、健康贫困强度最深的省份是辽宁,分别为49.04%和80.42%,高于广西的47.36%和78.74%。而根据农村居民可支配收入的全国省份排名,辽宁排名第10位次,要高于广西排名的20位次。在中部地区,H最低、健康贫困强度较轻省份为湖北,其次为山西。但是山西的农村居民可支配收入在全国排名仅为21,是中部地区的最后一名。中部地区的河南、黑龙江、湖南、吉林四个省份的H均有小幅上升,其中黑龙江的H高达52.14%,为全国最高。在西部地区,贵州和云南的H略有上升,其他省份均呈下降态势。陕西的H最低为47.7%,甚至低于农村居民可支配收入排名在其之前的重庆和四川。甘肃的H最高,为50.27%。

表5 健康贫困发生率的地区分解

地区	省份	农村居民人均可支配收入（元）		健康贫困发生率（H,%）		健康贫困下降率(%)
		2016	2018	2016	2018	—
东部	北京	22309.5	26490.3	38.61	40.50	-0.049
	福建	14999.2	17821.2	45.60	44.92	0.015
	广东	14512.2	17167.7	46.43	45.75	0.015
	广西	10359.5	12434.8	49.24	47.36	0.038
	江苏	17605.6	20845.1	48.01	44.10	0.081
	河北	11919.4	14030.9	47.79	47.28	0.011
	辽宁	12880.7	14656.3	49.40	49.04	0.007
	上海	25520.4	30374.7	41.58	38.15	0.082
	山东	13954.1	16297.0	46.37	45.15	0.026
	浙江	22866.1	27302.4	41.71	40.46	0.030
	天津	20075.6	23065.2	45.19	42.80	0.053
	均值	17000.2	20044.1	45.45	44.14	0.029

地区	省份	农村居民人均可支配收入（元）		健康贫困发生率（H，%）		健康贫困下降率(%)
		2016	**2018**	**2016**	**2018**	**—**
中部	安徽	11720.5	13996.0	48.13	46.19	0.040
	河南	11696.7	13830.7	48.77	49.08	-0.006
	黑龙江	11831.9	13803.7	49.92	52.14	-0.044
	湖北	12725.0	14977.8	44.07	43.90	0.004
	湖南	11930.4	14092.5	49.28	49.81	-0.011
	吉林	12122.9	13748.2	48.04	49.54	-0.031
	江西	12137.7	14459.9	48.07	46.33	0.036
	山西	10082.5	11750.0	48.02	46.08	0.040
	均值	11781.0	13832.4	48.04	48.88	-0.017
西部	甘肃	7456.9	8804.1	51.00	50.27	0.014
	贵州	8090.3	9716.1	48.28	49.20	-0.019
	陕西	9396.4	11212.0	47.82	47.70	0.003
	四川	11203.1	13331.4	49.02	47.76	0.026
	云南	9019.8	10767.9	47.24	48.46	-0.026
	重庆	11548.8	13781.2	48.62	48.44	0.004
	均值	9452.6	11268.9	48.66	48.64	0.000

数据来源:2016、2018 年度 CFPS;2017、2019 年度《中国统计年鉴》。

2. 按照指标分解

表6报告了 K=0.3 时各维度指标对健康贫困的贡献率。从均值数据来看，贡献率最大仍是经济收入维度，"家庭人均年纯收入"指标贡献率为33.3%;其次为健康环境维度，如"做饭用水"（6.56%）、"做饭燃料"（4.9%）和"卫生间类型"（8.14%）;再次为个体健康素养和行为维度，如"健康消费支出"（6.43%）、"是否锻炼"（4.46%）、"垃圾倾倒场所选择"（4.25%）和"就诊机构选择"（3.43%）;健康服务与保障权利维度中的"医疗卫生人员数"指标贡献率也高达 7.42%。

从两年数据对比来看，贡献率增加的指标有个体健康禀赋维度中的"BMI指数"和"健康自评"，个体健康素养和行为维度中的"是否住院治疗"，健康生活环境维度中的"做饭用水""卫生间类型"和"高污染企业"，并且健康服务与保障权利维度的指标贡献率全部上升。而在均值比较中，贡献率较高的"家庭人均年纯收入""健康消费支出"等指标，贡献率均呈现下降态势。

表6　K=0.3时各指标贡献率的分解　　　　　　　　　　（%）

维度	指标	2016年	2018年	均值
经济收入	家庭人均年纯收入	33.50	33.10	33.30
个体健康禀赋	BMI指数	6.40	6.55	6.48
	健康自评	3.27	3.44	3.36
	慢性疾病	3.22	3.12	3.17
个体健康素养和行为	是否抽烟酗酒	2.79	2.64	2.72
	是否锻炼	4.78	4.13	4.46
	健康消费支出	6.45	6.40	6.43
	就诊机构选择	3.53	3.32	3.43
	是否住院治疗	1.08	1.15	1.12
	垃圾倾倒场所选择	4.30	4.20	4.25
健康生活环境	做饭用水	6.27	6.84	6.56
	做饭燃料	5.38	4.41	4.90
	卫生间类型	8.06	8.21	8.14
	高污染企业	1.69	1.89	1.79
健康服务与保障权利	医疗保险	0.80	0.95	0.88
	医疗卫生人员数	7.32	7.52	7.42
	医疗水平评价	1.14	2.14	1.64

数据来源：2016年、2018年CFPS。

五、讨　论

（一）研究发现

本研究使用MHPI，对中国农村居民的健康贫困强度状况及变化情况进行测度和分解。从整体状况来看,从 2016 年到 2018 年,农村居民的健康贫困状况有明显改善,M_0、H 和 A 等指标呈逐年下降态势。说明近年来中国农村健康扶贫效果十分显著,农村居民健康福祉有了较大提升。健康贫困状况与农户的年龄和受教育程度高度相关,年龄越大,受教育程度越低,贫困发生率越高;中等人口规模家庭健康贫困状况最好;农村女性群体的健康贫困状况要略优于男性;而与农户是否有婚姻关系不大。这些发现,与大多数测度中国多维贫困程度及改善状况的文献研究一致。[1][2][3]

从地区分解来看,东部农村地区的健康贫困状况最低,其次是中部地区,最高是西部地区。说明经济发展水平较高的农村地区,在收入、居家和社区卫生环境、医疗健康保障等方面的公共服务均等化程度较高。[4][5] 但是,较少有文献关注贫困农户的健康素养和行为,本研究发现经济越发达地区,个体农户的健康素养也更高,健康行为也更加科学。[6] 从两年数据对比来看,东部和西部地区各项健康贫困指数都有不同程度的下降,但中部地区略有上升,说明健康差距的地区分布出现了新的变化;从省份分解来看,健康贫困程度与当地经济发展水平不再紧密相关,有的省份如广西、湖北、陕西等,健康贫困改善速度赶超当地经济发展速度,也有的省份如黑龙江、辽宁、河南等,健康贫困改善速度不尽如人意。说明除地区经济发展因素外,在相当程度上,健康贫困状况也与当地的社会文化环境以及政府贫困治理能力密切相关。

① 雷霆、张浩帆:《中国农村多维贫困测算与结构分解——基于 CFPS 2018 的实证研究》,《社会保障研究》2021 年第 4 期。

② 平卫英、占成意、罗良清:《中国城市居民家庭相对贫困测度研究》,《统计与信息论坛》2021 年第 8 期。

③ Wang B, Luo Q, Chen G, et al. Differences and dynamics of multidimensional poverty in rural China from multiple perspectives analysis. [J] *Journal of Geographical Sciences*, 2022, 32(7):1383-1404.

④ Sanogo T. Does fiscal decentralization enhance citizens' access to public services and reduce poverty? Evidence from Côte d'Ivoire municipalities in a conflict setting. [J] *World Development*, 2019, 113:204-221.

⑤ 李壮壮、龙莹:《新发展阶段农村多维贫困的识别与测度》,《华南农业大学学报》(社会科学版)2022 年第 2 期。

⑥ Lastrucci V, Lorini C, Caini S, et al. Health literacy as a mediator of the relationship between socioeconomic status and health: A cross-sectional study in a population-based sample in Florence. [J] *PLoS One*, 2019, 14(12):e0227007.

从指标分解来看,经济收入维度的"家庭人均年纯收入"指标贡献率最大;① 健康环境类维度的"做饭用水""做饭燃料""卫生间类型"指标贡献率较大;②个 体健康素养和行为维度的"健康消费支出""是否锻炼""垃圾倾倒场所选择"等 指标贡献率比较大。从两年数据对比来看,"家庭人均年纯收入"指标贡献率下 降,而且健康服务与保障权利维度的全部指标贡献率均上升,其他维度的多数指 标贡献率也均有不同程度的上升。说明虽然经济扶贫的边际贡献正在逐渐递 减,③④但是健康消费支出仍受到农户经济收入的约束;健康服务与保障均等 化、社区环境治理等成为政策重点,⑤⑥个体健康素养和行为也逐渐起到重要的 内生脱贫作用,越来越多的文献开始关注这一点。⑦⑧

(二)政策启示

基于这些研究结果,提出以下具体政策建议。

首先,本研究所构建的 MHPI,从供给和需求两个层面,较为精准、全面地测 量了中国农村贫困人口的健康贫困强度状况。两期数据对比分析和异质性分析 发现,中国农村人口的健康贫困状况得到极大改善,但仍存在性别、年龄、家庭规 模等差异。同时,健康贫困指标间的贡献率差异较大,农户个体健康素养和行 为、生活环境以及健康服务与保障均等化等指标的边际贡献上升。因此,建议构 建覆盖生理、精神、行为、生活环境和公共卫生服务保障等多维度的农村健康贫

---

① Qi X,Ye S,Xu Y,et al.Uneven dynamics and regional disparity of multidimensional poverty in China.[J]*Social Indicators Research*,2022:1-21.

② Yang J,Mukhopadhaya P.Is the ADB's conjecture on upward trend in poverty for China right? An analysis of income and multidimensional poverty in China.[J]*Social Indicators Research*,2019,143: 451-477.

③ Wang,X.*On the relationship between income poverty and multidimensional poverty in China.*[M] Multidimensional Poverty Measurement.Springer,Singapore,2022,85-106.

④ Shen Y, Li S. Eliminating poverty through development: The dynamic evolution of multidimensional poverty in rural China.[J]*Economic and political studies*,2022,10(1):85-104.

⑤ Guo X.Research on the Problems and Countermeasures of Health Poverty Alleviation in the New Era.[J]*Advances in Social Sciences*,2020,9(04):516-520.

⑥ Xiao X U E,Zheng Q.Study on Health of Rural Poor Population and Health Poverty Alleviation Countermeasures in Chongqing.[J]*Asian Agricultural Research*,2022,14(1).

⑦ Lynch,M.A.M.;Franklin,G.V.*Strategies to Reduce Hospital Mortality in Lower and Middle Income Countries*(*LMICs*)*and Resource-Limited Settings.*[M]BoD - Books on Demand,2019.

⑧ Stormacq C,Wosinski J,Boillat E,et al.Effects of health literacy interventions on health-related outcomes in socioeconomically disadvantaged adults living in the community:a systematic review.[J]*JBI evidence synthesis*,2020,18(7):1389-1469.

困识别指标体系。在此基础之上,建立健康贫困预警机制,对农村贫困人口的健康贫困强度状况进行动态监测和帮扶,及时消除致贫返贫风险。

其次,通过指数分解分析发现,健康贫困贡献率最大的指标仍是经济收入。最近的证据表明,在具有不同发展水平的国家采取的许多举措都优先考虑补充私人养老金,而不是其他类型的老年人保险工具。这些工具似乎没有实现它们的目标,即提高私人储蓄,从而减少老年贫困。①② 因此,建议大力发展非缴款型养老金体系,这不仅会降低老年人的经济贫困水平,而且会改善健康。③④⑤此外,个体健康素养和行为起到重要的内生脱贫作用。因此,建议通过新型社交媒体,进行卫生健康知识的宣传教育,科学引导民众的健康生活方式,规范健康行为,提高健康素养。

最后,健康服务与保障均等化、社区环境治理等指标贡献率较大,但也意味着这些指标蕴藏着较大的致贫返贫风险,将成为未来健康贫困治理的政策重点。因此,基层政府应加快农村人居环境整治,重视人文关怀,改善社区生活环境,提升基层乡村治理能力,建设美丽宜居乡村。中央政府应向边远贫困地区倾斜优质医疗服务资源,促进健康服务与保障均等化,缩小健康贫困的地区差异,尤其重视那些健康贫困改善速度缓慢的地区,防止次生贫困的出现和蔓延。

六、结论和局限性

多维贫困时代,健康是世界大多数国家有效缓解贫困的重要维度。本研究从供给侧和需求侧双重视角出发,构建多维健康贫困指数(MHPI),使用 CFPS,对中国农村居民的健康贫困状况进行了测度和分解。研究发现,历经多年健康扶贫工程,中国农村居民健康贫困状况得到极大改善,但是健康贫困程度仍存在

① Antón J,de Bustillo R M,Macías E.Supplementary pensions and saving:evidence from Spain.[J] *FUNCAS Working*,2011(651):1.

② Fadejeva L,Tkacevs O.The effectiveness of tax incentives to encourage private savings.[J]*Baltic Journal of Economics*,2022,22(2):110-125.

③ Barrientos A, Lloyd-Sherlock P. Non-contributory pensions and social protection. [J] *Issues in Social Protection*,2002:1-30.

④ Lloyd-Sherlock P, Agrawal S.Pensions and the health of older people in South Africa:is there an effect?.[J] *The journal of development studies*,2014,50(11):1570-1586.

⑤ Barrientos A.Is There a Role for Social Pensions in Asia?.[J]*Asia & the Pacific Policy Studies*,2015,2(1):8-20.

较为明显的地区差距,部分省份农村地区的健康贫困改善速度落后于当地经济发展水平,说明健康贫困与当地的社会文化环境以及政府治理能力也有密切关系;同时,经济扶贫的边际贡献逐步递减,健康服务与保障均等化、社区环境治理等成为政策重点,个体健康素养和行为也是重要的内生脱贫动力。

应该承认,这项研究有一些可以改进的局限性。首先,基于数据的可用性,我们仅使用了两年数据对中国农村健康贫困进行测度,考虑到其他不同年份的测度结果可能会有所不同,需要更多不同年份的数据来更好地揭示健康贫困的变化,为决策者提供更为科学的数据依据。其次,尽管本研究将贫困个体的健康素养和行为作为重要指标进行测度和分解,但并未考察它们与健康贫困发生之间的因果关系,未来的研究可能会试图揭示这些指标与健康贫困之间的内在逻辑。

（作者单位：山东财经大学公共管理学院）

六、社会救助实践探索

重庆城市社区困难群众心理服务的经验模式研究[①]

吕厚超 韦 荣

党中央高度重视社区群众和社会居民的心理健康和心理服务工作,先后出台多个文件阐述社会心理服务体系建设的重要性和重大意义。习近平总书记在十九大报告中指出,"中国特色社会主义进入新时代,我国社会主要矛盾已经转化为人民日益增长的美好生活需要和不平衡不充分的发展之间的矛盾",强调"加强社会心理服务体系建设,培育自尊自信、理性平和、积极向上的社会心态",为构建城市社区困难群众心理服务体系提出了具体要求,指明了工作方向。

为统筹发展社会救助体系,巩固脱贫攻坚成果,切实兜住兜牢基本民生保障底线,中共中央办公厅、国务院办公厅印发了《关于改革完善社会救助制度的意见(2020)》,把维护困难群众基本权益作为社会救助的根本出发点和落脚点,确保困难群众共享改革发展成果,不断增强困难群众的获得感、幸福感和满意度。强调积极发展服务类社会救助,形成"物质+服务"的救助方式;加强专业社会工作服务,帮助救助对象构建家庭和社会支持网络;完善对重度残疾人、重病患者以及老年人、未成年人等特殊困难群体的救助政策,依据困难类型、困难程度实施类别化、差异化救助。这是对我国民生兜底保障制度的顶层设计和长远规划,是切实兜住兜牢基本民生保障底线的重要举措。

国家民政部《2019年民政事业发展统计公报》显示,截至2019年底,全国共

① 本文系重庆市社会科学规划重点项目"新阶段重庆困境家庭未成年子女健全时间人格养成与心理健康促进研究"(批准号:2021NDZD09)、重庆市教育科学"十四五"规划课题重点项目"城市社区贫困家庭子女健全时间人格养成与心理健康提升研究"(批准号:2021-GX-003)、"春和计划"城市社区特别困难群众心理服务项目(批准号:2020-12)的研究成果。

有城市低保对象 524.9 万户、860.9 万人，共有城市特困人员 29.5 万人。由此可见，城市社区困难群众目前已成为较为庞大的社会群体。调查结果表明，困难群众比普通群众面临更多的社会压力，在生活、经济、就业、情感等诸多方面承受更多的社会偏见，致使其更容易产生各种心理问题，如果得不到及时疏导和解决，不仅影响其生活质量，也会影响社会和谐稳定①。

为认真贯彻中共中央办公厅 国务院办公厅《关于改革完善社会救助制度的意见（2020）》、国务院办公厅《关于加强困难群众基本生活保障有关工作的通知（2017）》、民政部 财政部《关于进一步做好困难群众基本生活保障工作的通知（2020）》以及《重庆市人民政府办公厅关于加强城市特殊困难群众救助帮扶工作的意见（2018）》，切实做好城市困难群众工作，从根本上保证城市困难群众争取更多的获得感和幸福感，重庆社会救助基金会决定开展"春和计划"城市社区困难群众心理服务项目，旨在通过为困难群众及其家庭提供心理关怀、心理疏导、危机干预等心理服务，助其树立正确价值观，培育积极社会心态，有效疏导心理压力，塑造乐观生活信念，最终助其摆脱心理贫困，构建完整的城市社区困难群众心理服务体系，提炼可供复制的心理服务经验模式，以完善社会心理服务体系建设的系统理论，提高基层社区治理体系与治理能力现代化。

一、重庆城市社区困难群众心理服务的现状和不足

为了摸清重庆城市社区困难群众的心理健康状况、社区心理服务工作开展情况及其存在的问题，"春和计划"课题组从 2021 年 2 月开展入户走访和问卷调查，走访和调查困难群众共计 1000 余名，街道和社区干部共计 100 余名。通过对入户走访材料和调查数据的统计分析，发现目前重庆城市社区困难群众的心理健康状况堪忧，在社区开展困难群众的心理服务工作也存在诸多问题。基于入户走访和问卷调查的结果分别报告如下。

（一）街道及社区开展心理服务存在的问题

基于入户走访和街道社区相关人员访谈，发现街道、社区层面开展心理服务存在如下问题。

---

① 李祚山、李欣忆、王晶等：《残疾人心理健康服务需求的调查分析》，《重庆师范大学学报》（哲学社会科学版）2016 年第 2 期。

第一,心理服务机构流于形式。街道和所辖社区关于心理服务的做法大多流于表面,心理咨询室流于形式,对有心理咨询意愿的社区居民仅限于一般性劝解和安慰,未采用专业心理辅导手段,无法探明来访者的真实心理问题,需要专业心理服务机构和团队介入。

第二,心理服务职业素养欠佳。街道和所辖社区缺乏专职或专业性心理服务人才队伍,心理服务工作人员职业素养普遍不高,专业力量不足。需要对已有心理服务工作人员进行系统心理服务培训和督导,可以按照心理服务普及、心理问题预防和心理疾病治疗几个层面进行,并引进专业心理服务人员入驻社区。

第三,心理服务联动机制不良。街道及所辖社区、学校、社会心理服务机构等联动机制不佳,应进一步提升联动反应,加强不同渠道之间的互通有无,确保职责分明,相互积极配合;通过街道党组织和相关部门助力推动,发挥各方的能动性。

第四,困难群众心理服务不够。困难群众既是经济弱势群体,也是心理弱势群体。已有心理服务工作对困难群众存在的偏执、自卑、焦虑紧张、担忧未来生活、生存安全感缺失等心理问题未及时疏导和化解,有可能加重这些心理问题,对个人、家庭、社区和社会存在潜在的安全隐患和心理隐患,有可能危及社会安定和谐。

第五,重物质帮扶轻心理服务。困难群众帮扶既包括物质帮扶,也包括心理帮扶,既要物质脱贫更要心理脱贫,不能顾此失彼,而要相互促进、相得益彰。走访发现,对社区困难群众的帮扶主要从物质层面考虑,给予物质、资金等扶持。基于困难群众心理需求的帮扶较少、不深入且不专业。致使困难群众虽在物质上暂时脱离贫困,但在心理上未获得稳定的幸福感、满意度和自信心,极不利于他们摆脱心理贫困,最终走出长期贫困的阴影。

第六,心理服务经验模式提炼不足。对困难群众已有心理服务工作除了强调实践性和服务性之外,有关心理服务模式和理论经验提炼不足,未形成具有本地特色的心理服务模式,无法对已开展的心理服务工作进行推广。另外,需要针对社区实际打造各具特色的心理服务品牌,坚持问题导向,针对社区困难群众提出差异化心理服务项目,并对心理服务工作模式进行提炼,形成可供复制和推广的经验模式。

(二)社区困难群众存在的主要心理问题

基于入户走访和访谈,发现社区困难群众普遍存在如下心理问题,亟须提供相应的心理服务。

第一，自卑心理。对自己缺乏正确认识，在交往中缺乏自信，办事无胆量，畏首畏尾，无主见，遇到错事就认为是自己不好。主要表现为对自己能力、品质评价过低；伴有特殊情绪体现，如害羞、不安、内疚、忧郁、失望等；还存在过分敏感、自尊心强，心态失衡，容易情绪化等不良心态。

第二，偏执倾向。表现为警惕、多疑、防御性强，对他人的诚实常表示怀疑，易将他人无意或友好的行为误解为敌意或轻蔑，总认为自己受了蒙骗或愚弄；在人际关系中，行为具有挑衅性，爱争论，易怒、暴躁，爱嫉妒，对挫折过分敏感，总将过错推诿于客观原因或归罪于他人，具有强烈的自尊心和自主性，固执己见，主观片面；自我认识偏差，自我评价过高。

第三，依赖心理。部分困难群众养成了依赖心理和惰性心理，"等、靠、要"心理占据主导，容易在经济和心理上对他人和社会产生依赖，尤其是心理依赖；缺乏应有的自我意识和独立意识；缺乏自信而轻视、贬低自己，总感到自己无助、无能，凡事依赖他人，生活靠别人供给，退缩被动，容易顺从他人的要求，听凭他人支配。

第四，极端心理（钻牛角尖）。心理失去常态，容易走极端。要么极其脆弱，消极悲观，要么极其强烈，疯狂冲动；要么极其冷漠，无动于衷，要么极其激动，举止失措。这些行为不仅伤害别人，更伤害自己。

第五，保守心理。保留着由环境造成的安于现状、思想封闭、观念保守的性格特征：不思进取、顽固僵化的观念；墨守成规、循规蹈矩的生活方式；不敢竞争、害怕风险的落后心理；不愿投入、不求创新的懈怠心理。

第六，焦虑心理。由环境导致的安全感缺失所引发，在各方面受到社会排斥，无法满足生理、安全、归属、尊重和自我实现等多重需要，表现为紧张不安、忧虑、烦恼、害怕和恐惧，可能伴随出汗、颤抖、心跳加快等症状。

第七，虚荣心理。对外表现为自尊心过强，对某些事物过于敏感，在意别人对自己的评价；对内表现为自卑，不相信自己通过努力能够达成愿望，希望通过快捷的方式获取自己想要的东西。虚荣心表现在行为上，主要是盲目攀比，好大喜功，过分看重别人的评价，自我表现欲太强，有强烈的嫉妒心，等等。

第八，自暴自弃。对自己不认可，不相信自己会成功而产生的一种悲观、失望和逆反心理。自知那些美好的愿望不能实现，不行动，从而轻视与小看自己。

此外，一些困难群众还存在失眠（睡眠障碍）、人际关系（如家庭关系、邻里关系等)、自闭,甚至自杀倾向等心理问题。

(三)社区困难群众主要心理问题的部分问卷调查结果

采用问卷法对城市社区困难群众和一般群众各1000名进行调查,从个体因素、社区环境和社会因素三个层面探讨个人特质、客观环境和主观环境和相关政策对困难群众的影响,以及困难群众和一般群众在所有心理变量上的差异,进而探索城市社区困难群众心理服务模式,为困难群众社会心理服务体系建设以及心理疏导提供实证依据,为社会救助工作提供心理学理论支撑。

调查问卷涉及积极心理和非适应性心理与行为。具体包括:(1)心理健康调查,如心理健康状况调查、心理健康素养调查、社区居民生活方式调查。(2)家庭功能和社会信任调查,如人际信任调查、应对方式调查、社会支持调查、家庭关系调查。(3)社会心态调查,主要用于了解社区居民的社会心态和社会情绪,采用积极情绪和消极情绪量表。(4)积极心理调查,包括幸福感调查、获得感调查、生活满意度调查等。(5)非适应性心理和行为调查,主要包括生活压力调查、心理贫困调查等。上述调查分为两个问卷进行,问卷1共收集1000份数据,删除无效问卷后,剩余856份样本,有效率为85.6%。其中困难群众374人,占比43.7%,一般群众482人,占比56.3%。女性占比53.2%,大多数人年龄分布为36—50岁,近75%的样本学历在高中及以下,大学学历者仅占16.1%。66.8%的样本为已婚状态,15.8%未婚,11.9%处于离婚状态。问卷2共收集1000份数据,删除无效问卷后,剩余852份样本,有效率为85.2%。其中困难群众397人,占比46.6%,一般群众455人,占比53.4%。女性占比52.3%,大多数人年龄分布为36—50岁,近70%的样本学历在高中及以下,大学学历者仅占20%。62.8%的样本为已婚状态,15.8%未婚,14.9%处于离婚状态。限于篇幅,本文仅报告部分调查数据的分析结果。

1. 困难群众与一般群众在心理健康上的差异

表1为困难群众和一般群众在总体心理健康及10个维度上的得分情况。由独立样本T检验可知,在心理健康状况上,困难群众在整体心理健康、人际关系紧张与敏感、心理承受力差、适应性差、心理不平衡、情绪失调、焦虑、抑郁、敌对、偏执、躯体化等的得分均显著高于一般群众,且所有均值超过2分,而一般群众的均值均在2分以下。

表1 困难群众和一般群体的心理健康差异

变量	困难群众		一般群体		t	p
	M	SD	M	SD		
心理健康总分	2.156	0.777	1.820	0.601	−7.120	<0.001
人际关系敏感	2.043	0.811	1.747	0.632	−5.992	<0.001
心理承受力差	2.266	0.776	1.926	0.620	−7.116	<0.001
适应性差	2.250	0.854	1.946	0.679	−5.809	<0.001
心理不平衡	2.029	0.841	1.676	0.642	−6.970	<0.001
情绪失调	2.208	0.855	1.897	0.669	−5.969	<0.001
焦虑	2.201	0.862	1.846	0.678	−6.731	<0.001
抑郁	2.289	0.861	1.860	0.685	−8.131	<0.001
敌对	2.028	0.840	1.714	0.628	−6.247	<0.001
偏执	2.116	0.819	1.774	0.676	−6.701	<0.001
躯体化	2.128	0.860	1.817	0.658	−5.991	<0.001

2. 困难群众与一般群众在心理健康素养上的差异

表2为困难群众和一般群众在心理健康素养上的得分情况。由独立样本 T 检验可知,在心理健康素养知识上,困难群众得分低于一般群众。表明困难群众对心理健康的认识水平不如一般群众。而在情绪觉察、认知重评、人际支持、分心术以及重视心理健康维度上,困难群众的得分高于一般群众。说明困难群众面临更多的心理问题,对能够改善心理健康问题的行为方式和意识重视程度都较高。

表2 困难群众和一般群众的心理健康素养差异

变量	困难群众		一般群体		t	p
	M	SD	M	SD		
心理健康素养知识	25.048	5.693	27.544	6.983	5.411	0
情绪觉察	2.318	0.470	2.255	0.524	−1.824	0.069
认知重评	2.516	0.590	2.418	0.585	−2.431	0.015
人际支持	2.449	0.511	2.326	0.536	−3.382	0.001

续表

变量	困难群众		一般群体		t	p
	M	SD	M	SD		
分心术	2.301	0.463	2.218	0.483	−2.521	0.012
重视心理健康	1.536	0.582	1.375	0.547	−4.139	0.000

3. 困难群众与一般群众在信赖他人上的差异

由独立样本 T 检验可知,困难群众信赖他人得分显著低于一般群众($t = 2.415, p = .016$),表明困难的群众更不愿意相信别人。

4. 困难群众与一般群众在家庭功能上的差异

表3为困难群体和一般群体在家庭功能总分和10个维度上的得分差异。经独立样本 T 检验可知,在家庭功能总分上,困难群众得分显著低于一般群众,表明困难群体的家庭功能总体状况较差。就每个维度而言,困难群体的亲密度、独立性、成功性、道德观等家庭功能特点得分显著低于一般群众。

表3　困难群体和一般群众的家庭功能差异

变量	困难群众		一般群体		t	p
	M	SD	M	SD		
家庭功能总分	4.790	1.085	5.056	1.181	3.379	<0.001
亲密度	5.016	2.543	5.486	2.387	2.776	0.006
情感表达	4.765	1.605	4.879	1.710	0.997	0.319
矛盾性	5.275	2.920	5.441	3.212	0.775	0.439
独立性	5.182	2.137	5.923	2.212	4.933	<0.001
成功性	4.148	1.767	4.526	1.698	3.168	0.002
知识性	5.048	2.218	5.164	2.123	0.778	0.437
娱乐性	3.944	2.163	4.029	2.119	0.578	0.563
道德观	5.238	1.835	5.548	1.883	2.413	0.016
组织性	4.366	1.895	4.607	1.736	1.933	0.054
控制性	4.912	2.009	4.958	2.176	0.321	0.748

5. 困难群众与一般群众在社会支持与应对方式、社会心态、积极心理状况上的差异

表4为困难群众和一般群众在社会支持与应对方式、社会心态、积极心理状况（包括生活满意度、幸福感、获得感）得分情况。经独立样本T检验可知：（1）社会支持与应对方式：困难群众的社会支持和积极应对方式得分显著低于一般群众，而在消极应对方式上不存在显著差异。（2）社会心态：困难群众的社会公平感、社会参与感、物质获得感显著低于一般群众。在政府满意度和社会地位感知上不存在显著差异。（3）积极心理状况：困难群众的生活满意度、主观幸福感、住房获得感显著低于一般群众，而在医疗获得感、教育获得感上不存在显著差异。

表4　困难群众和一般群众的差异

调查问卷	变量	困难群众		一般群众		t	p
		M	SD	M	SD		
社会支持	社会支持	32.800	8.964	38.281	8.041	8.908	<0.001
应对方式	积极应对	1.681	0.568	1.882	0.460	5.644	<0.001
	消极应对	1.403	0.574	1.394	0.553	-0.223	0.823
社会心态	社会公平感	3.139	1.095	3.401	1.010	3.619	<0.001
	政府满意度	3.835	0.944	3.951	0.827	1.912	0.056
	社会参与感	3.447	1.092	3.705	0.871	3.830	<0.001
	社会地位感知	4.068	0.973	4.110	1.078	0.593	0.554
	物质获得感	3.891	0.577	3.986	0.600	2.339	0.020
生活满意度	生活满意度	4.330	1.361	4.805	1.252	5.275	<0.001
幸福感	主观幸福感	4.291	1.213	4.795	1.150	6.180	<0.001
获得感	住房获得感	3.308	0.776	3.605	0.746	5.690	<0.001
	医疗获得感	3.367	0.576	3.419	0.559	1.338	0.181
	教育获得感	3.696	0.839	3.719	0.742	0.436	0.663

通过上述调查结果分析可以看出：

第一，困难群众存在较普遍的心理健康问题，如对人际关系较为敏感、心理承受能力差，无法较好地适应社会，经常感到心理不平衡，情绪容易失调，常出现

焦虑、抑郁等情绪问题、对他人存在敌对想法,甚至表现出偏执倾向和身体功能(躯体化)受影响等问题。

第二,困难群众普遍缺乏心理健康素养相关知识,并且更频繁地遭遇心理健康相关的问题。他们似乎比一般群众较重视心理健康,会采用一些行为方式来缓解心理压力,但是缺乏有针对性的指导。

第三,困难群众的总体家庭功能存在缺陷,主要表现为家庭的亲密度不足,家庭成员的独立性不够、家庭成员的成功性不足,道德观念不佳。

第四,困难群众更不愿意去相信别人,对他人的信任、诚实、善良、慷慨和友爱等没有信心。

第五,困难群众所获得的社会支持以及积极应对生活的方式较差;获得感相对不足,尤其是住房获得感、社会参与感和物质获得感较低;他们的生活满意度、主观幸福感较低,并普遍感到社会不公平。

总之,调查数据的统计分析结果显示困难群众在心理健康、家庭功能和社会信任、社会心态、积极心理等方面显著低于一般群众,而在非适应性心理和行为上显著高于一般群众。说明困难群众在适应性心理和行为上存在较多问题,需要通过开展心理服务加以解决和消除。

二、重庆城市社区困难群众心理服务的背景和理论

开展城市社区困难群众心理服务具有深刻的政策背景和理论背景,反映了基层社区群众和社区治理对心理服务的迫切需求,也表明党中央、国务院对开展心理服务工作的高度重视。

(一)城市社区困难群众心理服务的政策背景

党的十七大报告中"文化建设"部分提出"加强和改进思想政治工作,注重人文关怀和心理疏导,用正确方式处理人际关系。"党的十八大报告基本延续了这一提法,在"文化建设"部分提出"加强和改进思想政治工作,注重人文关怀和心理疏导,培育自尊自信、理性平和、积极向上的社会心态。"在党的十九大报告中,出现两个本质变化:(1)从"文化建设"部分改为在"社会建设"部分提及;(2)提法改为"加强社会心理服务体系建设,培育自尊自信、理性平和、积极向上的社会心态",即中央对心理服务工作的要求从最初较为狭义的"心理疏导"拓

展为更为系统的社会心理服务体系建设①②③。

从"十五计划"开始,此后各个五年规划纲要中均有提及心理健康、心理疏导、心理健康教育等,特别是"十三五"规划纲要,多处提到与心理相关的工作,例如,在"健康中国建设"部分,提到"加强国民营养计划和心理健康服务",在"保障妇女未成年人和残疾人基本权益"部分,提到"加强未成年人心理健康引导",在"完善社会治理体系"部分,提到"健全社会心理服务体系,加强对特殊人群的心理疏导和矫治。"

近年来,国家加大了心理健康和社会心理服务的工作部署。国务院2015年发布《全国精神卫生工作规划(2015—2020年)》,2016年印发《健康中国—2030规划纲要》,2019年印发《健康中国行动(2019—2030年)》,均对社会心理健康工作进行了战略部署。2012年颁布《中华人民共和国精神卫生法》,2016年多部门印发《关于加强心理健康服务的指导意见》;中央政法委、中央综治委2016年印发《关于充分发挥综治中心作用 加强社会心理服务疏导和危机干预工作的若干意见》;在中共中央办公厅、国务院办公厅印发的《关于改革完善社会救助制度的意见(2020)》中,鼓励帮助受到侵害但无法获得有效赔偿的生活困难当事人摆脱生活困境,为生活家庭提供救助帮扶、心理疏导、关系调适等服务;鼓励社会工作服务机构和社会工作者为救助对象提供心理疏导、能力提升、社会融入等服务。这些文件的颁布进一步推动了全社会心理健康和社会心理服务工作的开展,为提升国民心理健康水平、推动社会和谐稳定发展发挥了重要作用。

为贯彻落实党的十九大提出的"加强社会心理服务体系建设,培育自尊自信、理性平和、积极向上的社会心态"的要求,以及党中央、国务院关于社会心理服务体系建设的决策部署,国家卫健委等十个部门于2018年11月联合发布了《关于印发全国社会心理服务体系建设试点工作方案的通知》,重庆市卫健委等十个部门也联合印发了《重庆市社会心理服务体系建设试点工作方案的通知》(渝卫函〔2019〕17号),这为重庆市基层社区进行心理服务体系建设和社区心理服务提供了纲领性文件。按照《全国社会心理服务体系建设试点工作方案》和《重庆市社会心理服务体系建设试点工作方案》的要求,强化党委政府领导和部门协作,建立健全社会心理服务网络,加强重点人群心理健康服务,探索社会

---

① 陈雪峰:《社会心理服务体系建设的研究与实践》,《中国科学院院刊》2018年第3期。
② 吕小康、汪新建:《中国社会心理服务体的建设构想》,《心理科学》2018年第5期。
③ 辛自强:《心理建设:社区治理新方向》,《人民论坛》2016年第18期。

心理服务疏导和危机干预规范管理措施,为社会心理服务体系建设积累经验。这为开展重庆城市社区困难群众心理服务提供了重要的政策背景。

(二)城市社区困难群众心理服务的理论背景

心理健康和社会心理是密切相关的两个概念,但在学术研究和社会实践中内涵不同。在心理学研究中,心理健康和社会心理是不同的研究方向和学科①。

心理健康通常指个体内部心理过程和谐一致,与外部环境适应,良好的稳定的心理状态②③,可以从情绪、自我、人际、认知、适应五个维度测量④。认知功能正常、情绪积极稳定、自我评价恰当、人际交往和谐和环境适应良好是心理健康的标志。我国的科研人员致力于系统认识心理健康问题,开展相应的识别和干预技术研发。社会心理学则是研究人与社会情景交互影响的科学,其核心议题关注人是如何创造和改变环境、环境又如何塑造人的思想与行为、个人及其所属群体在各种环境中如何行动⑤。在社会实践中,社会心理的内涵远远超过该学科的内涵,社会心理服务不仅涵盖心理健康服务,还包括运用心理学各分支学科研究成果满足国家和社会需求,也包括通过研究个体和群体的心理与行为规律来指导国家公共政策制定和社会治理等社会实践。十八届三中全会以来,社会心理服务有了更明确的国家目标,即服务于国家治理体系和治理能力现代化。对此,心理学将发挥如下独特作用:(1)心理学不仅具有自然科学的学科属性,还具有社会科学的学科属性,能够解释很多社会过程和社会问题的作用机制;(2)社会治理理念所倡导的管理模式需要对人的心理和行为有深刻理解,心理学及诸多分支学科的目的都在于此⑥;(3)上述理论和社会实践为开展社区特殊人群(如困难群众)的心理服务工作奠定了理论基础,积累了实践经验。

综上所述,心理健康和社会心理服务越来越受到广泛重视,党和国家相关政策要求从心理疏导拓展到心理健康教育和心理服务,并进一步拓展到内涵更丰富、目标更明确的社会心理服务。心理服务是社会心理服务体系建设的重要组

---

① 陈雪峰:《社会心理服务体系建设的研究与实践》,《中国科学院院刊》2018 年第 3 期。

② 黄希庭、郑涌:《大学生心理健康教育》,华东师范大学出版社 2009 年版。

③ 张侃:《国民心理健康状况、影响因素及对策》,科学出版社 2012 年版。

④ 张文晋、郭菲、陈祉妍:《压力、乐观和社会支持与心理健康的关系》,《中国临床心理学杂志》2011 年第 2 期。

⑤ 王芳、刘力、许燕等:《聚焦重大社会现实问题的社会心理学研究》,《中国科学院院刊》2012 年第 S1 期。

⑥ 杨玉芳、郭永玉:《心理学在社会治理中的作用》,《中国科学院院刊》2017 年第 2 期。

成部分①,社会心理服务体系建设是推进国家社区治理体系和治理能力现代化的重要举措,也是开展社区困难群众心理服务的理论保证。

三、重庆城市社区困难群众心理服务的经验和模式

(一)重庆城市社区困难群众心理服务体系构建思路

基于上述理论分析和实证研究,我们尝试提出城市社区困难群众心理服务体系构建的整体思路,即强调以养成理性平和、积极向上的社会心态,培育健全人格和内生动力为基本理念;以培养良好心态、提升心理健康素质为发展性目标,以调节不良心态、疏解心理问题为干预性目标;在运行体制上构建"三维、四级、两平台"的联动体制,建立"实时掌握舆情,主动开展服务"的心理服务工作模式(见图2)。

在运行机制上,应做到"家—校—社"协同联动,构建家庭—学校—社区三位一体的三维运行机制。家庭负责监测和监护,并对家庭成员出现的心理问题及时反馈给社区心理服务机构;学校负责监管困难家庭子女在学校的心理状况,并在出现心理问题时进行及时处理,必要时反馈给上一级心理服务机构;社区负责监测辖区内所有困难群众的心理状况,并对出现心理问题的困难群众进行及时心理疏导和心理咨询,必要时转介到专业性心理服务机构。确保困难群众及其子女,无论身处家庭、学校和社区,均能及时得到应有的心理服务。

在管理方式上,构建"市级—区级—街道—社区"四级心理服务管理机构和服务机构,制定各级管理制度和心理服务标准,并整合"家—校—社"协同联动机制以及社会心理服务机构,建设困难群众心理状况"实时监测预警平台"和"主动服务干预平台",及时发现困难群众出现的心理问题,注重家庭心理危机预防和个体心理危机援助,并促使各级心理服务机构对其主动服务,最终消解困难群众的心理问题,提升其心理健康水平和幸福水平,促进家庭和谐及社区稳定。

(二)重庆城市社区困难群众心理服务的经验模式

通过对重庆城市社区困难群众开展心理服务的实践,我们摸索出一套行之

---

① 何华敏、胡春梅、胡媛艳:《城市社区心理健康服务体系的构建》,《中国健康心理学杂志》2015年第7期。

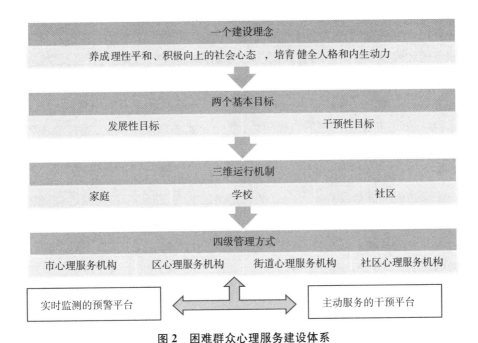

图 2　困难群众心理服务建设体系

有效、可供复制并易于检验的社区困难群众心理服务的"五心循环"经验模式（见图 3），阐述如下。

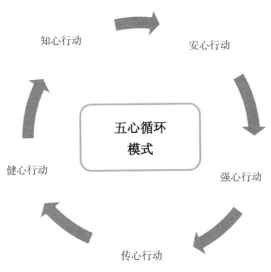

图 3　困难群众心理服务的经验模式

"五心循环"经验模式始于知心行动，此后依次为安心行动、强心行动、传心行动和健心行动，之后又与知心行动形成闭环，由此构成了重庆城市困难群众心理服务的经验模式。具体而言，(1)知心行动，指通过自己反馈、社区反馈、入户走访和心理诊断，让困难群众了解其心理状况和心理健康水平，认识到心理问题的危害和心理健康的重要性，并积极配合后续开展的各项心理服务。(2)安心行动，基于知心行动所发现的心理问题，借助专业心理服务团队，通过心理咨询和疏导使困难群众缓解消极情绪，积极应对生活变故，提升心理健康水平，使其安心生活、舒心工作。(3)强心行动，在安心行动取得心理服务成效的基础上，进一步增强困难群众及其家人应对消极情绪的能力，进一步提高其心理健康水平，并使之稳固、定型，达到强壮自我之心的目的。(4)传心行动，在困难群众自身心理健全的基础上，进一步发挥其社会影响功能，通过自己影响家庭成员，通过家庭影响社区的其他家庭，传递善良、美好之心，在社区中形成良好的积极心态感染氛围。(5)健心行动，通过上述循环，健康身心、体验幸福，培育困难群众的健全人格和心理健康素质，使其形成理性平和、积极向上的社会心态，达到社区和谐、社会稳定的最终目标。

（三）重庆城市社区困难群众长期贫困与心理健康相互作用的心理机制分析

基于困难群众长期贫困和心理健康的研究成果，以及社区困难群众心理服务实践总结，按照"长期物质贫困——心理问题呈现——心理贫困加剧——内生动力减弱——心理缺陷加重"的思路，我们尝试提出重庆城市社区困难群众长期贫困与心理健康相互作用的心理机制模型。见图4。

由于各种致贫因素的综合作用，某些社区群众陷入长期物质贫困并因此影响其心理健康状况，出现两条影响路径：一是心理状况的良性发展，继续维持心理健康和积极心态，由此摆脱心理贫困，并增强脱困内生动力，达到主动脱困、返贫阻断，从而形成健全心理和健全人格，并在各种外力作用下，最终摆脱物质贫困。二是心理状况的恶性发展，在物质贫困的影响下，困难群众出现各种心理问题和消极心态，由此加剧心理贫困程度，并大大减弱脱困内生动力，最后陷入被动脱困的境地，返贫风险随时存在，并进一步恶化心理健康状况，再次陷入更长期的物质贫困，形成恶性循环。但是，在出现心理问题和消极心态之后，恶性发展路径的每个环节，均可以通过有效的心理干预向良性循环的路径转化。

在长期贫困与心理健康相互作用的心理机制模型中，心理贫困和脱困内生

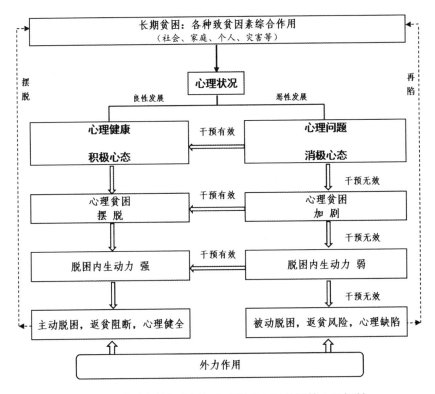

图4 困难群众长期贫困与心理健康相互作用的心理机制

动力是两个重要的中介变量,如果困难群众在长期物质贫困的处境中,能够摆脱心理贫困,增强脱困内生动力,就会主动脱困,并形成健全心理和健全人格,从此彻底摆脱物质贫困,形成良性循环;否则,就会陷入更大的返贫风险,再次损害心理健康,使其再陷长期物质贫困,形成恶性循环。

四、重庆城市社区困难群众心理服务的对策与建议

根据上述对重庆城市社区困难群众心理服务经验模式的探讨,提出如下对策与建议。

第一,促进困难群众的家庭功能完善。家庭是个人成长的港湾,也是社会的细胞。和谐的家庭氛围有助于个人发展积极心理品质,促进个人健康成长,形成健全心理和健全人格。因此,需要重视困难群众的家庭功能完善,培育积极和谐的家庭氛围,加强家庭成员的亲密关系,形成有利于个人发展和成长的家庭功

能。建议从夫妻关系、亲子关系、婆媳关系等家庭成员的重要关系建设着手,采用家庭心理咨询和治疗的手段,促进困难群众的家庭功能完善。

第二,培育困难群众的积极社会心态。社会心态是指一定时期内大部分社会成员对自身及现实社会所持有的较普遍的社会态度、价值判断和行为取向的总和。它来源于社会存在,产生于社会个体心理,具有大众性、感染性、转换性等特点。对社区困难群众而言,培育自尊自信、理性平和、积极向上的社会心态具有重要作用,能使其对自身生活状况有正确的认知,理性看待生活和工作中遇到的困难和挫折,有效缓解社会不良情绪,凝聚起对抗逆境生活境遇的强大精神力量。建议从困难群众的心理建设入手,采用积极心理学的手段和五心行动循环模式,培育其积极社会心态和理性平和的处事方式。

第三,帮助困难群众逐渐摆脱心理贫困。坚持调动广大困难群众的内在积极性、主动性和创造性,激发其摆脱困难境况的内生动力。摆脱贫困和困境必须首先摆脱心理贫困,因此,在救助时需实行物质帮扶和心理帮扶相结合,引导困难群众依靠自身努力和顽强意志摆脱心理贫困。让心理脱贫基础更加稳固、成效更可持续。对困难群众坚持长期培育和支持,促进内生动力可持续发展。建议从培育正确的价值观、积极的自我观和主动的行为倾向三个方面入手,形成持续的内生动力,使其逐渐摆脱心理贫困的处境。

第四,构建"政府+社会组织+家庭+学校"联动机制。重视家庭教育,引导困难群众家庭关注孩子的心理健康,改善亲子沟通方式,营造良好的家庭心理氛围。家长应随时关注孩子的心理与行为异常,必要时向专业机构与专业人员寻求帮助。家长应注意与孩子的沟通方式,避免简单粗暴。各级学校应构建完善的学校心理危机预防、筛查、干预机制,高度重视困难家庭子女的心理危机预防、筛查与干预机制的建设,将心理危机筛查纳入学校常规安全隐患排查工作中。通过学校心理氛围建设完善心理危机预防机制。注重筛查,构建完善的心理危机筛查机制。加强研判,及时发现心理高危对象,及早进行综合干预,针对心理问题学生开展校内外综合干预。学校应会同街道社区、民政等政府部门共同为特殊家长开展辅导,为家庭处境不利的学生提供相应的社会支持。同时,借助社会组织的力量开展专业心理服务。建议在全国社会心理服务体系建设的大背景下,政府、社会组织、家庭和学校应主动参与对困难家庭成员的心理防控,构建心理联防联控机制。

第五,防止已脱贫困难群众返贫。我国脱贫攻坚战已取得全面胜利,区域性整体贫困得到解决,完成了消除绝对贫困的艰巨任务。但是,城市困难群众彻底摆脱贫困仍是今后一个时期面临的重要工作。因此,要防止城市社区困难群众返贫,构建返贫阻断长效机制;对易返贫的困难群众要加强监测,做到早发现、早干预、早帮扶,防止其由于再度陷入贫困而导致心理问题重现。建议对已脱贫困难群众的心理健康状况建档立卡,随时监测、跟踪他们心理状况的变化,做到实时监测、主动服务。

第六,加大困难群众心理服务工作培训。为提升基层工作人员的心理服务能力,国家卫健委发布了《社会心理服务体系建设试点地区基层人员培训方案(2020)》。对基层医疗卫生机构、街道、社区、学校、企事业单位、社会组织等基层工作人员,开展心理服务的"8+X"模块化培训,要求所有受训人员参加包括基础知识、科普宣教、问题识别、人际沟通与干预、生活压力与应激管理、精神康复管理、重点人群服务、特殊人群服务8个基本模块的培训。建议街道和社区与困难群众心理服务工作有关的人员,全员参与培训,由此提升基层社区工作人员的心理服务能力和专业素养,更好地为社区困难群众提供高质量心理服务。

(作者单位:西南大学心理学部;

重庆市民政局社会救助处)

构建"政策找人"工作机制，
打造长宁困难群众关爱服务体系

沈　昕　徐　军　周佳捷

党的十九大以来，我国突出保障和改善民生，随着全面建成小康社会，历史性解决了绝对贫困问题，党的二十大报告中对"增进民生福祉，提高人民生活品质"提出了更高要求。习近平总书记指出要紧紧抓住人民最关心、最直接、最现实的利益问题，深入群众、深入基层，着力解决好人民群众急难愁盼问题，增强均衡性和可及性，扎实推进共同富裕。"十四五"时期，社会救助作为国家治理体系中兜底性、基础性制度，正处在高质量发展的新阶段。在中国式现代化背景下，社会救助发展理念有了创新转变，以"政策找人"实现"人民共享"是确保困难群众共享改革发展成果的目标路径。

上海市长宁区认真贯彻落实中共中央办公厅、国务院办公厅印发的《关于改革完善社会救助制度的意见》，围绕增进民生福祉、促进共同富裕的目标，以数字赋能为依托，做深做实"政策找人"工作机制，打造困难群众"幸福清单"，初步形成困难群众主动发现综合服务制度，逐步探索出一套困难群众关爱服务体系，实现精准服务、主动服务、直达服务，让困难群众真切感受到来自党、政府和社会的关怀与温暖。

一、推行"政策找人"工作机制的现实意义

社会救助事关困难群众基本生活和衣食冷暖，关系民生、连着民心，是保障基本民生、促进社会公平、维护社会稳定的兜底性、基础性制度安排，是国家治理体系和治理能力的重要组成部分，也是我们党全心全意为人民服务根本宗旨的集中体现。习近平总书记强调，要坚持以人民为中心的发展思想，扎实做好保障

和改善民生工作，实实在在帮助群众解决实际困难，兜住民生底线。

社会救助当前正处在高质量发展的新阶段：

2020年8月在中共中央办公厅、国务院办公厅印发《关于改革完善社会救助制度的意见》中，提出"到2035年，实现社会救助事业高质量发展，改革发展成果更多更公平惠及困难群众，民生兜底保障安全网密实牢靠，总体适应基本实现社会主义现代化的宏伟目标"。

2021年1月，上海发布了《关于全面推进上海城市数字化转型的意见》，提及上海将整体性转变，推动"经济、生活、治理"全面数字化转型。

2021年6月，中共上海市委办公厅、上海市人民政府办公厅印发《关于改革完善社会救助制度的实施意见》，明确"关注'不声不响'的困难群众，增强主动发现、主动服务、实现社会救助从'人找政策'向'政策找人'转变"。

社会救助工作作为社会保障体系的重要组成部分之一，需要在解决困难群众"所急、所忧、所盼"的基础上，从"及时性、便捷性、精准性"的角度为困难群众提供救助服务。在数字化时代背景下，社会救助要从"被动救助"向"主动救助"转变，从而实现"政策主动找人""服务精准到人"。

推行"政策找人"工作机制具有重要意义，主要体现在三个方面：

一是推动实现社会救助从被动施救到主动预防的跨越，通过政策、措施、服务的主动输送，防止社会救助边缘人群陷入社会救助困境。二是推动实现困难群体从政策全覆盖到"应保尽保、应救尽救"，让每个符合政策条件的困难群体，都能享受到政策福利，确保困难群众该享受的政策"不漏一人、不落一项"。三是推动提高社会救助效能，进一步减少政府施救到困难家庭的"时间差"，实现对困难群众的精准、及时赋能，在困难发生第一时间发挥社会救助的兜底保障作用，提前化解贫困风险。

近年来，长宁区以全国社会救助综合改革试点区为契机，构建了由最低生活保障家庭、低收入家庭、支出型家庭和特殊困难家庭组成的社会救助"四圈"防线。目前，长宁区救助帮扶的目标对象从原有以低保家庭为主的约5800人，拓宽至近3.2万人。为了有效实现救助资源的"按需对接"，长宁区推进大数据、人工智能等现代信息技术在社会救助领域的运用，深化推进"社区救助顾问"制度，积极探索"政策主动找人、服务主动递送"救助帮扶模式的可行性，找准问题、精准施策，不断加强困难群众的主动发现机制。

二、长宁区推行社会救助领域"政策找人"的主要做法

从"被动"到"主动",从"人找政策"到"政策找人",是民生服务理念的重大转变与突破。为此,长宁区用"大数据"为困难群众发声,从"线上"和"线下"两个路径建立主动发现机制,借助大数据平台,主动发现、主动救助"沉默的极少数",在实现从"人找政策"到"政策找人"的创新道路上,注重系统性、操作性和联动性,通过数据赋能,匹配需求清单和资源清单,把帮扶主动送到困难群众身边,实现政策到人、服务到人、关爱到人。

(一)打通数据壁垒,完善评估机制

一是汇集困难群众数据信息。在"一网统管"框架下,依托大数据中心,开发"长宁区精准帮扶信息系统",打通区民政、医保、人社、教育、残联等跨部门数据,实现部门间信息数据的共享比对,并汇集涵盖低保、低收入、支出型贫困和特殊困难家庭等困难群众的数据。

二是完善线上综合评估机制。为了解困难群众具体困难需求及程度,研发线上"困难群众救助需求综合评估系统",从多维贫困视角出发,从困难家庭综合需求着手,选取物质、健康、教育、就业、社会支持、儿童青少年家庭占比6大维度10个指标①,作为衡量致贫致困的考量因子,根据长宁经济社会发展情况确定每个指标的权重,建构困难家庭风险指标综合测评模型。通过线上评估系统的结果运用,对困难群体进行贫困类别和贫困强度等级区分,综合评价服务对象的困境维度和需求,将家庭困境程度科学区分为高度、中度和低度。同时,以多维贫困指数全面反映"区域贫困差异",从而达到精准锁定救助对象、精准识别救助需求的目的。

(二)开展"标签"管理,实现精准"画像"

一是打造救助领域身份标签。为便于社区干部开展针对性上门走访和落实"精准帮扶",长宁区推动"区精准帮扶信息系统"与市民政局延伸居村的"社区云"对接,在全市率先推进"社区云+精准帮扶"救助模式。构建"9+1+N"社会救助帮扶"标签字典",在"社区云"上为社区困难群众贴上相应"标签",其中,"9"

---

① 10个指标具体细化为:收入困境、居住困境、疾病困境、残疾困境、教育困境、就业困境、社会保障困境、社会参与困境、儿童青少年家庭负担、儿童青少年家庭环境。

指的是低保、特困、重残、低收入、支出型等民政救助对象；"1"指的是社会力量参与救助的困难群体；"N"代表个性化身份，包括中共党员、志愿者、退役军人、独居老人等。

二是绘制困难群众精准画像。通过政务微信"社区云"板块，居委的走访关爱信息均可通过手机端实现记录汇总。以居民区、小区为单元，将困难群众的具体信息数据反馈给居民区，形成可标签索引、可自动匹配的数据库，做到"实有人口＋困难人员＋社会身份"的三覆盖，绘制困难群众精准"画像"，让社区工作人员可通过"社区云"，对困难群众"一目了然"，主动发现困难群体中"沉默的少数"，逐步实现系统预警、主动推送，使救助模式由"碎片化"向"整体化"转变。

（三）强化资源整合，形成救助清单

一是在供给侧形成"资源清单"。一方面，梳理全区涉及民政、教育、卫生、人社、住房等 11 个部门的 22 类项目 72 个政策文件，建立"政策信息清单"，并通过线上"困难群众救助需求综合评估系统"对困难群体进行政策匹配。每年修订编印《社会救助政策一本通》，通过公众号、门户网站、微信二维码建立救助政策快速查询通道。另一方面，对政府、市场、社会等各类社会救助资源进行系统梳理，按照困难群众实际需求进行救助资源类别划分，建立"救助资源清单"。对接热心市民、志愿者、企事业单位、公益慈善组织，形成汇集 449 家服务机构的救助资源库。

二是在需求侧形成"心愿清单"。强化社会救助帮扶对象评估结果的有效应用，开展困难家庭摸底调查，及时了解、掌握、核实相关情况，建立困难群众"心愿清单"。在对接"资源清单"和"心愿清单"基础上，制订"一户一策"帮扶方案。比如，重点关注有残疾人、老年人、未成年人等成员的困难家庭，根据急难程度提供相应的社区养老、康复护理、未成年人成长计划、心理咨询等救助帮扶服务。

（四）优化实施路径，落实闭环管理

一是开展社区救助顾问标准化建设。长宁区各街镇根据辖区实际情况，建成救助顾问实体工作站。新泾镇社区救助顾问服务站入选 2022 年上海民政系统标准化试点示范单位。通过定期派驻专业社会工作者值守，为困难群众提供政策引导、资源链接、需求评估、心理疏导、减压增能、社会融入等服务。同时，引导多元主体参与社会救助，主动对接爱心企业、社会组织等，建立救助服务联合体。通过宣传、志愿活动等形式，组织、动员社会力量开展社会救助服务，开发更多的社会救助资源,不断优化完善《长宁区"社区救助顾问"工作指南》。

二是深化推进社区救助顾问制度。将线上困难群众信息与线下救助顾问团队相结合,通过走访调研、入户调查等方式主动发现困难群众,由区、街镇、居民区的社区救助顾问和志愿者、第三方专业机构适时介入,有效利用"政策信息包""现金救助包""资源链接包""赋能服务包"等,为不同类型、不同强度的困难群众开展分类适配的救助帮扶服务,从而实现社会救助工作的闭环管理,推动精准帮扶落到实处。

三、"政策找人"实践成效的重要突破

"政策找人"工作机制为社会救助转型提供支撑,有利于促进社会救助的高质量发展,有利于健全分层分类社会救助体系,其根本目的是增进民生福祉、促进共同富裕。长宁区通过建立"大数据比对+入户走访核查+信息动态管理"的线上线下融合发展模式,推动社会救助从"传统帮扶"向"智能帮扶"和"精准帮扶"转变,逐步实现"需求统一评估、对象统一认定、结果多方应用、救助综合实施",探索出一套困难群众关爱服务体系。重要突破主要体现在三个方面:

一是实现社会救助从"被动施救"到"主动帮扶"的跨越。不少基层同志说,社区有不少困难群众出于各种原因,对自己的困境"沉默不响",一般不会主动上门找居委会或是政府部门帮助,导致未能享受救助帮扶政策,生活困境因而无法改变。长宁区通过政策、措施、服务的主动输送,防止社会救助边缘人群陷入社会救助困境。比如长宁区江苏街道的居民小王,受疫情影响导致失业,因学历低一直无法找到合适的工作,依靠父亲微薄的退休金维持二人的基本生活。小王的家庭属于低收入家庭,其父亲曾因医疗费用支出较大,申请办理了临时救助。街道救助顾问根据困难群众精准"画像",通过线上"困难群众救助需求综合评估系统"的综合评估,主动筛选到小王存在就业困难的问题,及时进行入户走访,进一步为其对接心理疏导和就业援助。经过社区救助顾问的多方联动,目前小王已找到了一份满意的工作,收入稳定。

二是实现困难群体政策全覆盖,做到"应保尽保、应享尽享"。许多基层同志认为,通过线上"困难群众救助需求综合评估系统"的评估和"社区云"困难群众的"标签字典",使社区中困难群众的困难类别和程度分得非常清楚,为后期精准救助提供了有力数据信息支撑。让每个符合政策条件的困难群体,都能享

受到政策福利,确保困难群众该享受的政策"不漏一人、不落一项"。比如长宁区北新泾街道的居民吴阿姨,因缴金问题无法退休,导致家庭收入减少,生活陷入困境。吴阿姨和其丈夫都是重度残疾人,女儿小邵尚未成年,是街道关注的困境儿童,街道长期跟进关注该家庭生活状况。救助顾问在国庆走访慰问中,了解到吴阿姨单位因其已到法定退休年龄,不再继续聘用,而因其缴金不满3年,无法办理退休,吴阿姨因收入减少焦虑不已。救助顾问通过线上"困难群众救助需求综合评估系统"为其评估困境程度,匹配到低收入政策,主动为其介绍了低收入专项救助和困难残疾人生活补贴政策,同时对接劳动部门,一次性为其办理补缴金事宜。不仅解决了退休问题,更为其谋获了更多的社会救助帮扶政策。

三是实现社会救助服务效能的全面提升,推进"物质+服务+心理"的多元救助。"十四五"期间,既要在"救"上下工夫,切实保障好困难群众基本生活,也要在"助"上谋发展,增强困难群众内生动力和自我发展能力。长宁区坚持"做实线下,用好线上"的思路,以"评估系统"为基础,注重服务救助和心理救助,锁定"贫困"目标人群,进行社会救助"靶向施策",实现对困难群众的精准、及时赋能,做到困难对象早发现、早介入、早救助。

四、做深做实"政策找人"机制的目标路径

改革完善社会救助制度是党和政府的重大决策部署,是巩固和拓展民政领域脱贫攻坚成果的重大制度安排。"政策找人"机制有利于推动社会救助高质量发展,优化社会救助制度,健全分层分类社会救助体系,其根本目的是改善民生福祉、促进共同富裕。经过多年的创新发展,长宁区已初步形成困难群众主动发现综合服务工作机制,逐步探索出一套困难群众关爱服务体系。

一是加快线上大救助数据和线下社区救助顾问的流程再造。通过"社会救助一件事"等形式,结合"线上+线下"的工作模式,畅通政策、服务传输通道,提高智能查找救助对象的主动性、便捷性和高效性。

整合多部门人口数据,结合长宁区精准帮扶信息系统,在"社区云"市、区、街镇现有的标签基础上,明确民生体征标签,建立身份标签和特征标签,完善全区困难群众综合信息数据库;借助数据库,主动发现"隐蔽的需求"、主动救助"沉默的少数",找准问题、精准施策,不断加强困难群众的主动发现机制;注重

社会救助"数字化转型"的系统性、操作性和联动性,进一步推动救助事项"网上办""掌上办""码上办",做到一个平台管全区、一组数据看态势、一张地图找点位、一部手机办事项。

二是运用大数据思维,精准对接困难群众综合需求和服务资源。以信息化建设为推手,通过政策、措施、服务的数字化,完善社会救助工作体系,提升救助帮扶服务的精准性、充分性和综合性。

依托"社区云"建设,对接教育、人社、医保、房管等部门,实现部门间信息数据共享比对,锁定疑似困难群众和高危返贫预警对象,适时发出监测预警信息,提前化解贫困风险;转变基层工作人员的传统观念,强化数字化思维,培养使用信息化技术的能力;不断完善并积极运用困难群众救助需求综合评估系统,针对不同类型困难家庭明显的异质性,构建困难家庭识别机制,通过入户调查和困难家庭走访,进一步完善困难家庭"幸福清单"。

三是注重在物质生活和精神生活上给予困难群众救助帮扶。从服务层面和心理层面上,引入多方力量共同参与,提供有针对性的、个性化的救助服务,健全完善困难群众关爱服务体系,不断强化帮扶对象的能动性、自主性和互助性。

用数字化的方式打造大救助应用场景,主动对接爱心企业、社会组织和个人的救助资源,引导社会力量有序参与社会救助;倡导建立救助服务联合体,设立社会救助服务项目,为各类困难群众提供分群分级的救助帮扶,如针对不同家庭结构模式的困难家庭开展社区养老、康复护理、未成年人成长计划、就业促进和能力提升、心理疏导和社会融入等救助服务项目,推动实现主动发现、精准推送和服务直达;创新完善社会服务,探索发布企业参与社会救助、履行社会责任方面的报告,激发全社会共同参与社会救助的活力;通过"党建+社会救助",加强困难家庭探访,每个家庭至少有1名党组织或党员结对帮扶,每季度至少上门探访一次,让困难群众真切感受到来自党、政府和社会的关怀与温暖。

2022年,正是步入第二个百年奋斗目标的新征程,数据赋能已成为社会救助的发展趋势。着眼未来,"大数据"成为社会救助工作的外脑,"救助顾问"成为社会救助工作的主力,汇集救助资源包在内的智能终端,在提升了社会救助服务能级的同时,也正在不断以更优的供给满足困难群众需求。长宁区依托"大数据"精准发现困难群众,及时介入并实施救助方案,积极打造困难群众关爱服务体系,把救助政策送到群众家里,把救助服务做在群众开口之前。让越来越多的困难人员及家庭享受到社会救助政策。未来长宁区要采取针对性更强、覆盖面更大、作用更直接、效果更明显的举措,实实在在帮群众解难题、为群众增福祉、让群众享公平,为提供全国社会救助高质量发展提供长宁经验。

(作者单位:上海市长宁区民政局)

多元主体参与困境儿童救助研究

——以重庆市 H 区为例

伍先斌　陆　李　万小晓

儿童是一个国家和民族的未来,保障儿童权益是全社会共同为之努力的目标。据 2020 年第七次全国人口普查公布的数据,我国 0—14 岁人口为 25338 万人,占总人口数的 17.95%,较 2010 年增加 1.35%。[①] 党的二十大报告明确指出,要保障妇女儿童合法权益。"保障妇女儿童合法权益"在连续三届的中国共产党全国代表大会中提及,充分彰显党和国家对妇女儿童事业发展的高度重视。在全面建成小康社会后,我国踏上了全面建设现代化国家的新征程,"十四五"时期,如何保护困境儿童的权益、提高他们的保障水平,是社会和谐发展的重要内容。

重庆市 H 区为贯彻落实国务院《关于加强困境儿童保障工作的意见》,提出以加快形成"家庭尽责、政府主导、社会参与"的困境儿童保障工作格局为目标,在该目标导向下 H 区困境儿童的救助工作取得了一定的成效,其困境儿童的合法权益保障增强,生存和发展环境得以改善。但随着城市化进程的加快,H 区困境儿童面临着新的问题和挑战,部分困境儿童人身安全以及生存发展等基本权利时常受到威胁和影响。救助困境儿童,由政府一家支持难以为继,社会组织、社区、家庭等也应给予支持,因此,改进多元主体共同参与的困境儿童救助工作迫在眉睫。

一、困境儿童救助概念界定与分类

救助是国家和社会为陷入生存和发展困境的群体提供物质或者服务帮助,

---

① 国家统计局:《〈中国儿童发展纲要(2021—2030 年)〉统计监测报告》,《中国信息报》2023 年 4 月 21 日。

使他们基本生活得以保障的一种社会保障制度①。困境儿童救助是救助的一个分支,但目前学术界对其并无明确定义。通过梳理各学者的观点以及参照救助的定义,本文将困境儿童救助总结如下:困境儿童救助是指政府、社会组织和家庭等主体针对困境儿童面临的生存和成长困境为其提供物质支持和心理帮助,使他们的基本生活、教育、医疗等得到基本保障。②

当前学者对困境儿童的讨论主要有以下三个方面:一是从困境儿童的分类角度概括,主要包括弃婴、孤儿、残疾儿童、流浪儿童、贫困地区的儿童、寄养儿童、艾滋病孤儿、犯罪家庭的儿童、患自闭症儿童和童工③。二是从家庭类型角度概括,困境儿童包括离异家庭的儿童、单亲家庭的儿童、被拐卖的儿童、社会孤儿、服刑人员的未成年子女和滞留在福利院机构的打拐儿童④⑤。三是从困境儿童的共同点来概括。困境儿童的共同点就是没有人可依靠,需要社会网络的帮助,来保障他们的成长⑥。本文所谈到的困境儿童,是指由于自身和家庭原因而陷入生存、发展和安全困境,需要政府和社会予以关心帮助的未满 18 周岁人群。

二、H 区困境儿童多元主体救助现状分析

近年来,H 区不断加强困境儿童保障工作,以加快形成"政府主导、社会参与、家庭尽责"的困境儿童保障工作格局为目标,积极开展各项举措。本文将从多元救助主体视角分析 H 区困境儿童救助现状,概括救助成效与不足。

(一)政府参与救助层面

近年来 H 区十分关注做好困境儿童救助工作,H 区在困境儿童的基本生活、教育和医疗救助等方面取得了一定成效。在基本生活救助方面,H 区通过精

---

① 杨立雄:《谁应兜底:相对贫困视角下的央地社会救助责任分工研究》,《社会科学辑刊》2021 年第 2 期。

② 王琪:《"困境儿童"的救助模式与路径研究》,《青少年学刊》2018 年第 6 期。

③ 刘继同:《国家与儿童:社会转型中国儿童福利的理论框架与政策框架》,《青少年犯罪研究》2005 年第 3 期。

④ 刘继同:《儿童健康照顾与国家福利责任重构中国现代儿童福利政策框架》,《中国青年研究》2006 年第 12 期。

⑤ 向辉:《困境儿童的监护权转移》,《社会福利》2012 年第 2 期。

⑥ 尚晓援、虞婕:《建构"困境儿童"的概念体系》,《社会福利》(理论版)2014 年第 6 期。

准救助,依托30名儿童督导员和419名儿童主任,开展全覆盖走访和信息摸底,将困境儿童纳入城乡低保,困境儿童的基本生活得到了改善;在教育救助方面,H区坚持打造"助学"和"健康"等精品专项课程,对符合条件的儿童发放助学金,保障困境儿童受教育的权利;在医疗救助方面,H区深入推进"明天计划",对困境儿童定期进行免费体检,建立健康档案,困境儿童的健康保障得以提升。有鉴于此,H区重视推进困境儿童救助工作的开展,努力实现困境儿童"困有所依、学有所教、病有所医,救助有门"的长远目标。但是目前还没有建立专门的困境儿童救助机构。对困境儿童的救助和保护基本上是由多个部门一起开展,目的是加强各部门之间的密切协作,从而及时解决工作中面临的一系列问题,但各部门在实际活动中分工不明确,联动不足。

（二）社会组织救助层面

近年来,H区政府逐步增加困境儿童服务购买项目,更多社会组织参与到困境儿童救助工作中进来,此举扩大了困境儿童救助网络,有利于为困境儿童提供专业化服务。此外,H区政府积极开展了"专业社工、守护儿童、托起希望"主题宣传活动,增加了民众对社会工作的了解,为社会组织开展活动提供便利。H区还印发了5000余份《告家长书》并在全区30镇街的419个村（社区）进行宣传,引导家庭履行监护责任。这些宣传活动有利于各方力量加入困境儿童救助中来,一方面扩大了困境儿童救助支持网络,使困境儿童救助朝着专业化发展;另一方面促进了困境儿童保障水平的提高。另外,H区积极贯彻国务院关于加强困境儿童保障工作的意见,在困境儿童救助工作中建立了政府主导与社会参与良性互动机制,加快培育专业社会救助服务机构、慈善组织、志愿服务组织等社会组织。尽管H区社会组织的数量近几年增加较多,专业化水平也有所提升,但H区社会组织的发展仍然落后于该地区经济社会发展,特别是不同类别的社会组织发展情况参差不齐,与"十四五"社会组织发展目标仍有较大差距,这种发展的不均衡性使得救助效果受限。

（三）社区参与救助层面

H区利用各社区已有的公共服务设施来开辟儿童活动和服务场所,将儿童服务纳入社区公共服务体系。为加强公众对困境儿童的救助意识,H区在各个社区设立宣传栏以及发放宣传单,来弘扬社会主义核心价值观和中华民族恤孤慈幼的传统美德,鼓励、倡导邻里守望和社区互助行为,并表彰先进典型,发挥示范带动作用。但是在实践运行中H区各社区情况迥异,不仅在运行中有许多问题,而且社区参与度很低,在 H 区 419 个社区(村)中愿意参与到困境儿童救助的只有 8 个街道和 1 个村,不利于全面开展社区救助工作①。

(四)家庭参与救助层面

对于困境儿童而言,家庭救助功能是最基础的功能,作为儿童的直接照顾者,家庭直接干预儿童的健康、教育、心理等方面。H 区相关部门关于家庭救助和保护的工作主要在以下两个方面:一是利用本地的儿童福利机构定期开展家庭教育指导;二是在社区内加强宣传,培养家长科学育儿意识。目前 H 区家庭救助功能的发挥还是依赖于政府及其他相关部门,家庭在其中所承担的责任未能全部利用起来,尚未达到家庭尽责这个目标。

三、H 区困境儿童多元主体救助面临的问题

通过对 H 区困境儿童救助情况进行分析,发现 H 区的困境儿童救助虽取得了一定的成效,但在救助过程中仍然存在很多亟待解决的问题,困境儿童的需求未能得到充分满足。综合来看,H 区多元主体救助参与主要存在以下问题。

(一)政府保障不充分

1. 资金支持有限

一方面,H 区政府对困境儿童的救助水平不高,覆盖面有限。低保补助作为政府补助困境儿童的主要手段之一,对困境儿童生活保障意义重大。随着物价的上涨,困境儿童需要更高水平的救助补贴。近年来,尽管 H 区对困境儿童的补贴水平在逐步提升,但仍无法充分满足困境儿童的需求。此外,低保补助的发放比例并不高,仍然有三成的家庭为未被纳入低保补助范围。另一方面,政府的财政补贴有限。儿童福利院和困境儿童救助站作为困境儿童的庇护所,对改善困境儿童生活状况作用重大。这些机构主要的资金来源为政府财政补贴,次要来源为社会的慈善支持。然而目前 H 区对这些机构的补贴不足使其无法充分满足多样化的困境儿童需求。

2. 政府部门联动不足

困境儿童救助是一个系统的工程,需要政府各个部门相互信任、相互合作。尽管 H 区各政府部门对困境儿童救助工作皆有涉及,但由于各种原因,各职能

---

① 《救助好、关爱多,共谱儿童"关爱之歌"》,合川区民政局,2022 年。

部门开展工作时联动不足现象时有发生。目前,在 H 区困境儿童的监护问题上,救助管理机构作为民政部门下属单位有权对困境儿童行使监督权,但前提是获得司法机关的判决许可。这就可能造成当救助管理机构需要获得临时监护时,而审判机关却未判定临时监护的情况,致使救助管理机构爱莫能助。有鉴于此,可以看出 H 区联动机制并不完善,困境儿童救助效率不高,很多问题亟待解决。

（二）社会组织发展不成熟

1. 社会组织资金来源不稳定

尽管 H 区政府对困境儿童购买服务给予了一定重视,但由于起步晚,政府购买困境儿童服务发展并不成熟,政府对社会组织的信任程度并不高,与其合作并不紧密持久。此外,大众对于社会组织的认可度和支持度不高。目前,H 区社会组织的资金主要来自政府,以募捐、赞助、慈善等方式获得的资金不足,这与该地区群众慈善意识不强和对社会组织的信任度低有很大关系。正是由于社会对社会组织缺乏了解和支持,社会组织资金来源并不稳定,无法保证长期为困境儿童提供救助。

2. 社会组织服务能力有限

首先,H 区社会组织专业服务能力有待增强。目前,社会组织由于资金和资源不足,社会组织工作人员薪资水平不高,一些高素质人才不愿进行社会工作,使得服务质量大打折扣。其次,由于资源有限,H 区社会组织对不同类型的困境儿童资源分配不均,社会组织可能无法为所有困境儿童提供救助,例如相较于留守儿童,同样身处困境中的自闭症儿童往往受到更少的关注。此外,该地区社会组织发展并不均衡,例如心理疏导类社会组织远多于其他类别的社会组织,这不利于社会组织整体救助能力的提升。

（三）社区救助力量发展不足

社区是除家庭之外,困境儿童生活成长的最基础场所。然而 H 区在推进困境儿童专业化治理过程中,社区的作用面还比较窄。

1. 社区福利设施不完善

在推进社区公共服务体系建设中,离不开社区居委会的支持。然而参与困境儿童救助的各专业组织还处于刚刚起步阶段,因此他们的"合法性""公信力"相对较低。在这种情况下 H 区中的绝大多数社区并不愿意将已有的公共服务设施用来开辟儿童之家等儿童活动场所,使得困境儿童救助工作在社区难以大规模开展。例如，H区大多数社区仅提供简单的锻炼器材、一小块运动空地，没有公共学习场所。

2. 社区的监护作用尚未充分发挥

目前H区的社区监护力量、监护意识都比较薄弱。由于过于重视家庭的监护作用，社区监护体系的搭建十分缺失。其中已搭建监护体系的少数社区也仅仅强调意识层面，开展监护工作的儿童保护者大部分都缺少专业知识、信息闭塞等问题，例如，社区中的困境儿童救助人员大多是临时聘用人员和志愿者，没有经过专业、系统的培训，对儿童的基本情况也不太了解，因此难以发挥社区在监护方面的作用。

3. 社区未能形成网格化服务

社区作为困境儿童保护体系中最基层的单位，在救助活动中依赖于各部门的协调配合，因此若社区不能与其他组织形成网格化救助服务体系，会影响其服务效率，并且社区救助效果也得不到发挥。H区的多数社区还未与政府、社会组织、家庭这三方形成良好的互动，不能高效、便捷地利用政府部门、社会组织、福利机构提供的资源，这不利于为困境儿童提供精准、个性化服务。

（四）家庭救助作用薄弱

1. 家庭的救助意识不强

一方面，H区困境儿童的家庭往往等待政府及其他组织为其解决各种困难，缺乏主动了解相关救助政策的意愿，导致政策供给与家庭需求之间存在错位；另一方面，对于困境儿童家庭来说，家长们疲于应对生存的压力，在参与困境儿童早期教育、人格培养、心理干预、健康检查等方面意识不强、意愿不高。这就使得家庭作为困境儿童救助的重要责任方，其作用未能得到充分发挥。

2. 困境儿童家庭养育环境质量差

家庭养育环境的好坏关乎家庭成员的救助意识的养成，H区的困境儿童家庭普遍经济条件差，生活压力大，这使得他们难以充分满足困境儿童的成长环境需求和心理需求。并且当家庭对困境儿童的早期发展支持功能无法正常发挥时，困境儿童在成长过程中将可能会出现心理、健康等问题，最终影响其未来发展，这对家庭和社会来说，都是人力资本的浪费。

3. 家庭养育儿童的功能弱化

H区大部分家庭的人口规模日益缩小，稳定性也随之下降。这种人口结构的改变对于那些因家庭致困的儿童来说，家庭保障功能大大减弱，无法像以前那样得到传统大家庭的支持,这导致当家庭陷入困境时,只依靠小家庭很难摆脱困境局面。

四、完善困境儿童多元救助的对策建议

推动救助主体实现一元到多元的转化,发挥政府、社会组织、社区和家庭等多元主体协同作用是完善困境儿童救助体系的题中应有之义。本文以重庆市 H区为研究对象,尝试从中汲取经验和教训,更好地完善我国困境儿童救助体系。为此,本文提出以下举措推动困境儿童救助问题的有效解决。

(一)提高政府保障水平

1. 促进救助资金合理增长

首先,强化政府在困境儿童救助中的主导地位,增加对困境儿童的财政资金投入,建立与各地区经济发展相适应的财政补贴机制,以促进困境儿童救助补贴的合理增长,使该群体共享经济发展成果。其次,提高困境儿童低保救助金发放比例,逐步扩大救助覆盖范围,最大限度满足困境儿童的需求。此外,还需完善政府购买服务,增加政府购买困境儿童服务资金,发挥政府购买的独特优势,为困境儿童提供更高质量的服务,造福这一特殊群体。

2. 加强各部门沟通合作

困境儿童救助需要加强各部门合作沟通,明确各地困境儿童救助部门的职责。第一,定期召开部门联席会议。定期召开联席会议有利于减少信息不对称现象,全面掌握困境儿童信息,更能够博采众长,有利于推进儿童救助工作的顺利开展。第二,建立监督问责机制。民政部门、司法部门、教育部门等部门是困境儿童救助工作的主要部门,在困境儿童救助网络中,这些部门大多属于同一级别。若没有问责机制,容易造成推诿责任现象,因此建立监督问责机制势在必行。第三,通过搭建信息交流平台,统筹大数据资源,以便打破信息壁垒,增强部门间协作。

(二)提升社会组织救助水平

1. 拓宽社会组织资金来源渠道

政府应当加大对社会组织的扶持力度,完善政府购买社会工作服务制度,加强与社会组织的合作稳定性,激发社会组织的参与积极性,为社会组织更好的服务困境儿童提供有力保障和资金支持。当然,社会组织在资金问题上不能过度

依赖政府,采取多元化的筹款方式是必要的。一方面,社会组织可以利用微信、微博等网络平台,向大众宣传困境儿童救助工作,并通过这些平台募集捐款和筹集资金;另一方面,社会组织可以在法律允许范围内开展经营活动,增强自身造血能力。值得强调的是,公募活动必须合法合规,且以公益性为主,相关部门也要增强监督,防止欺诈现象发生。

2. 推进社会组织自身发展

首先,加强社会组织人才建设。通过对救助工作人员进行专业培训,增加工作人员的相关知识和专业技能,使其更好地投身困境儿童救助工作中去。社会组织还可以积极参与政府职能部门或其他组织开展的研讨会,学习先进经验,进一步完善组织培训计划,培养高素质人才,提高为困境儿童服务的水平。其次,注重资源的整合与分配。社会组织可以根据困境儿童的实际需求和紧急程度进行资源分配,同时加强与其他社会组织和政府的合作,共同解决资源短缺问题,还可以通过建立网络平台,实现资源共享和信息交流,提高资源利用效率。最后,政府要对社会组织进行引导,推动社会组织的均衡发展,提升社会组织的整体救助能力。

(三)完善困境儿童社区服务体系

1. 建立智慧平台,精准服务困境儿童

现如今大数据功能越来越强大,各地困境儿童救助部门需要加快完善困境儿童信息库,利用大数据为困境儿童服务搭建智能供需平台,将困境儿童的需求和供给精准对接,提供更专业、个性化的社区服务。此外,还可以设计与困境儿童救助服务相关的软件,参与困境儿童救助的单位可以在该软件上共享信息、便利沟通,有助于形成网络化服务体系。

2. 加强社区的责任监督与工作评估

制度必须要在监督下运行,只有做好对社区责任主体的监督工作,才能使社区真正承担起责任并减少其消极怠工的现象。可以在社区救助工作中引入第三方评估机构,从而客观、公正地了解各社区服务效果,帮助社区及时调整服务水平,提升救助质量。

3. 增加政府对社区基础设施建设的财政投入

政府要加大对社区儿童基础设施建设的财政投入。在获得政府的财政支持后,社区救助服务中心可以为困境儿童开展多种情绪释放类心灵成长活动,例如舞台剧、音乐会或者一起制作手工作品等活动,培养他们的合作意识、合作精神、合作能力。还可以在社区内建设公共学习场所让困境儿童与健全孩子在一起学习交流,增加困境儿童的学习、交流机会。

(四)充分发挥家庭的救助作用

1. 强化困境儿童家庭的救助地位

家庭参与是政策指向的关键。在制定救助困境儿童的政策方面,要引导政策方向,注重强化家庭在儿童福利支持中的功能和作用,重塑家庭的保障功能。推动形成"家庭尽责、政府主导、社会参与"的困境儿童保障工作格局,把"家庭尽责"当作保障困境儿童福利的第一原则,以此强化家庭在困境儿童救助中的地位。

2. 保障困境儿童家庭基本权益

应该通过立法明晰家庭在保护困境儿童中的责任和权利,强化家庭主动了解救助政策的意识,确保那些潜在的困境儿童可以得到及时的救助和保护,促进困境儿童救助事业健康有序发展。

3. 提高困境儿童家庭科学育儿能力

良好的教育环境有利于培养家庭的科学育儿观、营养均衡观、身心健康发展观等观点,能够帮助困境儿童在学习、运动、成长、情感方面获得有力支持。各地儿童救助机构可以在困境儿童家庭中积极开展科学育儿培训,还可以通过印发教育手册、排练育儿节目帮助家长学习和掌握科学育儿理念。

(作者单位:江西财经大学财税与公共管理学院)

检察视野下涉案困境
未成年人多元化救助问题研究

倪　莎　姚倩男　刘　艳

近年来,未成年人因案件的发生而权益受到损害,陷入生存、健康、教育、发展等方面困境的情况时有发生。2021年6月1日新《中华人民共和国未成年人保护法》正式实施,再次明确保护未成年人是全社会共同的责任。检察机关在开展涉案困境未成年人国家司法救助①工作过程中仍存在诸多不足,亟须与社会化救助相融合,实践中如何进行弥补和完善司法救助缺陷,如何与民政、教育、公益组织等救助主体加强衔接配合,共同构建多元化救助保护格局,更有效地保障未成年人各项基本权利得到充分的保护,成为当前未成年人检察工作的关注点之一。

一、涉案困境未成年人多元化救助的实证考察

自2018年2月最高人民检察院《关于全面加强未成年人国家司法救助工作的意见》(以下简称"未成年人救助意见")实施以来,各地检察机关积极探索多元化救助方式,不断加大对涉案困境未成年人的救助保护力度。以S市F区检察院为例,2020年1月至2022年1月该院共办理国家司法救助案件27件,其中涉案未成年人6件,占总救助案件的22%,较未成年人救助意见实施前的4%有较大提升②。下面结合其中一则救助案例,考察分析涉案困境未成年人多元化救助的实践情况。

---

① 　2014年1月中央政法委、财政部、最高法、最高检等6部门出台《关于建立完善国家司法救助制度的意见(实行)》明确:"国家司法救助是对遭受犯罪侵害或民事侵权,无法通过诉讼获得有效赔偿的当事人,采取的辅助救济措施"。

② 　该院2015年至2017年该院共办理国家司法救助案件48件,其中未成年人国家司法救助案件2件,仅占办理总数的4%。

（一）涉案困境未成年人多元化救助案情简介

2021年3月15日凌晨2时30分许,涉案精神病人石某在上海市F区住处与其父亲石某某、母亲胡某某发生争执,在打斗过程中,石某持菜刀砍切石某泉、胡某某,致石某泉死亡,胡某某左额部皮肤裂创,构成轻微伤。经鉴定,石某患有急性而短暂的精神病性障碍,案发时处于发病期,其在本案中无刑事责任能力,具有受审能力。犯罪嫌疑人石某因涉嫌故意伤害罪于2021年3月15日被F区公安分局依法取保候审,同年4月14日被F区公安分局依法解除取保候审,并采取临时的保护性约束措施。2021年4月20日,F区公安分局以涉案精神病人石某符合强制医疗条件,向F区检察院提出强制医疗意见。该院经审查后于2021年5月18日向F区法院提出对石某的强制医疗申请。

（二）涉案困境未成年人多元化救助案件办理过程

1. 全面调查核实家庭情况

刑事案件承办检察官将该线索及时移送本院司法救助办案部门后,救助案件承办检察官通过对申请人胡某某制作调查笔录、走访其所在村委会、调取相关病例资料等方式,了解到被害人胡某某平日靠扫地打零工补贴家用,无稳定经济来源,石某的妻子外出多年未归,石某的2名未成年女儿分别15岁和8岁,均系在校学生,由胡某抚养,且大女儿患有中度抑郁症,2名未成年人的后续生活、教育、医疗等方面因案件的发生陷入严重困境。

2. 公开听证听取各方意见

由检察长主持公开听证会,邀请人民监督员、人大代表、村委会成员等参加听证会,承办检察官向听证人员介绍基本案情后,与会各方围绕申请人家庭经济情况,是否符合司法救助申请条件,如何对涉案未成年人开展救助帮扶等问题展开讨论。F区检察院在充分听取各方意见及建议后,适当提高了该案件司法救助金额,最终决定对申请人胡某某发放国家司法救助金人民币5万元,该笔资金中包含涉案未成年人心理救助专项资金,并给予社会救助相关政策咨询等帮助。

3. 开展"1+N"多元化救助

向申请人发放司法救助金后,为避免"给钱了事"的简单化做法,承办检察官及时将相关救助线索转介相关主体。如协助该家庭向区民政局申请每月1240元的最低生活保障;对接区教育局、未成年人所在学校,协助2名未成年人申请中小学生资助资金、免除义务教育阶段学校代办服务型收费项目中的餐费和课外教育活动费等;和区心理咨询协会沟通,安排专业心理咨询师定期为2名未成年被害人提供心理治疗;联系公益基金会项目执行人,安排大学生志愿者为其提供长期免费一对一课业辅导,帮助其解决学习中遇到的困难等,与其所在村委会建立联络,及时掌握未成年人动态学习生活情况等。通过将涉案困境未成年人的救助需求进行转介,整合政府部门、社会多方资源,既提供经济救助,解决生活面临的急迫困难,也考虑未成年人学习成长需求,将经济救助与服务性帮扶相结合,尽可能实现及时救助、多元化救助。

二、涉案困境未成年人救助案件的特征分析

(一)困境引致原因不限于非法行为的直接侵害

最高检未成年人救助意见第 3 条明确了 8 类国家司法救助对象①,既涵盖未成年被害人因犯罪侵害直接引致的人身、精神损害,也包括因犯罪侵害直接引致的扶养人死亡、家庭财产损失造成生活困境,因举报、作证受到打击报复,追索抚育费执行不到位等民事侵权行为导致的生活困境。如上述案件中 2 名未成年人既是被害人胡某某的孙女,也系涉案精神病人的女儿,其生活陷入困境的原因既不属于前两款"受到犯罪侵害致身体伤残……急需救治"、第 3 款"扶养人受到犯罪侵害致死"、第 4 款"家庭财产受到犯罪侵害"的情形,也不属于第 5、6、7 款规定的救助对象,结合涉案家庭实际情况,可认定符合该意见第 8 款"其他因案件造成生活困境"的兜底情形。由于未成年人无独立生活能力,一旦抚养人或者监护人遭遇变故,其必然受到影响,因此涉案未成年人的困境并不限于犯罪(非法行为)的直接侵害造成,也可能因为案件的发生而导致陷入困境,如监护人因犯罪行为被判刑或被实施强制措施后家庭失去经济来源,其子女的生活或者监护陷入困境的情况等。

(二)涉案未成年人因案件造成的心理损害问题突出

由于未成年人身心发育未臻成熟,在未成年人作为被害人尤其是未成年人

---

① 该条规定未成年人救助对象为:(一)受到犯罪侵害致使身体出现伤残或者心理遭受严重创伤,因不能及时获得有效赔偿,造成生活困难的。(二)受到犯罪侵害急需救治,其家庭无力承担医疗救治费用的。(三)抚养人受到犯罪侵害致死,因不能及时获得有效赔偿,造成生活困难的。(四)家庭财产受到犯罪侵害遭受重大损失,因不能及时获得有效赔偿,且未获得合理补偿、救助,造成生活困难的。(五)因举报、作证受到打击报复,致使身体受到伤害或者家庭财产遭受重大损失,因不能及时获得有效赔偿,造成生活困难的。(六)追索抚育费,因被执行人没有履行能力,造成生活困难的。(七)因道路交通事故等民事侵权行为造成人身伤害,无法通过诉讼获得有效赔偿,造成生活困难的。(八)其他因案件造成生活困难,认为需要救助的。

遭受性侵害、监护侵害的刑事案件中,生理上的损伤通过救助容易得到及时医治,但心理上的创伤或精神上的损害却难以估量,较之成年人更难以实现自我修复,对其未来生活、学习、成长带来的负面影响也更为深远,更容易陷入多重困境。如上述案件中,案发时涉案精神病人石某的两个女儿均在场,虽躲在柜子里,身体上没有受到伤害,也没有看到现场经过,但全程听到案发声音,事后出来均目睹至亲被害场景,对两个孩子造成巨大心理创伤,如不及时进行心理干预治疗,极易导致创伤后应激障碍症①,严重影响其健康成长,因此,对于涉案困境未成年人来说,心理损害问题较为普遍,其对精神层面上的救助较之经济层面存在更高的需求特征。

（三）涉案困境未成年人多元化救助涉及主体众多

从涉案困境未成年人的成长需求来看,主要分为生存、教育、医疗、心理等方面。检察机关承办人在开展多元化救助工作中,可以主动对接的主体大致可分为三类:

1. 政府及其相关职能部门

新《中华人民共和国未成年人保护法》第9条明确规定:"县级以上人民政府应当建立未成年人保护工作协调机制,统筹、协调、督促和指导有关部门在各自职责范围内做好未成年人保护工作。协调机制具体工作由县级以上人民政府民政部门承担,省级人民政府也可以根据本地实际情况确定由其他有关部门承担"。首先,明确了未成年人保护工作由政府民政部门负责牵头协调,为各地统筹推进部门横向联动落实国家兜底责任提供了有力法律依据。其次,对接较多的是与民政协调配合的部门,如帮助入学、转学、减免学杂费等就学问题的教育部门(学校)、提供医疗救助的卫生部门(医院)等。

2. 人民团体及基层群众自治组织

如与共青团、妇联、村(居)民委员会等沟通联系,依托职工之家、妇女之家、儿童之家、家长学校、家庭教育指导中心、青少年综合服务平台等②,对涉案困境未成年人进行临时应急处置、走访慰问活动、为涉案困境未成年人提供关爱服务等。

3. 社会公益性非盈利组织及爱心企业等社会力量

据有关数据统计,截至2021年1月我国社会组织总数突破90万家,且社会

---

① 创伤后应激障碍症(Post Traumatic Stress Disorder:PTSD)一般在精神创伤性事件发生后数天至6个月内发病,病程至少持续1个月以上,可长达数月或数年,甚至达数十年之久。

② 参见《国务院关于加强困境儿童保障工作的意见》国发〔2016〕36号第三条第(三)款规定。

组织数量呈连年增长势头①,其中各类专项慈善基金会、专业社会服务志愿组织在我国社会救助领域呈现出越来越重要的地位和作用。承办检察官若能对各类社会公益组织、爱心企业的相关救助意向、帮扶项目等有充分的了解和沟通,可以给涉案困境未成年人补充带来更加丰富的救助内容及帮扶形式。

三、涉案困境未成年人多元化救助工作的实践问题

(一)涉案困境未成年人司法救助对象范围过窄

2018 年最高检《未成年人救助意见》虽然适当扩大调整了未成年人司法救助的对象范围,但在司法实践中,未成年人救助对象基本上是刑事、民事案件中受到侵害的人,往往仅限于未成年被害人或刑事被害人的未成年子女,未成年犯罪嫌疑人及其他犯罪嫌疑人的未成年子女是否也符合救助条件存在较大争议。如 S 市 F 区检察院办理的宗某某盗窃案中,犯罪嫌疑人宗某某四次至超市盗窃牙膏、沐浴露等生活物品,被盗物品总价值 2000 余元,其妻子左肾患恶性肿瘤,为就医负债 20 余万,其未成年女儿又聋又哑且智力残疾,生活不能自理,全家生活和就医仅靠宗某一人打工维持。该案在公开听证评议时,有参加听证会的人民监督员提出:"生活贫困不是盗窃的理由,宗某作为犯罪嫌疑人应该受到法律的制裁,其女儿生活困境并非由他人犯罪侵害造成的,不应当通过司法救助途径给予帮扶"。上述观点事实上反映出相关司法救助参与人员对于未成年人特殊优先保护意识尚未形成社会共识。该案中犯罪嫌疑人宗某某的妻女显然属于不得不进行的救助对象,但二者不属于刑事案件的被害人,能否对其开展司法救助,并无明确的现行法律法规予以支持,仅能从"求极致"检察办案理念和保障民生的角度出发,将其归为"人民检察院根据实际情况,认为需要救助的其他情形"②。

(二)司法救助"一次性"属性与多元化救助需求不匹配

首先,未成年人司法救助主要解决的是暂时性生活困难,具有"一次性"属性。实践中多以一次性金钱给付为主,能解燃眉之急但无法满足涉案困境未成年人学习、生活、心理等多方面救助需求。其次,要实现涉案困境未成年人的多元化救助,将救助线索转介给教育部门、民政部门、心理咨询机构等其他主体,需

---

① 《我国社会组织总数破 90 万个》,《慈善公益报》2021 年 1 月 26 日。
② 参见《人民检察院国家司法救助工作细则(试行)》第 7 条第(7)项。

花费承办检察官大量时间精力，而检察机关办理刑事案件的期间受到《刑事诉讼法》的严格规制，为了确保司法救助的及时性，根据相关检察机关国家司法救助工作规定的要求，从受理救助申请到司法救助金发放，要求在10个工作日内审结①，司法救助的办案期限与涉案困境未成年人多元化救助需求周期也存在天然矛盾。最后，检察机关作为法律监督机关，部分承办人认为救助工作并非其"主业"，在检察人力资源有限的情况下，涉案困境未成年人司法救助资金后续的使用情况以及其他社会资源的救助帮扶情况也难以进行持续性关注。

（三）未成年人司法救助案件办理地与户籍所在地管辖冲突

一方面，根据国家司法救助相关文件规定，救助对象是在案件办理过程中发现的，即根据诉讼阶段的不同，由不同的司法机关受理救助申请。随着社会经济的发展特别是沿海经济发达地区，人口流动性增大改变了当地人口结构，外来务工人员及其子女犯罪比率不断上升，涉案困境未成年人户籍地不在案件办理地市（区）的现象较为普遍。另一方面，政府民政社会救助申请条件一般要求申请人具有本地户籍，如《上海市困境儿童安全保护工作操作规程》《深圳市困境儿童分类保障工作指引（试行）》等文件均要求申请人具有本市户籍或持有居住证，这是社会政策的属地化管理方式和区域社会政策不同造成的流动人口福利的隐性剥夺，也使得非本市户籍的流动困境儿童不能获得与本市困境儿童无差异性的福利提供②。因此，司法实践中常常面临对申请人落实司法救助后，受户籍地管辖限制，跨地区流动的涉案困境未成年人无法在当地享受民政部门最低生活保障或其他福利政策的问题。

（四）涉案困境未成年人多元化社会救助主体参与失衡

在司法救助结合社会救助的案件中，通常仍以政府为主导，社会公益性组织、企业等社会力量参与程度并不高。尽管近年来我国已基本确立了"8+1"的社会救助体系③，但体系内部发展不平衡、不充分的问题仍较为突出。一方面，由于政府在救助信息获取上具有极大优势，检察机关可以主动将涉案困境未成

---

① 参见《人民检察院国家司法救助工作细则（试行）》第25条："人民检察院应当自受理救助申请之日起十个工作日内作出是否予以救助和具体救助金额的决定。"

② 王梦怡、彭华民：《地域与户籍身份：城市困境儿童的福利排斥》，《河海大学学报》（哲学社会科学版）2019年第4期。

③ "8"指的是最低生活保障、特困人员救助供养、受灾人员救助、医疗救助、教育救助、住房救助、就业救助、临时救助，"1"指的是社会力量的参与。

年人的基本情况反馈给民政部门,而社会公益组织、慈善基金会内部架构相对松散,与检察机关的工作联系较少,因此获取救助信息的渠道也较少;另一方面,政府民政部门一般由财政拨款,在资金的筹集方面具有便利性,在资金使用和监管尚相对规范,而社会公益组织等社会力量目前尚处于起步发展的阶段,常态化监督反馈机制尚未形成,社会大众支持力度不够,资金来源没有持久稳定的保障,使其市场竞争优势未得到充分发挥。如涉案困境未成年人具有更高的心理救助需求,现有救助主体能够为其提供长期咨询服务的可能性较低。

四、完善涉案困境未成年人多元化救助机制的思考

(一)进一步拓宽涉案困境未成年人司法救助范围

涉案未成年人陷入困境不仅是由犯罪(不法行为)的直接侵害,还包括间接侵害引发,对涉案困境未成年人的保护,应该是在其个体权利基础之上的,将未成年人作为独立的权利主体来保护,而不是作为家庭成员来保护的。因此,涉案困境未成年人的司法救助范围不应该仅受限于其身份是犯罪一方还是受害一方家庭成员。如2020年9月河北省检察院在联合该省民政厅、教育厅共同制定的《关于加强涉案困境未成年人救助帮扶的实施意见》文件中,明确规定了检察机关在办案和履职中发现的符合相关法律法规、需要进行经济救助或教育扶持的三类人应当加强救助帮扶:一是未成年犯罪嫌疑人、被告人、被害人和未成年证人;二是刑事案件被害人以及被告人未成年子女;三是办案或参与社会治理中发现的生活和学习处于困境的其他未成年人等①。该意见实施后仅半年,全省共联合民政、教育部门救助帮扶涉案困境未成年人数达到181人,取得了良好法律效果和社会效果②。可借鉴该实践探索经验,在全国性法规文件中,进一步扩大涉案困境未成年人的救助范围,降低涉案未成年人救助帮扶的准入门槛,将更多涉案困境未成年人纳入司法救助范围。

(二)强化对涉案困境未成年人的特殊优先保护意识

在扩大涉案困境未成年人司法救助受案范围的基础上,应强化司法办案人员对涉案困境未成年人的特殊优先保护意识,增强发现救助线索的主动性。

---

① 《河北阳原:加强涉案困境未成年人救助帮扶》,中华人民共和国最高人民检察院,2020年10月24日。

② 《181人河北多部门联合救助帮扶涉案困境未成年人》,人民网,2021年6月1日。

1948年《世界人权宣言》在第25条第2款中宣布："儿童有权享受特别照料和协助"；1991年我国加入的《儿童权利公约》第3条第1款规定："关于儿童的一切行动，不论是由公私社会福利机构、法院、行政当局或立法机构执行，均应以儿童的最大利益为一种首要考虑"；第27条第1款规定："缔约国确认每个儿童均有权享有足以促进其生理、心理、精神、道德和社会发展的生活水平。"2021年新《中华人民共和国未成年人保护法》第3条规定："未成年人依法平等地享有各项权利，不因本人及其父母或者其他监护人的民族、种族、性别、户籍、职业、宗教信仰、教育程度、家庭状况、身心健康状况等受到歧视"，第4条中确立了"最有利于未成年人的原则"，以及"在处理涉及未成年人事项上，应当给予未成年人特殊、优先保护"。涉案未成年人救助工作人员在筛选符合救助条件的未成年人，以及落实救助政策方案时均应遵循上述立法意旨和要求，认真排摸案件中可能涉及的未成年人困境问题，"为孩子做得再多也不为过"。

（三）促进区域内涉案困境未成年人多方救助主体有效衔接

一是建议在同一区域内检察机关、民政、教育、医疗等部门各设立1—2名涉案困境未成年人救助联络专员，建立信息通报制度。检察机关在履行职责范围内发现的涉案困境未成年人救助对象，通过各部门联络专员及时对相关救助信息进行通报，实现救助对象、救助政策等信息的实时共享与反馈；二是推动区域内建立由民政部门牵头负责、司法部门和教育部门、医疗机构、社会组织、人民团体等共同参加的涉案困境未成年人救助保障工作协调机制，以召开联席会议，开展个案讨论等形式，定期或不定期研究解决本地区各类涉案困境未成年人生活、教育等基本保障问题；三是通过检察开放日、公开听证等方式，加大涉案未成年人保护及救助政策宣传力度，鼓励和引导慈善组织、企业等社会力量以多种方式参与涉案困境未成年人救助帮扶工作，如设立就学、就医专项救助帮扶项目，困境未成年人心理救助专项基金等①，为涉案困境未成年人提供个性化、差异化、有针对性的救助和服务项目，满足不同对象多元化救助目标，与司法、政府及相关职能部门实现优势互补，共同构建涉案困境未成年人社会支持体系。

---

① 2022年1月上海市奉贤区人民检察院"未小贤"未检团队联合该区未成年人保护委员会办公室、上海市慈善基金会奉贤区代表处、区工商业联合会(总商会)，设立"未小贤"涉案特殊未成年人保护救助专项基金，进一步加强和完善对涉案困境未成年人的全面综合救助，如通过该救助资金购买为期14天的军训服务帮助监护缺失的未成年人李某某进行偏差行为干预，取得良好矫治帮扶效果。

（四）加强跨区域涉案困境未成年人救助工作沟通协调

上级民政部门应重视对下级民政部门的协调与指导，进一步加强涉案困境未成年人多元化救助工作统筹，加快涉案困境未成年人临时救助帮扶和常态化监护干预、心理干预等需求转介户籍地所在地多元救助主体。对于因不符合户籍地要求无法在案件办理地落实社会救助的涉案困境未成年人，检察机关可借助案件办理地民政平台，及时将相关救助需求转介户籍所在地政府及相关职能部门。也可通过与外省市区民政部门签订异地合作协议、区域合作协议等方式，加强跨区域涉案困境未成年人救助帮扶经验交流，促进区域间密切合作、共同形成合力，确保涉案困境未成年人权益得到实际居住地和户籍地多方救助主体的有效维护。

五、结　语

保障涉案困境未成年人健康成长是一项长期的社会系统工程，习近平总书记在二十大报告中提出，"完善社会治理体系，健全共建共治共享的社会治理制度，提升社会治理效能"。检察机关作为国家监督机关，应主动承担起国家监护人责任，以"我管"促"都管"，不断加强与政府民政部门、教育部门、医疗机构、专业社会服务机构、公益慈善组织等主体的有效衔接，努力为涉案困境未成年人提供多元化救助，提升涉案困境未成年人特殊优先保护的效果，实现精准救助帮扶，让更多涉案未成年人走出困境，树立面对未来的勇气和信心。

（作者单位：上海市奉贤区人民检察院）

后　记

　　社会救助是国家兜底性民生保障的基础性制度安排,是最基本的民生保障安全网。党的十八大以来,中国政府持续加大基本民生保障力度,社会救助制度进一步完善,社会救助工作机制进一步健全,社会救助水平稳步提升,社会救助事业快速发展。尤其是近年来,社会救助在脱贫攻坚兜底保障、应对新冠肺炎疫情冲击、保障困难群众基本生活等方面发挥了重要作用,取得了令世人瞩目的成就。

　　在开启全面建设社会主义现代化国家新征程、向第二个百年奋斗目标进军的新时期,社会救助面临着新的形势和任务。为全面落实中共中央办公厅、国务院办公厅印发的《关于改革完善社会救助制度的意见》,加快构建分层分类的社会救助制度体系,巩固拓展社会救助兜底保障成果,有效衔接乡村振兴战略,研究探讨"十四五"乃至更长时期我国社会救助制度改革完善的新思路、新举措,民政部、江西财经大学于2022年11月6日在南昌市举办了第七届中国社会救助研讨会,主题是:"当代中国社会救助制度:新阶段·新目标·新挑战"。会议由中国社会保障学会社会救助分会、江西财经大学财税与公共管理学院承办,联合国儿童基金会与江西财经大学公共政策与治理研究院协办。

　　全国人大常委会委员、中国社会保障学会会长郑功成,民政部社会救助司司长刘喜堂,中国社会保障学会副会长、民政部政策研究中心主任王杰秀,中国社会保障学会副会长、南开大学教授关信平,中国社会保障学会副会长、南京大学教授林闽钢,中国社会保障学会社会救助分会副会长、中国人民大学杨立雄教授,江西省民政厅厅长李明生,江西省民政厅副厅长(正厅级)欧阳海泉,联合国儿童基金会驻华办事处代理代表郑道,中共湖南省委党校原副校长邓微,以及来自中国人民大学、中国农业大学、南开大学、南京大学、中山大学、华东师范大学、四川大学、华北电力大学、浙江工业大学、江西财经大学等高校研究机构的专家学者、民政部及各省市民政局等社会救助政府主管部门的官员、社会救助国际组织实务人员等200多人参加会议。本论文集从100多篇参会论文中精选辑成，分为"社会救助制度建设""社会救助与共同富裕""大数据与社会救助""医疗救助与突发公共卫生事件救助""社会救助实践探索"等部分，反映了此次会议的主要成果，代表了近年来我国在社会救助领域的最新理论研究成果、最新动态和最新方向。

论文集由中国社会保障学会常务理事、江西财经大学副校长李春根教授和中国社会保障学会理事、江西财经大学财税与公共管理学院院长张仲芳教授担任主编，中国社会保障学会社会救助分会理事、江西财经大学社会保障系赖志杰副教授承担了具体的联络与编辑工作。论文集的出版得到了民政部社会救助司刘喜堂司长，中国社会保障学会副会长、社会救助分会会长林闽钢教授以及人民出版社的大力支持，在此表示感谢。

最后，感谢入选论文作者的授权和江西财经大学社会保障专业硕士研究生王衍浩、樊璐、王睿、李雯、周阳等同学在论文集文稿整理与校对所做的工作。

责任编辑:夏 青

图书在版编目(CIP)数据

当代中国社会救助制度:新时代 新使命 新征程/李春根,张仲芳 主编. 一北京:
　人民出版社,2023.10
ISBN 978 - 7 - 01 - 026034 - 1

Ⅰ.①当… Ⅱ.①李…②张… Ⅲ.①社会救济-福利制度-研究-中国
Ⅳ.①D632.1

中国国家版本馆 CIP 数据核字(2023)第 190572 号

当代中国社会救助制度:新时代 新使命 新征程

DANGDAI ZHONGGUO SHEHUI JIUZHU ZHIDU:XINSHIDAI XINSHIMING XINZHENGCHENG

李春根 张仲芳 主编

人民出版社 出版发行
(100706 北京市东城区隆福寺街 99 号)

中煤(北京)印务有限公司印刷 新华书店经销

2023 年 10 月第 1 版 2023 年 10 月北京第 1 次印刷
开本:710 毫米×1000 毫米 1/16 印张:26.25
字数:450 千字

ISBN 978 - 7 - 01 - 026034 - 1 定价:95.00 元

邮购地址 100706 北京市东城区隆福寺街 99 号
人民东方图书销售中心 电话 (010)65250042 65289539